做事先做人，做人先安心。中国式管理
不是人治，而是人治大于法治，在法治的基础上实施人治。

——曾仕强

哈佛商学院深度研究的中国本土案例

# 中国式管理的四堂课

孙健　王东/编著

第一课：海尔的管理模式
第二课：联想的公司精神
第三课：华为的狼性文化
第四课：万向的长寿基因

企业管理出版社
ENTERPRISE MANAGEMENT PUBLISHING HOUSE

图书在版编目(CIP)数据

中国式管理的四堂课 / 孙健,王东编著. —北京:企业管理出版社,2011.1
ISBN 978-7-80255-708-6

Ⅰ.①中… Ⅱ.①孙… ②王… Ⅲ.①企业管理-简介-中国 Ⅳ.①F279.23

中国版本图书馆 CIP 数据核字(2010)第 212742 号

**书　　名:** 中国式管理的四堂课
**作　　者:** 孙　健　王　东
**责任编辑:** 李　杜
**书　　号:** ISBN 978-7-80255-708-6
**出版发行:** 企业管理出版社
**地　　址:** 北京市海淀区紫竹院南路 17 号　邮编:100048
**网　　址:** http://www.emph.cn
**电　　话:** 出版部 68701719　发行部 68467871　编辑部 68414643
**电子信箱:** 80147@sina.com　zbs@emph.cn
**印　　刷:** 廊坊市华北石油华星印务有限公司
**经　　销:** 新华书店
**规　　格:** 185 毫米×260 毫米　16 开本　24.25 印张　480 千字
**版　　次:** 2011 年 1 月第 1 版　2011 年 1 月第 1 次印刷
**定　　价:** 29.00 元

# 卷首语

随着世界经济一体化程度的深化，国内市场的竞争越来越呈现出国际化的色彩，国内企业面临的压力越来越大，原有的劳动力成本低、市场熟悉度高的优势在逐渐减弱，在竞争中的处境日趋艰难。因此，通过提高企业的管理水平来提升企业的竞争能力就成为国内企业界、理论界的共识。如何提高国内企业的管理水平呢？看到国外企业在竞争中的巨大优势，借鉴国外企业的成熟经验成为很多企业家的首选，于是美国的GE、日本的丰田、德国的西门子等企业凭借出众的经营理念、卓越的管理模式以及优异的业绩成为国内众多企业家模仿和借鉴的标杆。

但是，与此相对应的一种现象也不得不引起我们的重视，那就是国外对我国传统思想的重视，近年来，以《孙子兵法》为代表的我国古典思想书籍在国外颇为流行，不仅成为西点军校的必读书目，而且也受到了国外企业界的青睐，特别是日本的企业家，对这本书尤为推崇，认为它是指导企业经营的"商战圣经"，成为很多企业家的必备典籍。

那么，作为我国的企业家和学者应该如何正确看待这种现象呢？我们要看到国外企业的成功有其自身的条件和外部环境，国外成熟的市场经济环境为企业的经营提供了良好的基础，而国外的传统文化则是国外企业经营能够顺利进行下去的重要条件；我国的企业正处在由计划经济体制向市场经济体制转变的过程中，外部的市场环境与国外企业有很大不同，而我国几千年的历史文明积累下来的思想和文化，也对企业的经营有着深刻的影响，一味照搬国外的成熟经验难免会遇到水土不服的问题，因此，结合我国传统的思想精华并吸收当代西方成熟的企业管理经验，就成为一个不容忽视的课题。

与此同时，在激烈的市场竞争中，仍然有一大批国内企业脱颖而出，凭借卓有成效的经营在世界市场上都占有了一席之地：如家电行业的海尔，从一个濒临破产的集体企业，成为目前世界第四大家电生产商，并且成功的入围了世界品牌百强行列；又如IT行业的联想，从一个国有企业开始，逐步发展壮大到成为一家国内领先的计算机生产商，并最终收购了IT巨人IBM的PC部门，成为位居世界计算机行业三甲的厂商；再如通讯行业的华为，从一家私人企业开始，发展成为在世界市场都有一定影响力的通讯设备制造厂商，多次在国外市场斩获大单，引起了思科等业内巨头的重视；而万向集团从一家小乡镇企业开始，凭借专业化的经营成长为世界知名的万向节供应商，然后又凭借多元化经营成为一家跨行业、业务遍布国内外的大型企业集团。这些企业凭借优秀的管理和经营理应成为我国企业学习和借鉴的楷模。

本书通过对不同行业的四家企业(家电行业的海尔、IT行业的联想、通信行业的华为、汽车行业的万向)经营管理情况的分析和总结，期望读者朋友和企业家们能够从这些成功企业的经验中有所得，期望能为提高我国企业的管理水平尽微薄之力。

作为一本介绍企业经营管理经验的案例书，它的目标读者仍然是已经创业的民营企业家、国有企业的中高层管理人员以及有志于独立创业的人，当然，对于MBA、EMBA的学员和企业管理方向的研究人员来说，本书也是一本很好的案例教学教材。

书中若有不当之处，敬请读者指正。

# 目 录

## 第二课　联想的公司精神

# 第三课 华为的狼性文化

## 第四课　万向的长寿基因

一个品种就是一个市场，忘掉一个品种就会丧失一片市场，一个消费群体。

——张瑞敏

市场永远不变的法则，就是永远在变。

——张瑞敏

# 第一课　海尔的管理模式

# 引言 海尔集团发展简史

1984年，青岛电冰箱总厂正处于濒临倒闭的边缘，组织上调张瑞敏担任青岛电冰箱总厂的厂长。为了走出困境取得发展，该厂引进了德国利勃海尔电冰箱生产线，这是原轻工业部最后批准的一家冰箱定点厂家，当时国内已有100多条冰箱生产线，海尔并没有什么优势。但是，就是这个小厂，在23年后，成长为中国最具影响力的跨国企业之一，产品出口到170多个国家和地区，在全球30多个国家建立本土化的设计中心、制造基地和贸易公司，全球员工总数超过5万人，2006年全球营业额达到139亿美元，成为世界第四大家电生产厂商，仅次于惠尔浦、GE家电和伊莱克斯，成为我国企业在世界市场的标志性企业。

在制造领域，海尔不但拥有96大门类1.5万多个规格品种的产品群，还利用已形成的门类齐全、规模效应的优势实现从整机制造到专业零部件、新型原材料、大规模集成电路、软件开发的垂直纵深发展。在零部件领域，海尔已形成1600万台电机的生产能力；在新材料领域，海尔已形成能够生产30多种纳米材料的国家级新材料基地；在机器人领域，海尔已形成年产超千台的国家级机器人产业基地。海尔的新材料基地和机器人基地都已通过国家863高新技术计划验收，而且海尔机器人已达到世界前五位的技术水平。在模具方面，海尔超精密注塑模具、大型复杂汽车模具等达到年产3000套以上的能力，居国际领先水平，除为海尔服务外，还为通用、丰田、福特等世界级企业提供解决方案。

在营销领域，海尔的9种产品在中国市场位居行业之首，3种产品在世界市场占有率居行业前三位。据全球权威消费市场调查与分析机构EUROMONITOR最新调查结果显示，海尔集团目前在全球白色电器制造商中排名第四，海尔冰箱在全球冰箱品牌市场占有率排序中跃居第一。2005年4月18日，由世界五大品牌价值评估机构之一的世界品牌实验室(World Brand Lab)独家编制的2005年度《世界品牌500强》排行榜揭晓，海尔再次入围世界品牌百强，荣居第89位。距离2004年第95位的排名，海尔前进了六名。那一年，海尔是惟一入选的中国品牌，实现中国品牌零的突破。

在技术领域，海尔注重技术创新，申请了大量的国家专利，目前申请的专利数突破7000件(其中发明专利1234项)，拥有软件著作权589项。在自主知识产权基础上，海尔还主持或参与了近百项国家标准的制定修订工作，其中，海尔热水器防电墙技术、海尔洗衣机双动力技术还被纳入IEC国际标准提案，这证明海尔的创新能力已达到世界级水平。海尔在持续自主创新的基础上，实现了从单项技术突破到集成创新的发展，如海尔流媒体电视、智能娱乐手机、网络家电、环保双动力洗衣机等产品就是网络技术、家电技术、计算机技术、音视频技术等集成创新的结果。

海尔产品依靠高质量和个性化设计赢得了越来越多的消费者。2003年，海尔获准主持制定四项国家标准，标志着海尔已经将企业间竞争由技术水平竞争、专利竞争转向标准上的竞争。海尔集团坚持走出国门创名牌，目前，已建立起一个具有国际竞争力的全球设计网络、制造网络、营销与服务网络。现有设计中心18个，工业园10个。海尔产品已进入欧洲15家大连锁店的12家、美国10家大连锁店的9家。在美国、欧洲初步实现了设计、制造、营销三位一体的本土化布局。

2002年1月8日和2月20日分别与日本三洋公司和台湾声宝集团建立合作关系，实现优势互补、互换市场、资源共享、双赢发展。2002年3月4日，海尔买下纽约中城格林尼治银行大厦，将这座标志性的建筑作为海尔在北美的总部，表明海尔品牌已初步得到了美国消费者的认可。2003年8月20日，海尔灯箱广告在日本东京银座四丁目这一黄金地段点亮，这是中国企业第一个在东京银座竖起的广告牌，也成为中国企业在海外影响力上升的标志。

23年的时间，海尔创造了从无到有、从小到大、从弱到强、从国内到国外的卓越成绩，海尔集团连续多年蝉联中国电子信息百强企业之首，海尔品牌也连续多年蝉联国内最有价值品牌第一名，成为我国家电领域的第一品牌。下面的这些数字浓缩了海尔23年的发展历史：

营业额：2006年海尔实现全球营业额139亿美元（折合人民币超过1100亿元），而1984年只有348万元，2006年是1984年的6万多倍；

利润额：1984年资不抵债，2006年实现利润13亿元；

职工人数：2006年集团员工总数达到5万人，而1984年只有800人，2006年是1984年的60多倍；

产品门类：1984年只有一个型号的冰箱产品，目前已经拥有了包括白色家电、黑色家电、米色家电在内的70多个门类18000多个规格的产品群；

出口创汇：已经在海外建立了38000多个营销网点，产品销往世界上170多个国家和地区，2006年出口创汇13.62亿美元，成为中国家电业出口创汇最多的企业。

海尔的发展不仅体现在这一系列的数字上，还体现在国外对其的尊重和高度评价上：

1997年，美国《家电》杂志公布全世界范围内增长速度最快的家电企业，海尔超过GE、西门子等世界知名企业，名列榜首。

1998年11月30日，英国《金融时报》报道：在亚太地区声誉最佳的公司评比中，海尔位居第七，是唯一进入前十名的中国企业。

2000年5月19日，美国科尔尼管理顾问公司、《财富》杂志集团等评选“全球最佳营运公司”，海尔是亚太地区企业唯一得主。

2001年8月6日的《福布斯》杂志根据2000年全球白色家电品牌进行了排名，海尔位居第六位。17年间，海尔集团首席执行官张瑞敏以其在企业管理方面的创新也引起世界范围内的高度评价和赞誉，从“日事日毕、日清日高”的OEC管理模式到建立“市场链”，海尔已经从17年前学习借鉴国外先进管理方法发展到以自己的创新管理进入国际管理界的前沿：

1998年3月25日，张瑞敏应邀登上哈佛大学讲坛，“海尔文化激活休克鱼”的案例正式写进哈佛大学教材，这是中国企业家第一次登上哈佛讲坛，中国企业以卓著的业绩第一次被写入哈佛案例。

1999年12月7日，英国《金融时报》公布“全球30位最受尊重的企业家”排名，张瑞敏荣居第26位，这是中国企业家在世界范围内获得的最高美誉。

2000年10月7日，张瑞敏在瑞士洛桑国际管理学院演讲海尔管理创新时再次引起国际管理界的强烈反响，成为首位登上瑞士国际管理学院讲台的亚洲企业家。

2006年，海尔集团营业收入达1075亿元；海尔品牌价值高达749亿元，连续五年蝉联中国最有价值品牌榜首。“海尔集团家电的规模已经超过了通用电气，逼近世界白色家电三甲的位置。”

2007年10月出版的《财富》中文版公布“2007最受赞赏的中国公司”排行榜，公布了25家全明星公司，海尔集团再次荣居榜首。同时，刊登了每个行业得分最高的前五名，海尔集团居最受赞赏的公司——行业榜的电子电器行业榜首。

# 第1章 从国内名牌到世界名牌

## ——海尔的发展战略

“没有战略的企业就像流浪汉一样无家可归。”

——彼得·德鲁克

战略一词来自于希腊字strategies，其含义是“将军”，今天在经营中运用这个词，是用来描述一个组织打算如何实现它的目标和使命。20世纪60年代，美国的H.I.安索夫的《企业战略论》一书出版后，发展战略以一种具有科学性的概念，开始在企业管理学中使用。

关于发展战略的含义，安索夫认为企业关心外部应胜于企业内部，特别是关系到企业生产的产品构成和销售市场，决定企业干什么事情以及是否要干。美国的彼得·德鲁克认为发展战略主要回答两个问题：我们的企业是什么？它应该是什么？总之，发展战略关系着企业未来的发展方向、发展道路和发展行动等。

从1984年张瑞敏接手海尔，海尔的战略目标就开始逐渐显现，那就是创造世界名牌。尽管当时的海尔资不抵债，面临着严重的困难，但是，海尔本着“起步虽晚，起点要高”的原则，目标直指世界一流品牌。张瑞敏拿这样一段话来表明海尔的战略目标：

“干企业要么不干，要么就干好争第一。这就好比是一颗拳坛新星的起步，他的目标必须首先指向世界冠军，甚至要超越世界冠军。否则他不但不能问鼎世界第一，而且一不留神就会被任何一个平庸的选手击倒在地。”

围绕着要创造世界品牌的目标，遵循着“从国内名牌到世界名牌”的发展思路，海尔在发展的过程中一步步地提升企业的实力和品牌的知名度，以时间顺序来划分，海尔的发展战略在23年的发展过程中主要分为三个阶段：名牌战略、多元化战略和国际化战略。2005年12月26日，创业21周年之际，海尔启动第四个发展战略阶段——全球化品牌战略阶段，由于这个阶段刚刚启动，我们还是主要分析前三个发展阶段，以理清海尔的发展战略。

### 第一节 企业围墙内无名牌(1984年—1991年)

在这一阶段的7年时间里，海尔实施的是名牌战略，通过专心于冰箱一种产品的生产、营销和服务，探索和积累了企业管理的经验，在国内创立了海尔的名牌形象，为今后的发展奠定了坚实的基础，总结出了一套可移植的管理模式。这一时期，海尔先后提出了“有缺陷的产品就是废品”、“用户永远是对的”、“先卖信誉、后卖产品”、“无搬动服务”等理念，并在日常管理中坚持不懈地予以实施。

张瑞敏曾经说过，我们这样的国家，在世界上没有自己的名牌是一种耻辱。海尔从创业发展到现在，在短短的十几年时间里创下中国家电市场中的许多第一和唯一，创出了中国家电第一品牌，并首先以海尔冰箱这一名牌为龙头，带动了其他产品的发展。目前，海尔冷柜、海尔空调、海尔洗衣机以市场占有率位居国内同类产品榜首的业绩成为家电名牌企业。海尔彩电、海尔微波炉、海尔手机、海尔电脑、海尔洗碗机等一系列产品的市场占有率稳步提高，这些无不得益于海尔在创业之初就确立的名牌战略。海尔的经验清楚地表明，名牌是海尔在市场中克敌制胜的法宝，是推动海尔联合舰队快速前进的风帆。

海尔认为，所谓名牌应是同类产品中最优秀的、具有导向性的、起引导消费作用的产品。在市场经济里，名牌不是由政府、国家评出的，而是由市场投票确立的，因此名牌产品应该比非名牌产品卖的价格高，卖的速度快，卖的数量多。名牌产品的核心一方面是产品的高质量，另一方面是卓越的服务，以便能够不断满足消费者的需求甚至以超出其预期。这决定了创立名牌以及保持名牌是一个长期的艰苦的过程，需要做许许多多的基础性管理工作，海尔名牌的创立向我们展示了这样一个过程。

## 一、质量出名牌

名牌是什么？简单说，名牌是质量的代名词，只有具有高质量，产品才能得到消费者的认可和信赖，也才能在市场中长久的立住脚跟，也才能使得企业能够长寿。海尔正是明白了这一点，才在企业的经营过程中，对产品的质量问题给予了异常的重视，其中最具有轰动效应的就是“砸冰箱事件”。

1985年，一位用户来信反映，近期工厂生产的冰箱有质量问题。张瑞敏突击检查了仓库，发现库存中不合格的冰箱还有76台。张瑞敏召集干部来研究处理办法时，有两种意见。一是作为福利品处理给本厂有贡献的员工，另外是做礼品送给关系单位。可是张瑞敏却做出了一个决定：砸！把76台不合格的冰箱全部砸掉！

当时一台冰箱售价800余元而职工每月的工资才40余元，76台冰箱相当于全厂员工三个月的工资。要砸冰箱，职工在感情上有点接受不了。张瑞敏在召开的全厂人员的现场会上，当场确认了每台冰箱的生产人员之后，张瑞敏一把大锤砸下第一锤，然后是总公司来人砸第二锤，随后由责任者亲自抡锤将冰箱砸碎。张瑞敏和当时任总工程师的杨绵绵承担了责任，扣罚了自己当月的工资。这一砸，砸出了员工的质量意识。海尔后来的许多理念比如“零缺陷”等正是从这开始树立起来的。

也正是从那时起，张瑞敏提出了追求卓越的理念。张瑞敏对员工讲“要么不干，要干就争第一。”他首先抓的观念是：“有缺陷的产品等于废品。”他认为“全面质量管理”

的精髓就是创名牌。他正是通过那把大锤来告诉员工，如果让有缺陷的产品出厂，这个产品就不会有生命力，以后也永远无法问津名牌。

对于当时的企业而言，树立起"产品有缺陷等于废品"的观念是意识上的一次质的飞越。在80年代，中国的企业还是将产品划分为一等品、二等品、三等品、等外品之类，无论产品属于哪一等，总之要让它出厂。而张瑞敏这一砸，不仅在员工中树立起"有缺陷的产品就是废品"的理念，而且破除了员工身上由来已久的生产意识，使他们思想深处受到强烈的震动，认识到产品质量是决定企业命运的大事。同时，也断绝了员工思想上的"无所谓"的后路，他让员工明白，产品质量出了问题，并不是技术与设备的原因，归根截底是员工的素质有问题，员工的思想有问题。并且明确了这样的观点：谁生产了不合格的产品，谁就是不合格的员工。这种观念一经树立，员工生产责任心便迅速增强，从而为海尔后来的质量管理打下了一个坚实的思想基础。

在海尔洗衣机生产车间里曾经发生过这样一件事情：一天，一名员工在下班前的每日清扫时，发现多了一枚螺丝钉。他惊呆了，因为他知道，多了一枚螺丝钉就意味着哪一台洗衣机少了一枚螺丝钉。这关系到产品的质量，维系着企业的信誉。因此，分厂厂长当即下令：当天生产的1000余台洗衣机全部复检。而复检的结果是成品机没有什么问题。可原因出在哪里呢？已经很晚了，员工们谁也没走，又用了两个多小时，才查出来是发货时多放了一枚。

"质量第一"的观念深入每一个海尔员工的心中。在生产中，职工把每一道工序都想象为用户产品依次流转，质量层层把关，环环紧扣，保证了出厂的所有产品都是全优产品。海尔在基础管理和现场管理的基础之上，不断创新，总结出自己的管理方法，使每一项工作，每一道工序，每一位员工都处于受控状态，做到"人人都管事，事事有人管"，通过严格的过程管理，确保了产品的高质量。海尔的内部报纸《海尔人》，曾经多次报道了海尔紧抓质量管理的情况，下面我们将从中精选部分案例，以展示海尔质量管理的精髓。

2003年4月30日《海尔人》发表了一篇"谁是凶手"的文章，全文如下：

在特种冰箱事业部质改室现场，记者看到一些被"谋杀"的"尸体"——它们都是从市场上返回来的不良品，特冰质改室正在"破案"。

此时，质改室外的生产线上正流动着一台台完好无损的冰箱，从管理的角度讲它们都应该是零缺陷。这些出厂时那么完美、一丝不苟的冰箱怎么会成为如此面目全非、不堪入目的"尸体"？究竟谁是"作案凶手"？

经过初步"侦破"，"作案动机"、"过程"、"凶器"等渐渐水落石出：

"凶手"之一：售后？

案例：有这么一台冰箱，"尸体"的侧板上有一个明显的"坑"，原定属于"运输"问题，经过一番深入调查，发现是个"冤假错案"：原来是商场和网点为了退回样机，人为将样机破坏，以求换个新品。而工贸售后信息员闭着眼睛打了个报告，售后经理也闭着眼睛签字"审查"通过。

为什么会有这样的案件?就是因为两个字:审核!审核的过程就是权力换利益的过程,其实关于退换机,售后和网点都签有详细的合同,就是因为职能式的“审核”,使这些合同形同虚设,把简单的问题复杂化,有了有利可图的温床,就诞生了惟利是图的人!

“凶手”之二:制造?

案例:有个“尸体”的“凶手”原先判为吹氮工,可这个“凶手”“死不认罪”,于是又查到焊接工位,要是放到过去,很简单,罚5块钱,轻松认定。现在要求全额追究,所以就不痛快了,又咬到维修工,但缺乏犯罪证据,仍不能“定案”。

此案目前还在“取证”中。

“凶手”之三:运输?

案例:一台259DVC冰箱在运往目的地的途中,被物流某外协车队前前后后经过了8个“磕碰坎儿”:在物流装上车、路上又装卸倒车、在工贸再卸下、运到用户家又经历一次装卸,如此搬运,最后开箱一看:冷藏门被碰伤了。

为了抓这个“凶手”,物流费了一番周折,最后得出三点教训:物流的配送链要减短!条码扫描必须跟上以便一票到底找“元凶”;必须经营好自己的“发货SUB”;谁发货谁经营!

而目前,因为当时没有条码扫描,还未找到“元凶”。

“凶手”之四:设计?

案例:一个“尸体”解剖后发现其“脑子”坏了——电脑板有问题。电脑板是流水线上生产的,怎么会惟独这台不好呢?初步看起来是装配尺寸发生干扰?那么怎么只有一台呢?

型号经理也正在查找“罪证”!

2003年5月14日,《海尔人》报发表“这4个‘孩子’谁害的?”文章,对4月30号报道中的案例进行了更加深入的追查:

自家的孩子早上漂漂亮亮地出门了,晚上回来时却残肢断臂、惨不忍睹,你会有什么样的感受?而产品就应该是我们的“孩子”——这4个“孩子”谁害的?

在返回的冰箱不良品中,我们看到了4个8K系列的“孩子”:它们有的已不制冷,有的间歇性制冷——都已坏了脑子,近似“白痴”,这些漂漂亮亮出去的“孩子”,怎么成了这样?是谁害了它们?

“脑子”坏了我‘领养’!智能电子“糊涂爹”认了“糊涂账”。

“脑子”坏了是电脑板的事,电脑板坏了是智能电子的事,逻辑天经地义,所以智能电子想都没想就认领了这4个“孩子”。

可“凶手”必须说出作案时间、地点、动机、凶器,面临的“审判”更是个人赔偿全部损失。这下智能电子不干了,忙不迭地“解剖”了这些“孩子”,发现“孩子”被害的因素是多方面的!

智能电子马上“翻案”“上诉”。

“孩子”变“白痴”原因是绝缘板将电脑板挤压了,绝缘板四角原有四个小柱子保持着和电脑板的距离,为何还会挤压?马上找到了“孩子”的“亲爸爸”——设计绝缘板的冰箱开发部SK系列型号经理。

“亲爸爸”却并不想认领这些“孩子”：如果是设计绝缘板的问题，为何只有这几台有问题？肯定也有智能电子将电脑板漏焊的问题；有制造工艺发泡太厚的问题……

然而，型号经理又为什么不深入终端看看绝缘板的四个小柱子到底该有多高？为什么不将小柱子的高度列为必检项？为什么不考虑会有其他突发事件影响“孩子”的健康……

说到底，真是喜欢自己“孩子”的父母，对“孩子”成长中的每一个不利因素都会想方设法避免，而这4个“孩子”的“亲爸爸”为什么不“亲”？

只“生孩子”不“养孩子”！

为什么？翻开冰箱产品本部型号经理的资源存折就知道了：工资主项目是某某型号小批量生产，某某型号试制成功……原来当时冰箱的型号经理还没完全是职能式管理，产品没有市场也可以拿工资！这样，“亲爸爸”只管“生孩子”，不管“养孩子”。所以孩子无论是“先天白痴”还是“后天被害”都不会触及型号经理的利益，“亲爸爸”当然不亲！

害“孩子”的“凶手”是职能管理体制，是不“断奶”的激励机制！

旧的机制使质量事故不能落实到人，或落实到人按旧规定不能埋单，只能由负责人或相关责任人埋单。这批从市场上返回的不良电冰箱由冰箱产品本部部长刘向阳等人埋单，5月21日《海尔人》报以“我买断了什么？”进行了追踪报道。

刘向阳（冰箱产品本部长）：我买断的是“自己的职能观念害了部下”。

我认为这次自己买断的教训是买断了责任感。以前并没有从心底里认为冰箱的损失都是我本人造成的。

5月20日通过追踪顾文海的错误观念，我认识到顾文海的错误思想就是自己职能管理的再现，是我给部下的错误观念提供了温床。

5月20日晚上，我当即决定留在特冰去现场查问题。我排查了出口样机的进展，型号经理鲍雨锋说“一切没问题，可发往美国了。”我现场拆箱打开样机一查：结果发现风机装错了。倒着查原因，关于工艺流程什么都有，只是一个小的细节出了大问题：型号经理鲍雨锋只是下了通知让操作工安装风机，但是没有明确指导操作工应该怎样安装才是正确的；而样机安装完之后，鲍雨锋也没检查样机！

“悬！如果这台样机发出去，就会酿成重大事件！”认识到事情的严重性，我出了一身冷汗，连夜留下来，与鲍雨锋一起解决这个问题。这个问题的本质是我没有经营鲍雨锋的结果。所以，只有我动真格的了，部下才会变！

王东宁（冰箱产品本部开发部长）：我买断的损失是一切问题发生的根源都是设计。

型号经理闫志建买回两台感温管没有安装到位的不良品，表面上看是操作问题，实际上是因为闫志建把导管弧度设计错了，果真第二批不良品中又有这样的问题出现。

设计上的损失不仅体现在不良品上。比如我们和另一国际品牌冰箱用的原材料都一模一样，人家做出了200升的产品，我们却只能做出187升的，这中间的损失是谁造成的？就是型号经理。

所以，质量、成本等一切问题发生的根源都是型号经理！而型号经理没有意识到这一点就是因为我没有提供机制！现在，推行"买断损失"和"断奶"机制，就是让型号经理和用户零距离，卖出有价值的订单，为企业挣钱，也为自己挣钱！

王小焱：我买断的是"工艺指导书就要指导工人干出零缺陷产品"。

王小焱（特种冰箱事业部原工艺员）：我买断的是自己以前干工艺员时，由于编工艺指导书不认真，导致生产出不良品。这个错误犯得实在不应该，所以我买得心服口服——自己以前做的"孽"，自己该承担责任！这件事情给我的触动很大：工艺指导书就要指导工人生产零缺陷的产品！所以我把工艺指导书排查了一遍，断问题的后路。

我现在的岗位是新品推进员，我把自己现在岗位上的问题也都排查了一遍，确保不再犯同样的错误。

祁彦斌：我买断的是"运输就要毫发无损"。

祁彦斌（物流推进本部济宁配送中心经理）：我买断的是产品运到市场，只要有毫发损伤，就找我，这是完全可以实现的！

我仔细分析了上次买回的不良品故障出现的原因，发现外协车队拼车倒货的隐患最大，我马上和外协车队以合同的形式确定：一旦外协车队在运输途中拼车倒货，运输中的一切问题由外协车队负责！拼车倒货现象马上少了，运输产生的不良品几率也大大降低，

我的体会是：只要观念变了，问题就会断后路！

他们是否也要买断！

在这次不良品的追踪中，刘向阳、王东宁都交了钱，买断了损失。但是，我们在资金流对不良品买断交款的名单中，没有见到订单推进本部的史春洁、物流储运的王正刚、特冰事业部的李常强，在这次买断不良品上，应该有这么几个原则：问题要断得清、断得了、断得掉、断得快。如果史春洁、王正刚、李常强他们在这方面没有提供出能够断得清、断得了、断得掉、断得快的平台，那么，由此造成的损失是否应由他们买断？

不良品找"凶手"埋单不算完，也不是目的，只有找到发生事故的机制和条件，建立新的机制和平台，杜绝质量事故才是目的。订单推进本部长史春洁说："找到'凶手'不算完！""还必须与'凶手'见面，以确认其是否是真正的'凶手'；要了解其'作案'的动机和'作案'的条件，让'凶杀案'重演——故障再现！"为什么？

史春洁说："因为简单地把不良品摁到责任人身上，让他们买回去不是我们的目的，让他们挣钱才是我们的目的！"

买回去不良品，一是要责任人引起重视，'长记性'；二是要弄清楚问题到底出在哪里，所以必须故障再现！这样才能帮'凶手''改邪归正'，以后不再成为'凶手'，帮他挣钱！否则，只单纯地要钱就是变相的'以罚代管'，我们找'凶手'就没有任何意义！"

"所以，门子上划了一道杠我们也要看看凶器到底是什么，怎么划的！"史春洁本部长说："因为故障再现是为了让'凶手'越来越少，让我们漂漂亮亮的'孩子'不再'被害'！"

本部分资料来源于刘进先《自主创新，海尔之魂》p64-70

## 二、企业围墙之内无名牌

海尔认为，名牌不是评出来的，也不是检测出来的，它必须得到市场的认可，因此海尔提出了“企业围墙之内无名牌”的观念。

青岛电冰箱总厂作为轻工部最后一家电冰箱定点生产厂家成立后，面临的市场形势是非常严峻的。当时，国内电冰箱生产厂家已达100多家，产品品种众多，不少产品都是省优、部优，在市场上有相当的竞争力，家电王国日本的冰箱产品也充斥着市场。创业刚起步，客观上已落人后，在分析了当时冰箱市场形势后，既明确了市场竞争的激烈程度，也发现一个重要问题，市场上并没有“名牌”冰箱。针对这种情况，青岛电冰箱厂要在这种市场中获得自己的一席之地，并取得长远快速发展，就必须依靠卓越的产品，卓越的服务，创出名牌的冰箱，以便同市场中数目众多、质量参差不齐的其他冰箱相区别，进而领导市场，打破一百多个牌号冰箱平分市场的格局。

当时在连工资都发不出的极其困难的条件下，提出创名牌的目标，主要从观念抓起。海尔抓的第一个观念就是“有缺陷的产品等于废品”。对于当时的企业来讲，树立这个观念就等于跳过了生死线。因为在那个年代，很多行业的产品还是分一、二、三等品和等外品，只要生产出来就能出厂。也正是因为在质量上留有后路的观念和习惯，使职工丧失了追求高品质的意识。海尔做的具体工作就是砸烂了76台有缺陷的冰箱，使创名牌的思想深深扎根于广大职工脑海。

质量和服务是海尔品牌市场竞争力的两大基础。产品质量是品牌生命的基础。海尔的名牌之路就始于质量管理。在整个质量管理过程中，海尔采取了日清管理法，海尔人把它叫做“OEC管理法”，也就是“日事日毕，日清日高”，今天的工作必须完成；今天完成的工作必须比昨天有质的提高；明天的目标必须比今天更高。

海尔付出的努力终于得到回报，1988年，海尔获得了中国冰箱行业历史上第一枚质量金牌。1989年，冰箱市场发生“雪崩”的时候，冰箱厂纷纷降价以求生存，海尔反而做出了将价格提高10%的大胆决策，结果消息公布以后，海尔冰箱厂门前车水马龙。这出乎很多人的预料，但也充分说明海尔专心致志创名牌的战略符合了消费者的需求。所以，在产品畅销的时候，海尔没有盲目扩大产量，而是在保证质量的前提下不断扩大生产规模。具体来说就是把生产规模的扩大与职工素质的提高联系在一起。在刚生产冰箱时，由于职工素质太差，海尔的生产规模很小，每年只能生产1万台，以后逐渐增加到3万台、5万台。尽管当时市场对电冰箱的需求量很大，但海尔宁可牺牲利润，也要保证质量。海尔现在控制数量，并不是由于职工的素质问题，而是采取市场细分化原则，海尔每年生产200万台冰箱，这个总数并不小，但平均到每个规格品种，就只有5万台左右，所以有些品种形成供不应求的局面。

随着家电市场竞争的激烈，国内各家电企业也开始注重产品质量，而这时海尔却把重点转向服务。这是因为：在产品供不应求的情况下，名牌的主要内涵就是质量，当供求关系发生了，服务就成了一个非常重要的因素。但在产品服务上，海尔与其他企业有观念上的差异。首先,海尔不仅仅强调售后服务,还强调售前、售中服务,到目前为止已全部实现国际星级服务。一般企业强调的仅仅是产品的维修,海尔却认为服务不仅仅是维修、安装、答疑等,还是了解消费者的意见、需求,以便进行产品再开发,再改进的重要途径。"用户的难题就是我们的课题",根据这一理念,海尔开发了"小小神童"洗衣机,"画王子"冰箱,"大地瓜"洗衣机等能够满足用户潜在需求的新产品,从而创造了崭新的市场。

"用户永远是对的",海尔根据这一理念进一步形成"真诚到永远"的全方位承诺,"国际星级服务一条龙"新概念,使海尔品牌与用户之间形成一种亲情般的关系。海尔在服务上对自己要求,一是不断向用户提供意料之外的满足;二是让用户在使用海尔产品时毫无怨言。目前海尔在全国各大城市都设立了"9999"售后服务热线,用户只需一个电话,剩下的事全有海尔来做,在海尔与消费者之间架起了一座座"心桥"。海尔人的真诚服务得到了用户的赞誉,提高了海尔品牌的美誉度,这是海尔的无形财富,也是海尔的动力源泉。

从1984年至1991年,海尔只生产一种产品——电冰箱。从1992年到1995年,海尔品牌逐步延伸到电冰柜、空调等制冷家电产品。1997年,海尔又进入黑色家电领域,1999年,海尔品牌的电脑成功上市,现在海尔集团已拥有包括白色家电、黑色家电、米色家电在内的69大门类18000多个规格品种的家电群,几乎覆盖了所有家电产品,在消费者心目中树立了海尔家电王国的形象。随着海尔人根据消费者的需求对市场不断细分,"敢于创新、精益求精,真诚、负责、高品位"等品牌个性逐步形成。

## 三、品牌形象提升品牌价值

海尔在其发展过程中,通过三次更改品牌形象,建立起长期稳固的视觉符号形象,抛开抽象图形符号标志,追求高度简洁的设计,顺应了世界设计趋势。品牌形象还需要通过广告等传播媒介的宣传,才能为社会公众所共知。海尔就是通过各种媒体的广泛宣传,树立了海尔品牌的"真诚到永远"的形象。

### 1.品牌识别的及时调整:提高品牌的易接受度

海尔在1985年引进德国"利勃海尔"公司先进技术和设备生产出亚洲第一代"四星级"电冰箱,为体现双方的合作,显示海尔产品的高科技含量(即表示海尔的技术引自于国外先进生产厂家),将产品定名为"琴岛—利勃海尔",标识以德方标识为基础,略加笔划而成,从当时冰箱装饰考虑,成功地设计了象征中德合作的儿童吉祥物,这些视觉及名称,是海尔产品的第一代识别,这些识别向社会一方面传送了海尔品牌高科技含量的信息,另一方面也体现了中外合作友好的含义,通过大量的广告宣传配合高质量、优质服务的产品对海尔品牌的发展起到了积极的作用。

随着企业的发展,产品的畅销,出口量的不断增加,企业与产品的标志与德方近似,不仅影响到了国际市场拓展,而且企业名称"青岛电冰箱总厂"与产品名称"琴岛——利勃海尔”不统一、不利识别等弊端显露出来，经过几次变更，1991年企业名称简化为“青岛琴岛海尔集团公司”，产品也同步过渡为“琴岛海尔”牌，实现了企业与产品名称的统一，与此同时导入CI理念，并推出了以“大海上冉冉升起的太阳”为设计理念的新标识，以及“海尔蓝”企业色，形成了集团CI的雏形，这一阶段，是海尔的第二代识别。

1993年5月，经过深入调研，海尔集团将第二代识别中图形标识去掉，将企业名称简化为“海尔集团”，将英文“Haier”作为主识别文字标识，不仅实现了集商标标识、企业简称于一身，而且信息更加凝练，在设计上实现了简洁、稳重、大气，有信赖感和国际化，为推广“Haier”，以中文“海尔”及两个儿童吉祥物与“Haier”组合设计辅助推广，建立起了长期稳固的视觉符号形象。这种抛开抽象图形符号标识，追求高度简洁的超前做法，顺应了世界设计趋势，为海尔品牌知名度的提高奠定了形象基础，这对提高海尔的知名度，提升海尔的品牌形象起到很大的作用。例如海尔出口到欧共体的空调器，整体形象的策划，从Haier这几个英文字母到两个小孩，在国际上评价都比较不错，特别是这两个娃娃，法国的女士非常喜欢，而且一定要求把这两个小孩贴上，因为在他们看来这是识别海尔的一种标志。在此基础上，海尔集团把企业品牌识别系统当作一个过程，而不是一种表现形式，在企业发展中，以务实的态度不断完善企业视觉识别各要素，经过了改进、否定、再改进的不断反复。

海尔品牌形象识别的三次演变互相连贯，逐步简化，以极少的宣传投入，成功地实现了自然过渡。从时间上看，海尔集团的企业品牌识别的演变也反映出海尔集团发展的飞跃。

**2.正确进行品牌定位：树立海尔产品独特个性**

海尔在电冰箱的基础上，经过多年的扩张，又发展成电冰箱、空调器、微波炉、洗衣机、展示柜、小家电、微电脑、移动电话、洗碗机等69大门类产品，18000多个品种，这么庞大的产品家族，没有完整、系统的品牌定位策略，无疑会导致市场的混乱。海尔的做法是首先将集团品牌划分为企业牌(产品总商标)、产品牌(产品类别名称)、行销牌(产品销售识别名)三个层次。从家电的长线产品考虑，海尔集团将各类家电产品统一以“海尔”总商标命名，最大限度地发挥了“海尔”名牌的连带影响力，同时大大降低了广告宣传中的传播成本。

围绕上述三层次集团品牌的划分，公司将海尔产品定位在名牌产品的高层次上，并相应展开各层次的广告活动，如电视广告在海尔集团总形象篇下，相继完成“服务篇”、“技术篇”等具体诠释、深化、丰富集团形象“真诚到永远”的内涵，避免空洞。由于每一产品类别中有众多的产品，公司将每类产品归纳出一形象用语，如海尔冰箱的“为您着想”，海尔空调的“永创新高”，海尔洗衣机的“专为您设计”，海尔电脑的“为您创造”等，使消费者对该类产品有一总体认知。在此基础上，公司将主要产品型号根据其主要功能制作出产品“功能广告”片，对“共性”的认识做个性的说明，供不同需求的消费者选择。这三层次统一结尾标版，配合周密的营销推广媒介策略，互相补充，层次分明,主题突出,产生了很好的市场效果。

通过上述市场运作,成功地塑造了海尔大型名牌家电企业集团的形象,扩大了海尔品牌的知名度。

## 第二节 吃"休克鱼"式的多元化(1992年—1998年)

通过实施名牌战略创立了海尔的名牌形象后,海尔已不满足于单一产品和小规模生产的局面,海尔知道:品牌+规模是企业在市场竞争中立于不败之地的重要法宝。因此,从1992年开始,海尔从一种产品开始向多种产品扩张,全面实施多元化战略。通过兼并、收购、合资、合作等手段,迅速由单一的冰箱产品进入冷柜、空调、洗衣机等白色家电领域,1997年,以生产数字彩电为标志,海尔又从白色家电领域进入黑色家电领域;1998年,海尔又涉足国外称之为米色家电领域的电脑行业。在进行扩张时,海尔以"吃休克鱼"的方式进行资本运营,坚持以无形资产盘活有形资产,即以经过实践检验的具有海尔特色的先进管理理念、管理方法盘活被兼并企业的员工,进而盘活企业的闲置资产,既保证了资本运营的成功率,又实现了低成本扩张,达到了在最短的时间内把海尔的规模做大、把企业做强的目的。

海尔的第一个产品做了七年,进入第二个领域用了三年半,以后进行多元化经营的周期愈来愈短,成功地实现了高速成长和品牌扩张。从海尔的多元化实践中,张瑞敏总结道,企业多元化经营要具备两个条件:一是主体企业要具备优势,其内部的管理模式是一流的,并与世界接轨,其外部市场上的产品在同行业名列前茅;二是目的要明确,不是为了简单的外延,而是为了实质的发展,不是为追求形式上的大,而是为了实质上的强。张瑞敏还提出了新行业选择的两大原则:一是把自己熟悉的行业做大、做好、做强,在这个前提下再进入与这个行业相关的产品领域。先是发展与相关系数接近的产品,再发展与相关系数较远的产品,再发展与相关系数更远的产品,甚至进入一个新行业。做到一定规模之后,一定要成为这个行业的前三名。张瑞敏提出的两个条件和两大原则,非常值得中国企业借鉴和运用。

### 一、多元化的过程

#### 1.单一产品——电冰箱

自1984年到1991年底7年的时间内,海尔只生产一种产品——电冰箱,是一个专业化经营企业。1991年海尔集团销售收入7.24亿元,利润3118万元,"海尔"牌电冰箱成为中国电冰箱史上第一个国产金牌,是当时中国家电唯一驰名商标,并通过美国UL认证出口到欧美国家。同时,海尔集团OEC管理法基本形成,全国性销售与服务网络初步建立起来。

**2.制冷家电——电冰箱、电冰柜、空调**

1991年12月20日，以青岛电冰箱总厂为核心，合并青岛电冰柜总厂、空调器厂，组建海尔集团公司，经营行业从电冰箱扩展到电冰柜、空调器。到1995年7月前，海尔集团主要生产上述制冷家电产品，即海尔集团用了3年的时间进入电冰柜、空调行业，并使其产品成功地成为中国的名牌产品。1994年海尔集团销售收入25.6亿元，利润2亿元。

**3.白色家电——制冷家电、洗衣机、微波炉、热水器等**

1995年7月，海尔集团收购名列全国三大洗衣机厂的青岛红星电器股份有限公司，大规模地进入洗衣机行业。其后通过内部发展生产微波炉、热水器等产品。1997年8月，海尔与莱阳家电总厂合资组建莱阳海尔电器有限公司，进入小家电行业，生产电熨斗等产品。到此，海尔集团的经营领域扩展到全部白色家电行业，其时间是两年。

**4.全部家电——白色家电、黑色家电**

1997年9月，海尔与杭州西湖电子集团合资组建杭州海尔电器，生产彩电、VCD等产品，正式进入黑色家电领域。到此，海尔集团几乎涉足了全部的家电行业，成为中国家电行业产品范围最广、销售收入超过100亿元的企业，与此同时，海尔集团还控股青岛第三制药厂，进入医药行业；向市场推出整体厨房、整体卫生间产品，进入家居设备行业。

**5.进军知识产业**

1998年1月，海尔与中科院化学所共同投资组建"海尔科化工程塑料研究中心有限公司，从事塑料技术和新产品开发；4月25日，海尔与广播电影电视总局科学研究院合资成立"海尔广科数字技术开发有限公司"，从事数字技术开发和应用；6月20日，海尔与北京航空航天大学、美国CMOLO公司合资组建"北航海尔软件有限公司"，从事CAS/CAM/CAE软件开发。这表明，海尔集团开始进入知识产业，而且上述知识产业的产品都是海尔集团未来发展所需要的，两者形成一体化关系。

## 二、多元化的特点

**1.根据企业能力控制多元化的节奏**

这有两层含义：一是企业能力与多元化的节奏相配合，即能力一般时，节奏就慢一些，能力较高时，节奏就快一点；二是随着企业能力的提高，多元化的节奏也逐步加快。

海尔坚持了7年的专业化经营，在管理、品牌、销售、服务等方面形成了较具优势的企业能力。以这些能力为基础，海尔集团从1992年开始进入冰柜和空调行业，实施多元化经营。海尔在制冷家电行业经营三年半后即1995年7月才大规模进入洗衣机行业。在这三年半的时间里，海尔集团把原来的电冰箱行业建立起来的企业核心能力扩展到整个制冷家电行业，并有较大的提高。在此基础上，海尔进入洗衣机、热水器、小家电、微波炉、洗碗机等行业，其经营领域覆盖几乎全部的白色家电产品。

海尔在上述白色家电行业经营两年后即1997年9月进入黑色家电行业，生产彩电、VCD、传真机、电话等产品。同时，海尔还向市场推出整体厨房、卫生间产品，进入家居设备行业。1997年是海尔进入新行业数最多的一年，除彩电、VCD、家居设备外，还进入了生物医药行业。这个快节奏基于海尔集团1984年—1996年13年所形成的企业能力。

1998年上半年，海尔大举进入知识产业，主要从事海尔集团所需要的新技术和新产品开发，这是一种纵向一体化发展，将有力地提升海尔集团的总体技术能力。

由此可见，海尔进入新行业的节奏是稳健的，基本上是量力而行、步步为营地发展，其核心基础是海尔不断提高的企业管理、品牌及销售服务能力。

### 2.根据行业相关程度进入新行业

多元化经营的成功率与新老行业之间的相关程度呈正相关，相关程度高，成功率高，相关程度低，其成功率低。海尔集团的多元化正是根据行业相关程度，从高相关，到中相关，再到低相关顺序发展的。

1992年海尔进入的冰柜和空调行业与1992年以前经营的电冰箱行业存在高度的相关性：①技术方面的核心技术是同一的，即制冷技术，其它生产工艺技术亦是高度相关；②市场方面的销售渠道和用户类型是同一的，只是空调产品需提供安装服务，与商用冰柜的用户稍有不同。

1995年海尔进入的洗衣机行业与以前的制冷家电行业存在较高的相关性：①技术方面有中度的相关，但洗衣机生产技术低于制冷家电，因此，技术协同作用较明显；②市场方面，品牌、销售网络等资源可以完全共享，是高度相关的。

1997年海尔进入的彩电等黑色家电行业与以前经营的白色家电行业存在中度的相关性：①技术方面：白色家电的关键技术是设计，根据不同地域市场要求设计出适应的产品，而黑色家电大多是以电子技术为核心，两者之间技术相关性是低度的；②市场方面，品牌及销售资源是高度相关的。

1997年海尔进入的家居设备行业与家电行业存在中度的相关性：①技术方面除利用家电技术外，还需要一些其他技术，因此是低度相关的；②市场方面可利用家电的销售服务网络，再增加安装服务，因此是高度相关的。

1997年海尔进入的医药行业，与家电行业在技术和市场方面均是无相关的。这也许是海尔集团未来进军生物工程领域的战略准备行动。

### 3.针对不同情况采取不同的进入方式

进入新行业一般有三种不同的方式：一是内部发展，主要依靠企业自身的经营资源进入新行业;二是外部并购,通过合并收购其它企业进入新行业;三是以合资合作为主的战略联盟,通过与其它企业建立合资合作等形式的战略联盟进入新行业。这三种方式各有不同的适用范围、条件,各有不同的优点和不足,对经营资源差距的缩小各有不同的作用。

海尔集团进入新行业的方式是综合运用的,即根据不同的具体情况选择较为合适的方式。例如,海尔采取内部发展方式进入的新行业主要是家居设备行业,因为这个行业技术是综合性的,海尔集团在其组成技术上均有相当的积累,而且销售资源可以共享,所以内部发展较为合适;海尔采取外部并购方式进入的新行业主要有:空调、冰柜、洗衣机、微波炉等,这方面有一定的行政因素起作用,但由于海尔本身拥有较高的管现能力、品牌价值和良好的销售服务网络,收购后的企业经营也获得成功;海尔采取合资方式进入的新行业主要有:小家电、彩电、知识产业等,这种方式利用了合资方的经营资源优势,缩小了进入新行业的经营资源差距。

**4.进入某行业后,通过扩大产销规模努力成为全国同行业的前三名**

电冰箱是海尔集团的本业,至今仍然是海尔集团最大的行业,1997年电冰箱占总销售收入的40%,1992年后海尔开始多元化经营,但一直坚持扩大电冰箱行业的产销规模,(1984—1997年冰箱产量平均增长速度为l31%),除自身在海尔工业园扩大生产规模外,还在1997年底与贵州航天集团合资组建“贵州海尔电器有限公司”生产电冰箱,在国外,1996年海尔集团还在印尼、菲律宾建合资工厂,在当地生产并销售电冰箱等产品。

冰柜、空调是海尔集团多元化初期进入的行业,为扩大产销规模,I995年12月海尔集团首次跨地区经营,收购武汉蓝波希岛公司60%的股份,生产冰柜和空调产品,此外,海尔还和日本三菱重工合资在青岛生产空调,产品全部出口。1997年海尔空调在中国产销量与格力、春兰并列第一。

洗衣机是海尔集团的支柱产业之一。当海尔集团将红星电器改组并在经营走上正轨后不久,1997年3月海尔与广东爱德集团合资组建顺德海尔电器有限公司,海尔以借款方式持股60%,主要生产洗衣机产品。此外,海尔集团还于1996年在马来西亚合资建厂,在当地生产并销售洗衣机。

彩色电视机是海尔集团较晚进入的一个新行业。海尔以合资方式进入这个行业,利用杭州西湖电子集团的生产线迅速地向市场推出“探路者”电视机,在北京市场占有率一度高达35%。在其后4个月,海尔集团整体收购安徽黄山电子集团,彩电规模进一步加大。

## 三、吃“休克鱼”式的兼并扩张

海尔的兼并扩张不是摸着石头过河,而有一套自己首创的理论,有一套行之有效的做法。正是这套独特的理论和方法,保证了海尔18项兼并扩张案例个个成功,其中有的案例堪称经典之作。

**1.“吃休克鱼”理论**

人们习惯上将企业间的兼并比作“鱼吃鱼”，或是大鱼吃小鱼，或者是小鱼吃大鱼，从国际上看，企业间的兼并重组可以分成三个阶段：

先是“大鱼吃小鱼”，此时技术含量尚未成为竞争的决定因素，企业的资本存量、经营规模决定着竞争的成败，兼并重组的主要形式是大企业兼并小企业；

再是“快鱼吃慢鱼”，此时技术含量的作用已经超过资本的作用而成为决定性的因素，谁占领了技术制高点，谁就在竞争中赢得了主动，兼并重组趋势是资本向技术靠拢，新技术企业兼并传统产业。

然后是“鲨鱼吃鲨鱼”，这时的“吃”，已经没有一方击败另一方的意义，而是我们常说的所谓“强强联合”。这是资本高度集中、技术飞速发展、世界经济日趋一体化的今天，企业兼并重组的最高形式。

海尔吃的是什么鱼呢？海尔人认为，他们吃的不是小鱼，也不是慢鱼，更不是鲨鱼，而是“休克鱼”。

什么叫“休克鱼”？张瑞敏的解释是：鱼的肌体没有腐烂，比如企业的硬件很好，而处于休克状态，比喻企业的思想、观念有问题，导致企业停滞不前。这种企业一旦注入新的管理思想，有一套行之有效的管理办法，很快就能够被激活起来。

“吃休克鱼”的理论为海尔选择兼并对象提供了现实依据。海尔看重的不是兼并对象现有的资产，而是潜在的市场、潜在的活力、潜在的效益。海尔18件兼并案中有14件是按照“吃休克鱼”的模式进行的，14家被兼并企业的亏损总额达到5.5亿元，而最终盘活的资产为14.2亿元，成功地实现了1+14>15的低成本扩张的目标。

**2.“鱼的四种吃法”**

海尔兼并重组的十几家对象企业分属不同的所有制、不同的地区、不同的行业。根据各自不同的情况，海尔探索了不同的兼并重组形式，归纳海尔的做法，主要有四种形式：

(1)整体兼并。也就是依托政府的行政划拨实现企业的合并，比如对红星电器公司的兼并。红星电器曾是我国三大洗衣机生产企业之一，年产洗衣机70多万台，拥有3500多名员工，但由于经营不善，企业亏损1亿多元。1995年7月，青岛市政府决定将红星电器公司及所属5个厂整体划归海尔。兼并3个月后扭亏，半年后盈利151万元。

(2)投资控股。整体兼并更多地出现在同地区、同一行业企业间的兼并中，而跨地区、跨行业的兼并则主要依靠投资控股的形式。1995年12月海尔收购武汉冷柜厂60%的股权，迈出了跨地区经营的第一步。1997年3月，海尔再度挥师南下，出资60%与广东爱德集团公司合资组建顺德海尔电器有限公司，并创下了“一个月投产，第二个月形成批量，第三个月挂牌”的“海尔速度”。

(3)品牌运作。品牌是一种标志，代表的是以企业文化为内涵的无形资产。在通过运作资本实现兼并扩张的同时,海尔开始以无形资产调控、盘活有形资产的尝试。山东莱阳家电总厂生产的“双晶”牌电熨斗曾名列行业三大名牌之一。1997年1月,海尔与莱阳家电总厂以“定牌生产”的方式合作推出了海尔“小松鼠”系列电熨斗。8月,又进一步组建了莱阳海尔电器股份有限公司,海尔首次以无形资产折股投入合资企业,开辟了低成本扩张的新途径。

(4)虚拟经营。所谓“虚拟经营”,既是品牌运作的一种高级形式,又是海尔“先有市场,后建工厂”经营理念的具体体现,这种重组方式已经超越了“吃休克鱼”的模式,而是通过强强联合,优势互补,新造了一条活鱼,与杭州西湖电子集团的合作就是海尔虚拟经营的成功尝试,从这个意义上说,海尔不仅是市场的探路者,也是扩张重组新形式的探路者。

## 附录——海尔兼并扩张的经典案例

从1991年起海尔就在实施资产扩张战略,先后兼并了原青岛空调器厂、冰柜厂、武汉希岛、红星电器公司等18家大中型企业,盘活存量资产达15亿元之多,成为中国第一家特大型家电企业。

在这18家被兼并的企业中,海尔认为对红星电器的兼并是最成功的一次,因为在这次兼并中海尔没有投入一分钱,只是用自己的品牌和管理等无形资产入股,在短时间内就使红星扭亏为赢并且成为海尔洗衣机的重要组成部分。顺德海尔则是海尔按照市场经济原则操作较为规范的一次并购,虽然当地政府起了不小的作用,但不像红星是由青岛市政府直接划归海尔的。

### 案例一:海尔整体兼并红星电器公司

1.背景

1991年由青岛电冰箱总厂、青岛电冰柜总厂和青岛空调器厂组建而成的琴岛海尔集团公司,1993年9月更名为海尔集团,产品以制冷设备为主。1993年7月集团与意大利梅洛尼设计股份有限公司合资创办琴岛海尔梅洛尼有限公司,开始生产滚筒洗衣机。而青岛红星电器公司曾是我国三大洗衣机生产企业之一,拥有3500多名员工,年产洗衣机达70万台,年销售收入5亿多元。但从1995年上半年开始,其经营每况愈下,出现多年未有的大滑坡现象,前景堪忧。为了盘活国有资产,1995年7月4日,青岛市政府决定将红星电器股份有限公司整体划归海尔集团。

2.并购目的

海尔洗衣机当时以滚筒为主,产品系列比较单一,要想扩大自己的市场份额,它必须扩大生产能力,提高产品线的长度。红星作为一个老牌的洗衣机生产厂,其设备、技术以及工人的熟练程度在当时都应是相当好的,它所缺乏的主要是科学的管理和市场导向的生产经营模式,而海尔正是以管理和出色的市场观念而著称,因此它们的结合有着极大的合理性。市政府的出面使得这一并购进行得十分顺利，而且由于是由市政府将红星整体划归海尔，不需海尔出资，这大大降低了并购成本。通过这一并购，新成立的海尔洗衣机有限公司不仅将原有的生产能力提高了一倍，产生了规模经济，并且极大地丰富了自己的产品线，大大增强了自己在洗衣机市场上的竞争能力。

3.并购经过

(1)文化先行

1995年7月4日，海尔电冰箱股份有限公司副总经理柴永森奉命来到由红星电器公司更名的海尔洗衣机有限总公司，就任党委书记兼总经理。划归之初，张瑞敏便确定一个思路，海尔的最大优势是无形资产，注入海尔的企业文化，以此来统一企业思想，重铸企业灵魂，以无形资产去盘活有形资产，这是最重要的一着。

时任海尔集团副总裁杨绵绵首先率海尔企业文化、资产管理、规划发展、资金调度和咨询认证五大中心的人员，在划归的第二天便来到红星电器公司，开始贯彻和实施"企业文化先行"的战略。"敬业报国，追求卓越"的海尔精神开始植入并同化"红星"的员工们。随后，张瑞敏又亲自到"红星"，向中层干部们讲述他的经营心得，解释"80/20管理原则"，灌输"关键的少数决定非关键的多数"这个"人和责任"的理念。

"企业最活跃的因素就是人，而在人的因素中，中层以上管理干部虽是少数，却在企业发展中负有80%的责任。"

令"红星"中层干部们耳目一新的"80/20原则"，关于解决例行问题和例外问题要用不同方法的"法约尔跳板原则"，以及引用的中华民族的古训"德，才之帅也；才，德之资也"，唤起了"红星"广大中层干部的进取心，鼓起了他们奋发向上争一流的风帆。张瑞敏进而从分析企业亏损引申出海尔OEC管理，要求大家从我做起；从现在做起，从我出成果，从今天出成果；全方位地对每天、每人、每件事进行清理、控制，日事日毕，日清日高。

他提出，当前要群策群力，从三方面做起：一是以市场为中心，卖信誉，不是卖产品，一切工作都要围绕顾客需要和市场满意来做；二是降低成本，增加盈利能力，用最小投入得到最大产出；三是从现在起，每天做出计划，目标量化分解到人，抓紧抓死，要在2至3年内争创中国洗衣机第一名牌，最终在国际上创名牌。

(2)"范萍事件"

应该说3500多名红星电器公司员工，对企业划归"海尔"表示了欢迎和拥护的态度，但由于企业文化、企业管理、员工素质等方面的差异，人们对海尔的管理方法，在理念上存在着认识偏差。海尔的管理指导思想立足"以人为本"。对此，以柴永森为首的新领导班子，没有简单地采用单纯说教的方式，而是抓住发生在员工身边的典型事例来引导人们自觉地进行观念上的转变。

一天，洗衣机生产车间发生了这样一件事，质检员范萍由于责任心不强，造成选择开关插头插错和漏检，被罚款50元。这本是一件小事，因为过去企业发生质量问题从来都是罚一线工人，但若是用海尔的管理观念来看这件事，则不应该如此简单处理，当事者周围的干部们更应当逐级承担责任。针对这件事，他们利用集团主办的《海尔报》，开展了《范萍的上级负什么责任》的大讨论，并配发了评论《动真格的，从干部开始》。以此为出发点，柴永森督促下级部门迅速处理企业数年来的洗衣机库存返修问题，但拖拉惯了的下级部门认为此事无关紧要，并没有按期照办，柴永森据此引咎自罚了300元。

全新的海尔管理，使原红星人受到震撼，尤其是广大干部，开始认识到管理的差距与不足了。干部红黄榜迅速设立，先后有10位干部对自己的失误进行了自罚，许多长期难以根除的质量、供货、干部作风等问题由此得到解决。抓住员工观念已有所转变的时机，柴永森组织全体员工分批参观海尔电冰箱等企业，使他们亲眼目睹海尔科学有序的管理现场，集团OEC管理，寻找自身差距。海尔现场管理的精髓是“责任到人”、“人人都管事，事事有人管”，除去生产环节，哪怕是车间里一扇窗户的玻璃，其卫生清洁也有指定员工负责。而红星公司现场管理最大的弊病就是责任不清，出了问题谁也不负责任。参观回来后，该公司各分厂都把严抓现场管理，落实每人、每天的责任，作为开展工作、上水平的突破口。各分厂领导每天至少有6小时靠在现场，抓薄弱环节，解决实质问题，促使现场管理水平每天都有提高。过去现场管理较差、各种物品乱堆乱放的总装分厂，现场面貌从此变得整洁而有条理，崭新的《现场管理区域图》挂在车间大门处；最优、最差车间主任、员工及评比缘由，以及提醒大家注意的当日工作重点等，都工整地书写在黑板报上；日清栏内质量、生产、物耗管理、设备、文明生产、工艺、劳动纪律等条目标注清晰，一目了然；车间地面上新画的区域槽线，将各种物品的设置，界定了归位明确的界限。现在，该公司各分厂均改变了过去那种从投入到产出的无序状态，形成了系统管理。

（3）市场理念的导入

“我们一切工作的效果，最终是通过市场来反映的。”海尔集团这个经营理念，在海尔洗衣机有限总公司得到再次印证。在新理念的导向下，该公司一切工作都围绕市场展开：

建立健全了质保体系，建立了行之有效的奖罚制度，使产品走向市场有了可靠保证。

建立高效运作机制，全面调整内部机构。撤销34个处室，成立销售部、财务部、制造部、技术质量部、综合部和科研所，实行5部1所管理。按照“公开竞争、择优上岗”原则，中层干部由105人减至45人。

改革干部制度，变“相马”式的干部提拔制度为“赛马”式的竞争制度。公开招聘、选拔一流人才，充实各部门干部岗位，仅销售部门即招聘了50多位大专学历以上的营销人员。崭新的用人观念，调动了干部的积极性，给企业人才市场注入了活力，也使洗衣机营销系统寻找到新的启动点。

海尔集团还有条营销理念是：“只有淡季思想，没有淡季市场，越是淡季越应该做工作，越是淡季做工作越能收到效果。”过去，该公司营销人员在夏季前后的洗衣机销售淡季，常常是待在企业里扎堆。为改变营销人员的旧观念、旧习惯，该公司临时筹措出差的资金，发动营销人员在淡季走向全国各地卖场，强大的"淡季攻势"果然使沉寂的洗衣机市场红火起来了。

1995年底，该公司又根据争创中国洗衣机第一名牌这个目标要求，进行了力度较大的产品结构调整，下马了一批商场滞销产品，同时确立了加速开发市场畅销的"小神童"、"小神泡"系列洗衣机目标，保证每月开发一种新产品。

4.整合的成效

企业在划归后不久，通过引进海尔竞价模式，使每台海尔5公斤洗衣机的配套成本降低15.3元，按每年60万台产量计算，1年可降低成本近1000万元。在划归后的第三个月里，公司实现扭亏为盈。9月盈利2万元，10月盈利7.6万元，11月盈利10多万元，12月一个月盈利150多万元，企业出现了越来越好的发展态势。据国家权威部门最近统计，该公司洗衣机销量已从1995年7月份的全国第七位上升为1995年底的第五名；全国市场占有率增长3.7%。1996年海尔洗衣机发展势头更快，一次性顺利通过了ISO9001国际质量认证，并囊括了洗衣机行业几乎所有的最高荣誉：荣获中国洗衣机"十佳品牌"第一名；出口量全国第一，仅一个品种出口日本就占日本进口总量的61%，占中国出口日本的91%，中国每出口两台全自动洗衣机就有一台是海尔出口的；国家质量抽检连续两年荣登榜首，其中全自动洗衣机无故障突破了7000次大关，达到国际新水准；荣获全国消费者欢迎产品第一名，九七购物首选品牌第一名。目前，海尔洗衣机已拥有8大系列50多种规格洗衣机产品，成为中国同时也是世界唯一一家可同时规模生产欧、亚、美三种规格洗衣机的企业。

## 案例二：海尔并购控股顺德爱德集团

1.背景介绍

爱德集团是坐落在顺德市的家电企业，其生产的爱德牌电饭锅的产量规模和市场覆盖率在同行中多年一直占据第一，1996年市场占有率高达26.2%。1991年，爱德集团开始实施"小家电"向"大家电"转移的结构调整战略，当年便投资生产20万台中国第一代大容量全自动洗衣机，借助爱德这块名牌，产品曾风行一时。但随着竞争的加剧，尤其是"洋名牌"的冲击，爱德洗衣机愈来愈力不从心，两年来一直处于停产或半停产状态，企业债务缠身，于1996年7月正式宣布停产。公司高层决定寻求一家有实力的家电厂商合作重振山河。此时的海尔在国内外已经有了相当的影响力，因此，双方具有了合作的意向。

对爱德来说，看重的是海尔的品牌、质量和发展势头。爱德集团总经理李文坚说，能和中国家电的"领头羊"合作，爱德未来的发展也一定能呈现"超常规"发展。这就是爱德加盟海尔的初衷。而对海尔来说，国内洗衣机市场发展迅速，享有中国家电第一集团之称的海尔自然想在洗衣机市场上有所作为。爱德集团本身有着较强的实力，而且地处临近港澳、东南亚市场的广东顺德，对于想通过并购快速扩张的海尔有着较大吸引力。而且，顺德作为中国改革的前沿地区，其优越的政策环境和人文环境也是其他地方难以比拟的。

2.并购过程

1991年3月13日，海尔集团跨过长江，南下挺进中国改革开放的最前沿阵地广东顺德市，以控股投资的方式，与赫赫有名的广东爱德集团公司合资组建顺德海尔电器有限公司。

总结接管红星等企业的经验，这次海尔依然是以文化导入为主要手段，派出了企业文化中心主任苏芳雯和海尔洗衣机公司总经理柴永森一行前往顺德。他们的使命有两项，一是向爱德集团员工传播海尔企业文化，实施“观念先投入”；二是切身感受、交流并吸收南国重镇改革开放的新信息、新观念，进行南北企业观念上的优势互补，使海尔企业文化的内涵更丰富、更深厚。在此之前，海尔就以观念和企业文化等作为最大的投入，在不注入资金的情况下将红星电器公司从负债累累的破产边缘救活过来，一年半时间便创出了中国洗衣机第一名牌的奇迹。

在爱德洗衣机公司全体中层以上干部会上，苏芳雯详细讲述了海尔怎样从12年前的一家亏损小厂一跃成为年销售额超过60亿、利润超5亿元的中国第一名牌家电企业的辉煌历程，讲述了海尔为什么能用10年时间便走完国际同行需用50年才能走完的路，讲述了什么叫“星级服务”，什么叫“真诚到永远”，讲述了海尔人与爱德人将怎样携手并肩，共创美好明天。爱德大多数干部听了海尔的文化介绍后，都从内心感受到鼓舞，感受到踏实、充实，打消了许多顾虑，坚定了与海尔合作的信心。

海尔洗衣机公司派出赵振中任顺德海尔公司总经理后，他不住爱德集团安排好的“贵宾楼”，而住进企业设施简陋的招待所里，他每天和职工们一同下车间，一同加班，一同在职工食堂就餐。这位海尔老板无私奉献、敬业报国的行为，深深打动了爱德员工的心。赵振中却说，因为我所做的一切不仅代表着海尔形象，也代表着青岛企业形象。在公司上下一心奋战10多天后，原已停产半年之久的洗衣机总装线已全面恢复运转，在家待业的爱德员工也全部回厂上班，原定5月中旬正式出产品，提前到4月中旬，以海尔命名的新一代电脑控制全自动洗衣机从顺德走向市场，走向世界。

3.并购特点

与红星案例不同，这一次并购是跨地区进行的，当地政府的态度对于并购能否顺利进行起着至关重要的作用。务实精明的顺德人此时展现出了他们的远见。顺德市以及爱德集团所在的桂洲镇对此次并购都表示了支持，地方政府支持爱德选择与海尔这个中国大家电第一品牌合作，他们认为得益的不仅仅是爱德，对全镇所有企业的技术水平，管理水平和营销服务水平等，都将得到极大的提高和促进。此次爱德集团与国内最有名、实力最强的海尔集团合作，就是顺德实施第二次创业的突破口，在全市震动和反响都很大，为顺德企业如何吸引名牌大企业提供了现实可行的经验，市委市政府对此非常重视和支持。顺德地方政府起到了极大的促进和推动作用，这至少表现在下面两个方面：一是他们的支持直接促成了爱德与海尔的合作；其次，地方的支持使得并购方对被并购方的整合与重组得以顺利进行，在很短的时间里就走上了生产经营的正轨。这一案例说明，地方政府的支持对企业间的并购具有很重要的作用。

## 第三节 “三个1/3”战略(1998年—2005年)

随着世界经济一体化步伐的加快，世界经济日益向国际化、区域化、集团化方向发展，一个有着更为广阔意义上的全球市场正在形成，与此同时，改革开放的中国正在以前所未有的态势进入世界经济体系，在这种开放经济条件下的企业面临着“国际市场国内化，国内竞争国际化”的局面。

为了与国际市场接轨，同时也为了振兴民族工业，海尔提出了创国际名牌的战略，并于1998年全面开始实施。

海尔认为企业国际化的标志主要有三点：一是市场国际化——企业生产的产品批量销往全球主要经济区域；二是营销国际化——企业有自己的海外经销商网络与售后服务网络来为企业的名牌产品服务；三是产品国际化——企业拥有一定知名度、信誉度与美誉度的产品。

在实际运作中，海尔坚持打海尔品牌出口，创造性地提出与运用了“先难后易”、“出口创牌而不单纯创汇”、“三个三分之一”的国际化战略，取得了国际化经营的巨大进展。其实，海尔还在发展的第一个阶段，就开始了国际化的起步，它从德国引进了技术，反过来向德国出口产品，目的不仅是为了创汇，同时还为了在国际上创造驰名品牌争得一块国际市场份额。

在海尔循序渐进地实施国际化战略过程中，产品出口“先难后易”，将海外发展的目标定位于执世界经济发展之牛耳的发达国家，一旦在发达国家站稳脚跟，便可以易如反掌地进入发展中国家。而在国外建厂时，却又先易后难，1996年开始在印尼、菲律宾、马来西亚投资建厂，而其国际化的真正重心则是在美国，经过在发展中国家的“试点”，终于1999年在美国建厂。

“先难后易”原则以及“高起点”原则、“三个三分之一”原则、“复合型人才”的用人原则，都为我国企业海外投资事业探索出一条成功之路。在海尔海外子公司的建设中，“盈亏平衡点”的投资思路，即先有市场，后建工厂，产品先在当地占有一定的市场份额，可达盈亏平衡，才开始建厂，把风险和成本降低到最低程度，其“合资与控股结合的”投资方式、“少而精+当地化”的人力资源管理方式、子公司的当地化政策等，都收到了明显的成效，产品批量出口到欧美、中东、东南亚等世界十大经济区域共160多个国家和地区。

## 一、先难后易与先易后难

海尔的国际化战略采取的是“先难后易”，而我们仔细分析一下在实践中却有“先易后难”的另一面。实际上海尔的国际化是一个长期发展的必然，也是根植于一定发展阶段基础上的结果。从1984年底开始创业，一直到1991年底，这7年海尔的战略就是名牌战略。现在回顾起来，名牌战略就是以抓质量管理为主，而且就只干一个产品，7年时间就老老实实干了冰箱这一种产品，如果说搞国际化，海尔实际上在名牌战略上就奠定了一个比较好的基础。从1991年底成立集团开始到1999年，这又是一个7年。在这个7年时间里冰箱开始往下延伸，海尔叫做多元化战略阶段。在搞多元化的时候，海尔就有一个很明确的指导思想，就是“东方亮了再亮西方”，也就是做好了一个再做一个，这至少到目前为止应该说是成功的。

海尔国际化的战略是“先难后易”，原因就是要在国际市场上先打出自己的品牌。但要做到这一点就必须先进入市场要求比较严、进入难度比较大、而市场位势比较高的国家地区，实际上海尔在1993年左右就已经在产品质量和技术认证上取得了世界上欧美主要市场的大多数国家的认证，而现在，海尔的技术、质量更是被世界主要市场承认，这样再辐射到中等发达和发展中国家就比较容易了。

所谓“先难后易”就是先打开发达国家的市场，然后再进入发展中国家的市场。海尔这样认为“如果能在现在已成熟的市场上竞争过那些知名的企业如GE、松下、飞利浦，就一定能占领发展中国家市场。就像在国内市场上，海尔冰箱先占领了北京、上海市场，有了一定的名牌效应，再在其他中小城市销售便所向披靡。”进入国际市场，也可以先突破欧洲、美国、日本等发达地区，一旦成功，其它地区自然会被辐射到，因为西方国家经销商的商战手法很凌厉，不用你操心，他们就把商业网络做到不发达地区。

“先难后易”，这里面潜藏着一种逆向思维：在第三世界国家出口创汇相对容易，但企业品牌影响力却没那么大，海尔偏要把产品放到发达国家，放到家电业创始国的眼皮底下去。西方国家不认中国产品，无形中给海尔创造了一个机会。都说中国货不好，海尔偏要摆出高质量的产品来，而且价格不比洋货低，海尔产品优秀的品质和良好的服务慢慢的总会有人接受，到那时，海尔产品货真价实的优势就体现出来了，用户满意，口碑自然很快就会传出来。

一位德国经销商就说：“海尔进入德国恐怕是挡不住的，它以家电产品征服了德国，可我们的好奇心也使我们犯了错误，我们不相信一个中国造的商品会标出与西方品牌毫不逊色的价格，一旦进入检测程序，我们就没有拒绝的理由了，因为它确实不错。”

“先难后易”的具体操作当然是积小胜为大胜了，最终在国际上占有大的份额。海尔是这样勾画跨国方略的：以开展星级服务成为中国家电第一品牌，再以市场份额的不断扩大和产品的不断创新为基点，创建“世界品牌”，在21世纪，把海尔建设成为国际化的跨国企业集团公司。

先难后易,即可转弱势为强势。从国际市场一体化的竞争格局看,尚处于“敌强我弱”的状态。海尔信奉“战略上以一当十,战术上以十当一”,集中优势产品进入局部市场,造出若干个局部的“小强势”进而转化为全局的“大强势”。

具体做法上,海尔依靠“一路纵队而不是一路横队”进行市场开拓。由于产品线很多,在外国市场上,海尔不可能采取在国内的做法,告诉消费者自己提供的全部产品,而是看哪一种产品竞争力最强,先用它当尖兵进入市场,叩开市场大门之后,其它产品再跟进,这样算起来总的交易成本比较低。美国市场就是用冰箱先打进去,后来再跟进洗衣机,就不需要再大做广告了。在欧盟市场上,海尔是由空调先进入市场的。因为欧洲人过去不太使用空调,它的市场刚刚发展起来,无论是日本品牌、韩国品牌欧洲人同样感到陌生。海尔空调率先进入法国和意大利市场,然后,冰箱、洗衣机跟着进入。这就和打仗一样,一路纵队牺牲比较小,一路横队牺牲就比较大。

为了实现“先难后易”的市场进入策略,海尔不惜把自己逼到危崖边上。发达国家中德国对待质量最认真,通过德国的质量认证也最难,了解到这一点,海尔就专攻德国认证,一攻就一年半,其中有一项试验是将电冰箱的内体悬在室内中央,从四面八方用水喷,等浸透水之后再查看漏电与否,海尔产品很顺利地通过了检验。但通过认证后,德国人还是不接受海尔,他们认为日本冰箱都没有能进入德国,对中国冰箱又如何信得过?于是海尔把冰箱运到德国,面对25家德国经销商,一再坚持他们把德国市场上所有品牌的冰箱和海尔冰箱都揭去商标,放在一起检验。检验结果,海尔冰箱获得的“+”最多,甚至比海尔的老师德国的利勃海尔还多了个“+”号。最后德国人当场签订了2万台的合同,这是海尔第一批进入德国的冰箱,也是整个亚洲出口最多的一批冰箱。

海尔的冰箱技术是从德国引进的,海尔冰箱出口的第一个国家也选择了德国。海尔洗衣机技术是从日本引进的,出口自然首选日本。日本是一个家电出口大国,它对进口最为挑剔。1995年,日本想大批量进口洗衣机,许多著名洗衣机生产厂家都闻风而动。可精明、苛刻的日本人认准的是产品的质量,而不是品牌。他们做了一项严格的洗衣机性能试验,不贴商标,用美国军用工业标准对来自各国不同品牌的洗衣机进行检测。在中国,洗衣机无故障运行达到5000次已属不易,而这次检测需达到7918次才可放行。国内一根水管只做500次试验,而日本的检测室需在0℃以下连续测试6300次方可通过,比中国的检测次数高出10多倍。最后测试结果显示,各项性能指标均列第一的是来自中国的海尔洗衣机。海尔洗衣机公司技压群芳终于敲开日本的国门,成为首家出口日本也是出口数量最多的企业。

进入德国和日本市场就等于站在了家电市场的最前沿,这两个国家认可了,其余国家就好办多了。目前海尔产品已出口到世界上160多个国家和地区,其中60%以上在欧美地区销售,海尔成为中国家电进入国际市场最早、数量最多、品种最全的企业集团。

一般而言,企业的国际化过程有两种模式,一种是渐进模式,即“先易后难”模式。另一种是“全球启动”模式,可以说是“先难后易”模式。

以上是海尔在国际化中“先难后易”的一面，下面谈一下其“先易后难”的另一面。海尔自称其国际化战略采用的是“先难后易”战略，即先进入世界最讲究、最挑剔的市场，占领制高点，然后居高临下进入其他国家市场。但是从海尔进入美国市场的发展线路看，海尔采取的战略实际上是“先易后难”战略。从进入方式来说，它采用的是先出口然后再直接投资：出口——联合设计——设立贸易公司——当地生产。

海尔1995年开始向美国出口冰箱。起初是以OEM的方式，然后才开始打自己的品牌。而在美国设立“海尔美国贸易有限责任公司”及投资建立“海尔美国生产中心”则是在5年之后，这时海尔已积累了较多的有关美国市场的知识。

海尔在地理位置的发展也是传统的先近后远。1995年7月海尔在香港成立贸易公司；1996年6月海尔在菲律宾成立海尔——LKC电器公司；同年8月在马来西亚组建海尔工业(亚细安)有限公司。按海尔集团CEO张瑞敏的说法，以上的投资都是海尔为进入美国市场练兵。尤其是菲律宾，也是说英语国家，受美国的文化影响较深，在菲律宾积累的经验许多可用于美国。

除了进入方式以外，海尔的产品战略和投资方式也是先易后难。从产品类别来看，海尔的策略是首先以一两种产品打入美国市场，站住脚之后再多元化发展。目前在小型冰箱上，海尔基本站住了脚，接下来是扩大销售和生产海尔的其他电器和电子产品。海尔在曼哈顿的总部大楼第四层的近4000平方英尺的展厅，已开始展示和推销海尔洗衣机、冷柜、大容量电冰箱、纯平电视和其他海尔产品。海尔在坎姆登的冰箱工厂周围还留有足够的地皮供未来进一步建厂生产海尔空调、海尔洗衣机、海尔电视机之用。

通过上面的分析，我们可以发现，海尔国际化的总的指导思想是“先难后易”。这主要体现在先努力进入“难”的发达国家的市场，然后再进入“易”的发展中国家的市场。但是在具体的实践中，却结合进入市场的特点以及自己的比较优势，以“先易后难”的方法，化解风险。

## 二、全球资源为我所用

在当前的科技信息时代，产品的高科技含量意味着较高的品牌竞争力，但仅仅具有高的科技含量是不够的，高科技必须和当地市场的需求相结合，这样生产出的产品才有竞争力。为了提升海尔品牌的国际竞争力，海尔采取了整合全球科技、信息资源的做法。

### 1.建立海外信息站和设计分部网络

为了了解国际家电市场的最新情况，包括技术和市场动态以及当地市场的需求信息，海尔集团建立了由各个信息站组成的海尔国际信息网络，进行信息的搜集和反馈活动。目前，已经设立的有香港、东京、里昂、洛杉矶、纽约、阿姆斯特丹、首尔、蒙特利尔、悉尼、台北等10个信息站。信息站工作人员都是由当地人或者海外留学生构成，提供的信息或以报告形式,或以简单文字加图片形式,平均每天由各个信息站发回的信息汇总起来,高达80万兆字节,如果打印出来,其厚度能与马克思一套《资本论》相比。海尔信息部每天将这些信息加以甄别、筛选和分类,把各种有用的信息分门别类地呈送给决策机构和其他相关部门,

除了信息站外,海尔集团还分别在洛杉矶、阿姆斯特丹、东京、里昂、蒙特利尔和美国的硅谷建立了6个海外设计分部。其中,第一个海外设计分部——海尔东京设计分部是在1994年10月22日成立的。而1998年3月设立的海尔硅谷设计分部,正是为了配合海尔在美国的跨国经营战略而设立的。海外设计分部的主要职责就是帮助本部专门开发适合当地人消费的家电产品。目前,海尔集团可以成批量生产适合欧、美、亚不同消费者需要的不同功能与规格的家电产品, 这是连松下等著名公司都未能做到事情。因此,在提升海尔品牌在当地市场的国际竞争力方面,海尔集团海外信息站和设计分部起到了十分重要的作用。

**2.组建国际化的技术联盟**

海尔集团与一些世界著名的跨国公司确立了技术联盟关系。最早的是1991年与日本三菱重工在空调上的技术合作,目前,还同意大利的海梅公司、美国的ESS公司和朗讯公司、德国的迈兹公司、荷兰的飞利浦公司、日本的松下公司等建立起15个技术联盟,在冰箱、洗衣机、数字彩电等许多领域就全媒体技术、数字化技术、变频技术、软件技术等方面实行技术合作与共同开发。通过这些技术联盟与合作使双方形成利益共享,海尔集团则可以不断获得较为先进的技术信息与技术能力。

**3.整合全球科技人才资源**

海尔在科技开发工作中非常重视国内外高级科技人才的运用, 目前有几十位外国专家常年与海尔的技术开发人员一起工作, 国外有几百名高级技术人员为海尔开展项目研究开发,他们组成了海尔的国际人才网络。

**4.以我为主的技术创新机制**

为了实现产品科技水平国际化的目标,在技术创新机制上,海尔采取了以自我为主的方式。由于自身技术创新能力薄弱, 我国许多国有企业采取了 "引进——模仿——再引进——再模仿"的技术发展模式,虽然使企业在短期内取得了一定的经济效益,但却使自己永远处于技术落后的局面,对外界存在着较大的依赖性。海尔虽然也是通过引进技术起家,但多年来一直致力于不断提高自我技术创新能力,通过培养自己的技术创新人员,购买先进的科研设计设备,不断加大科研投入,海尔的科研技术水平已基本上达到国际水平。

通过整合全球科技资源,海尔产品的科技含量不断提高,与世界各地市场需求的吻合性不断增强,海尔的产品受到了越来越多的欢迎。海尔已由原来的技术引进转为技术输出,先后向马来西亚输出洗衣机技术,向西班牙、南斯拉夫输出变频空调技术,

向印度尼西亚、菲律宾、土耳其等国输出CFC替代技术。在日本，海尔的小小王子电冰箱由于其外观造型优美、家庭实用、价格适中等特点而成为日本人赠送亲朋好友的首选品牌；在西欧，来自德国、法国、意大利的海外经销商就海尔空调在欧洲的经销与海尔达成一致：这些海外经销商将买断海尔空调生产线中的5条，专门用于生产向欧洲出口的MRⅤ智能网络家庭、家庭变频中央空调、无氟空调、金元帅空调等出口空调器，5条生产线上生产出的空调器将全部销往欧盟三国，海尔集团空调产品本部的5条出口生产线分别被冠以了“德国线”、“法国线”、“意大利线”，出现了海外经销商预购海尔产品的盛况。而在2000年4月份，来自法国、西班牙、希腊等国家的10家公司的销售代表纷纷派人到海尔要求修改1999年才签署的2000年海尔空调产品销售订单，要求大幅增加供货数量，从这些海外销售代表了解到，这些公司1999年签署的销售合同，在2000年仅仅头3个月就已经执行了近50%，欧盟市场上海尔产品的销售每月增长高达41%。

## 三、三个1/3

海尔的目标是实现国际化的海尔，即以世界市场作为海尔的发展空间。根据自己的情况，海尔确定了“三个三分之一”的全球化战略布局，这一战略是根据国际市场经济发展过程中区域经济一体化的特征而制定的，通过这一战略，海尔将自己的生存空间延伸到世界市场，使自己抵御市场风险的能力不断增强。到2000年底，海尔基本上实现了“三个三分之一”的目标。

张瑞敏1997年3月在上海出席国际商会大会时说：“海尔一直注重 “国际化的思维，当地化的行动”，企业的发展一定要把全球作为市场。”他站在宏观的层次上，把世界经济格局划分为十大经济协作区，由此确定了“三分天下”的市场全球化战略布局，即“三个1/3”的构想。所谓三个1/3，是指国内生产、国内销售1/3；国内生产、国外销售1/3；国外生产、国外销售1/3；这里的1/3，并不是指销售量，而是三种不同的经营形式。

早在1992年，海尔的产品就以当地品牌的形式进入了印尼市场，并受到经销商和用户的欢迎。海尔敏锐地看到了印尼这个东南亚大国巨大的市场潜力，印尼莎保罗公司经过两次专程参观考察，被海尔过硬的产品质量、现代化的管理体系和声誉鹊起的品牌效应所折服，双方很快达成合作意向。经过紧张的筹备，1996年8月，由海尔控股(其中海尔投资绝大部分是以技术和设备形式投资) 的海尔莎保罗有限公司在印尼正式注册开张。这是海尔在海外的第一家分厂。

合资公司根据当地电力较紧张、电压不稳、人们喜欢吃冷饮、中下阶层消费水平有限等实际情况，有针对性地开发了适合印尼市场的几种家电产品，如高节能、平背圆弧形门单门冰箱，150–250伏宽电压双桶、全自动洗衣机，快速冰柜式制冰机、二分之一匹、四分之一匹小功率的分体式空调等。

据市场的初步反馈，海尔在品牌效应、产品质量、产品适应性以及服务等方面，均受到经销商和客户的好评。在世界名牌林立的印尼家电市场，海尔的产品已经进入印尼300多家大中型市场，并在全国形成了初具规模的销售和售后服务网络。

1997年6月，菲律宾海尔LKG电器有限公司的成立使海尔在海外节场的三个1/3战略又前进了一步，该合资公司利用海尔在品牌、科技、质量上的优势和LKG公司在当地市场和网络上的优势，在菲律宾生产冰箱、冷柜、空调、洗衣机等家电产品，并以海尔商标在菲律宾及周边地区销售。8月，海尔与马来西亚机兴工业有限公司合资组建海尔工业(亚细安)有限公司，生产以海尔洗衣机为主的高科技家电产品。

同年11月，海尔与南斯拉夫工业联盟总公司合资在贝尔格莱德建立空调生产厂。合资企业生产以新一代智能变频一拖多系列为主的空调器产品，品牌商标为“海尔”，这是中国家电企业首次在欧洲设立生产基地。

另外一个1/3“国内生产、国外销售”方面，可以到山东平度市去察看。1997年3月10日，海尔在平度新建一个冰箱出口基地。第一期工程投产以后，年产五大品种规格、几十万台冰箱，出口到美国、德国、东南亚等国。冰箱厂将过去单纯的生产车间连片开发扩展成海尔平度工业园冰箱生产基地，从规模上、竞争优势上为海尔进军国际市场铺平了道路。

海尔1999年在海内外的经销网点增至3.6万个，比上年增加了一倍；1999年出口创汇达1.38亿美元，比上年同期增长一倍，2001年比1999年出口创汇又增加一倍。海尔在南美和南非都建立了销售网点，因为南美和南非家电产品的市场潜力巨大，这样使海尔在全球市场的销售有一个比较大的上升空间。

1999年9月11日，国内由企业自行举办的规模最大的大型产品交易会——“海尔99全球市场产品交易会”在青岛拉开了帷幕，来自世界各地的经销商、采购供应商、技术专家、国内著名大学校长、政府官员等2000多名代表参加了交易会。海尔99全球市场产品交易会展示了海尔集团的采购供应体系和销售、服务体系，并全面与国际接轨。来自世界10多个国家和地区的70家公司的336名供应商积极参加海尔全球市场产品交易会，他们中的50%来自世界500强。来自53个国家的海外经销商在海尔全球市场产品交易会上订购了大批海尔产品；国内十多所重点院校与海尔签订了18项技术合作协议。

这次交易会可以说是海尔整体的国际化会议，包括采购的国际化——世界知名大公司提供了一流的零部件；设计的国际化——国内大专院校及国外设计公司提供符合世界不同地区需求的设计；营销和服务网络的国际化——来自全球的海尔经销商有3万多个营销点和在当地提供一流服务的网络，所有这些，为海尔变成世界名牌打下了坚实的基础。

## 四、走出去、走进去、走上去

在创造世界名牌的过程中，海尔认识到这是一个漫长且没有止境的过程，是一场没有时间限制、没有终点的马拉松比赛，因此，海尔采取了循序渐进的策略，归结起来就是“走出去、走进去、走上去”。

对于这个理念,张瑞敏有自己的一套看法①:

在国际化方面也是这样,我们提出的理念是“出口创牌”,而不是“出口创汇”,比如把“走出去”的战略分为三步:“走出去”、“走进去”和“走上去”,“走出去”仅仅是把产品出口到海外去;但是“走进去”则应成为在当地认可的产品,要进入到当地连锁,在当地设计,为当地用户服务。

“走上去”则是成为当地的名牌——打个比喻,“走出去”是到国外留学,但“走进去”相当于拿到绿卡,而“走上去”则是成为当地的名流。所以在做的时候每个阶段都有一个重点突破,“走出去”是靠列成纵队而不是排成横队,在美国靠小冰箱突破,然后洗衣机、空调跟进,最后整体推进;“走进去”则是突破在美国建厂,美国建厂成功了,则在发达国家建厂就不成问题;在巴基斯坦建厂成功了,则在发展中国家建厂就不成问题——所以总归有一个重点,靠其突破拉动,“走上去”是我们最后的目标,所谓的世界名牌不是那么抽象的,就是在每一个国家都要成为名牌,实际上欧洲一些名牌做得很好,但仅限于欧洲。

具体到实际工作中,海尔在每一步上都有符合实际的举措:

**1.走出去**

海尔认识到,走出去是创世界名牌的第一步,是一个复杂的系统工程。对国际市场需求、国际贸易体系和规则、语言、法律、政策、消费者习惯、风俗等都必须熟悉,必须首先培养一支通晓外语、懂外贸法律和政策的专家队伍。第二步是要研究走出去的策略。必须通过各种渠道和办法调查市场,选准突破口和切入点,针对不同区域的消费需求、消费能力、消费特点制定不同的介入策略,哪个产品受欢迎就让哪个产品做纵队排头兵,等有了一定的收获后,再带动其他产品跟进。在美国冰箱先进入,在欧洲空调先进入,在东南亚洗衣机先进入,都是这个策略的运用。三是对走出去的艰巨性和复杂性有足够的心理准备和技术准备。中国是一个发展中国家,总体上的技术落后、产品落后是不争的事实,海尔产品要局部突破得到外国消费者,尤其是同行的认可,需要比别人付出更多的心血和努力,就像自学成才得到社会认可要比有学历者付出更多心血和努力一样,事实也证明了这一点。

**2.走进去**

走进去是走出去的延伸和升华。海尔经过精心策划和准备,已成功进入美国、欧洲和东南亚,比如进美国之前,海尔看了大量的日本企业在美国成功或失败的案例,做了很多准备,然后再小心翼翼进去。不仅成功进入美国绝大部分的大超市,还在美国建了工厂,成立设计部门、贸易公司等实现了“三位一体”到“三融一创”的战略转变,即从当地设计、当地制造、当地销售变为当地融资、融智、融文化、创本土化世界名牌。

---

①来自于张瑞敏在海尔二十年研讨会上的发言。

**3.走上去**

走上去是海尔人梦寐以求的目标，还有一段很曲折、很艰难的路要走，海尔对此有十分清醒的认识：无论是规模、实力、人才、效率等方面同世界同行比，海尔还有着明显的差距，但是海尔并没有失去信心，而是坚定地沿着既定的路线，勇敢地向前进。

# 第2章 从OEC到市场链

## ——海尔的管理经验

阻碍中国未来发展的，将是管理的落后

——成思危

企业的发展是一个环环相扣的过程，只有在发展过程的每一个阶段和环节都能相互配合、相互衔接，才能不断取得成功。海尔十多年来管理的发展过程可大致分为四个阶段，这四个阶段的划分是以质量管理为中心的"名牌战略"实施后，企业管理由无序到有序、由有序到形成体系、由体系到高度、由高度到延伸来划分的，阶段和阶段之间相互衔接、相互配合，上一阶段为下一阶段的发展打下良好的基础，使企业不断走向辉煌。

### 1.由无序到有序(1984年12月至1988年12月)

在这一阶段，海尔是在原来无主导产品、无效益管理混乱的无序状态上起步的。因此，为了早日使管理走上正轨，在质量控制方面，海尔主要采取泰勒的科学管理方式，强化管理、强制提高，并通过"砸冰箱事件"初步树立了员工的质量意识。在管理方法方面，主要是制定符合实际情况的规章制度，并严格执行，力争使企业管理早日走上正轨。在树立了"必须遵守规章制度"的观念以后，海尔管理者又逐步推出、细化各种新的规章制度，做到了"有规可依"。通过这些措施，海尔的企业管理逐渐由无序转向有序，保证了名牌战略的初步成功。在1988年12月，海尔电冰箱获得中国电冰箱史上的第一枚国优金牌。

### 2.由有序到形成体系(1988年12月至1990年12月)

第一阶段的成功为海尔的发展打下了良好的基础，海尔抓住有利时机及时地将管理推进到了第二个阶段。采取的管理方法是通过国际质量认证，希望以此为契机，以国际标准来要求本企业，全面提高企业的管理水平。这一阶段，质量管理由有序向完整的、系统的控制体系发展，质量意识普遍被员工接受，产品质量稳步上升，新产品开发速度加快，向市场推出新产品的档次和品种与第一阶段相比呈翻番势头，而且几乎所有的新产品一面世就成为市场导向型产品，海尔冰箱成为冰箱中的名牌，名牌战略获得战略性成功。1990年，海尔冰箱通过美国UL认证，同时产品多次在国际上中标，海尔从此开始了进入国际市场的历程，质量管理形成体系。

**3.由体系到高度(1990年12月至1992年4月)**

由于第一阶段科学管理打下的基础比较稳固,第二阶段又能迅速提升目标,形成质量管理的体系。因而使得海尔顺利进入了第三个发展阶段。在这一阶段。经过治理整顿,市场消费趋于成熟,人们对名牌产品的需求明显增加,海尔产品供不应求,市场的需求使海尔确定了提高产量的目标。但是,要保证在产量稳定增加的情况下,确保质量,除了质保体系外,必须强化对过程的控制才能实现对结果的控制,由此创立了“日事日毕、日清日高”的管理方法,标志着海尔的管理跨上了新的高度。这一阶段迈出的重要一步是为发展规模经济的目标而组建的海尔集团的成立。

1991年12月20日,为适应发展规模经济的需要,以青岛电冰箱厂为核心企业,以冷柜厂、空调厂为紧密层企业成立了海尔集团公司。1992年4月,海尔电冰箱总厂在国内第一家通过了ISO9001国际质量保证体系认证,表明海尔的管理体系已经达到国际先进水平的高度。

**4.由高度到延伸(1992年4月开始)**

在这一时期,企业在前几个阶段的基础上,实现了名牌战略的延伸,除了冰箱以外,集团内的海尔冰柜、海尔空调、海尔洗衣机、海尔彩电等也已形成名牌产品。在管理上,海尔的管理体系、管理理念不断延伸,涵盖了质量管理、人力资源管理、营销管理、科技管理,跨国经营等各个方面,提出或完善了生存理念、用人理念、资本运营理念、售后服务理念、职能工作服务理念、竞争理念等管理理念,形成了海尔特色的企业文化。1995年5月22日,海尔集团总部东迁海尔工业园,完成了海尔发展史上的重大战略转移,掀开了海尔的二次创业、挑战国际市场的崭新一页。

海尔就是这样,在整个发展过程中环环相扣,步步相接,从管理上在每一阶段都为下一阶段的进一步发展创造了条件,打好了基础,使企业不断协调有序地向前发展。

## 第一节 斜坡球体理论

张瑞敏从“吾日三省吾身”的中国传统自律方法中悟出,企业好比斜坡上的球体,由于受到来自市场竞争和内部职工惰性的影响形成的制约力,有向下滑落的本性,要想使它往上移动,需要两个作用力:一个是支撑力,保证它不向下滑,这好比企业的基础工作;一个是拉动力,促使它往上移动,这好比企业的创新能力,且这两个力缺一不可。斜坡球体论的图示见下图。

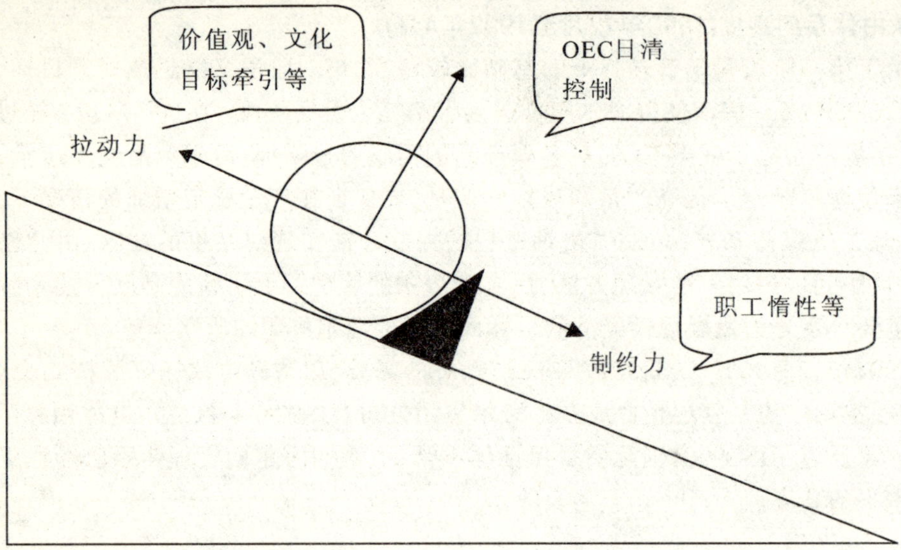


斜坡球体论的图示及加速度的公式表明当促进企业成长的因素(拉动力)大于制约企业成长的因素(制约力)时,企业就能稳步发展;反之,当拉动力小于制约力时,企业就要下滑;当拉动力等于制约力时,企业就处于平衡状态。影响企业发展的这三种力量的含义分别是:

1.拉动力:简单讲就是促进企业进一步成长的力量。一般包括创新能力与开发能力的增强、技术水平的提高、人才的不断涌现、员工素质的提高、管理能力的增强,职工收入水平的提高、销售收入的扩大、利润的增加、市场占有率的提高、市场销路的扩大、顾客满意的提高、企业知名度的扩大、核心能力的拥有……等等,这其中最关键的是三个,一是基础管理的止退力,二是优质产品、优质服务,科技发展的提升力,三是创新能力,而其中创新是拉动企业不断进步的主要力量。

2.制约力:简单地讲就是限制或阻碍企业向前发展的力量。一般包括市场竞争者的过多、员工自满情绪的增长、惰性的增加、设备的老化、知识老化、创新精神减弱、管理结构繁杂、对市场变化反应迟缓、基础管理削弱、员工素质下降、员工离职率过高、企业领导威信不高……等等。这些因素会促使企业成长缓慢,甚至死亡。概括地讲,上述因素最主要的还是职工惰性和自满情绪的增长,尤其是在企业规模扩大,有了一定成功之后。我国企业发展的历史清楚地表明:许多企业失败的原因恰恰是来自于以往的成功,企业最大的敌人是企业自己,而自己最大敌人是传统的思维定式。

3.支撑力:是指支持企业正常运行的力量或防止企业下滑的力量。在企业里主要是指一些基础性的管理,若能做到科学化、规范化、制度化、标准化,企业的运行便可以做到正常化。海尔经过多年的经验总结出来OEC管理的核心—“日清控制体系”就是斜坡上球体的支撑力,OEC在管理上的深层含义有:

(1)管理是企业成功的必要条件。没有管理,没有止档,企业就会下滑,而不可能成功。

(2)抓管理要持之以恒。管理工作是一项非常艰苦而又细致的工作。管理水平易反复,也就是说止档自己也会松动下滑,需要不断地加固。管理没有一劳永逸的办法,只有深入细致地抓反复、反复抓,才能不滑坡,上档次。

(3)管理是动态的,永无止境的。企业向前发展,止档也要跟着提高。管理无定式,需要根据企业的目标进行调整,根据内外部条件的变化不断进行动态优化,而不能形成教条。

## 第二节 OEC管理

"OEC"管理法由三个体系构成:目标体系——日清体系——激励机制。即首先确立目标;日清是完成目标的基础工作;日清的结果必须与正负激励挂钩才有效。这样,从车间工人到集团总部的每一位干部都知道自己每天应干些什么,甚至可能自己考核自己的工作,领取自己该得到的那份报酬。具体地说,OEC管理模式意味着企业每天所有的事都有人管,所有的人均有管理、控制内容,并依据工作标准对各自控制的事项,按规定的计划执行,每日把实施结果与计划指标对照、总结、纠偏,达到对事物发展过程日日控制、事事控制的目的,确保事物向预定目标发展。这一管理方法可以概括为五句话:总账不漏项,事事有人管,人人都管事,管事凭效果,管人凭考核。

### 1.OEC管理法的构成

总体上看"日清日高"管理法是由三个基本框架构成的,即目标体系,日清控制体系和有效激励机制。这三个体系恰好形成了一个完整的管理过程:首先由目标体系确立目标,然后由日清体系来保证完成目标的基础工作,为了使基础性的工作能朝着对企业有利的方向运动,必须对日清的结果进行正的或负的激励,这便是有效激励机制所要达到的目标。

(1)目标体系

"目标体现了企业发展的方向和要达到的目的,它是企业做好各项工作的指南。目标提出的高度必须依据市场竞争的需要,低于竞争对手就毫无意义。1984年,海尔上电冰箱时几乎是全国最后一家冰箱定点生产厂家,在落后的情况下,海尔审时度势,根据自身实力和市场竞争的需要,提出了"以质量取胜,走争创名牌的道路",确定了争中国第一的目标,并在全厂形成共识。经过全厂员工艰苦的创业,终于在1988年夺得全国冰箱行业第一块金牌,随即,为了谋求进一步的发展,海尔又确定了创国际名牌的目标,并取得了显著的成绩。

(2)日清控制体系

"日清"是"日事日毕,日清日高"的概要。其基本含义是当天的事情当天完成,当天的效果有所提高。日清是海尔企业独创的OEC管理的核心或精髓,其意义在于:①所有员工每天的工作任务心中有数，达到自主管理。②工作效率高，强调当天的事情必须当天完成。③每天都有进步，确保企业的成长。

要使日清有效地运行，必须确定坚持原则：

①比较分析的原则。即对所做事情与目标或计划相比较，分析现状与目标或计划的偏差(既有可能是负偏差，也有可能是正偏差；前者表明现状达不到目标，后者表明现状超过了目标)。对于任何一个有着进取心的员工而言，只有分析了偏差，才能进一步采取有针对性的措施，出现负偏差时，必须分析原因，并进一步采取解决方案；出现正偏差的时候，必须分析超出目标的原因，这样才能取得更高的成就。

②闭环原则。即凡事要善始善终，都必须要有PDCA循环原则，而且要螺旋上升。其中，P(Plan)是指要根据用户要求并以取得最佳经济效果为目标，通过调查设计试制，制订技术经济指标、质量指标、管理项目以及达到这些目标的具体措施和方法。D (Do)是指要按照所制订的计划和措施付诸实施。C (Check)是指在实施了一个阶段之后，对照计划和目标检查执行的情况和效果，及时发现问题。A(Action)是指根据检查的结果，采取相应的措施，或修正改进原来的计划或寻找新的目标，制订新的计划。关键的一点是日清必须要找出原因并拿出具体的解决方案。存在问题并不可怕，怕就怕在出了问题还不明白问题的所在；出现好的效果也不见得可喜，如果不清楚好在哪儿，为什么好，那以后就没有好的可能了。比如不良品率，对于某一个阶段的指标不但要看到总体是在上升还是下降，还要分别找出上升或下降的前三位因素的反馈率，再反馈给相关的部门拿出针对性的解决方案，并规定期限。下降固然可喜，但究竟是哪些故障的反馈率下降了，其必然因素又是什么，找到必然因素之后方能为以后的工作起好的推进作用，不然怎能确保在其后的工作中不忽略这一个必然因素呢？

③不断优化的原则。即对明天(或下一步)的目标提出更多的要求。如果一直考评为“A”，则说明措施有力；如果是“B”，说明措施还需强化和改进；如果是“C”，说明距目标要求相差较大。当然，以上三种情况，如持续较长的时间，管理者就要研究：是目标过低？过高？是人员能力太强？太差？那么，再采取相应的措施。

(3)有效激励机制

激励机制使海尔人达到了自主管理和进入自觉状态。它是日清控制系统正常运转的保证条件。海尔在激励政策上坚持两个原则：一是公开、公平、公正，通过3F卡可计算出职工的日收入状况，不搞模糊工资，使员工对工作中的“所得与所失”心中有数，心理上感到相对公平：二是要有合理的计算依据，如海尔实行的“点数工资”，就是从多方面对每个岗位进行半年多的测评，并且根据工艺等条件的变化而不断进行调整。

在激励的方法上，海尔更多采用即时激励的方式，如在质量管理中利用质量责任价值券，即员工每人一本质量价值券手册，手册中整理汇编了企业以往生产过程中出现的所有问题，并针对每一个缺陷，明确规定了自检、互检、专检三个环节应负的责任价值及每个缺陷应扣多少钱，质检员发现缺陷后，当场撕价值券，由责任人签收；操作工互检发现的缺陷经质检员确认后，当场予以奖励，同时对漏检的操作工和质检员进行罚款。质量券分红、黄两种,红券用于奖励,黄券用于处罚。

激励的目标是向自主管理过渡,"日清工作法"使海尔形成了对不同层次、不同侧面均有激励作用的激励机制。

**2.OEC的形式和内容**

OEC的具体形式和内容表现为"三本账"和"三个表"。

(1)"三本账"是指公司管理工作总账,分厂、职能处室的管理工作分类账和员工个人的管理工作明细账。

管理工作总账即公布年度方针目标展开实施对策表,它按工作的目标值、先进目标、现状及难点实施对策、完成期限、责任部门、工作标准、见证材料和审核办法的统一格式,将全公司的产量、经济效益、生产率管理、市场产品和发展作为重点进行详细分析和分解,由总经理签发执行,按规定的标准和审核周期进行考核奖惩。

管理工作分类账,即各部门、分厂年度方针目标展开实施对策表。它采用与公司相同的格式,按工作分工和总账中确定的主要责任进行分析和分解,由部门负责人或分厂厂长签发执行。对职能部门,按其职能确定重点工作并分解到人。如质量部门,按质量体系、质量管理、现场管理、新产品和内部日清等方向进行分解和控制,对分厂则按产量、质量,物耗、设备计量、现场管理、安全管理等七个方面进行分解和控制。

管理工作明细账,即工作控制日清台账。其格式为项目、标准和指标(分先进水平、上期水平、本期目标)价值比率、责任人、每天的完成情况、见证性材料、考核结果、实得总额和考核人,此账按天进行动态控制,每天将控制的情况填入,以达到有效控制和纠偏的目的。

(2)"三个表"指日清栏、3E卡和现场管理日清表。

日清栏由两部分组成:一部分是在每个生产作业现场设立的一级大表,将该作业现场的质量、工艺纪律、设备、材料物耗、生产计划、文明生产和劳动纪律等方面的实际情况每2小时由职能巡检人员登记填写一次,公布于众。另一部分是职能人员对上述七方面进行巡检时做的记录和每天的日清栏考评意见, 它将每天日清栏的全部情况进行汇总和评价,存档备查。

3E卡,是指"3E日清工作记录卡"。"3E"为每天、每人、每个方面的英文单词的开头字母。3E卡将每个员工每天工作的7个要素(产量、质量、物耗、工艺操作、安全、文明生产、劳动纪律)量化为价值,每天由员工自我清理计算日清并填写计账、检查确认,车间主任及职能管理员抽查,月底汇总计算计件工资,其计算公式为:岗位工资=点数×产值×产量+各种奖罚。这使每个人每天的工作有一个明确定量的结果,体现了数据说话的公正性和权威性,保证了各项工作的有序进行。

管理员日清表,由各级管理人员在班后进行清理时填写,主要对例行管理的受控状况进行清理和分析,找出存在问题的原因、整改措施和责任人,不断提高受控率。

### 3.OEC的特点

从日清日高管理法的内容，我们可以看出，这一科学的管理方法有如下特点：

第一，经营以市场为中心，管理以人为中心。海尔的经营方向就是在市场中战胜对手，而要达到这个目的就要提高企业管理素质，使管理服从市场的要求。而企业走向市场的基础是员工的素质，只有高素质的人才能生产出高质量的产品。海尔人深深懂得这一点，他们创造的日清日高管理法，不仅是为保证企业方针目标的实现，更重要的是要通过严格的管理，培养全体员工良好的工作习惯和令行禁止的工作作风，由制度管理向自主管理过渡。

第二，管理上坚持高质量、高效率、高标准。高质量表现为：管理不摆花架子，不做表面文章，注重管理的实效。对于管理制度、标准、程序确定以后，严格执行，依法治厂。高效率表现为：在管理中把问题解决在最短时间、最小范围内，避免了工作滞后造成的问题堆积，以使经济损失最低、收益最高。高标准表现为：在制定目标、标准和要求时，坚持就高不就低的原则，纵向与过去最好水平相比，横向与国内同行业最高水平相比，与国际先进水平比。而且，在实际操作中不断完善标准，提高目标值。

第三，管理精细化、系统化。管理的关键不在于知而在于行。在精细化管理上，海尔坚持“人人都管事(物)”的原则，将每项管理责任精细到每名员工；在管理的系统化上坚持“事事有人管”的原则，实施全方位管理，目标明确，重点突出，把管理的各要素全部纳入严密的控制系统。特别是在实行OEC管理之后，发现问题在现场、解决问题在现场、人员素质的提高也在现场，将现场管理提升到了一个新的高度。

### 4.OEC的效果

日清日高管理法是海尔人在长期探索中形成的独具特色的企业管理模式，这一模式的实施不仅为海尔带来了巨大的经济效益，而且也使海尔集团实现了经营规模、外向型企业、市场地位三大飞跃。在原有设备、人员不变，没增加资金投入的条件下，海尔集团1993年比1991年销售收入翻了一番，利润翻了两番；1994年的销售收入比1993年净增10个亿，利润净增1个亿。1995年，海尔集团兼并了红星电器股份有限公司，在没有增加新投入的情况下，运用有效的管理使红星公司当年扭亏为盈。我们可以从OEC实施后的效果来审视海尔独一无二的管理法给其基础管理所带来的冲击和革命：

(1)实现了基础管理的精细化和规范化

OEC管理法将所有的物和事进行分解，强调“三个一”，即分解量化到每一个人，每一天，每一项工作。形成大到机器设备，小到每块玻璃，都清楚地标明责任人和监督人，有详细的工作内容的考核标准，形成环环相扣的责任链，做到了奖有理，罚有据，同时追求各项工作的零缺陷、高灵敏度的目标，把管理问题控制、解决在最短时间、最小范围，使经济损失降到最低，逐步实现基础管理的精细化。并且，OEC管理法博采众长，采用了国际上先进的瞬间控制方法并与长期以来行之有效的PDCA循环和动态优化的目标管理等方法融合提炼，形成了OEC控制技法，使得企业和各项事物在有效控制的状态下向预定目标发展，从而实现基础管理的规范化。

(2)实现了基础管理的科学化和标准化

OEC管理法对基础管理的一种重大冲击就是用哲学的观点来组织企业的基础管理工作。它是把质量互变规律作为基本思想，坚持日事日清，“积沙成塔、积水成渊”，使员工素养、企业素质与管理水平的提高寓于每日例行工作中，摒弃了追求一时轰动效应的会战、突击、献礼等形式主义的管理思想。而且，OEC管理法意在通过日积月累的管理进步，使生产诸要素的组合与运行达到合理优化的状态，不增加投入就可以使生产力获得尽可能提高的效果，使管理收到事半功倍的回报。

(3)实现了基础管理的目标化和效率化

OEC的基础管理将全公司的企业管理工作的循环周期缩到了一天，改变了原先的周检查、月小结的滞后且流于形式而无实质意义的状况，避免了工作缺陷的堆积，提高了基础管理的效率，另外，在生产作业现场利用瞬间控制的技法，因其对反映出来的问题能随时纠偏，使电冰箱生产的156道工序成为156道关卡，156个责任点，使偏差在最短时间内，最小环节内得到控制和消除，减少了损失和浪费，提高了质量，同时也体现了OEC基础管理的效率化趋势在加强。

(4)提高了流程的控制能力

主要表现在三个方面：一是自控能力普遍提高，所有员工都以追求工作缺陷和经济损失最低、收益水平最高为目标，苦练基本功，提高技术技能，在努力消灭不良品的同时，自我把关，决不让不良品流入下道工序。二是互控能力普遍提高，通过实行质量责任价值券，各道工序之间的质量互检工作得到了加强。三是专控能力得到加强。在各生产环节上，各职能部门的巡检人员定时检查，实行瞬间纠偏，使各环节始终处于有效控制之中。通过“日日清工作法”，海尔的各项管理工作实现了由事后把关向全过程控制的转变，受控率从岗位看达到100%，从时间上看，由过去的50%达到了98%以上。

(5)培育了高素质的员工队伍

这是“日日清工作法”取得的最大效果，也是“日日清工作法”得以全面落实的基础。“日日清工作法”通过每天进行的整理、整顿、清扫和清理，使全体员工养成了良好的工作习惯和令行禁止的工作作风，一支高素质的队伍迅速成长起来。

## 第三节 自主管理

海尔OEC管理所追求的目标是实现全员自主管理。海尔认为，人是生产力中最活跃的因素，制度约束是必要的基本保证，但不是企业管理的最佳境界，只有实现从无序管理向有序管理制度的转变，并逐渐向自主管理过渡，才能使企业走上良性发展的道路。

为了不断向全员自主管理的目标迈进，海尔首先实行了“合格班组、信得过班组、免检班组、自主管理班组、SBU班组”的班组升级制度。例如,在冰箱封条车间(这是海尔自主管理的试验田之一),你会发现工人们在井然有序、一丝不苟地工作着。这里没有领导的监督,没有质检员把关,所谓“班长”的职责主要是从上级管理部门那里接受任务,并起一个“上情下达,下情上达”的沟通作用。他无须对别人指手划脚,因为在这里每个人都是自己的真正的“管理者”。他们清楚自己每天该做什么,以及怎样去做。这种“管理”的效果如何？产品合格率全部达到100%!而且每天都向新的高度迈进!

1993年冰箱二厂门封条班成为自主管理班后，日产量从800台上升到1200台,但班里没有增加一个人,办法就是自我加压,人人练好基本功。女工们能身兼数职,既是操作工也是维修工,同时还是工艺员、质管员、卫生管理员。工人们习惯了多种角色以后非但没有感觉到累,反而觉得很充实,自己的潜能得到了发挥。不仅如此,这些班组还搞起了自发的管理创新。比如1991年冰箱二厂总装前排班长梁军在班组长管理上做了一次大胆的尝试,采用“25分钟班长制”,就是每天上午10分钟、下午15分钟的这25分钟班长换位,替换班长的工人行使班长职权。每天可以当25分钟的班长。虽然每天只有25分钟,但承担的任务却不少,必须保持工位整洁,巡视整个流水线、帮助其他员工、代领物品、到其它工位学技术等,实施一段时间后,班组的总体意识加强了,过去总认为干好自己的工作就行,其他事与我无关,而现在必须考虑到整体而不是个人,人人为班组操心的意识大大加强了。而且,班组成员之间加深了沟通和了解,组员在了解其他工位并亲自尝试后,学到了不少技术,增强了各工位之间的互动性。

班组自主管理实验,是海尔人的一项伟大的实践,它表明:任何一种制度的制定和实施,必须以人为出发点和目的。社会的进步和人的发展要求现代企业管理应更多地注重情感管理。企业必须关心人、理解人、尊重人、爱护人,即把人当作“人”而非“非人”,把最大限度地满足人的生存、交往和发展需要作为最高追求。只有在此前提下,企业才能获得职工的认同,职工才能将外附激励转化为内滋激励,自觉地调整自己的情感和行为,使之与组织目标保持高度的一致。

## 第四节　市场链管理

海尔实行OEC管理后,企业的管理进步了一大块,整个企业逐渐向着有序管理的方向前进,但是,海尔感觉到在向“世界名牌”冲击的过程中,越来越力不从心,效果不尽如人意。根源在于,企业发展承受着巨大的市场压力,但企业内部员工感受不到,因为现有的组织结构像一道防火墙,使得员工无法和外部市场产生直接的联系,也就感受不到市场的压力,因此无法为市场创造价值。

在这种情况下,海尔决心拆除这堵阻碍市场和员工联系的“防火墙”,使员工可以直接面向市场,感受市场的压力,这就意味着要对企业已经稳定的管理体系进行大调整,面临着极大的压力和困难。对此,张瑞敏有一段话对此有着客观的描述:

“我们从1998年9月正式提出进行市场链的流程改造，到现在有4年多的时间了，在4年多的时间里，光组织结构的调整就有40多次，对我们自己来说这是一场自身的革命，其实是非常痛苦的。提出流程再造的哈默博士曾经有过一句话：流程再造就是企业的一场革命。这对企业自身来说是非常非常困难的事情。但即使这么困难，你还是要做下去，因为即使自身动手术非常痛苦，也比不动手术安乐死好得多。”

**1.市场链**

市场链主要是指把市场经济中的利益调节机制引入企业内部，在集团的宏观调控下，把企业内部的上下流程、上下工序和岗位之间的业务关系由原来的单纯行政机制(即纵向的依靠自上而下的计划安排和行政指令，横向依靠会议调度和上级命令协调；下级只服从上级，只对上级负责)转变成平等的买卖关系、服务关系和契约关系，通过这些关系把外部市场订单转变成一系列的内部市场订单，形成以“订单”为中心，上下工序和岗位之间互相咬合，自行调节运行的业务链，这就是市场链。

以市场链为纽带的业务流程再造，主要是指把“市场链”和业务流程再造有机集成，以索酬(S，即通过建立市场链为服务对象服好务)、索赔(S，即体现市场链管理中部门与部门、上道工序与下道工序互为咬合的关系，如果不能“履约”，就要被索赔)和跳闸(T，即发挥闸口的作用，如果既不索酬也不索赔，第三方就会自动跳闸，闸出问题来)为手段，以流程再造为核心，以“订单”为凭据，重新整合管理资源和市场资源，在OEC管理平台上形成每一个人(流程)都有自己的顾客，每一个人(流程)都与市场零距离，每一个人(流程)的收入都由“市场”来支付的管理运营模式。

**2.市场链管理的特征：**

(1)以SST为手段：再造后形成的业务流程体系通过索酬、索赔、跳闸等手段，形成业务流程的市场链，在每一流程内的上道工序和下道工序岗位通过这三种手段，形成岗位间的市场链。

(2)以流程再造为中心：流程再造从根本上对原来的组织结构进行重新整合和设计，从原来直线职能型的结构转变成平行的流程网络结构，优化管理资源和市场资源的配置，实现组织结构的扁平化、信息化和网络化，从结构层次上提高企业管理系统的效率和柔性。

(3)以订单为驱动力：订单是集团内部所有部门和流程的指挥棒。再造后形成的商务流从外部客户获得订单开始，通过订单的利益驱动，把完成客户订单的目标，根据业务流程顺序分解成一系列内部流程的“订单”，通过内都“订单”的履行达到完成终端客户的订单目标，流程之间以订单为驱动力，形成市场契约关系。

(4)以企业文化和OEC管理为平台。OEC管理贯穿整个内部市场链，流程之间的内部“订单”履行以OEC为保障，通过索酬、索赔和跳闸手段，在规定的时间、地点和条件下迅速完成“订单”的各项内容。

(5)以追求顾客满意度最大化为目标：通过“市场链”，把终端客户的满意度无差异地传递给每一个业务流程和岗位，使每一个流程都有自己的直接“顾客”，每一个流程都与“市场”零距离。流程的工作方式是针对“顾客”的要求“主动做”，而不是“等待上级请示后再做”，从而快速满足客户的个性化要求。

(6)价值分配市场化：再造后所有的业务流程与岗位的收益不再是大锅饭，而是全部由自己所服务的“市场”来支付。

**3.海尔市场链改革的进程**

传统的职能机构是根据专业化分工建立的，在这种结构中，每个员工只须对自己的“上级”负责，而不需要向外对市场和顾客负责。这样容易造成部门之间的互相扯皮，降低了企业应变市场的能力，也不利于提升顾客满意度。而业务流程再造是要建立直接面对客户的，具有高度经营决策权的完整业务流程。因此海尔集团决定首先将原来垂直结构的业务流程转为扁平化、横向联系的业务流程。

海尔的市场链流程再造自1998年开始目前已完成两个阶段：

第一阶段：以流程再造、机构重组、资源整合为主的市场链流程再造。

从1998年9月海尔集团开展市场链流程再造，到2000年底，已经确立了市场链的基本定义、工作流程图，并据此完成了组织结构重组工作。通过整合全球的供应链资源和全球的用户资源，形成了以订单信息流为中心、带动物流和资金流的运行，实现“三个零”目标的业务流程再造。

第二阶段：关于开展全员参与市场链并成为创新的SBU为主的市场链流程再造。

从2001年开始海尔已进入第二阶段的工作，在此阶段主要以三化为原则，以BOM为基础，以订单为中心，实施全员的市场链工资，使每个员工都成为市场链中的一环，将订单的目标变成每个员工的预算目标，建立一个有母本参照的，与预算BOM比较的，计算机显示的，每个员工的SST的日清数据库和每日提高1%目标的创新系统，而且为每个员工提供创新的空间，成为不断创新的SBU，构筑企业的核心竞争力。其中，三化原则是(1)扁平化：①可一步到位的操作平台。②必须具有“SST”和即时激励功能，以保证正确方向。(2)网络化：①形成工作BOM的网络。②形成能实现同步流程的管理BOM网络。(3)即时性：①能在计算机系统上即时显示OEC日清数据。②共享性：所有信息都进入数据平台，每个终端可以共享信息、利用信息并使信息增值。

SBU是指战略事业单位，如果不仅每个事业部而且每个人都是一个SBU，那么集团总的战略就会落实到每一个员工，而且每一个员工的策略创新又会保证集团战略的实现。

市场链这一新管理机制，使每个部门、每个员工都面对市场，变职能为流程，变企业利润最大化为顾客至上。创建“市场链管理模式”，意味着企业的各种流程大调整：流程再造、机构重组、资源整合。

**4.流程的岗位负债经营机制的确立**

流程再造后，员工工作行为是对“顾客”负责，而“顾客”满意是动态的，是个性化的，反过来要求每一个员工必须创新，这种激励约束机制就是负债经营机制。简单的说，负债经营机制就是将企业以前无偿给员工使用的资源(如设备、工具、材料等)转变为有偿使用，企业给你提供的这些资源就是你的负债。你经营这些资源就必须用创新的办法使资源增值。

负债经营机制的确立实际上经历了两个阶段。第一阶段是以OEC管理为平台，通过“市场链”把每个员工自己的目标和企业的目标有机地结合起来。每个人都有一个“市场”，每个人根据“市场”的需求(与“市场”签订SST合同、契约)确定自己的主项指标和辅项指标，并且量化指标及酬劳。通过三E卡(OEC管理)进行控制，每天都有差异，每天都有索酬，如果服务不到位，每天都有索赔，每个人的收入都用目标标准来衡量，只要每个人的工作都达到目标和标准效果，那么他就能获得较高的收入。

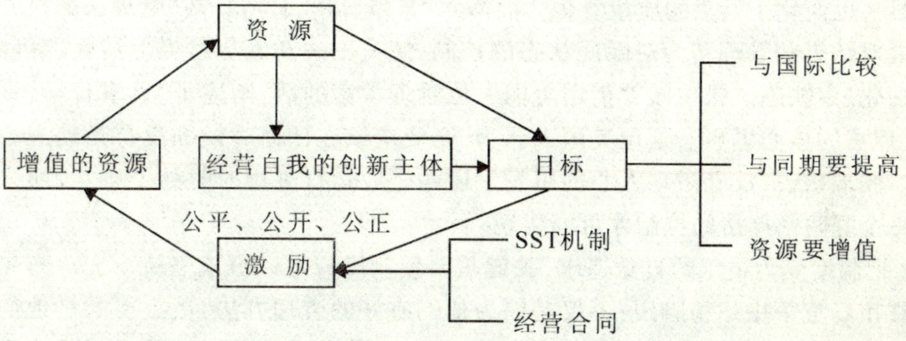


在“市场链”进行过程中，如何进一步把“市场链”对员工的目标牵引作用和激励作用与企业经营资源最有效地利用结合起来，始终瞄准“顾客”的个性化需求来提高竞争力和美誉度，海尔提出了负债经营方式。负债经营的过程是首先确定负债资源，建立负债经营计算平台，对比国际先进水平，本企业上一年度最高水平，确定资源增值的目标。通过竞标的形式确定经营自我的创新主体，然后创新主体与下一流程签订负债经营合同，明确SST标准，创新主体利用创新的工作方式去经营负债资源，最后达到资源增值的目的。

张瑞敏在世界上首创的“市场链”，在国际上引起很大的反响，2000年，张瑞敏应邀到瑞士洛桑国际管理学院(IMD)演讲，海尔的“市场琏”成为该院和欧洲管理学院案例库案例。

日本能率协会综合研究所所长高地说：“海尔与日本企业最大的不同是以经营人为核心，人经营好了，一切都会好的。从这个角度讲，张先生所创造的一切都是非常伟大的，您做的事(指经营SBU)，如果成功了，不仅仅是为了海尔发展，而是为了整个人类，对人类做出了贡献，这将是了不起的创举！”

日本能率协会会长富坂良雄说：“张瑞敏先生的演讲是向世界发出的声音，对日本的传统经营观念造成了冲击。年轻的海尔为年老的日本能率协会研究注入了新的活力。日本企业在经营中强调团队精神，海尔的经验告诉我们，中国人在经营过程中把人作为经营的主体，这种逆向思维显示出两国在经营理念和企业文化方面的差异，目前日本企业正在对企业经营体制、理念等进行改革探讨，在这关键时刻海尔为我们提供了先进经验。”

## 第五节 海尔管理模式的启示

1.国有大中型企业要由轰轰烈烈搞改革转为扎扎实实抓管理,练好内功。管理是一个企业的基础,基础工作做不好,就难免要影响企业的效益。目前一些企业的领导只热衷于“轰轰烈烈搞改革”,而不能静下心来扎扎实实抓管理,练好内功。只注重结果而忽视了对过程的控制,等到出了问题再从头来,这一方面降低了效率,另一方面天长日久也淡化了员工的质量意识。而海尔“日事日毕、日清日高”管理法的核心就是将过去对结果的管理转为对瞬间状态的控制,使员工一开始从思想上消灭二等品,达到精细化、零缺陷。张瑞敏曾借用美国一位管理学家的话,阐述了“日事日毕、日清日高”管理法的核心思想。这位美国人认为,企业应该在任何时候都没有激动人心的事发生。张瑞敏说,没有激动人心的事发生说明企业运行过程时时处于正常,而只有通过对每个瞬间都严格的控制才可能实现。

2.把制度变为员工的自觉追求,关键是要使制度持之以恒地坚持下去。海尔之所以能在市场竞争中站稳脚跟,不仅是因为他们有好的管理方法,更重要的是他们能把这一方法始终如一地坚持下去,使其升华为员工的一种自觉行动。张瑞敏认为重要的是一丝不苟地坚持,坚持不懈才能使一种制度从强制到最后成为员工的自觉追求。而有些企业,他们的规章制度并不少,镜子、框子挂了一墙又一墙。然而仅此而已,说到“执行”便要等“下回分解”了。海尔集团的可贵之处就在于它能言必行,行必果,持之以恒。

3.要围绕提高员工素质、充分发挥员工的积极性、创造性开展管理。人是企业管理中最活跃的因素,员工的积极性、创造性是企业兴旺发达的基础。我国的许多国有大中型企业的效益之所以低下,就在于缺乏有效激发员工的积极性,不断提高员工素质,发挥员工的能量和潜能的管理制度。海尔的OEC管理的成功之处在于他们是围绕提高人的素质、发挥员工对企业、社会的责任心而提出和实施的。不论是“三工并存,动态转换”,还是“索酬、索赔”,它们的目的都不是在于将员工除名或是让员工赔钱,其真正的目的在于激励员工不断提高自己的素质,为用户负责,通过员工积极性、创造性的发挥,实现企业快速发展的目的。

4.管理的刚性原则和柔性原则相结合。企业制度建设是企业管理的基础性工作。离开管理制度,企业管理就是无水之源、无本之木。企业的资源需要人去操作,要使企业的各种资源处于最佳状态,必须制定一套系统、科学的管理制度。这些规章制度在企业内部具有权威性、约束性,全体员工必然自觉遵守、自觉维护。谁违反,谁就无一例外地承担相应的责任,受到相应的惩罚。海尔的成功就是在刚性的法治管理下严出来的。

另一方面,若完全通过制度硬约束,管的又死又严,员工的抵触情绪反而越来越大,制度反而越难实施。因此,在强调刚性原则的时候,更需强调由“强制”进化为“自觉”的柔性原则。海尔通过自主管理建设使员工产生自控意识,达到内在的自我管理和自我约束,培育员工的工作热情和工作责任感,激发其发自内心的贯彻执行规章制度的自觉性,凝聚员工的智慧和力量,劲往一处使,而这时的力量决不是单个力量的简单相加,能达到1+1>2的效应。因此,企业的柔性管理是刚性管理的进一步升华。刚性和柔性管理应当合二为一,刚柔相济,相得益彰,才能取得较好的管理效果。

5.基础管理要持之以恒。张瑞敏有一句话:什么叫不简单?把别人认为简单的事一次次做下去就叫不简单;什么叫不容易?把别人视为容易的事千百遍地做正确就叫不容易。重复简单的程序,是产品质量和信誉的基础。关键是如何把一件简单的事情重复千万遍地做好。要杜绝缺陷,就必须把每一件简单的事情做好。海尔的“OEC管理法”就是针对简单的重复性劳动容易产生错误的一剂良药。在车间,产品的目标层层分解,量化到个人,做到人人都管事,事事有人管。每天的结果与效益挂钩。日日清,日日改进,基础管理一时一刻也不放松。正是抓好了基础管理,产品质量才得到了保证,在简单的劳动中,创造了不简单的奇迹。

6.管理方式的选择应根据企业的具体情况。好的管理模式、管理方法、企业文化,一定要与企业的性质、企业的战略目标、所在的行业、员工的素质等相匹配,并最终依赖市场的检验。海尔OEC管理模式,符合目前海尔主业属于劳动密集型产业,员工总体素质不是很高的情况。海尔文化和管理方式的核心是在员工中树立“竞争意识”和“自主管理意识”等。但对于一些员工素质较高、自我管理能力较强的高科技等类型的企业来说,OEC管理模式未必有效,甚至可能会适得其反。比如高科技企业发展无定式,最需要的是员工发挥自主精神、创新精神,不断开拓企业发展的新领域。因此,需要给予员工宽松的工作氛围和环境,激发员工的自主创新能力。管理有模式,无定式,这是管理的科学性和艺术性。因此,其他企业在学习海尔管理模式时一定要结合自身的情况,不可盲目照搬照抄。

# 第3章 适应与创造市场

## ——海尔的市场策略

一个品种就是一个市场,忘掉一个品种就会丧失一片市场,一个消费群体。

——张瑞敏

海尔以其惊人的速度成为目前我国家电企业的排头兵,并向着世界500强的目标发起进攻。那么,海尔是如何开拓国内市场并进军世界市场的呢?本部分将展示在激烈的市场竞争中,海尔是如何制定、实施和不断完善他们独特的"营销策略",在风云变幻的国内外市场上不断开拓前进的。

## 第一节 细分与创造市场

### 一、细分市场:海尔市场开拓的法宝

海尔根据不同的消费者具有不同的需求这一市场特点,从满足不同消费者的需求出发,在对市场进行合理细分的基础上,开发生产出品种繁多、各具特色的产品,几乎每一个消费者群都能从海尔产品中选出适合自己的款式,这也许正是海尔广受消费者青睐的奥秘所在。海尔在产品质量方面与其他厂商的产品相比也许并不一定具有很大的优势,关键是海尔产品总能做到小有差别,正是这种"小差别"打动了消费者,导致了在市场上的"大优势"。

例如海尔冰箱的科研开发和市场销售人员将"市场细分"归结为款式细分、阶层细分、外销细分和地域细分四类。其中,款式可分为欧洲风格、亚洲风格和美洲风格,欧洲风格是严谨、方门、白色表现;亚洲风格以淡雅为主,用圆弧门、圆角门、彩色花纹钢板来体现;美洲风格则突出华贵,以宽体流线造型出现,按阶层细分又可分为白领和蓝领,其中白领为分体式、中小容量,外观要典雅;蓝领则要大中容量、豪华的外观。外销方向可细分为发达国家和发展中国家,发达国家如美国、德国、日本、法国、澳大利亚等,发展中国家如阿根廷、伊朗、越南、巴拿马等。按地域细分,可分为北方和南方,城市和农村等。北方需要大冷冻能力的冰箱,如直冷冰箱和单冷冰箱;南方需要宽气候带冰箱;农村需要宽电压冰箱;沿海则需要无霜冰箱等。

细心的消费者还可以发现,在上海买的海尔冰箱就跟在北京买的不一样,北京市场的海尔冰箱宽大、粗犷,上海市场的则瘦窄、秀气,这是海尔研发部门根据市场调研信息专门改进设计的。原来上海家庭住房普遍比北京小,消费者不喜欢冰箱占地面积过大,另外上海人更欣赏外观比较小巧的冰箱,于是海尔就为上海市场设计了一种瘦窄型的冰箱,叫作“小王子”,推出后在上海非常畅销,

近几年,海尔注意到农村的冰箱需求量上升得非常快,但它并没有简单地把现有的冰箱拿到农村去。因为海尔通过研究发现了两个因素,一个是农村的消费水平比较低,现在的冰箱价格农民难以接受;另一个是农村的电压波动上下经常超过5%。海尔专门测试了农村的冰箱用电环境,电压最低时只有160伏。冰箱最怕的不是高压,而是低压,低压时间长了,压缩机就会烧坏。所以,海尔在开发农村冰箱时,瞄准农民的需求进行精确定位,首先大幅度削减现有冰箱的功能,很多功能取消后,价格下降了。同时,把压缩机重新改造,使之适应低压启动。这种重新改装的冰箱在农村销得很好,市场份额上升迅速。

家电市场从来都是“各领风骚一两年”,一些企业曾经显赫一时,但很快就衰落了,其中一个重要的原因就是未实现市场细分化,以满足用户的潜在需求。在国际上有黑色家电、白色家电之分,黑色家电如电视机,可满足人们的娱乐需求,白色家电则主要满足家庭生活需求。黑色家电日本占绝对优势,白色家电分成美、欧、亚三大区域,谁也不能统一世界,因为人们的生活习惯不一样。海尔考虑的是怎样满足世界各国消费者的需要。

在西方国家,电冰箱作为食品储藏用具是摆在厨房里的,但在中国,很多人习惯将电冰箱摆在客厅或房间里,不仅作为一种用具,在某种意义上也当作一种装饰品。因此, 用户对电冰箱的外在质量要求很高。海尔集团的设计人员深谙人们的此种心理,在保证电冰箱内在质量的前提下,特别在外在质量上下了大力气,设计出外形、色泽等方面都很讲究的多种规格的电冰箱,赢得了国内消费者的青睐。另一方面,根据中国家庭室内面积小,需要灵活摆放冰箱以节约空间的实际情况,海尔及时设计并生产出组合式冰箱,不仅能上下、左右摆放,搬动方便,而且由于采用双压机,双电源,可以根据需要开启一组或其中一个电冰箱,具有明显的节能效果。组合式电冰箱推出之后,受到消费者的极大欢迎,成为领导市场潮流的产品。

细分市场还使海尔拥有自己的核心技术。如海尔的空调变频技术是从日本引进的,但日本不缺电、暖气足,而中国电力紧张、电压不稳,因此,中国的变频空调既要省电,又要制热量大,还要能够实现宽电压启动和超低温启动。很明显,对日本的变频技术需要实施本地化改进。海尔通过悉心改进日本技术,形成了自己的变频核心技术,开发出变频一拖二及一拖多空调,还将这项技术输出到欧洲。

许多企业靠一个品种吃遍天下,市场饱和了以后才上新品种,海尔的做法是通过一个品种探路,取得消费者认可后,就将该品种归入一个消费层次,再将这个层次细分,推出满足细分需求的一系列新规格型号。由于新品种规格太多,一次上市量并不大,造成一些人不断追踪寻觅自己中意的新品。这样,海尔产品总是有一批人在等待、

期盼。

张瑞敏说过，市场对海尔产品的饥饿感并非厂家有意造成，主要是海尔细分市场、多品种策略所致。为了满足用户的个性化消费需求，海尔每一个品种上市都有十几个规格选择，而消费者看中哪一个规格，一般不会轻易改变主意，碰上市场缺货，宁可等待也要购买自己喜欢的产品。

在国际市场上，海尔同样要求根据不同国家的文化和生活习惯，设计、行销不同的产品。空调进出口公司副总经理任成强有一次考察中东市场，发现阿拉伯人特别喜欢白色和金黄色。原来，白色、金黄色在阿拉伯人眼中象征着纯洁和富贵。细心的任成强把这个信息带回来，让设计人员把空调上经常触摸的按钮全部改成白色或金黄色，结果是新产品大受阿拉伯人喜爱。

## 二、差异化营销

海尔在对市场进行准确细分的基础上采取差异化营销策略，将总体市场分割为若干个细分市场，针对不同的细分市场，有选择地提供不同的产品，制定不同的市场营销策略，分别进行有针对性的营销活动，以满足不同细分市场的不同需求。

海尔集团认为，一个品种就是一个市场，忘掉一个品种就会丧失一片市场，一个消费群体。于是，海尔人走出了不再让消费者被动接受产品的新路，根据消费者的有效需求来开发产品。

海尔冰箱采取为冰箱找“伴侣”的宣传形式，让消费者参与开发设计，仅青岛地区便收到5000多封消费者来信，开发了“小小王子”伴侣全冷冻小冰箱，解决了消费者“家中老冰箱冷藏大，冷冻小，东西多了冻不了，寿命不到扔不了，买台大的用不了”的烦恼，产品一上市便脱销。宽电压冰箱新品种的问世，解决了农村电压不稳的问题，打开了广阔的农村市场，在西北市场上被富裕起来的农民抢购一空。目前，海尔电冰箱分为多个产品系列：大王子、帅王子、双王子、雪王子、小王子、小小王子等等，其产品几乎覆盖了所有的细分市场。

再以海尔洗衣机厂为例：海尔洗衣机厂依靠雄厚的技术力量，有针对性地研制开发了多品种、多规格的洗衣机产品，以满足不同消费者的需求，使海尔洗衣机厂一举成为中国洗衣机行业跨度最大、规格最全、品种最多的企业。

跨度最大：海尔能同时规模生产亚洲波轮式、欧洲滚筒式、美洲搅拌式洗衣机，使中国老百姓可以得到世界不同风格的洗衣机享受。

规格最全：大到一家人一周所有的衣服，小到孩子的一双袜子，每隔0.2千克海尔就有一款洗衣机满足您的洗衣需求。

品种最多：从双桶半自动、全自动洗衣机到洗衣、脱水、烘干三合一洗衣机，海尔应有尽有。

——根据目前国内许多家庭居住面积小，没有足够的洗衣机空间的情况，海尔设计了中国第一台“极限设计，全塑外壳”的“小神童”系列全自动洗衣机。

——在市场调查中，他们还发现有一部分用户在使用全自动洗衣机时，往往不是一次性将洗衣、脱水程序完成，人们希望将不同的衣服分开洗涤，然后一起脱水。按全自动洗衣机原理这是不科学的，也是不可取的。但对海尔人来说，“用户永远是对的”。不久，中国第一台电脑后置、仿生设计的“小神童”全自动洗衣机问世了。这种洗衣机具有高节能的特点，一度电可洗33千克衣服，深受消费者青睐。

——当科技人员发现农村的水质越来越硬，衣服越来越难洗净时，便开发了专利产品“爆炸”洗净的气泡式洗衣机，即利用气泡爆炸破碎软化作用，提高了洗净比20%以上。

——海尔的普及型滚筒机“丽达”六姐妹，不但具有高档“玛格丽特”洗衣机的品位，而且符合大众消费水平，满足了小康家庭的洗衣享受，拓展了各消费层次的选择空间。

——“用户的需要就是我们永远的追求”，为了使人们能够彻底地从洗衣烦恼中解脱出来，海尔推出了第一台迷你型及时洗“小小神童”洗衣机。它的问世成功地填补了机洗和手洗的空白，小到一双袜子，大到所有的衣物(1.5千克)均可立即洗涤，并解决了内外衣分开洗、不同脏度、不同颜色的衣服分开洗的问题，使洗衣机进入了一个全新的梦幻组合时代。

海尔在进入国际市场时，同样运用的是建立在市场细分基础上的差异化营销策略。例如，海尔专为北美用户设计的专门存储干红、干白葡萄酒的无震噪分层恒温高级冰箱，产品推出后，占领了该类市场90%的份额。

又比如美国的经销商经常说海尔的小冰箱供不上货，原因到底是什么？为什么他们喜欢海尔这个小冰箱？其实在美国这个小冰箱不算什么，到处都有。原来因为海尔的小冰箱上面像一个桌面一样，学生住的房子非常狭窄，要把冰箱台面当小桌子用。于是海尔改为加上一个可以折叠的台面，而且后来再加一个可以抽拉的板，放一个电脑也可以，这个冰箱已经不是一个冰箱了，满足了小冰箱和电脑桌合二为一的需求，这样就可以开拓很多新的用户。张瑞敏说过，因为新的用户的忠诚度很难固定下来，我们只能不断的去满足他新的需求。

### 三、创造市场——海尔自己做蛋糕

市场规律决定了产品都有一个淡旺季循环的过程，家电中的许多产品，由于人们的消费习惯或产品的适用性等因素也存在淡旺季的问题。对于淡旺季十分明显的产品，许多厂家往往是在淡季大幅削减产量，撤回销售人员，生产的产品也只好放在库里，以等待旺季的到来，在他们眼里，淡旺季是天经地义的，是不可改变的，所以淡季的状况一直存在着。海尔人却不这样认为，在海尔人眼里，“只有淡季的思想、没有淡季的产品”、“只有疲软的思想、没有疲软的市场”，只要深入分析，进行市场调研与细分，就能在淡季里创造出一个市场来。小小神童洗衣机就是一个很好的例子。

在过去，洗衣机就是一个淡旺季十分明显的产品，夏天是它的一个淡季。海尔通过深入分析发现，夏天人们并不是不需要洗衣机，恰恰相反，此时是最需要洗衣机的时候，因为这时候人们洗衣服洗得更勤。但传统的洗衣机产品不适应夏天洗衣的要求，洗衣机容量太大，一般在5千克左右，对于夏天要经常洗小件衣服的情况来说就不太适用了，所以，夏季的洗衣机淡季是因为没有适宜的产品造成的。根据这种情况，海尔开发出了一种容量只有1.5千克的小洗衣机，并根据上海人洗衣服洗得勤的特点，率先把它推到了上海市场试销，产品推出后很快就被上海人接受了。当时，上海的一位副市长还问过上海的洗衣机生产企业，海尔的这个产品会不会对你们形成竞争压力，回答说不会，他们认为海尔的洗衣机是像玩具一样的东西，没前途。但很快上海人就排队来购买这种产品，随后在全国市场也获得了成功，这种小型洗衣机现在已开发到第十二代。即使在东南亚金融危机以后，日本、韩国还在大量进口这种洗衣机，因为这种产品在他们国家也没有。韩国一位老板曾对海尔说，他们董事会曾提出过一个议案，就是要搞一种小洗衣机，但他们的技术人员说这根本做不到，因为这种小洗衣机等于大洗衣机的等比例缩小，成本降不下来，没想到两年后在海尔这里做到了。海尔人告诉这位老板，这个产品海尔已申请了11项专利。当时海尔也解决不了等比例缩小成本降不下来的问题，后来把里面的结构改造了，才达到了目标。海尔的这些专利在日、韩也做了申请，所以韩国和日本客商只能从海尔这里大量进口。小小神童洗衣机上市20几个月，销售量就已经突破了100万台。海尔过去到了夏季，生产都要下降一大块，现在就由它顶起来了，实现了淡季不淡。

海尔还善于通过抢占科技制高点来创造市场热点。海尔洗衣机在市场调研、分析中发现：消费者在使用洗衣机时，最烦恼的是同一台洗衣机只有一个洗涤速度(约150转/分钟)、一个甩干速度(约800转/分钟)。这样就会出现一些问题：有的衣物因洗涤、甩干转速过高，尽管洗净比也很高，但既费电，而且磨损率又高；而有的衣物则因为转速过低而洗不净、甩不干。有没有一种办法可使不同的衣物匹配不同的洗衣、甩干转速，从而达到最少的耗电、最低的磨损、最佳的洗涤效果呢？海尔洗衣机在1998年率先推出变频洗衣机的基础上，结合“洗得净又节水”的全球行业难题，推出了代表目前波轮洗衣机最先进水平的变速洗衣机，从而一举解决了上述难题。该款洗衣机实现了自动感知衣物，不同衣服不同转速，洗得净又节水50%，并有多项技术申报了国家专利。海尔变速洗衣机也因此而被誉为继海尔“手搓式”洗衣机之后，引领2001年洗衣机新的发展潮流和趋势的又一款革命性产品。

海尔将洗衣机推广到农村去以后，农民曾经抱怨产品质量低劣，因为其内管经常发生堵塞现象。但是，经公司深入调查后发现，洗衣机在农村不是用来洗衣服，而是用来洗蔬菜，洗红薯。日子长了，排水管内自然淤积了大量的油污和泥沙。公司的技术人员认为，应该教会农民学会正确使用洗衣机，而不是开发一个能够洗红薯的洗“衣”机。但张瑞敏认为，因为消费者的要求，就是一个市场需求，所以就应该开发这样的洗衣机去满足消费者。随后，海尔集团做出调整，向农村市场推出功率更为强劲的洗衣机，包括专门用于蔬菜洗涤的机型，并命名为“大地瓜”，销量由此直线上升。于是，海尔集团又开拓了一个新市场。

## 第二节 “顺市而为”的营销组合

### 一、服务策略

从消费者需求来看，由于科学技术的迅速发展，消费者只懂得一些家电产品的操作和应用而对于产品的原理则知之甚少，因而对于产品的安装、调试和维修的需求成了除产品本身的价值以外的附加价值的需求。从海尔自身的条件来看，第一，海尔拥有全国范围的销售网络；第二，海尔在进行生产的同时培养了大批的技术人才，这两个条件为企业的服务宣传打下了良好的基础。海尔在创造卓越的产品的同时始终把服务放在突出位置，海尔认为卓越的产品要有卓越的服务，让用户在购买海尔名牌产品的同时，真正享受到国际水准的一流服务。

为了全面提高服务质量，海尔推出了国际星级服务。星级服务大体包括三个方面的内容：一是售前服务，即实实在在地介绍产品的特性和功能，通过不厌其烦地讲解和演示，为顾客答疑解惑。如海尔的产品究竟好在何处，如何安全操作，用户享有哪些权利等，尽量使顾客心中有数，以便在购买中与别的产品比较选择；二是售中服务，即在有条件的地方实行“无搬动服务”，向购买海尔产品的用户提供送货上门，安装到位，现场调试，月内回访等服务；三是售后服务，即通过微机等先进手段与用户保持联系，出现问题30秒内便可在微机提出所要找的用户使用产品的情况，以百分之百的热情来弥补生产中可能存在的万分之一的失误。

为了保证星级服务的连续性、有效性，使之在任何时候都能经受住严峻的考验，海尔集团建立了国内最大、最先进、最完整的服务体系。海尔服务中心拥有国内一流的计算机检测和信息通讯系统，可以在30秒内迅速查询到售出的产品，并给予顾客最满意的答复。海尔服务中心是目前国内服务领域资金最雄厚、运输调配能力最强和反应能力最快的销售服务机构，也是国内服务领域规模最大的销售服务机构，在全国建立了几十个分中心，可以把海尔的服务以最快的速度、最高的效率迅速推进到全国的每一个角落。

海尔还在原来良好服务的基础上推出了一条龙六位一体服务：电话咨询、上门设计、免费送货、免收材料费、24小时服务到位、用户跟踪回访，“您只需打个电话，其余的事我们来做。”还推出了“红地毯”服务，即对因搬运与安装可能给现代家庭居室带来的不便全面承担责任。

#### 1.“用户永远是对的”

海尔人有一个共识，即“用户是衣食父母”，只有不断给用户提供最满意的产品和服务，用户才会给企业回报最好的效益，员工的收益才会水涨船高，因此，海尔人在服务中坚待“用户永远是对的”。当你走进海尔的售后服务中心，首先映入眼帘的就是“如果你满意，请告诉你的亲朋好友；如果你不满意，请你告诉总经理”，而海尔总经理的回答是“用户永远是对的”。

有一次，售后服务中心接到一位用户来信，询问冷柜长时间不停机是怎么回事，但不知是一时疏忽还是对此事不太经意，该用户没有联系地址，只简单地写了“浮山”两字。遇到类似情况，一般企业的常规做法是等有了更详细的信息后再处理，而海尔售后服务中心的员工坚持“用户永远是对的”服务宗旨，立即派人前往落实，一名服务人员带着用户的来信和维修工具来到浮山，在密密麻麻的住宅间，挨个街道地打听，直到日落，才在户籍民警的帮助下找到了来信的用户。一检查，故障原来是因为用户未认真阅读说明书，冷冻食品太多所致。服务人员毫无怨言，耐心地向用户介绍了使用知识，直到用户满意为止。

**2.“卖信誉不是卖产品”**

海尔有一句格言：质量是产品的生命，信誉是企业的灵魂，产品合格不是标准，用户满意才是目的。古人也说过“诚为商本”、“信誉乃无形之财富”，海尔人以自己的真诚，赢得了无数用户的衷心信赖。售后服务中心规定，上门维修不许抽烟、喝酒、吃饭，任何人不准收受用户的礼物。后来又规定，即使用户的水也不准喝，由此就有了海尔维修人员自带矿泉水的佳话。福州市有位用户的海尔冰箱出了故障，不远万里给青岛厂部打电话，指望能在半个月内有人上门。岂料第二天，维修人员就赶到了用户家，用户不敢相信，一问方知维修人员是连夜乘飞机赶到的。乘飞机修冰箱，来回的差旅费与冰箱售价相差无几，划算吗？海尔人的回答是：“我卖的是信誉不是产品。”用户感动了，在维修单上写下了这真挚的话：“我要告诉所有的人，我买的是海尔冰箱。”

如今，服务质量意识已深深印在每一位海尔员工的脑海中。曾经有这样一件感人的事例：广州用户陈志义写了一封求购海尔玛格丽特洗衣机的信，生产企业海尔梅洛尼公司与用户约好上门送洗衣机。第二天，该公司驻广州安装服务人员毛宗良租了一辆车运送洗衣机，不料中途车辆因手续不全被扣留，此时离用户陈志义家还有两公里。烈日下，小毛守着洗衣机拼命拦截偶尔过往的车辆，但司机一看洗衣机如此之大都不愿拉。万般无奈之下，毛宗良想到企业的信誉，想到用户的利益，便毅然背起重约75kg的洗衣机上路，用两个多小时把洗衣机背到用户家，用户深深地被海尔真诚的服务所感动。

**3.“尽量使用户的烦恼趋于零”**

海尔人认为卓越的服务即服务的最高境界是无缺陷服务。你可以讲明情况，阐述道理，但你不可以不给用户一个满意的结果，因为用户的满意便是海尔卓越服务的目的。

一次，海尔两名安装人员带着三台空调到一用户家安装，当安装最后一台空调时下起了大雨，按操作规定，雨里是绝对不能安装的，用户表示可改在第二天，可两位安装人员想到的是雨后肯定是大热天，用户用不上空调必有烦恼。于是他们决定雨停后立即安装，就这样他们在雨后连续工作了3个小时终于当天将空调安装完毕。

**4.“超值服务”**

顾客在购买产品或享受某种服务时，都有一定的期望，如果一种产品一次又一次满足了他们的期望，那么在顾客心目中，它就是高质量的产品。海尔卓越服务的核心思想就是不断满足用户对服务方面一个又一个新的期望，使用户得到意料之外的满足。海尔的具体做法是贴近市场，每设计推出一种新产品，都是从真正维护消费者利益出发，海尔1995年新推出无氟大王子冰箱，能节能50%，同时也对外观及其它小功能进行了新的设计，使用户在受到无氟保护的同时，又得到了意外的享受。海尔的一拖二单冷空调、全塑外壳不生锈波轮式洗衣机、带烘干的滚筒式全自动洗衣机、可以洗地瓜的洗衣机等产品，都是以给用户创造意料之外的满足为目标。

卓越服务的价值观已深入海尔人的意识，海尔人总是从一件一件的细微小事做起，把卓越的服务落到实处，使用户在享受名牌产品的同时，也享受卓越的服务。海尔总裁杨绵绵说得好：“我们就是要通过真诚的服务，不断地满足用户对产品服务方面一个又一个新期望，使消费者在得到物质享受的同时，还得到精神上的满足。”由于海尔员工的共同努力，海尔的卓越服务已家喻户晓，这不仅赢得了广大国内顾客的赞誉，而且在国际上也走在了前列。近几年，美国优质服务学会对海尔集团在服务方面的科学化管理十分关注，经过这几年对海内外市场的用户直接调查，并对海尔服务管理体系及具体运作进行现场考察后，认为海尔的售后服务工作已走在了世界的前列。为此，该学会向海尔集团颁发了“五星钻石奖”。

**5.“服务零距离”**

1994年三月，青岛一位姓王的老太太买了一台空调，打了一辆出租车回家，在上楼找人帮忙搬运的时候黑心的出租车司机将空调拉跑了。这则消息被《青岛晚报》刊登后，在社会上产生极大凡响，人们纷纷指责黑心的出租司机。但张瑞敏从这则消息中看到，用户买的是海尔空调，头脑中首先浮出的想法是对海尔的用户要负责。于是他马上命令空调事业部负责人免费赠送给王老太一台空调，并上门安装。

事情似乎得到了圆满的解决，但张瑞敏想得更远、更多。他由此看到了服务的盲区，立即批示冰箱、冷柜、空调、洗衣机四个事业部自查服务上的盲区，并制定解除用户烦恼的措施。空调事业部从王老太事件中发现，用户在购买空调的时候，存在着要自已拉货、找人搬抬等不方便因素，为此，空调事业部完善了服务内容，提出了“无搬动服务”，也就是用户购买海尔空调只要交款，以后所有的事情都由公司来办，消费者只等着享用就可以了。其他公司也从空调丢失事件中汲取教训，寻找薄弱环节，推出了一系列服务措施，提高了星级服务的档次水平。

海尔意识到要赢得顾客长期的信任，就必须做到“零距离服务”。张瑞敏说：“所谓零距离，其本质是心与心的零距离。”海尔员工正是做到了和用户的心零距离，不断完善服务水平，从而赢得了顾客的心。

## 二、定价策略

海尔对产品的定位是做到优质优价，不打价格战，海尔不想以价格作为卖点，而是以产品的高科技含量、多功能一体化、使用简单、完善的售后服务等为人们带来高品质高享受的生活，即以提高产品的服务和技术含量来提高产品的价值含量。如果说要用什么战来形容的话，海尔打的可以说是价值战。价格优势不等于低价格，一个企业应该以自己层出不穷的新产品建立起消费者认可的价格优势。目前的产品和企业竞争归根到底不是价格的竞争，而是综合实力的竞争——质量、个性化设计、品牌、服务的竞争。海尔不搞降价竞争，靠的是不断寻求和发展潜在的消费需求，而谁与消费者的距离越近，谁与竞争对手的距离就越远。价格并非吸引消费者的唯一因素，也不是最有效的因素。一件商品，只要你告诉消费者它贵在哪里，如果是物有所值，就会得到消费者的认可。所谓价值战，最终的目的是满足消费者的个性化需求，以最快的速度整合自己的所有资源，以便最大限度地满足用户的需求，这就是“价值战”的打法，这也是企业最核心的竞争力所在。

为适应不同消费层次的消费者的需求，海尔采取的是拉长产品价格战线的做法，海尔集团副总裁周云杰称：“我们从1000多到10000多的空调产品都有，每隔50元，消费者就可以找到两款海尔机型。我们会根据全国不同细分市场的情况来确定在哪个市场上推出什么样的产品。我相信能这样做的企业还不多，海尔能这样做，是因为企业本身有强大的研发、生产能力，遍布全国的营销网络以及完善的售后服务体系。”海尔从不参与其他家电厂家以降价为手段的同行间的价格大战，持续保持着稳定的价格。之所以如此，是因为海尔有着它独特的经营战略，以及来自高质量与全面服务的自信。

一般企业靠一个产品品种全方位参与市场竞争，市场饱和了以后才上新品种，海尔的做法是通过一个品种探路，取得消费者认可后，就将该品种归入一个消费层次，再将这个层次细分，推出满足细分需求的一系列新规格型号。由于新品种规格太多，一次上市量并不大，造成一些人不断追踪寻觅自己中意的新品。这样，海尔产品总是有一批人在等待、期盼。

张瑞敏说，市场对海尔产品的饥饿感并非厂家有意造成，主要是海尔细分市场，多品种策略所致。为了满足用户的个性化消费需求，海尔每一个品种上市都有十几个规格选择，而消费者看中哪一个规格，一般不会轻易改变主意，碰上市场缺货，宁可等待也要购买自己喜欢的产品。海尔17年来在任何经济紧缩时期都坚持不降价，也与市场的这种饥饿感有关。

海尔优质优价的产品定位和坚持不打价格战的策略，不但没有使海尔失去市场占有率，反而使海尔产品的卓越质量得到凸显，树立了企业良好的声誉和形象。例如，在国内冰箱市场疲软的大环境下，海尔系列冰箱产品却能以高出国内市场同类产品20-30%的价格占领市场并畅销。海尔空调也比国内同类产品高出500-1000元，产品仍旧畅销。在家电品牌纷纷采取有奖销售、降价等促销手段的情况下，许多商家在广告中打出“本店家电一律折(海尔除外)”的广告，而海尔在不降价的情况下，销售量在各类家电中仍位居前列，也说明了消费者对海尔产品价值的认可。

日本《日经产业新闻》刊发了对海尔集团首席执行官张瑞敏的专访，高度评价了海尔集团“不打价格战要打价值战”的战略，并称其为“中国信息技术产业旗手”的战略。

## 三、渠道策略

企业的销售工作，最终离不开商品所有权的转移。企业要运用各种市场营销手段和职能，及时将商品送达“适当的地点”，在“适当的时间”，以“适当的价格”出售给顾客和用户，从而达到最后的营销目的。商品的这种转移所经过的途径，就形成了商品的销售渠道。渠道是营销组合中的重要一环，也是产品通向市场的瓶颈之一。因为企业的目的就是要借助渠道这个市场工具来完成最终的惊险一跳。

海尔的销售渠道也经历了一个发展过程。初期依靠商场销售到店中店建设，再到建设自己的品牌专卖店，迅速提升了海尔品牌的知名度和信誉度。海尔已在全国主要县城建立了自己的品牌专卖店，在我国城市家电市场，海尔今年也营建了庞大、完善的自控销售网络。目前海尔已拥有服务网点11916个，销售网点53000个 (海外38000个)。海尔在全国共设有48个工贸公司，逐级实行控制，终端的销售信息当天就可以反馈到总部。得益于这张控制自如的营销网络，海尔每年都保持几十个百分点的高增长率。

事实上，自建营销网络并不等于把传统的商场排除在外、完全另起炉灶建立一套零售网点，它其实更多的是在剥离掉中间批发商后，将原来那些由批发商控制的销售终端联合并加以控制利用。因此，对商家来说，这并没有多少变化，只是由原来与代理批发商合作变成直接与厂家合作。

自建网络开始兴起时，彩电等家电产品尚有相当大的利润空间，厂家出于提高市场占有率的需要，自然是将网络织得越大越好，但随着竞争加剧利润空间微乎其微，生存的压力也逼迫厂家反思自建网络的运营成本问题，并开始逐渐收缩战线。

唯独海尔依然坚持维护自建网络的规模，未见收缩迹象。海尔的营销网络之所以如此强势，与海尔多元化家电的定位是分不开的。在海尔的专卖店里，可以有电视机、空调、洗衣机、冰柜、电冰箱、微波炉、热水器、燃气灶等十几个种类的“海尔造”，其他企业则没有这个实力，只卖一两种产品的专卖店，难以摆脱“成本偏高效率偏低”困境。

海尔集团在走向国际化的过程中，正是通过海外经销商和代理商，成功地打进了美国和欧洲市场，并名列2000年度全球家电厂商销量排行榜第九位。现在，海尔已在全世界102个国家建立了经销网，拥有了3万多个营销点，发达的营销网络可以为海尔在海外的用户提供完善的售后服务。如海尔在法国的一个经销商光服务电活就有4000多部，如果这些工作都要海尔自己来做，成本是非常高的。2001年2月11日，或许是一个应该记入中国制造业史册的日子：中国海尔在青岛举行该集团海外经销商年会，海尔首席执行官张瑞敏主持，出席年会的有来自美国、欧洲、中东、亚太等多个国家的38位经销商。这是海尔首次把分散在不同国度的经销商聚集一起，共同研讨公司发展战略，签订新一年的订单。海尔正在聚合全球的商业销售精英，他们正在推动海尔逐步接近长期以来所追求的跨国公司目标。

## 第三节　创世界名牌促营销

海尔一直致力于生产具有国际品质的产品，使产品质量与国际接轨：一是质量保证体系的国际化。1992年经国际标准化组织机构的严格审查，海尔电冰箱在全国家电行业中率先通过了ISO9001认证。之后，海尔冷柜、空调、洗衣机三大公司也相继通过了ISO9001认证。1996年8月，海尔电冰箱又通过了ISO14001环保认证。二是产品认证的国际化。近年来，海尔根据各国市场对家电产品技术的不同要求，成立了专门的认证小组，组织精干人员攻关，在较短的时间内先后通过了美国UL、加拿大CSA、澳大利亚SAA、德国VDE和GS、欧盟CE、日本S-MAR等近20项认证，拿到了进入这些国家市场的通行证，三是检测水平的国际认可。检测实力与检测手段是衡量一个企业产品质量保证体系的重要组成部分。海尔集团已先后通过了美国UL及加拿大EEV、CSA等机构的认证，被上述机构授权，可以出具安全性能、能耗测量等数据。四是科技开发水平国际化。在自身具有强大的科技开发水平的技术上，海尔还与德国的迈兹、荷兰的飞利浦、美国的NETSCREEN、日本的松下等国际大公司在全媒体技术、数字化技术、变频技术、软件技术等方面建立了15个技术联盟，通过整合国际技术资源，使海尔在核心技术、关键技术领域同国际先进科技水平保持同步，同时大大提高了技术竞争力。这些保证了海尔产品品质的国际化水平，使得海尔产品在国际市场上具有了竞争的基础。

### 1.出口的目的是创牌

海尔出口的目标是创名牌，因此在出口时坚持打自己的品牌，而不是单纯为了创汇放弃自己的品牌。当然，在海尔刚开始出口、在国际上没有什么知名度的情况下坚持打自己的品牌需要一个过程，需要国外客户对海尔高品质的产品的认同。

海尔认为，企业只有拥有在世界上有知名度的品牌，才能在国际市场上获得超额利润，才能为企业的国际化经营和长远发展打下坚实的基础。因此，海尔在产品出口时坚持打自己的品牌，而不仅仅以创汇为目的。若仅以创汇为目的，放弃自己的品牌，尽管出口量很大，创汇也比较多，但是由于只获得加工费，利润率却很低，这样就很难在国际市场上立足。从短期看,海尔可能由于放弃了许多出口机会而使得创汇量暂时减少,但是从长远看,海尔树立了自己的品牌,为以后占领国际市场赚更多的外汇创造了条件。由于坚持打自己的品牌,海尔的国际影响力不断增大,出口创汇额不断增加,在1998年东南亚金融危机的影响下,我国企业的外贸出口受到严重冲击的情况下,海尔集团的出口创汇却实现了7665万美元,比1997年增长了36%,1999年出口创汇更是实现了1.38亿美元,而2000年又比1999年翻了一番。

**2."先难后易"**

在具体的出口市场选择上,海尔采取了一个先难后易的战略,即先出口到发达国家,再出口到发展中国家。这样做是为了增加海尔产品的竞争能力,将产品出口到发达国家,争取创出名牌,然后以高屋建瓴之势打开发展中国家市场。这一战略方式把其他企业的经营思维方式倒过来,首先突破瓶颈状态,把困难程度和时间提前,可以为海尔国际品牌的塑造打下坚实的基础。因此,海尔决定先到美国,先到德国,先到欧盟,而到这些国家去是比较麻烦的,没有一年甚至更长时间,是很难进去的。

为配合海尔产品与海尔品牌进军欧美市场,海尔还在当地以广告、参加国际展销会等形式扩大海尔品牌在当地的影响。在罗马繁华的街头,海尔空调的广告灯箱与索尼、爱华、松下等国际著名家电品牌的广告灯箱并排摆放,形成分庭抗礼之势;在美国最繁华的纽约曼哈顿第五大道,海尔的广告牌与夏普、惠而浦等世界知名品牌的广告牌摆放在一起,交相辉映,无形中提升了海尔的品牌形象。在美国最大的机场之一的肯尼迪机场的手推车上,都贴有醒目的"Haier"商标,扩大了海尔的国际影响力……在法国的国际家电展示会上、在美国的CES展示会上、在德国科隆家用电器博览会上,都留下了海尔产品的身影。

海尔"先难后易"的创牌战略也使海尔在东南亚金融危机中,没有受到很大的损失。海尔的创牌战略注重于欧美市场,对东南亚的出口在海尔的出口总额当中只占16%,所以东南亚金融危机对海尔的影响不大。同时东南亚金融危机也触及了东南亚出口到美国的产品,这些国家出口美国的是低价位的产品,货币贬值使得产品的价格进一步降低,但是由于坚持创牌战略使得海尔的产品已经成为了让消费者认可的高价位产品,因此对海尔也没有多大的影响。这也使海尔明白了要真正对付国际上的这种危机,关键要树立自己的名牌,如果没有自己的名牌,企业就无法在国际市场上站稳脚跟。

经过这么多年来坚持不懈地实施"先难后易"的出口战略,海尔已取得初步成效。目前,海尔电冰箱是亚洲国家中出口德国第一名,海尔洗衣机是中国企业中出口日本第一名,海尔空调器是中国企业中出口欧共体第一名。

**3."优质优价"的定价策略**

海尔集团在走向国际市场创中国自己的名牌道路上,一直坚持优质优价的定价策略。张瑞敏认为,在欧美国家的消费者心中,包括中国在内的发展中国家出口的产品，价廉是一个重要特点，发展中国家的企业往往通过廉价倾销打开发达国家的市场。他认为，这种做法，不可能在国际市场上树立自己的名牌产品形象。张瑞敏指出，正确的做法必须是反其道而为之，从自己产品在发达国家登陆的第一天，就要实行优质产品的价格与国外名牌同类产品价格不相上下的定价策略。西方国家不认中国产品，无形中也创造了机会。

虽然，开始由于西方消费者的偏见可能受到冷遇，第一天无人问津，第二天、第三天还是如此，但只要坚持不降价，到了第四天就可能引起人们的关注与兴趣，当消费者使用海尔产品后，就会因优良的产品质量带动更多的人购买自己的产品，国际名牌战略才能获得成功。

目前，海尔产品在欧美市场享有一定的知名度，的确同当初海尔的优质优价原则有很大的联系。事实上，这也是抓住了当前西方消费者在价格与质量的抉择中，更加注重质量而价格高低则相对次要的消费心理。

**4.营销服务网络国际化**

要在激烈的国际市场竞争中树立起品牌形象，仅仅具有国际品质的产品是不够的，必须还拥有足够大的营销服务网络，以便扩大产品的影响面，提供完善优质的服务，张瑞敏说过"要让用户联想到你的公司到底对我来讲意味着什么，我们要向用户传达的信息就是，用户来买的绝不是这个产品，他感兴趣的是这个产品能给自己提供的价值，我们所要做的，提供给用户的不是这个产品本身，而是提供给用户一种享受、一种满足、一种需求。"

海尔集团结合自身的实际情况，建立了具有海尔特色的国际营销体系。一是售前、售中、售后全方位的营销体系。海尔国际化战略的导向是创造国际知名品牌，因此，海尔的营销网络担负的功能便不只是单纯的销售产品，而是承担了解客户需求信息、宣传海尔产品、销售海尔产品、提供海尔优质服务等全方位的功能，是海尔"国际星级服务一条龙"的重要组成部分。这种售前、售中、售后全方位的营销体系，对海尔国际化知名品牌的建立发挥了重要的作用。二是经销商国际化、全球化。要把海尔产品营销到世界各地，必须有全球化的国际营销网络。结合当今国际市场的特点，海尔并没有采取简单地把本公司销售队伍派出国外开拓国际市场的做法，而是利用国外经销商现有网络，通过设计合理的利益驱动机制，调动国外经销商的积极性、主动性，使他们能够按照海尔的标准来销售、安装海尔产品，提供海尔的星级服务。如意大利的蒂诺、西班牙的豪塞、马丁等海外专营商为获取合格的服务"上岗证"，不远万里来中国海尔学习星级服务，并亲自上用户家安装，最终通过考核。通过这些专营商，海尔产品的高质量、星级服务在他们所在的国家得到了广泛的宣传，树立了海尔品牌的美誉度。

到目前为止，海尔已在海外发展了62个专营商，设立了38000个营销网点，使海尔的产品覆盖了全球十大经济区域共160多个国家和地区。

# 第四节 海尔营销管理的启示

**1.市场选择要善于发现机会**

(1)企业要树立市场创新理念

面对中国家电市场的激烈竞争,海尔没有选择死拼硬杀,而是另辟蹊径,谋求智赢,海尔提出了许多市场创新理念值得我国的企业参考:创造需求,引导消费;自己做个蛋糕自己吃;只有疲软的产品,没有疲软的市场;只有淡季思想,没有淡季市场;顾客的难题就是开发的课题。其中较为典型的就是前面已经提到的“大地瓜洗衣机”的开发案例。“大地瓜洗衣机”的事例成为“自己做个蛋糕自己吃”、“创造需求,引导消费”等理念的最好注脚。因此,中国的企业尤其是家电企业在紧盯现有市场的前提下,不妨学学海尔,在挖掘消费者潜在需求上多下点功夫,相信也能够做出属于自己的“蛋糕”。

(2)要善于细分市场

企业面对着成千上万的消费者,他们的需求和欲望是千差万别的,并且分散于不同的地区,而又随着环境因素的变化而变化。对于这样复杂多变的大市场,任何一个规模巨大的企业、资金实力雄厚的大公司,都不可能满足该市场上全部顾客的所有需求;又由于生产企业其资源、设备、技术等方面的限制,也不可能满足全部顾客的不同需要。企业只能根据自身的优势条件,从事某方面的生产、营销活动,选择力所能及的、适合自己经营的目标市场,因此很有必要对市场进行细分。需要指出的是,细分市场不是根据产品品种、产品系列来进行的,而是从消费者的角度进行划分的,是根据市场细分的理论基础,即消费者的需求、动机、购买行为的多元性和差异性来划分的。通过市场细分对企业的生产、营销起着极其重要的作用。海尔在产品开发与市场开拓中就非常重视市场细分的利用。例如,海尔的科研开发和市场销售人员将“市场细分”归结为款式细分、阶层细分、外销细分和地域细分四类;海尔冰箱在上海买的就跟北京不一样等等。

可以说,随着社会经济的进步,人们生活水平的提高,顾客需求呈现出较大差异,细分市场已经成为企业在营销管理活动中急需解决的问题。企业的营销管理应该走出粗放型的经营模式,应该在细分市场的基础上,选择精耕细作,从企业自己的特色着眼,使企业走上可持续发展的康庄大道。

(3)企业一定要选好市场定位

在充满竞争的市场环境中,任何企业在经营中都会感到市场的复杂、多变,需求的差异和多样,即使是大型企业集团也不可能满足市场的所有需求,而只能根据本企业的目标和资源配置,利用自己的优势去满足部分市场并为之提供有效服务。企业需要按照一定标准进行市场细分并在此基础上选择对本企业最有吸引力的、可提供有效服务的部分作为自己的目标市场。这就需要企业进行市场定位，这是关系到企业生存发展的重大决策，是实施各项具体营销策略的前提。

企业在进行市场定位的过程中，一定要根据市场环境的不同，选择不同的定位策略，例如海尔在进行市场定位时，在国内采取的是迎头定位策略，而在国外采取的是避强策略，通过合理的市场定位，使海尔能够在国内外两个市场上都立于不败之地。由此可见市场定位正确，能给企业带来巨大的经济效益和广阔的发展前途，反之，市场定位不正确，则会使企业蒙受巨大的经济损失。因此，企业在进行市场定位时，应慎之又慎，通过反复比较和调查研究，找出最合理的突破口。一旦建立了理想的定位，企业必需通过一致的表现与沟通来维持此定位，并应经常加以监测以随时适应目标顾客和竞争者策略的改变。

**2.营销组合要独具特色**

(1)产品开发要与市场开发一体化

海尔建立的“从市场中来、到市场中去”的环形新产品开发机制值得其他企业参考。毕竟在市场经济条件下，企业生产的产品能否得到消费者的认可、能否得到消费者的“货币选票”是关系到企业生死存亡的问题。所以说，产品创新必须与市场紧密结合。用户在日常生活中的不满意点、遗憾点及希望点能准确地反映出市场的潜在需求点，据此进行开发研制出的产品一定会得到消费者的“货币选票”，可以说市场中用户的难题就是产品创新的课题。同时，是否能够取得市场效果也是检验产品创新工作成功与否的重要标准。因为从市场难题中得到的科技创新的课题，通过研制开发得到的新产品、新技术，最终要通过商品化回到市场。海尔以市场为导向的产品开发机制不仅更密切了海尔与消费者的关系，提高了消费者的参与意识，而且通过科技创新创造了用户，创造了市场，为企业获取了利润。

(2)企业应更注重打价值战

张瑞敏说过，海尔不打价格战，海尔要打价值战，这其实为企业如何参与市场竞争提供了一种理念和思路。市场经济中，企业之间的竞争是不可避免的，也是非常激烈的，其竞争的形式也是多种多样的，价格战仅是其中的一种竞争手段而已。从企业角度看，仅靠价格手段参与市场竞争是无法使企业获得持续发展的，企业必须通过建立自己的核心竞争能力，形成差异化的竞争优势。

首先企业要以市场为导向，研究市场需求，掌握市场需求的变化趋势，并善于发现新的需求，及时满足顾客新的需求。同时，不断通过市场细分，发现和捕捉市场机会，扩展产品的市场范围。海尔就是通过实施细分市场，差异化的营销策略，满足了不同市场的需求。其次企业要重视产品技术研发，通过不断的技术创新和产品创新，增加产品中的技术含量，保持产品的核心技术领先，提升产品的内在价值。海尔以市场为导向的产品开发策略就是一个很好的案例。第三，在产品、服务、人员、形象等方面形成自己的特色，而不是仅仅把宝押在价格战中，如海尔的国际星级服务。第四，针对消费个性化的发展趋势，开展定制营销，顾客可以向企业提出产品设计要求，企业按照客户的要求进行产品设计和生产,满足消费者的个性化需求。如海尔推出的冰箱定制营销,消费者可以提出对冰箱的样式、规格、颜色等方面的要求,企业按照顾客的需求进行生产。

(3)企业应根据自身情况选好销售渠道

中国家电生产企业在经历了激烈的品牌竞争、价格竞争阶段之后,现在已展开了更深层次的销售渠道的竞争。对家电生产企业而言,今后谁掌握着规模大、效率高、运作灵活、运营成本低的销售渠道,谁就赢得了市场,就能有效地战胜自己的竞争对手。目前中国家电产品销售渠道大致可分为传统渠道和新兴渠道两种类型。传统渠道主要有大商场、中小商场以及从五金交化转变而来的电器专营店。新兴渠道有综合性连锁、家电类连锁、电器城、品牌专卖店、集团采购、网上订购等。无论是传统渠道还是新兴渠道,各具自己的竞争优势。

在销售渠道的选择上,家电生产企业应针对自己的产品细分和市场细分灵活合理地进行渠道细分。从这个意义上看,无论是传统渠道还是新兴渠道,无所谓谁优谁劣,而是针对所销售的不同产品类别,在不同的销售地域和市场环境中表现出各自不同的渠道优势和销售效率。家电生产企业根据自身的企业特性和产品特性去选择最科学、最有效、最适合自己的销售渠道,使自己的产品在既定的目标市场中达到销售数量的最大比,从而达到两个营销目的:一是获取最大的利润,二是有效地抑制竞争对手同类产品的销售空间,保护和控制自己既定的目标市场。比如,海尔在国内市场中建立了自己网络化的自营销售渠道,而在国外采取的多是外商代理制,但是无论采取什么方式,都是异曲同工,即以最适合的方式迅速占领市场,创出自己的品牌。

**3.企业应以品牌为灵魂**

(1)创立名牌必须强调产品质量

质量是名牌的基础条件,名牌产品首先必须是高质量的产品,企业不仅在创牌子时要注意提高产品质量,在产品具有名气时更要注意保持产品的高质量,要把质量意识与名牌意识相结合,把质量作为品牌运作中的一个重要因素加以运用。海尔集团把质量作为创牌子的首要条件,在“海尔”创牌之初,把自己查出的76台不合格冰箱当众砸烂。以卓越的质量树立了企业和产品的形象,在以后的发展中,又依靠先进的科技开发力量、严格的质量管理确保了海尔产品的高品质。卓越的品质使得海尔产品在消费者心目中的信誉越来越高,海尔已成为高品质的象征。相反我国有一些企业,未能充分认识到产品质量的重要性,不能扎扎实实地抓质量管理,喜欢找捷径,喜欢靠策划、靠铺天盖地的广告来出名,他们这些做法可能在短期内有效,可能会在某一时期突然成为“名牌”,但是由于没有卓越的质量做基础,通常会落下“短命”的下场。

(2)完善的服务是创名牌的精髓

如果说高质量的产品是打开市场的前提,那么优质服务则是开拓市场的保证,是对用户在使用产品时弥补产品不足的一种补偿。随着商品日趋丰富、消费者购买力的提高,顾客在选购商品时,已经把服务视为与产品实物质量、价格、特色同等重要的因素。他们不仅关心产品本身怎样、特色所在、价格如何,更关心产品买回后,供应商如何确保产品在其有效寿命期内可靠地实现每项功能。日本一家公司甚至发现,如果问题发生后能得到迅速又有礼貌的解决,顾客的满意度比从来没碰上问题的更高。因此,“为顾客提供尽善尽美的服务”已成为每个成功企业的信条。海尔的“通过努力尽量使用户的烦恼趋于零”、“用户永远是对的”、“超值服务”的服务理念,真正把用户摆在了上帝的位置,使用户在使用海尔产品时得到了全方位的满足。自然,海尔的品牌形象在消费者的心目中会越来越高。

(3)要以技术开发来保持名牌的话力

名牌产品不变的是质量信誉,但名牌产品的性能和功能并非一成不变。性能要随着技术的进步不断提高,功能要随着社会的发展而不断改变。当今世界信息瞬变,新的科学技术层出不穷,产品更新换代的周期越来越短。作为名牌产品,只有不断扩大产品的新功能,改进款式包装,并不断开发新产品,使名牌产品系列化,做到“人无我有、人有我优、人优我奇”,才能满足不断变化的消费需求,掌握竞争的主动权,使名牌产品永葆青春。

(4)树立名牌需要品牌形象宣传

名牌产品的塑造不仅仅需要技术、质量和服务,也体现于品牌形象上。国内外企业中,凡属享誉世界,风行全球的名牌企业,无一不高度重视品牌形象的全面塑造。它们之所以能在激烈的国内外市场竞争中长盛不衰,傲视群雄,与其众口皆碑的完美、独特的品牌形象是分不开的。名牌产品所具有的独特、完善的品牌形象是企业经过长期的努力、不断地完善才形成的,如海尔在其发展过程中,通过三次更改品牌形象,建立起长期稳固的视觉符号形象,抛开抽象图形符号标识,追求高度简洁的设计,顺应了世界设计趋势。品牌形象需要通过广告等传播媒介的宣传,才能为社会公众所共知。海尔就是通过各种媒体的广泛宣传,树立了海尔品牌的“真诚到永远”的形象。

(5)创立中国自己的名牌必须符合国际市场的规则

全球经济的一体化使得全球逐渐变成一个统一的大市场,因此,具有国际影响力的品牌才是真正的名牌。我国名牌如果只在国内市场出名,没有国际影响力,则根本不能与拥有全球市场的洋名牌相抗衡。因此,创立名牌,实施名牌战略,我国的企业要具有全球战略眼光,一切按国际规范和惯例要求办事,为自己产品的名牌走向世界,占领国际市场扫除障碍。按国际规范和惯例办事,就是要使商标设计、注册国际化,使产品的质量和标准以及服务水平达到国际上的高质量、高标准。利用外国新闻媒介,加入国际行业组织等公关手段,想方设法宣传自己的名牌产品,提高品牌的国际影响力,以期在世界市场上创出名牌。在这一点上,海尔的做法很有启发性。

**4.企业要与国际接轨**

(1)具有国际品质的名牌产品是企业发展与国际市场接轨的物质基础

国际品质。体现在两个方面:一是国际品牌。资本、品牌、文化、人才,被称为企业国际化扩张的四大必要条件。资本是船,而品牌是帆,一个国际知名品牌会使得企业更顺利地与国际市场接轨。在越来越激烈的国际市场竞争中,名牌的有无和大小也越来越成为竞争的决定性因素。没有名牌就等于没有市场,未来世界市场的地图就是世界名牌的版图。我国国内有不少品牌具有一定的知名度,但缺乏国际级和世界级的名牌。提高产品竞争能力,争创名牌,尤其是创出中国的世界名牌,已是摆在我国企业面前的重大战略课题。二是国际质量。创出国际品牌的前提条件是产品质量达到国际标准,严格按照各项国际标准来组织生产和经营,只有这样,产品才能得到国际认可。借鉴海尔公司"出口创牌"的经验,我国企业与国际市场接轨时,应以高质量的产品进入国际市场,争取尽早通过国际上的质量体系认证以及主要发达国家的产品认证,拿到通向国际市场的通行证。这样,产品在国际市场上的竞争力才会不断上升,企业才能创出自己的名牌。

(2)国际化的营销战略是企业与国际市场接轨的有利手段

随着世界经济的一体化,市场营销战略也随之国际化。多国营销作为一种新的国际营销战略,将成为21世纪的主流营销方式之一。在这种营销战略下,企业突破国内生产、国外销售的传统营销观念,而推行"多国设计、多国生产、多国销售"的新营销观念,形成其自身的特征:目标市场多国化、产品生产差异化、营销决策分散化、营销考核当地化等。上述特征使得多国营销在绕过贸易壁垒的同时,更主要的是由于根据目标市场的具体情况进行投资,组织生产,最大限度地满足当地市场的需求从而进一步占有市场。这一营销战略应该引起我国企业,特别是走上国际市场的优势企业的高度重视。

(3)与国际市场接轨,企业要学会利用国际市场资源

资源的稀缺性要求企业家从经济角度出发,高水平地运用市场资源。只有高效率地运用国际大市场的资本、人才等经济资源,企业才能在国际竞争中赢得比较优势。

综观国际级大企业跨国经营的过程,其具有明显的规律性,基本可以分成三个阶段:一是产品输出阶段。这时企业还是以国内市场为主,但产品开始出口,并随着出口的增加,在国外设立自己的销售机构,增强竞争能力。二是跨国经营阶段。随着出口业务的进一步扩大,企业开始对外直接投资,在国外设立子公司或分厂,以占领当地市场。三是全球化阶段。随着国外子公司数量的增加,逐步形成全球一体化的网络,在全球范围内组织生产,实现资源的最优配置。

目前, 我国企业多处于产品输出阶段, 海尔等少数优势企业已进入跨国经营阶段,通过合资、独资等形式对外直接投资,在目标市场当地融资、融智,实现资源优化组合,提高资源配置效率。近年来,特别是东南亚金融危机以后,国际化企业海外子公司当地化进程明显加快,表现为:一是销售当地化,开辟销售渠道,逐步形成网络;生产当地化,在制成品生产中提高使用当地原材料、零部件的比重。二是资本当地化,股份当地还原,当地筹集资金,利润投资于当地。三是管理当地化,录用当地人担任企业管理工作,进而培养成为企业高级经理。四是研究与开发当地化,建立研究与开发机构,设立当地市场所需要的产品。认识和把握这种趋势,有助于企业国际化发展战略的制定和实施,对我国企业与国际市场接轨、实现国际化经营与发展具有一定的借鉴价值。

# 第4章 顺势而变的组织结构

## ——海尔的组织结构

市场永远不变的法则，就是永远在变。

——张瑞敏

海尔集团是从一个生产电冰箱的小厂发展起来的，随着企业规模的扩大和业务种类的增多，企业的组织结构也经历了几次变化，从事业部制到超事业部制，再到市场链管理下的组织结构，每次的变化都为企业的发展提供了动力。

## 第一节 事业部制

由于规模扩张和多元化经营的要求，海尔集团在青岛海尔电冰箱股份有限公司于上海证券交易所上市后，逐步推行了“事业部制”的组织机构，经过几年的运行，实践证明该组织机构对企业发展、兼并及低成本扩张起到了重要作用。

海尔集团公司的组织机构与日本事业部制公司组织机构类似，集团公司总部集中筹划集团发展的整体战略目标，对各事业部的资金运用实行统贷统还，对兼并企业的产品有最终决定是否使用海尔商标的权力，决定事业部部长的人选，副部长由部长推荐，集团考察并任命。集团下属的事业部，已经形成规模效益，且管理机制完善的称为事业本部，未达到上述标准的称为事业发展部。对各事业部兼并的各种类型的企业，集团有最终决策权，集团主要是一个资本运营和战略决策等中心。各事业部独立核算，自负盈亏，是利润中心。事业部下面的企业是成本中心。通过上面的分析及下表可以看出，海尔集团与事业部之间、事业部与各分厂之间的责权利关系是相当明晰的。

海尔集团在采用事业部制以后，各事业部的部长等负责人的积极性及潜能充分发挥出来，集团公司急剧扩张，其销售额1994 年25 亿，1995 年43 亿，1996年62 亿，预计1997 年将达到100 亿元。这充分说明了建立事业部制的正确性及其体制的适应性。

由于事业部组织机构充分调动了上下管理人员积极性，各事业部在发展过程中扩张规模之快，已出乎集团及事业部领导的预料。以冰箱事业部为例，1995 年销售收入为15 亿，1996 年26 亿，1997 年预计35 亿，1998 年计划60 亿，其中冰箱45 亿，小家电10亿,餐饮5 亿元。现有的组织机构从集团来看是分权化的,扁平型的,但对于冰箱本部而言,则仍是集权式组织机构即直线职能型,这种结构类型对以前单一的冰箱产品是相适应的,但对于目前餐饮、小家电、冰箱齐头并进的快速扩张形势则显得缺乏效率,暴露出诸多问题:一是小家电、冰箱和餐饮的部长均由本部长兼任,三个分部形同虚设,缺乏相应的分权,造成本部长管理幅度过大,整天忙于处理日常琐事难以脱身,无暇考虑公司大的经营决策问题;二是整个系统快速反应和应变能力差。由于十几个生产厂共同依赖一套职能部门,造成信息传递减弱和过多漏失。职能部门一职多能,扯皮现象严重,组织运作效率不高;三是职责不明晰。在企业快速扩张中,每岗位的职能是什么,每个员工能否各司其职,各尽其责,很难详细规范,难以做到"事事有人管,人人都管事"。集团内其它事业部的发展也遇到了类似的情况。

由此可见,海尔集团在兼并扩张中必然要对其现行事业部的组织机构做出相应的调整,否则便无法适应企业发展的迫切需要。海尔集团于1997 年初,在借鉴日本松下电气公司的经验的基础上,对其组织机构进行了新的调整。

## 第二节 超事业部制

与海尔的组织机构相比,松下公司采用的是超事业部结构,松下的"分社"一级相当于海尔的"本部",即在事业部与总公司(松下为本社)之间增设了一级"分社",对关系较密切的几个事业部实行统一领导以避免由于过度分权而带来的低效率和浪费。这种组织结构的优点在于:①管理人员相对较少,管理职能较弱;②形成两级成本中心,职责更加明晰,权力界定更清楚,更贴近市场;③各分社只管人事与财务、其余职能全部下放到事业部,职能精炼突出。

海尔集团在借鉴松下超事业部制经验的基础上,对其原有的事业本部以下的组织机构进行了调整。其把握的原则是:①结合本部现有资源,不搞形式。注意调整后的组织运行机制与现行机制的衔接;②以"利润中心"为前提并与集团模式和要求相适应,不能搞成"小集团";③组织机构调整首先要面向市场,其次是内部运行秩序。

改进后的海尔集团组织机构特点是分层利润中心制,其实质就是超事业部制的变形。这种调整的好处在于:①本部由"集权"的直线职能型转变为"相对分权"的扁平型,相对缩小了高层管理者的管理幅度;②形成两级利润中心,职能部门职责更清晰,效率更高;③营销部成为独立的法人,直接收购冰箱、电工本部的产品并接受本部的管理,使企业更加贴近市场,信息沟通更加顺畅,企业反应突变力更强。在吸收和借鉴了松下公司的经验之外,海尔的组织机构又突出了自身的特色,主要表现在:一是纵向"派出所"制。例如财务部的管理,各个事业部的财务部实际上是本部的"派出所",受本部统一管理;二是"横向派生制"。各事业部内其它职能部门如质量部、制造部等职能部门横向分解,以冰箱事业部为母体派生出小家电事业部,当小家电事业部形成一定规模后(销售额5~10亿元),冰箱事业部则将质量部、制造部等部门的职能

"归还"小家电,而餐饮部下的职能部门则独成体系。

海尔集团在发展和扩张中，从自身条件出发，依据自身扩张的需要积极地进行组织机构调整与创新,积累了许多有益的经验；①敢于大胆吸收借鉴国内外先进的经验并勇于创新。横向"派出所"制有利于本部对财务的统一管理和控制,纵向"派生制"有利于零部件产品的统一采购、成本降低和质量的有效监控；②从自身条件出发，实事求是，既不完全照搬其他公司的组织模式又能突出自身特色。如海尔集团本部的管理职能明显多于松下公司，又如分层利润中心制，都是根据我国的国情和海尔的自身特点创立的；③正确把握组织结构调整的方向，顺应了组织结构小型化、简单化和弹性化的大趋势；④合理地处理因组织机构调整带来的利益问题；⑤集团与事业本部、本部与事业部、事业部与成本中心之间层次分明、职责明确、集权与分权处理得比较成功。

通过1997 年的实践来看，集团新的组织机构的调整是成功的，除了以事业本部为主在不断地兼并各种类型的企业外(如顺德洗衣机、西湖电视、莱阳小家电等)，现在,事业部的部长也可以脱身于繁杂的日常事物之外，去考虑企业的兼并及发展的大思路，这就使得集团的发展有了坚实的物质与干部基础。

## 第三节　市场化的网络组织

在进行市场链管理之前,海尔集团是典型的事业本部制结构,集团下设六个产品本部,每个本部根据具体产品的不同分设产品事业部,各事业部又分别有资材、规划、财务、劳人保、销售、法律、科研、质管、文化、设备、检验等职能处室。同时集团又下设规划、财务、人力、法律、营销、技术、文化、保卫八大职能中心,它和事业部下属的职能处室是传统的行政关系;产品本部和事业部是行政隶属关系;产品事业部是独立核算单位,它和下属职能处室是行政隶属关系。在这种组织机构下,集团是投资决策中心,事业部是利润中心,分厂是成本中心,班组是质量中心。这样形成的业务流程是纵向一体化结构,虽然在初期易于控制强化管理和解决混乱的局面,但规模一大就容易暴露出问题。

为解决这一问题,海尔集团根据国际化发展思路,结合市场链管理的要求,对原来的事业本部制的组织机构进行战略性调整：

第一步把原来分属于每个事业部的财务、采购、销售业务全部分离出来。整合成独立经营的商流推进本部、物流推进本部和资金流推进本部,实行全集团范围内统一营销、统一采购、统一结算；

第二步把原来的职能管理资源整合,如人力资源开发、技术质量管理、信息管理、设备管理、法律、保卫等职能管理部门全部从各个事业部分离出来,以集团职能中心为主体,注册成独立经营的服务公司；

第三步把这些专业化的流程体系通过市场链连接起来,设计索酬、索赔、跳闸标准。整合后集团形成直接面对市场的、完整的物流、商流等核心流程体系和资金流、技术质量管理、人力资源、设备管理等支持流程体系。经过对原有的职能结构和事业部的重新设计，把原来的职能型的结构变成流程型网络结构，垂直业务结构转变成水平业务结构，形成横向网络化的新业务流程。这种结构实现了企业内部和外部网络相连，使企业形成一个开放的而不是封闭的系统，这个开放的系统通过整合各方面的资源来达到满足用户需求的目的，从而实现与用户零距离。

## 第四节　海尔组织结构变化带来的启示

海尔集团在组织机构调整的过程中成功地解决了这些问题，为我国其他企业集团组织机构调整提供了有益的启示:

1. 组织机构小型化。组织机构小型化是世界各国调整企业组织机构的普遍做法。要达到组织机构的高效灵活，首先应使具有决策权力的组织机构小型化，使企业成为由许多机制健全的小型组织组成的有机整体，这样企业才能充满活力，才能够适应环境的变化。小型组织比大型组织更能适应外部环境和市场的急剧变化。特别是在当今的信息时代更是如此。船小好调头，这是千古不变的真理。此外，小型组织便于责权利的明确和落实到人，比较容易激发竞争以调动人们的积极性和创造性: 小型组织也便于技术创新，因为小型企业组织与大型企业组织的各种环境气氛相比较为宽松，更易于吸收创造新技术。正因如此，日本松下电气株式会社将事业部的人员编制定为1000人，超过这个人数，就成立新的事业部，而海尔集团也是在各事业本部人员过多的情况下进行调整的，这具体体现了组织机构小型化的要求。我国企业集团的决策机构一般集中于企业最高层，且战略决策与日常决策又多是统一的。因为决策机构已远离操作层，机构臃肿庞大，运转不灵。组织机构调整向小型化发展，这是我国企业集团组织机构调整首先要解决的问题。

2. 组织机构简单化。组织机构简单化有利于信息的迅速传递，减少信息失真，从而及时做出正确的判断和决策。日本跨国大公司的组织机构一般都比较简单，一般为4—5 个中间层次，而欧美的大集团有的多达15—16 个中间层次。目前，许多欧美国家都向日本学习，简化组织机构，减少中间层次，使企业高层向低层靠近，克服官僚体制和组织机构重叠的现象。海尔集团此次调整也是在借鉴日本松下电气公司经验基础上，不断创新，使企业组织机构尽量简化。我国许多企业集团组织结构十分复杂，职责不明晰，严重影响企业战略问题的决策以及决策的贯彻执行。因而，我国的企业集团在组织结构调整中应当更加重视这一问题，努力使其组织结构简单化。

3. 组织结构弹性化。企业集团组织机构调整必须符合弹性化这一原则，这样才能适应瞬息万变的市场需要。在市场运作中，企业外部环境变化万千，这就要求其战略目标必须是动态的、变化的，同时也就决定了其组织结构不可能是一成不变的。要求企业组织结构弹性化并不是要求企业无休止地进行组织结构调整，而是要适应其发展战略的要求。企业在组织结构调整时,一方面要保持为完成固有战略任务而建立的组织机构,另一方面要建立为实现新战略任务而必须的组织结构。美国的IN TEL 公司创造性地建立了“无边界组织结构”模式,使每一位科研人员都能毫无束缚的进行新产品的试制与开发,极大地增加了公司的市场拓展能力,创造了良好的经济效益。海尔集团在组织机构基本稳定的基础上,借鉴IN TEL 公司的经验使负责开发新产品的组织结构具有极大的弹性。现在,海尔集团每4 天就开发出一个新的品种,为拓展和创造市场奠定了良好的基础。

4. 注意协调组织机构调整中带来的利益问题。组织机构调整牵扯到集团内各个员工,引起最大的问题是利益问题,个人利益的得失决定了每个成员对组织机构调整和创新的基本态度,因而要十分注意员工的满意程度,尽可能满足员工的基本利益要求,使多数员工从较高目标层次上,认识到组织机构调整后给个人、企业带来的长远利益,以使组织机构调整能顺利进行。海尔集团在协调员工的利益关系时最重要的做法就是在企业内部创造一种人才竞争机制来选拔人才、创造人才,能者上、庸者下,全部岗位实行公开招聘,竞争上岗,使每一位员工才能得到最大的发挥。同时,海尔集团注重解决员工的后顾之忧,时刻为员工着想,解决员工的实际困难,使员工对企业更加忠诚,积极性更加高涨,这无疑会大大减少企业组织机构调整的阻力。

5. 解决好思想认识上的差异。组织机构调整是一种变革,这必然会对人们固有的思维习惯和意识形成强大的冲击,并带来很大的差异和不适应,有时十分严重,这也给组织机构调整带来诸多问题,并可能导致组织创新难以进行。海尔集团在解决思想差异问题时重点加强了管理人员与工人之间的思想交流和沟通,党群、工会等组织每周进行至少一次思想动向调查,摸清员工关心的东西是否与企业的目标一致并开设厂长接待日,直接进行厂长与工人之间的交流。同时,还进行员工的满意调查并邀请员工家属来厂座谈,明确思想差异产生的原因,并通过交流加以解决。思想认识上的差异是十分重大的问题,必须引起组织机构调整者的重视并妥善解决好。

6. 组织结构调整中各职能部门责权利的明晰与界定问题。组织机构中各职能部门必须职责明晰、责权明确,否则便会产生较为严重的边界摩擦,影响组织的工作效率。在组织机构调整中必须合理划分各部门的职责,并赋予相应的权力。同时,也要合理地处理集权与分权的关系,要集权管理的绝不能分权化,以便统一领导,海尔集团财务部的“派出所”制便是一例。同样,该分权的也应适当分权,如本部与事业部之间的关系,这样才能调动各个部门的积极性,组织运作效率才会高。同时,在责权利明晰过程中,一定不能因责权利的所谓明晰而忽视占领、开拓和创造市场。如果在这方面有矛盾,那么,首先应该面向市场,然后再进行其责权利的明晰与界定。若企业因此失去市场竞争中的主动地位,责权利的明晰以及组织机构的调整就失去了意义。

# 第5章 “从市场中来,到市场中去”的科研管理

## ——海尔的科研战略

发明不一定是创新,发明者也不一定是创新者,只有能把发明转化为社会的经济活动,而且能发挥显著经济效益的发明才是创新。

——张瑞敏

市场经济条件下,企业生产的产品能否得到消费者的认可、能否得到消费者的“货币选票”是关系到企业生死存亡的问题。因此,科技创新必须与市场紧密结合。用户在日常生活中的不满意点、遗憾点及希望点能准确地反映出市场的潜在需求点,据此进行开发研制出的产品一定会得到消费者的“货币选票”,可以说市场中用户的难题是科技创新课题的一个重要来源。同时,由于企业本身并不是一个学术机构,其最终目的是为了获取赢利,因此是否有市场效果是检验科技创新工作成功与否的重要标准。从市场难题中得到的科技创新的课题,通过研制开发得到的新产品、新技术,最终要通过商品化回到市场。产品经过市场的检验,可能又会产生消费者新的不满意点、遗憾点及希望点,在此基础上,进行再一轮的“从市场中来,到市场中去”的产品开发,可使海尔的产品更加适合消费者的需要,海尔的品牌形象得到进一步提高。基于这样认识,海尔形成了“从市场中来、到市场中去”的环形产品开发体制。海尔始终把消费者的需求作为科技创新研究的课题,要求科研人员必须明白,设计的价值就是来为市场服务,市场的难题就是设计的课题。关起门来搞创新,创新就失去了方向,因此创新的第一要求就是与市场结合。通过技术创新开发的新技术新成果最终要通过商品化回到市场。技术创新的出发点是市场,落脚点也是市场。

### 第一节 市场化的科研组织体系

海尔经过十几年的发展,形成了特有的网络状金字塔形的科技创新组织体系,它是由海尔内部的金字塔形的科研组织机构和外部的创新网络组成。在海尔集团内部,海尔集团科技创新体系由中央研究院、产品开发中心、生产手段开发中心、产品质量监测中心构成。

1.中央研究院:开展超前技术及新领域研究。海尔在1998年投资5个亿建成了“海尔中央研究院”,它由数字技术、电子技术、新材料技术、生化技术、环保技术、节能技术、通讯技术、软件、降噪技术、产品健康技术,技术战略研究所共11个超前技术研究所及有关实验室组成。中央研究院主要功能是开发超前技术及新领域技术。通过该机构的工作,实现跟踪和分析研究与集团发展密切相关的超前技术,同时搞好这些技术的商品化工作,使得各类超前技术在中央研究院得到二次开发和技术重组,形成高新技术产业。

中央研究院下设10个研究室,包括10个国外信息中心和6个设计分中心在内的科技信息协作部及工业设计中心。目前开展数字化、电子、新材料、生物工程、环保、节能、技术战略、博士工作站立项课题、院士工作室立项课题等的研究。集团的技术储备主要来源于这个机构的开发成果。

2.产品开发中心:结合市场需求进行课题研究。由电冰箱、电工、洗衣机、住宅设施、电热器具、超市设施、冷柜、空调器、电子、计算机、药业、海洋生物、通讯等14个新产品研究所组成的产品开发中心,主要职能是解决事业部市场创新课题,这些研究所直接和市场、生产、销售紧密联系在一起,随时了解市场需求,把握产品发展趋势,根据事业部市场战略制定发展战略并开发新产品、新技术,为事业部发展提供强劲支持。

3.生产手段开发中心:提高产品商品化速度、产品精细化研究。该中心采用了美国和以色列的一系列世界先进的CAD/CAM/CAE软件;拥有了国际先进的气辅成型技术、激光成型技术、三维标准技术等,形成从CAD/CAM/CAE电脑辅助设计—模具设计—注塑成型—印刷、包装一条龙服务体系,为产品开发和商品化不断提供国际先进的手段技术。

4.产品质量监测中心:成果评价功能。该中心是在国内开展国际认证最早和种类最多的国际认证部,并拥有中国家用电器检测所认可的试验室,承担新产品新技术的评价功能,使开发出的成果符合目标市场的安全、性能、结构要求,同时还符合消费者需求。

通过这种科技创新体系,在基础研究与应用研究工作中,海尔做到了研究开发的超前性,目前在传统主导产品上海尔已经做到超前5—10年的基础技术项目和应用技术项目的研究,并保证具备2—3年的产品储备和5年以上的技术储备。目前,海尔已具备了国际上先进的CAID—CAD—CAM—CAE设计系统和大型激光成型机(SOUP系统)等一系列设计手段,大大提高了海尔集团的科研和设计能力,显著地缩短了新产品开发的周期。

科技创新工作是一项复杂的系统工程,它的成功除了依赖于先进的产品开发机制、技术创新机制以及科技创新组织体系,还必须借助于先进的科研和设计手段。一个新产品从创意到批量推向市场,海尔只需要4个月就可以完成,而国内同类企业一般需要8—12个月,国外也需要6—8个月。为了确保科技投入的有效运作,海尔确立了定期召开科技创新工作例会的制度,在“每月1日科技创新工作例会”上,由集团总裁任主任，决策、开发、生产、营销各部门负责人和专家组成的科技创新工作委员会成员专门对投入的科技开发资金的使用情况进行检查和督促，对科技开发资金投入的有效性(资金是否全部、及时应用到位，资金应用后是否有效)进行评价，及时协调解决工作中出现的问题，进行阶段总结，从而保证科技投入的有效运作。由技术中心组织的技术创新工作秘书组，及时深入现场，参加现场例会，监督检查各项工作的实施情况，及时协调解决工作中出现的问题，及时进行成果评价和总结，杜绝实施过程中的消极现象，保证技术创新重点项目的顺利实施。

## 第二节　适应市场的科研支撑体系

### 1.资金支持

充足的资金支持也保证了科研人员能够及时掌握国内外的科技信息，进行大范围、高层次的科技交流，与国内外高水平的科研院校和设计公司进行合作，利用外力为海尔的科技创新服务，使得集团的科技创新工作达到国际先进水平。要掌握和运用先进的科研、设计手段，需要相当大的资金投入。海尔在集团资金的使用上，确立了科技创新投入优先的原则。即确保集团每年的科技投入在销售额中所占的比例逐年增长；投入总量逐年增长；资金使用确保完全到位。同时，对集团内的关键技术、共性技术采取集中投入、加大投入的原则。1996年以前，海尔每年向科研方面的投资一直保持在年销售额的3%左右；1997年海尔集团科技投入达4.32亿元，占集团销售收入的4%左右；1999年海尔集团科技投入达7.38亿元，占集团销售收入的4.6%；到2003年科技投入将占到集团销售收入的6%；到2006年，科技投入将占到集团销售收入的8%，目前，海尔集团在无氟加节能方面的技术就达到了国际领先水平，空调变频技术、家用空调一拖多技术、家电抗菌健康技术在国内处于领先地位，先进的科研、设计手段，加上掌握着最新科技信息的以敬业报国为己任的科技创新队伍，使得海尔的科技创新能力显著提高，目前，海尔达到了每天开发一个新品种、每天申请两项专利、每月投放市场10多个新品种的水平，1998年销售收入的75%来自新产品。

### 2.科技人才的管理与激励

人才是创新技术的关键，海尔集团为高级人才创造良好的创业环境。1988年海尔提出“大胆吸收、大胆信任、大力加压”的12字方针，在全国范围内择优录取大学以上文化水平的各类人才，到1997年海尔拥有科研人员2169人，占管理人员总数的53.04%，在科技人员使用中采用“赛马不相马”(详见《海尔的人力资源管理》)机制，你有多大能力，就给你搭多大的舞台，鼓励科研人员最大限度地发挥自己的特长，为所有人提供参赛的机会。同时，为管理人员、专业人员、工人分别设计了二种职业生涯规划。规定升迁的方向，提供了公开、公平、公正的竞争机会，在科研人员内部把外部竞争效应内部化。设计人员的收入与开发新产品挂钩，每项工作根据其工作目标和难易程度、技术含量、工程量的大小、工期长短等因素，分解成可以考核的单元，每个单元都和效果挂钩。这样，每个人的收入不是长官说了算而是市场说了算，根据科研人员的成果创造的市场效果决定开发人员的报酬，海尔的科技人员没有固定工资，每月定期发放的是企业暂借给他们的基本生活费，其工资全靠科技人员自己的工作成果及市场效果。开发产品优秀的科研人员每年的收入可达4—5万元。有成果的科研人员在全集团的收入一直是最高的，使广大科研人员的积极性和创造性得到了充分发挥。

在此基础上，海尔坚持并不断完善"负债经营"的市场链激励机制：科技成果最终要转变为商品、实现其价值，不仅课题要从市场中来，回到市场中去，还要使成果转化的各个环节都要对市场负责，因而海尔集团建立了内部科研开发体系的市场链机制，使内部各环节、各工序形成链式关系，互相咬合。同时逐步实现市场链的三个转化：即将外部市场目标转化为企业内部目标；把企业内部目标转化为每个人的工作目标；把市场链完成的效果转化为个人的收入，最终使科研、生产、市场各个相互独立的部分有效结合，实现科研成果的产业化。

对集团技术创新工作做出贡献的人员，海尔将通过设立"海尔奖"、"海尔希望奖"等给予精神及物质上的激励；获奖者不仅每个月的报酬与之相挂钩，个人职务的升迁、住房、培训等均享受特别优先条件。同时加大科研人员对企业的技术投入的报酬分配，即根据每位科研人员技术潜能的投入情况予以额外报酬。同时借鉴国外高技术公司的经验，在海尔计算机事业部逐步实行科研人员股份制，极大地激发了科研人员的积极性和创造潜能。

海尔的科研创新工作坚持走"产、学、研"一体化的道路。海尔的产学研一体化模式即：课题目标国际化、课题市场化、成果商品化的科技进步三原则，以及"科技人员待遇与市场效果相结合、科研开发课题与用户难题相结合、科技人员职责与成果的延伸开发相结合"的"三结合"做法。

一个企业的科技创新优势，必须通过技术的整合、包括策略、市场优势等形成科技创新的整体优势。海尔集团在企业规模不断扩大的过程中，注重整体性的功能和作用。提出了联合舰队的企业发展模式，按照该模式科技创新工作达到事半功倍的效果。

## 第三节　围绕市场整合科研资源

海尔技术资源整合包括集团内部的资源整合和内部资源与外部资源的整合。

随着知识经济的到来，市场更加强调对技术的更新和进步，而且用深刻的事实告诉市场上每一家企业，知识和信息传播的利用有着重大的作用和意义。从某种意义上讲，知识经济也是网络经济。在这样一种网络经济中，原来单个的技术进步已经变成了合作型的多方位的技术进步，即是技术资源共享，共担风险和成本。这样，使企业一

方面可以通过合作形式分享别的企业的技术进步，另一方面，企业又通过合作形式分散了技术进步的风险，

海尔技术创新中的“借力”理论说的就是与外部技术资源的整合。张瑞敏认为“既然企业说到底就是人，那么管理说到底就是借力。你能把许多人的力量集中起来，这个企业就成功了。如果他们愿意把力量借给你一起奔向一个目标，这就是成功的管理。在技术创新上，海尔也是这样。”

1998年1月，海尔集团在中国科技产业化的道路上首次推出了由企业控股以资本为纽带的全新的科企联手方式，控股经营国家级科研机构——工程塑料国家工程研究中心，双方都实现了投入少产出高的目的；1998年4月海尔以同样的方式与国家广电总局广播科学研究院合资成立海尔广科数字技术有限公司；6月与北航、美国c-MOLU公司合资组建北航海尔软件有限公司，海尔成为家电企业中第一个以企业、院校、国外大公司联手方式进军软件行业的企业。

为了有效地借用“外力”，实现自主开发与“借力”开发相结合，保证科研工作的效率及效果，海尔在世界范围内建立了庞大的外部创新网络，对金字塔形的科研体系形成强大支撑，使得每一层次的科研机构均可加以利用，保证了各个层次水平上技术研究的领先水平。外部创新网络的具体内容是：一是国际化的科技开发网络。近几年来，海尔先后与德国的迈兹、荷兰的飞利浦、日本的松下、美国的NElSCREEN等公司分别在全媒体技术、数字化技术、变频技术、软件技术等方面建立了15个技术联盟，通过整合国际科技资源，使海尔在核心技术、关键技术领域同国际先进科技水平保持同步，大大提高了产品的技术竞争力；海尔还在日本东京、美国洛杉矶和硅谷、法国里昂、荷兰阿姆斯特丹、加拿大蒙特利尔设立了6个设计分部，它们与海尔的中国青岛设计总部一起组成全球化的星形设计网络，使得海尔能够全方位地利用世界各地的设计资源，为海尔产品的本地化设计开发创造了条件，海尔同国外大公司、科研机构、大学以项目牵头的形式进行联合研究，成立了48个联合研究中心，合作方有东芝、菲利浦、麦兹、朗讯等，大大提高了海尔自身的应变能力。二是全球范围的人才网络。海尔在科技创新工作中非常重视国内外高级科技人才的运用，形成了国内、国际的人才网络。目前，海尔在国内与几大著名的研究院所、大专院校等均有密切联系，可根据需要随时高薪聘请各类专家针对不同的问题进行技术指导，海尔与全国25家大学120位教授建立了联合性开发网络，与上海复旦大学等联合建立了5个博士后流动站，他们组成了海尔的国内人才网络；另外，现在有几十位外国专家常年与海尔的技术开发人员一起工作，国外有几百名高级技术人员为海尔开展项目研究开发，他们组成了海尔的国际人才网络。三是全球范围的信息网络。目前海尔已在汉城、东京、硅谷、洛杉矶、蒙特利尔、维也纳、阿姆斯特丹、伦敦、台湾、香港等发达国家和地区建立了10多个信息分中心，它们与海尔在国内各地的信息中心一起组成了全球信息网络，使得海尔能够动态及时地获取世界各地最新的科技信息、市场信息并充分了解各地市场的需求信息，为科技创新工作提供了重要的条件。

## 第四节 “市场链式”的科研管理

在科研工作中，海尔全面贯彻具有海尔特色的“OEC”管理方式，全方位地对每人、每天所做的事情进行控制和清理，做到“日事日毕，日清日高”和有效激励，确保了科研开发的效果。

技术中心是海尔集团技术创新体系的核心，所辖中央研究院是技术创新的导向体系。1998年12月落成的海尔中央研究院是海尔集团联合美国、日本、德国等国家和地区的28家具备一流技术水平的公司，通过技术合作建成的综合性科研基地。该院拥有1.2万平方米的研发大楼和1.6万平方米的中试基地，配备了达到国际先进水平的软、硬件设施。中央研究院成立后，海尔要求它不能跟着企业的发展去想问题，而要走在企业的前面。它的任务是要达到三性：超前性、整合性、国际性，即对集团的发展要有超前性，对集团各部分的发展要有整合性，对集团的横向发展要有国际性。根据科研工作发展的需要，该中心按闭环的原则确定了三大体系：科研进度保证体系、开发质量保证体系和设计目标优化体系。

科研进度保证体系是以年计划为总目标，据此制定紧密相联的月计划、周计划和日计划，并依据“日清”进行严格考核，利用这样一个四位一体的进度保证体系，使得新产品的计划完成率由原来的60%提高到90%，保证了新产品抢占市场的有利时机。

开发质量保证体系是以审核责任制为基础，利用审核网络图将设计产品的装配关系和本身特性列出，利用审核单将其审核明确，并经过一定资格的人进行审定和批准，审核单、审核网络图等均存档，作为科研人员交流和对新员工进行培训的技术资料。利用这一体系，保证了设计质量的稳定提高。设计一次到位率由原来的67%提高到95%以上。

设计目标优化体系是以各设计阶段的评审为依据，根据市场和生产企业的需求，不断优化产品的设计目标，优化产品的目标成本。利用这一体系，使得产品设计不是以没有质量问题为目标，而是更加合理、更加贴近用户和市场，更能降低成本。

海尔在科研工作实践中，从贴近市场的角度出发，探索出一套动态优化的科研管理方法。首先，项目是动态的，科研项目要围着市场转，要根据市场的变化不断地进行调整，凡是市场急需的，就不遗余力地将项目积极推进；凡是不适应市场需要的，一个也不开展，即使开展了，也要改进或停止，不以成果多少论英雄，而以市场效果论英雄。其次，技术是动态的。根据国内外技术发展和市场变化，对项目所应用的技术也进行动态调整，及时吸收最先进和最适应市场需要的技术，从而保证技术的领先和贴近市场。第三，人员是动态的。在整个产品开发过程中根据项目的需要和技术的变化来调配人员，通过公开招聘竞争上岗，促进人才向科研岗位流动，并将不适应科研工作的人调整下岗，以此来保证科研人员的高素质，充分发挥项目参与人员的特长，使得人尽其才。

在当今竞争日趋白热化的时代，技术、产品不断地推陈出新是每个企业持续发展的原动力，而技术创新和新产品开发主要依靠科研人员，因此，如何充分发挥科研人员的潜力，调动他们的积极性、创造性成为摆在每个企业面前的重大课题，在这方面，海尔集团实行的科研项目承包机制有效地解决了这一问题。科研项目承包机制就是企业结合自身的发展方向和市场需求情况，确定技术或产品开发项目，并根据项目的复杂和紧迫程度规定项目的经费和开发时间，由科研人员根据自身的特长和实力进行申报，经企业审批后就取得该项目的开发权，为确保科研人员保质保量按时完成其所承包的项目，科研经费不是一次性全部拨入，而是由企业对承包人在开发过程中按项目进度定期进行考核测评，对考核结果能达到进度要求的科研人员继续为其研究拨入经费；对于达不到进度要求的科研人员限期改正，并减量乃至停止其科研经费的拨入，如在改正期间仍达不到进度要求，则取消该科研人员项目承包权，并会对下一次项目申报产生消极影响。此外，对于那些能保质保量提前完成项目开发的科研人员，由企业给予一定的物质和精神奖励。上述机制给海尔的科研人员注入了一针兴奋剂，极大地调动了他们的积极性和创造性，使他们的聪明才智得到充分的发挥，不仅科研人员本身从中受益，企业产品的技术含量大大提高，产品品种也极大丰富。

## 第五节　海尔科研管理的启示

### 1.建立不断自主创新的科研开发机制非常重要

技术创新是现代企业成长发育的动力，是企业的生命线。在当前国际经济日益一体化的形势下，一个企业要想生存并进一步发展，创出国际名牌，只有在企业中建立自主创新的技术进步机制，不断提高企业的自主创新能力，使企业真正成为技术创新的主体才有可能。企业应当把技术创新作为企业经营的基础来运作，要在日常的经营活动中注意培育自身的技术创新机制。同时，要准确选择不同时期新技术、新产品的开发目标，在这个基础上合理地使用配置企业的科技力量，争取开发出能够适应市场需要的独创性产品。只要技术创新成了企业经营的有机组成部分，成了企业经营的经常性活动，企业的经营就搞活了，企业的发展就有了后劲。

### 2.科技创新必须以市场为导向

在市场经济条件下，企业进行科技创新工作的目的是为了获取长期利润的最大化，科技创新的实质是将科技产业化，即将科技潜力转化为经济优势并追求其在市场上的最大实现程度和最高利润。因此，科技创新工作必须以市场为导向，根据市场的现实需求及预计的潜在需求作为科技创新工作的起点，通过科技创新设计、生产出高品质的符合市场需要的产品，将产品推向市场来为企业树形象、赢口碑、获利润，即科技创新工作必须落足于市场。海尔集团的“从市场中来、到市场中去”的环形产品开发机制的做法实质就是以市场为导向。海尔在科技创新过程中，密切监测外部市场需求变化和技术变化，及时调整产品开发的方向、速度和技术路线，保持对市场目标的同步跟踪；当新产品进入生产过程之后严格按照国际质量认证标准进行生产，保证产品的质量并根据市场需求定产量以避免生产的盲目性；新产品进入市场后，不仅是卖产品，更是卖信誉，同时注意虚心听取用户意见，及时反馈到科技创新部门，以便对新产品进行改进。海尔十几年来科技创新工作之所以取得巨大成绩，一个重要的原因就是坚持以市场为导向。

**3.人才培养的创新是海尔科教兴企的基础**

海尔十几年来持续快速发展是坚持科技创新战略的结果，科技创新使得海尔生产出一流品质的产品，树立了海尔的名牌形象，引导市场潮流，参与国际市场竞争并取得巨大的成绩。科技创新工作必须有大批的人才，高素质人才是科技创新工作获得成功的关键。经过几年的经验积累，海尔探索出一条运用“互动的培训方式”来培养人才的成功经验，海尔的做法首先是引进人才，但企业拥有了人才，其科技创新工作不一定会取得成功，海尔一直认为科技创新的成功与否并不在于企业拥有多少高级人才，而在于企业能够利用多少人才及能否在最大程度上利用人才。为此，必须对引进的人才进行培训，通过互动的岗前培训、岗位培训、转岗培训及案例培训等方式使他们在融入海尔的同时，具备从事开展业务工作的能力，从而能最大限度地为海尔的科技创新服务。为了进一步提高骨干员工的知识水平与业务能力，海尔采取让骨干员工走出海尔，通过半脱产及出国考察方式接受培训，使骨干员工在了解世界最新科技动态的基础上，结合海尔的实际为海尔的发展服务。

**4.建立创新型企业文化是科教兴企的关键**

由于企业文化可以实现对员工思维方式的改造，使他们具有统一的价值观，进而增强员工的凝聚力和向心力，有效调动员工的积极性和创造性，因而有些学者认为“当代世界经济的竞争，表面看来是产品的竞争，深一层是经营管理的竞争，再深一层就是文化的竞争”。海尔集团正是在海尔文化的指引下，不断地进行产品创新、管理创新、员工的教育培养创新和其他创新，推动海尔在激烈的竞争中不断前进。特别是在依靠兼并实现企业快速扩张过程中，海尔文化发挥着决定性的作用，它成功地帮助海尔盘活了所兼并的全部18家企业。此外，创新为特征的企业文化也会随着时代的发展，不断地进行更新和完善，始终保持企业文化的先进性和战斗力，这样才会使员工永远保持清醒的头脑和良好的竞技状态，更好地为企业的发展做出更大的贡献。

**5.企业应为科研人员创造发展空间**

人才是科技创新工作的主体，是否拥有高素质人才，能否发挥出人才的积极性与创造性直接关系到科技创新工作的效果。员工是企业的本源，企业发展的快慢在很大程度上取决于全体员工潜能的发挥。按照马斯洛的需求层次理论，自我实现是人一生的最高追求，因此要充分发挥员工的潜能，必须不断满足员工的自我实现的要求。而要达到这一点，企业必须为员工创造一种无限的自我发展空间。海尔集团的OEC管理模式给了员工很大的自主空间，同时在“你有多大能力，企业为你搭多大舞台”的理念指导下，企业还为员工提供各种发挥能力的机会。科研人员最大限度发挥自己的聪明才智，在不断取得成就的同时，也满足了他们自我实现的要求。

# 第6章 人人是人才

## ——海尔的人力资源管理

企业只有一项真正的资源，人。管理就是充分开发人力资源以做好工作。

——彼得·德鲁克

海尔集团的员工人数从成立时的800人增加到现在的5万人，为企业的人力资源管理提出了新的课题，如何调动全体员工的积极性和创造性，来为企业的发展提供不竭的动力，成为关系到海尔集团发展前景的重要问题。海尔在20多年的发展过程中，结合企业的实际，总结出了一整套人力资源管理制度和措施，为企业的发展注入了无穷的活力。

## 第一节 遍引八方贤才

**1.外部引才**

为丰富企业的人力储备，适时补充新鲜血液，海尔每年都会根据人力资源中心下达的人力资源规划，从全国各名牌高校的毕业生中挑选部分优秀分子，加入海尔集团。海尔新员工招聘录用通常会采用以下原则:

因事择人，知事识人。因事择人，指招聘员工通常是根据工作的需要来进行，严格按照人力资源规划的供需计划来吸纳每一名员工，谨防产生“帕金森现象”，造成人员配备上的误区；知事识人，是要求人力资源中心人员对每一个工作岗位的责任、义务和要求非常明确，学会对人才的鉴别，掌握人才测试、鉴别、选拔的方法，懂得量才所用。

任人唯贤，知人善用。任人唯贤，强调用人要遵守“三公”原则，以事业为重，做到大贤大用，小贤小用，不贤不用；知人善用，是指能及时发现人才，使用得当，“你有多大本事，就给你搭多大舞台”。

严爱相济，指导帮助。海尔新员工在试用期间，管理者对其进行必要的考核。考核通常从几个方面进行:能力及能力的提高、工作成绩、行为模式及行为模式改进等等；对员工在生活上给予更多的关怀，尽可能地帮助员工解决后顾之忧，在工作上要指导帮助员工取得进步，用情感吸引他们留在组织中；同时，从制度上保证员工享受应有的权利。

### 2.内部选才

除了企业“新鲜血液”的必要补充，海尔的“求才”主要是通过内部招聘来获得的。海尔之所以选择这种以内部选才为主的人力资源管理办法，是基于对现代管理理论的正确理解。实际上，绝大多数成功的企业均采取的是内部招聘的人才选拔形式。据统计，20世纪中叶，美国企业有一半以上的管理职位由内部人员填补；而进入20世纪90年代以后这一比率已经上升到了90%。

在人力资源管理制度上，海尔有很多创举:大学生不受专业限制，可以在全厂范围内自由择岗；员工可以直接与干部竞争上岗；干部可以不受部门约束自由选择想去的地方；为集团各部门人选统一制定标准，考试上岗……一系列公正合理的竞争制度，给了每个人平等的竞争舞台，增强了员工的工作热情，从而真正保证了合理、高效用人制度的实施。

在内部选才过程中，海尔的升迁机制设定是根据强化理论进行的。“发展才是硬道理”，能否推动企业高速稳定发展，是衡量干部人事工作成效的最终标准。海尔坚持在建立竞争激励机制上下功夫，形成了有利于优秀人才脱颖而出的人才选拔环境。

海尔的人力资源开发理念是“人人是人才”。集团80%以上是年轻人，他们的成长有其自身规律，思想活跃、竞争意识强。但如何发挥年轻人的潜能，关键是要有良好的环境，为每一个青年人施展才华创造平等机遇。海尔坚持“赛马不相马”，就是给所有的人一个参赛的机会，每个人都有权力参加竞赛。

在具体操作上，海尔实行“公开招聘，竞争上岗”的赛马规则，每个月由人力资源开发中心公布一次招聘条件、工作目标和招聘程序及动态激励情况，符合条件的人员都可以领到一张表，参加竞聘的人根据自己的能力与条件选择竞争方向，大家机会均等。竞聘会上，在竞聘人演讲、回答评委提问后，由评委打分，员工代表民主评议。会后由监督小组负责对评分和民主评议情况汇总进行监督，各项得分在内部网上公布，按规定程序任命。与此同时，海尔全员实行“三工并存、动态转换”的激励制度，即在全员合同制的基础上，将所有员工分为优秀员工、合格员工、试用员工三个等级，根据工作绩效，“三工”之间进行动态转换，并与个人报酬相挂钩，不同的状态享受不同的待遇。此外，海尔的“农民合同工升迁之路”、以市场为中心的业绩衡量标准也都坚持“三公”原则，有效地避免了任人唯亲等不良现象的发生，确保优秀人才能够及时被选拔到重要岗位上来。

### 3.海尔借才

海尔在实施和深化技术创新过程中提出了“整合力”的概念，认为企业最重要的是利用多少资源，而不是拥有多少资源，企业要具备整合各种科技资源为自己所用的能力，并进一步提出“借力”的观念。市场的整合力就是海尔的核心竞争力，它是一种使名牌不断升值的能力，企业的核心竞争力要通过两种整合来体现，一种是企业体制与市场机制的整合,一种是产品功能与用户需求的整合。

现在国内许多企业强调企业自身拥有多少博士，而海尔认为人力资源不在于拥有多少,而在于借用了多少,因为最重要的是成果而不是拥有多少人才。

海尔充分利用国内外的力量,和中科院合作了两个比较好的项目,一是控股中化院的抗菌塑料研究中心,这个国家级研究中心有很多博士和研究生,拥有在塑料方面的顶级人才,目前海尔产品使用的抗菌塑料就是他们研究的;二是和中科院在沈阳的机器人研究所搞合作,如果搞好这个项目,在21世纪就会有很大的发展;此外海尔还和国外大公司搞了一些大的战略合作,在硅谷设立了研究所;面对数字化的冲击,海尔与荷兰飞利浦公司建立技术联盟,与国家广电总局广播科学研究院控股成立“海尔广科数字技术开发公司”,与德国迈兹公司联合成立“德国海尔数字技术研究中心”,共同进行数字产品的开发。这些资源都是别人的,但核心竞争力是海尔的,牌子是海尔的,最后占据的市场是海尔的,这就是一种“借力”做法。

在人力资源方面,海尔同样实施了以资本和经济利益为纽带的“借力”办法。以资本和经济利益为纽带,就是投入一定知识资本,与科研院所、高等院校合作,进行产、学、研联合开发。目前,海尔已控股经营8家科研公司,并与全国25所高等院校的120名教授建立联合性质的开发网络、信息网络,还与国际上著名的大公司如东芝、菲利浦、迈兹等建立了长期合作关系;海尔在世界各地建立的信息站、设计中心、三万多个经销网点以及它在多个国家聘请的法律顾问构成了全球信息网，保证了企业能及时获取国际最新的科技信息、市场信息,并充分了解当地市场的设计趋势和法律动态。正是靠进入每一个新市场时踏踏实实地做基础工作,靠对世界市场动态的准确把握,海尔能用最快的速度,生产出最符合各地消费者需要的产品,同时在销售过程中减少因对当地法律和各种社会问题不了解而带来的风险。海尔体会到,企业内部拥有人才固然重要,但同时还要善于开发利用人才资源,充分“借力”,使外部人才为我所用。

关于“借力”,张瑞敏是这样说的:“企业说到底就是人,管理说到底就是借力。你能把许多人的力量集中起来,这个企业就成功了。如果他们愿意把力量借给我一起完成一个目标,这就是成功的管理。”

## 第二节　赛马而不相马

海尔认为,“人人是人才”,企业缺的不是人才,而是出人才的机制。为此,海尔设立了一种动态的人才选拔机制,即“赛马”而非“相马”。世人常说:“伯乐常有而千里马不常有”,是指人才难求的意思。海尔不搞“伯乐相马”,而是提供赛马场,在企业内部创造一种人才竞争机制来选拔人才、创造人才,使员工管理永远处于一种动态的管理机制下。海尔的赛马是全方位的,具体而言包含三条原则；一是公平竞争,任人唯贤;二是职适其能,人尽其才;三是合理流动,动态管理。对人才的考核任免讲求公平、公正、公开,简称“三公”。

海尔的赛马遵循着"优胜劣汰"的铁的规律。任何人,不能满足于已有的成绩,只有创业,没有守业;谁守业,不进取,谁就要被严酷的竞争所淘汰。在海尔,人的竞争上升到了精神的竞争,每个员工的心中都装着神圣的海尔事业,认为只有不断进取,不断创业,才能始终立于不败之地。

李和兴是一名农民合同工,他在原贵州风华冰箱厂从事门体发泡工作,12年中他掌握了这项工作的所有技术,但由于他的身份是农民工,班组里卖苦力的活全由他干,每月100元左右的工资,使他觉得工作无望。集团兼并贵州风华以后成立贵州海尔电器有限公司,打破了这种人为的界限,海尔"赛马不相马"的用人理念让李和兴顿时感到工作有奔头了。由于他在门体发泡模具调整中做出了突出成绩,公司破格聘请他为技师,这是他做梦也没有想到的事……

普通员工是这样,海尔集团的干部也是这样,升迁靠竞争,不论资排辈,不靠人际关系,用海尔集团人力资源开发中心负责人的话说,"海尔的几个本部长,当年都是背着行囊来到海尔的,他们一步步走到今天,完全凭借自身的实力,如今他们每个人手里都掌握着数十亿元资产在市场上滚动。"

海尔的赛马是全方位开放式的,所有的岗位都可参赛,岗岗是擂台,人人可升迁,而且向社会开放。没有身份的贵贱、年龄的大小、资历的长短,只有技能、活力、创造精神和奉献精神。普通而有能力的员工可以升迁为管理人员,平凡而有才华的农民可以走上领导岗位。升迁不是梦,在海尔你会被一种竞争向上的氛围、一种朝气蓬勃的气息所深深感染。为了经常保持干部队伍的勃勃生机,公司经常根据员工的"赛马"业绩选拔、吸收和提拔有相应专业知识、管理知识和领导能力的干部,不断调整干部队伍的知识结构和年龄结构。缺乏必要的知识和能力,不能胜任现职要求的,要坚决调下来;有较高知识和能力,能胜任较高职位要求的,要大胆晋升上去;年龄偏大,精力已不能胜任现职要求的,则调到较低的职位或离休退休。具体说来包含以下三方面内容:

一是能者上(员工升迁)。借鉴美国的"能力待遇"和日本的"年功序列",海尔公司按"破格提拔"与"阶梯晋升"相结合的原则,如果员工的工作绩效突出,素质能力结构能胜任较高职位要求,个人就可以对照条件申报,经部门考核、人事处复审、部长批准后全厂公布,员工进人人才库,竞争上岗聘任后享有相应待遇。升迁分管理职务(科长—处长—部长—本部长—副总裁)、专业职务(普通科员—专业科员—主任科员)和技术职务(初级职称—中级职称—高级职称)三种途径。

二是庸者下。在海尔独具特色的三工转换中,分为三工上转和三工下转。如果在考核期间没能完成生产任务或有较严重的违纪行为,则进行三工下转,降到较低的岗位上,情节严重者退到劳务市场甚至被公司淘汰。

三是平者让。对年龄偏大、知识能力结构已不能胜任职位要求的员工,海尔集团鼓励他们转到公司兴办的第三产业中去,担任管理职务。这些工作一方面对专业知识、技术能力要求不高,另一方面使"转业"员工工作丰富化、扩大化,调动工作积极性,提高了人力资源利用效率。

正是有了这种全面的赛马机制,海尔人才辈出,许多年轻人从基层凭借能力和业绩,逐步走上了领导岗位。如今海尔集团三个常务副总裁——柴永森、梁海山和周云杰,都是从农村考上大学,入厂后凭着踏踏实实的工作和一连串突出业绩,从基层干上来的。柴永森1993年任海尔电冰箱股份有限公司副总经理,1995年海尔兼并青岛红星电器厂,他竞聘上厂长;1998年使红星电器厂扭亏为盈的他,竞聘海外推进本部长成功;2000年他又竞聘常务副总裁成功。1995年,29岁的梁海山以咨询认证中心主任身份竞聘空调产品本部长成功,两年间,他经营的空调在销售、创新等各方面都超过当时多年维持"老大"地位的冰箱;1998年,海尔业务流程再造,成立物流、资金流、商流、海外四个推进本部,梁海山竞聘担任了物流推进本部长,2000年又竞聘上了集团副总裁。最年轻的周云杰也是如此,从基层一点点干起,以令人称赞的业绩逐步提拔为今天的副总裁。

## 第三节　竞争中讲究公平

吸引、选拔了人才,认识、挖掘了人才,关键还是如何利用、留住人才。海尔的"容才"举措在这方面给了我们很好的启示。

### 1.三公原则

"海纳百川,有容乃大",海尔利用近代激励理论中的公平理论制定的"三公"原则,可谓中国企业纳才、容才的典范。海尔用人讲赛马而不是相马,不是由领导发现人才,而是在实践中比较才能因业绩而定优劣。对人才的考核任免讲究公平、公正、公开(简称"三公")丝毫不搞"黑箱操作"。考绩是人力资源管理中最重要的环节,它的主要功能在于为付酬、奖惩、升迁等重大人事决策提供准确的信息,而且通过考绩,对于员工发现自身优缺点并及时加以发扬和改正也有着重要的意义。海尔的考绩实行的是全方位考评制度。通过上级、下级的"市场链"及本人、同事、领导的客观评价,力求使考绩完全符合"三公"原则。

海尔用"三公原则"改革传统的用人方法。1992年10月,海尔当时的前身青岛电冰箱总厂就正式对干部实行合同聘任制,彻底打破了专业、岗位、干部、员工等等界限,给人们以充分的选择岗位的自由。在海尔的人事制度的改革上,这次行动开创了许多第一:大学生第一次不受专业限制,可以在全厂范围内自由择岗;员工第一次可以直接与干部竞争上岗;干部第一次不受部门的束缚,可以自由选择自己所愿去的地方:集团各部门人选统一制定标准,考试上岗。这在当时不仅在社会上引起轰动,就是在集团内部也吵得沸沸扬扬。结果要求考聘干部岗位的共有242人,其中员工1102人,聘用到干部岗位的31人,占员工应聘人数的1/3。从此,海尔员工无论是谁想升迁,都要遵循公平的制度,经过公正的程序和公开的竞争。

1996年7月,海尔集团颁布了《各类人员培养、升迁条件》,每个员工都可以从管理职务、专业职务和员工(城镇工、农民工这三个途径得到培养与升迁。这三条路是交叉的，不同的人员可以自由选择符合条件的升迁道路。当时按照这样的程序操作：员工填写好人事部门定时发放的升迁申报表后，本部门干部处(劳动人事处)、分管领导、公司领导要根据日清、考核等依据进行核查与审批，如果该员工不符合升迁条件，审批部门要给以答复并在谈话中指出需要努力改进之处；如果该员工有特殊贡献，他还可以越级升迁。这样，每位员工得到了一个平等的升迁机遇，特别是厂里那些季节工、农民工，他们同样可以成为班组长，实现农转非甚至获得车间主任或更高的职位。文件中对每一职位都规定了明确的条件，什么样的人能够竞争职位、是否符合要求都一目了然，这就增强了人员管理的"透明度"，使员工对企业更增加信任感，真正实现"能者上、弱者下"。

**2.竞争上岗，末位淘汰**

海尔相信这样一条原则——市场经济中人的本质关系是利益驱动关系，信任不信任一个干部是依据个人感情还是依据对干部工作能力的考察，直接关系到企业的成败。为此，海尔制定了"在位要受控、升迁靠竞争、届满要轮换，末位要淘汰"的用人制度，变传统的考察委任制为竞争聘任制，打破年龄、资历、身份的界线，为人才脱颖而出，搭建出一个公平、公正、公开的展示舞台。

升迁靠竞争，即对干部的选拔实行公开招聘。有关职能部门建立了一个更为明确的竞争体系，让优秀的人才能够得到更好的发展，使每个人既感到有压力，又能够尽情施展才华，不至于埋没人才。海尔集团每月由干部处公布一次空岗情况和招聘条件，鼓励厂内外有志者根据自己的能力、特长选择岗位参加竞聘，经严格的笔试、面试，挑选出好学上进和有实践经验的人员走上管理岗位。此外，海外还设立干部人才库，将一些干部后备资源动态地收录库中，一旦哪个干部岗位空缺，进人人才库的人员将在公开竞聘中得到优先选择的机会。海尔的一些干部说："在海尔干工作，不用盯着领导，只要你有竞争上任的业绩，就能升迁。"

在位要受控。在位要受控有两层含义：一是干部主观上要能够自我控制，自我约束，有自律意识；二是集团要建立控制体系，控制工作方向，工作目标，避免犯方向性错误。海尔集团对在职干部进行严格的考评，无论是从集团公司到各职能部门，还是从各事业部到各车间，都在最明显处设有考评栏，下分表扬栏和批评栏。考评办法规定，表扬和批评都要有具体人名和主要事实，特殊情况，表扬内容尚可空缺，但批评内容不得空缺，否则将对单位负责人进行处罚。同时，企业为引起干部对考评结果的重视，对受到表扬和批评的干部分别给予加分(加薪)和减分(减薪)，使工作不利而受批评的干部在经济上也同样遭受损失。对于那些在工作中不思进取，受到批评不及时改正，或一年内受到三次书面批评的干部，将免去其行政职务。

届满要轮换。对于任期届满的中层干部，企业有计划地组织岗位轮换，一方面这些干部面对全新的工作环境、工作内容和工作要求，产生一种新鲜感和应付挑战的亢奋，从而提高工作积极性，以防止干部长期在一个部门工作，思路僵化，缺乏创造力与活力，导致部门工作没有新局面；另一方面，轮岗制对于年轻干部还可以增加锻炼机会,利于他们全面熟悉业务,取得不同岗位的工作经验,迅速成长为业务技术骨干,为企业发展蓄存更多的人力资源。

末位要淘汰。日本著名的经营管理学家土光敏夫说:“撑杆跳的横杆总是要不断上升的,不能跳跃它的人就应该尽快离开竞技场。”末位淘汰就是在一定的时间和范围内,必须有百分之几的人员被淘汰,这在某种意义上说比较残酷,但对企业长远发展还是有好处的。在海尔没有“没有功劳也有苦劳”之说,“无功便是过”,在一定时期一定范围内,按一定的比例实行定额淘汰,是海尔内部以竞争保持活力的一大法宝。

海尔集团总裁杨绵绵说:“在海尔没有吹吹拍拍,拉势力范围,搞小圈子的现象,管事凭效果,管人凭考核。一个人的力量有限,但如果大家都瞄向一个方向,共同努力,那合力就大了。”

## 第四节 动态转化

**1.三工并存,动态转化**

海尔根据人力资源管理中的目标设置理论,创造性地提出“三工转换”管理办法,并设立内部劳务市场,实行了一套“三工动态转换”的劳动用工制度,这不仅保证了每一个员工都被恰当地安置在相应的岗位上,而且激励了员工的工作热情,使员工的能力得到充分的发挥,为企业的发展做出更大的贡献。

所谓三工转换,是指全体员工分为优秀员工、合格员工、试用员工三种,分别享受不同的薪酬待遇(包括工龄补贴、工种补贴、分房加分等),并根据工作业绩和贡献大小进行动态转换,全厂公布。公司内有一套完善的绩效考核制度,业绩突出者进行三工上转,试用员工转为合格员工,合格员工转为优秀员工;不符合条件的进行三工下转,甚至退到劳务市场,内部待岗。退到劳务市场的人员无论原先是何种工种均下转为试用员工,试用员工必须在单位内部劳务市场培训三个月方可重新上岗。同时,每月由各部门提报符合转换条件的员工到人力资源管理部门,并且填写三工转换建议表,然后由人力资源管理部门审核和最后公布。这样,员工逐步培养起“今天工作不努力,明天努力找工作”的职业意识,调动了工作积极性。

对于刚毕业的大学生,其典型的转换历程往往是这样安排的:首先到生产一线、市场一线等部门锻炼,为期一年,在这一年当中,员工都是试用员工;见习期一年满后,由人力资源管理部门公布事业部所需人数及条件,本人根据实际情况选择岗位,如果经考核合格,则可以正式定岗,同时转为合格员工;在合格员工的基础上,历时三个月,如果为企业做出很大贡献,被评为标兵、获希望奖等,可以由部门填写三工转换建议表,并交到人力资源管理部门审核,审核合格后,发给当事人转换回音单,通知其已转为优秀员工,并在当月兑现待遇。

三工转换制度的第一个特点是平等,企业员工上至总裁下至一线的每个操作工,都遵守这个制度,按照规定标准进入三种工种,优秀员工、合格员工和试用员工;第二个特点是动态激励性,三种员工不是一成不变的,根据标准,员工符合了一个条件会向上一个档次或下一个档次的形式转换,一旦转换,工资福利等将立即随之变化,这种既可以激励低级员工向高级员工转换,又可约束高级员工使其不致对工作麻痹大意,既给后进人员关起了后退的大门,又为能者架起了前进的桥梁,起到激励和约束的双重作用。三工并存、动态转换,两个方面的有机结合,最大限度地开发了人的潜能,为个人的发展提供了一个上升通道。

检验处有位老员工,有一次由于工作疏忽,将一台应换侧板的脉箱盖上了周转章,转到了下道工序,没有把住质量关,造成损失达以2000元以上,按规定由合格员工转换成试用员工;这对他的震动很大,他拿出"三工"转换制度小本,一遍遍地到有关部门咨询可以上转的标准。在那之后的四个月中,他针对本岗位的薄弱环节,提出合理化建议十几条,有三分之二被相关部门采纳,并在一次生产中及时发现并处理了上一班员工生产的七个废箱体,避免了一次重大质量事故的发生,因此又按规定转换为合格员工。这位老师傅接到通知书后,激动地说自己的努力没白费,心里的一块大石头总算放下了,工作干劲也更大了。后来,他又以其更大的贡献,争取到了优秀员工的工种。

一位中年师傅曾获得国家专利和省、部级奖励,经自己的努力成为优秀员工后不久,由于一时疏忽,没将出口与内销冰箱的"跟单号"分开,致使冰箱重号而造成质量事故。于是,他被取消了优秀员工的称号。后来,经过一年的努力,他又发明了一项"发泡注料嘴"和一种新型焊枪,获国家专利,才又恢复为优秀员工。

冰箱二厂的合格员工鄢翔主动请缨,承担起了铝管节耗的重任,一个月内降耗就达2.6万元,很快就被转为优秀员工。

通过三工转换,员工的工作表现被及时加以肯定,解决了员工在短时期内得不到升迁、积极性受到影响的问题。在海尔集团内部,三工的比例保持在4:5:1(优秀;合格;试用),这种比例有助于保持员工的工作积极性,培养员工的忠诚度。

**2.农民工的发展之路**

如何使用合同工,使其潜力充分发挥出来一直是困扰企业的一个问题,海尔遵照期望理论的原理,结合企业实际,不失时机地指出了一条合同工发展之路。合同工签订合同后,开始培训学习,时间一般为一年,但优秀培训生可以提前定岗,享受试用员工待遇。定岗之后如能熟练操作,积极参加劳动竞赛、课题攻关、提出合理化建议,符合一定条件者可以进行三工转换。第三年结束后,如取得"被评为班组长、优秀员工、二次以上先进、各种明星、基层老板或者参加小发明或五项以上攻关"其中一项成绩的可以续签劳动合同,否则解除劳动关系。

续签的合同工工作技能逐渐提高,到第五年结束时如能取得下列成绩"初级以上职称、科长级、车间主任、优秀员工、三岗以上(A类)、二星以上、小发明、八项以上攻关"

之一,有资格续签,否则解除劳动关系。续签后如能取得以下成就"中级以上职称、中层岗位、市以上科技成果、突出贡献"之一,则视情况办理"农民合同制"或"农转非"。这对农民工有很大的吸引力,促进了农民工的积极向上。

冰箱二厂的任全晓是一个农民合同制工人,但他决心将自己的一切奉献给海尔事业。在海尔这个充满竞争的环境中,他刻苦钻研技术,合理化建议一件接一件,小改小革一个连一个,自己也由一般员工提升为班长。后来他通过创新为企业降耗34万多元,由班长晋升为车间主任,并成为中共预备党员。他满怀深情地说:"是海尔的用人机制给了我实现自身价值的上升空间。"

### 3.以人为本的管理创新

海尔的管理创新,最主要的作用是建立了调动每一个员工积极性的竞争机制。海尔人力资源中心的王颖民主任在向记者介绍他分管的工作时说:就是给大家创造一个公平的竞争平台。

用人方面的管理机制和竞争机制建立起来了,人的积极性调动起来了,才会有企业其他方面的创新。张瑞敏曾说:"有人把企业的创新仅仅理解为技术创新,我认为是失之偏颇的。对国内企业来说,我认为创新的第一位是组织结构的创新。如果你的组织结构束缚了企业中最活跃的因素——人,那么其他的一切创新都谈不上。"

正是在这种以人为本的管理创新观念的指引下,海尔最初实施了OEC管理(Overall Every Control and Clear),要求每一个人每天正确地做好每一件事。然后实施了"SST"管理,把上下工序,上下岗位之间,用"市场链"串联起来,让员工们明白每个人的收入来自于自己的市场,服务得有效,按合同可索酬;服务得不好,对方将索赔;出现争端的,计算机系统就会自动显示问题,就要"跳闸"警示、制约并解决问题。海尔的管理创新并没有止步,接着又提出了"SBU"的概念,即"战略事业单位",它是海尔宏观战略微观化的体现。如果不仅每个事业部而且每个人都是一个"SBU",那么集团总的战略就会落实到每一个员工身上,而每一个员工的策略实现必将会保证集团策略的完成。

在以人为本的管理创新过程中,海尔由最初的用硬性管理"逼"人们把事情做好,逐渐变成了激发人们自觉、主动地发挥积极性和创新性的柔性管理,如今海尔的每一个人,都已有了"经营自我"的创新空间,容易发挥出工作积极性。

### 4. 80/20原则

1995年7月的一天,原洗衣机有限总公司公布了一则处理意见,某质检员由于责任心不强,造成洗衣机选择开关插头插错和漏检,被罚款50元。这位员工作为最基层的直接肇事者承担了她所应当承担的工作责任。但是,从这位员工身上所反映出了质保体系上存在问题——检查员有没有经过严格的培训?上级是不是进行了复审?是不是进行了检查?如何防止漏检的不合格品流入市场?这些问题由谁来负责,这位员工问题的背后,实际还存在着更大的隐患。作为领导这一切并不是你的直接责任,但不能够提高部下的素质,就是你的责任。

海尔各个公司都是“一把手”负责制,无论出了什么事情,就拿各公司一把手是问。1997年10月20日,在海尔集团的早会上,销售公司按照例行管理制度复审冷柜电热本部对某地区用户回访的电话记录,发现记录上好几页都写着“占线”,除此二字之外别无任何信息。“顺藤摸瓜”,从这一问题上发现,张瑞敏以前曾经多次批评的大企业病“说了不等于做了,做了不等于做到位了”,在冷柜电热本部的管理体系上还严重存在。当集团领导把这件事作为案例让各个本部长发表一下“你如何处理此事”的意见时,当时冷柜电热本部的本部长回答是,“回去查一查下面是怎样干的。”这一认识显然与集团的管理理念不相符。张瑞敏在大家发言之后当即向这位部长点明:“你现在最要抓的就是你自己的思想作风、工作作风问题。你的下级不认真是因为你没要求他们认真。”

海尔认为:作为领导,没有抓好员工,就不能抱怨员工的素质低。集团的干部分析说,如果领导并没有制定一套提高员工素质的培训机制和激励机制,并按OEC原则做到日清日高,那么素质低的人永远不会自发地提高,素质高的人也会因为没有激励的氛围而渐渐变得素质低。于是,“只有落后的干部,没有落后的群众”。这句话在海尔已成为经典,大家对此也口服心服。

**5.红黄牌制度**

在海尔,对干部的考核管理是相当严格的。从集团公司到各职能部门,从各事业部到各车间,都在最明显处设有干部考评栏(表扬栏和批评栏)。考评办法规定,表扬和批评都要有具体人名和主要事实、特殊事实,表扬的内容尚可空缺,但批评的内容不得空缺,否则将对单位主要负责人进行处罚。受到表扬和批评的干部都要按规定给予加分(加薪)和减分(罚款)。对此员工们的认识是;表扬是一种正激励,批评是一种负激励,都是引导海尔向前进,鞭策海尔不停地创新。每个月8日,海尔总要召开干部考核例会。考评结果全部用分数体现。一年内,加减分数相抵,达到负6分者就要被淘汰。中层干部 (事业部部长) 一年内受到三次书面批评的 (两次口头批评按一次书面批评计),限一个月整改,整改不合格给予免职或降职处分。凡中层干部连续受到两次书面批评或五次口头批评之后,《海尔人》就要代表总裁提出警告: 某某,还有最后一次机会了!

此外,还有一种情景,在别的企业也许很难找到,这就是海尔十几年如一日,始终坚持对中层以上干部实行的红、黄牌制度。每月评出绩效最好的挂红牌(表扬),最差的挂黄牌(批评),并同工资挂钩。对于干部考核结果的张榜地点,从集团到各事业部,一律都设在人流最集中的员工食堂门口,十分引人注目。

“对干部实行红、黄牌考评张榜的作法,是从1986年开始的,当时一些干部对此还接受不了,得了黄牌的人,觉得很没面子,第一次张榜时,榜还被个别人给撕了。海尔集团人力资源中心主任王颖民介绍说,海尔的干部考评就是从打破面子观念开始的。

张智春是海尔洗衣机产品本部本部长。2000年6月份工作考核,他得了黄牌。原因是:针对市场出现的变化,没有加强洗衣机的夏日宣传,没有确立有竞争力的目标,导致已有市场优势衰减。

“海尔的干部考评,完全是对事不对人,‘黄牌’有时也是一种好事,它能让你警醒,弥补一些疏忽的工作漏洞。在海尔干部中,得黄牌已不是什么面子问题,工作上不去才是最没有面子的事。得黄牌压力很大,说明自己的工作离市场要求有一定距离。下一步,必须把缩短这一距离作为努力方向和动力,尽快干出好的市场效果。”面对“黄牌”,张智春如是说。

与张智春相比,冷柜产品本部副本部长马坚对干部考核制度感触更深。“海尔不容纳碌碌无为的人,也不容纳一劳永逸的人。”曾因市场效果不好被降为事业部长、一年后通过努力又被重用的他因在推进新产品“迈克冷柜”的上市过程中做出了一系列富有实效的工作而被给予书面表扬并获得了红牌。对此他认为:“这次得了红牌,只能说明过去的那个月做的工作得到了认可,但这个月及以后工作干得怎样,心中还没底,因为人人都在努力,市场又在快速变化,不能有丝毫懈怠。”

张瑞敏经常对负责干部考评的人说,海尔人力资源中心的任务就是搞好一个人才竞争的赛场。就是想办法,让各项考评进行得更公正、更公平、更公开,给每个人一个上升的空间。

## 第五节　以心换心

在实践中海尔的干部们总结了一条简单的原则:对员工忠诚,员工反过来就会对你忠诚;对员工负责,员工反过来就会对你负责。因为员工们需要领导关心、爱护他们,为他们提供好的工作和生活条件,完完全全把他们当作活生生的人。归根结底,是忠诚创造了忠诚,信任产生了信任,友谊缔结了友谊,尽职尽责促发了尽职尽责。在对“人群关系理论”加以认识的基础上,海尔采取了一系列措施,以求真正留住每名员工的心。海尔的干部都知道日本企业管理大师士光敏夫的名言:“没有沉不了的船,没有垮不了的企业,一切取决于自己的努力,员工要三倍地努力,干部要十倍地努力。”

### 1.干部维护员工的利益

张瑞敏刚上任时,发现一些员工们经常上班迟到。通过调查他才知道,员工们普遍住得离厂较远,上下班交通十分不方便。于是他立即决定买了一辆大客车,班车每天接送员工上下班;1987年,冰箱厂30多年来第一次买了14套房子,全厂人员都盯着看领导怎么个分法。结果14套房子全部分给了一线员工,特别是老员工,包括张瑞敏本人也没得到一套新住房。对此,海尔从上到下都心服口服;原来冰箱厂没有食堂,干部与员工一起露天吃饭。后来盖个一个食堂,几千人一起吃也不行,于是海尔决定分批吃饭,员工第一批,干部最后一批;在青岛煤气罐特别紧俏的时候,海尔为每户员工家中配备了一个,分配顺序是倒三班的员工、倒两班的员工、上白班的员工,最后才轮到干部……海尔就是这样通过一件件普通的小事，让员工明白海尔的干部是值得信赖的，是能够维护他们利益的，从而建立起了干部与员工之间充分的理解与信任。

**2.独特的交流**

海尔坚持落实每半年一次的员工代表大会和每月两次的恳谈会制度。坚持每半年召开一次员工代表大会，把企业年度生产经营目标的确定、重大项目的安排、新产品开发等关于企业发展的重大事项和事关员工利益的有关问题公开，让员工充分发表意见；同时，坚持各事业部每月召开两次员工恳谈会，单位领导都要积极参与，总经理亲自主持，各职能部门负责人都要到会，直接听取员工的意见和建议，面对面答复和解决问题。通过坚持员工代表大会和员工恳谈会制度，让员工了解厂情，参与管理和监督，从根本上增强了员工的主人翁意识和使命感、责任感。此外，每年海尔还都举行“同乐会”，届时各个部门的员工、领导欢聚一堂，举行各式各样的愉快而又富有教育意义的游艺活动……如果不是亲身参与，你无法体验到作为海尔人那份喜悦、自豪的心情。

从集团到各本部，从事业部到各车间，从班组到员工，环环相扣，人人都是思想政治工作网络链条中的一个点。班组、车间、工厂每天都要对员工思想动态进行跟踪，并有重点地反馈。海尔集团在每个事业部设立了“心桥信箱”，员工随时可以通过“心桥信箱”投诉、反映问题，诉说他们的困难，寻求帮助。此外，海尔还开设了员工“电子论坛”，员工有意见和建议，可以在内部信息网提出并讨论，有关部门在网上尽快答复。通过多种渠道与员工沟通交流，避免了员工结思想疙瘩，保证他们能够心情舒畅地投人工作。

**3.上班满负荷，下班减负荷**

海尔各事业部工会都成立了排忧解难服务队，设立了24小时服务热线电话。员工人手一本排忧解难申报卡，如有困难，只要填一张排忧解难卡或打一个热线电话，服务队就会及时上门服务，大至搬家、维修房屋，小至换煤气、住院陪床，随叫随到，使员工的困难及时得到解决。企业还建立了领导对员工住院、长期驻外、特困家庭“三必访”制度和为员工集体过生日制度，只要有时间，领导都要来到员工中间，向他们表达关怀与爱心。企业对员工的关心，换取了员工对企业的真心。

身患绝症的年轻女工王俊成，弥留之际，提出的唯一要求是在她去世后，灵车一定要经过海尔门前停一停，让她最后看一看她的工作岗位，看一看她的同事们。正是有这些热爱海尔、眷恋海尔、心甘情愿为海尔做贡献的员工，海尔才每天都有新的目标、新的进步，每天都有更新更高的扬弃、提升和超越。

企业忠诚度的形成还有更深层次的原因，每一个海尔人都认为他们每天在干的不仅仅是工作，也不仅仅是职业，而是海尔的事业。

1997年年底，冰箱电工本部进行了一次全厂范围内的问卷调查。在其针对与员工工作生活有密切关系的包括工资待遇、工作业绩、同事关系等12个项目的排序调查中，大多数干部员工将“成就一些有价值的事情”作为首选，而被人一度看好的工资与福利待遇等却排在了后面。正如计算机事业部部长马国军所说：“每当我提出或设计出一种新包装图样，不出两三天，从海尔发出的卡车上，就满载着这种包装的产品走向全国，甚至世界市场，你说我那时是什么心情。在海尔干，见识大得多，层次高得多，实现了自我。”应该说正是这种心理上的满足感使他们对企业保持了忠诚。

## 第六节　效率来自激励

美国哈佛大学教授威廉·詹姆斯研究发现，在缺乏激励的环境中，员工的潜力只能发挥20%—30%；但在良好的激励环境中，同样人员却可发挥出潜力的80%—90%。因此，使每位员工始终处于良好的激励环境中，是人力资源开发与管理所追求的理想状态，这就要求企业建立起系统化的激励机制。

海尔的激励措施多种多样，其中薪酬激励是基础，精神激励是根本，在两者结合的基础上，还辅助以工作激励及感情激励手段，通过这综合性的措施来加强对海尔员工的激励。海尔采用多种形式并存的薪酬制度，对生产员工实行点数法这一公正透明的工资计算方法；对研发及销售人员采用市场业绩衡量的绩效联酬办法，企业人员平均收入在同行业中占据中等偏上水平。在物质激励基础上，海尔还采用目标激励、荣誉激励、参与激励、感情激励等多种精神激励方法，将外在激励与内在激励相结合。通过岗位轮换与岗位招聘，挖掘人的潜能，使员工的工作内容丰富化、扩大化；通过劳动竞赛与班组升级达标、合理化建议与课题攻关实现员工的充分参与；鼓励员工发明创造，“以名命名”等方法所产生的工作动力远比外在激励要深刻和持久。海尔公司的激励机制使员工外有压力，内有动力，企业焕发出巨大的生命力。

### 1.物质激励

海尔的分配制度改革起步较早，针对不同的工种形成了不同的薪酬体系：对生产一线的员工，目前已形成点数工资、岗位工资、计件工资、承包工资、年薪制度等十余种工资形式，不管哪一种工资形式，海尔都采取了将工资与员工的工作绩效相挂钩的形式，实现了“多劳多得、少劳少得、不劳不得”的目标，真正激发了员工的工作积极性；对科研人员，海尔独具创意地实行了“负债经营”的薪酬制度，有效激发了科研人员的积极性，为海尔的科技创新提供了不竭的动力；对销售人员，海尔一直坚持向市场要报酬的做法，并较早的实行了年薪制。海尔将工作绩效与收入直接挂钩，公平与效率有机结合，避免了“搭便车”、投机偷懒行为和吃回扣等道德风险。

(1)生产一线员工的薪酬机制

海尔对一线操作员工推行了计点到位、绩效联酬的全额计点工资制。海尔的点数工资是以点数来计量劳动消耗的一种工资形式，所谓“点”是指员工在劳动过程中的体力和脑力消耗的基本计量单元。企业人事与技术部门根据企业经营环境的变化，本着“两低于”原则，即“工资总额的增长低于企业利税的增长，平均工资的增长低于劳动生产率的增长”，确定员工的工资总额和增长总额，然后根据预计的点数总和确定点值。点数是指工作岗位点的多少，岗位的点数是根据操作复杂程度、岗位体力要求、工作危险程度等来确定。在定了岗位的点数与点值以后，就可以确定点数工资单价：岗位点数工资单价=点数点值，根据上述公式可算出岗位计件工资额，即岗位计件工资：岗位工资单价产量+(—)各种奖罚。在日常管理中，一线员工的工资是运用上述公式通过3E卡算出的，员工可根据劳动成果自己算出工资数额。如海尔冰箱将生产过程分解为160个工序、540项责任，具体落实到每一个员工。这种计酬方式使一线员工的收入与其劳动数量与质量直接挂钩，激发了员工的工作热情，也减少了管理的难度，避免了互相扯皮等现象的发生。

在激励的方法上，海尔更多地采用即时激励的方式。如在质量管理上利用质量责任价值券，分红、黄两种，红券用于奖励，黄券用于处罚。员工们人手一本质量价值券手册，手册中整理汇编了企业以往生产过程中出现的所有问题，并针对每一个缺陷，明确规定了自检、互检、专检三个环节应负的责任价值及每个缺陷应扣多少钱，质检员检查发现缺陷后，当场撕价值券，由责任人签收；操作工互检发现的缺陷经质检员确认后，当场予以奖励，同时对漏检的操作工和质检员进行罚款。此举有效地调动了员工的积极性和创造性，在工作中形成了互相监督、共同进步的良好氛围。

(2)科研人员的“负债经营”薪酬机制

对于研发人员，工酬的多少并不看你进行了多少项改革创新，而是决定于你科研成果的市场转化率和市场效益。这种奖酬制度一方面给科研人员以很大的工作压力，同时多劳多得的切实利益也给了他们无穷的动力。这种独具匠心的薪酬体制，也是经历了多次的变革，最终形成了成熟的制度。

改革刚开始的时候，从研究所所长到一般的科研人员，全部采用了项目承包制，月薪被取消了，开发人员的收入只能与产品的销售挂钩，而平时的费用只算提前支取，最终让科研人员按所开发的产品的市场效益拿钱。

进行了一段时间之后，改革又往前进了一步，海尔对技术人员包括项目开发人员和项目组织人员，均采用了负债开发——企业给你这么多资源，你要创造出相应的价值，按时开发出产品，而且开发出的产品要有质量保证和销售额的保证。比如，一个项目的负债额是10万元，项目成功后，按目标应该达到年产5万台的产量，达到这个目标后按规定可得到3万元的奖励；批量投产后，如果一年超过了5万台，就等于完成了负债额，然后在5万台的基础上递增，产量达到10万台时，开发人员就可以得到6万元的收入。假如没有达到5万台的产量、就要按比例倒扣，差2万台，就只能收入1万元，而此人的负债额就有4万元(总负债额的2/5)，这个人以后就必须用开发其他项目把这次的负债额补上。

通过“负债法”，海尔把产品开发人员推上了市场。他们的收入只能由市场说了算，所以在开发产品时一定要想着市场需要、关心着市场的销售。从此开发人员不再只是坐在办公室里写写画画了，市场上反馈了什么技术问题难题，他们马上去帮助解决处理，显然非常害怕销售受影响。

从开发人员都“负上债”后，海尔新产品开发速度大大加快，开发周期平均比以前缩短了30天左右，而且新产品上市一个成功一个。从1998年，海尔的负氧离子健康空调先于日本一年面世，带动了整个空调市场向绿色环保产品转型后，它的绿色产品不断升级。这结果，正是开发人员们“负债开发”带来的。

如今，海尔提出的负债经营的思想已深入到整个集团，提出每一个人的工作都要或多或少地占用企业的资源，因此可以把企业将员工管辖范围内的所有资源提供给他作为负债，在外部市场效应内部化后，每一个员工都应该追求达到最好的效益，所以必须通过经营使资源增值。如果达不到，就等于浪费了企业给你的资源，当然就应该自己掏钱赔偿。海尔通过这种体系，让负债人通过创新进行资源再增值，再后用增值的资源作为完成更高的目标的基础，为自己不断提供新的资源，激发员工创新的动力。正是这种经营观念的确立，促使海尔永远处在创新的轨道上奋勇争先。

**2.精神激励**

根据需求层次理论，能满足每个员工最深层、最本质需要的，不是金钱、物质，而是自我价值的实现，海尔对此认识得极为深刻。海尔的每一步发展，都是全体员工创造性劳动的结果，而这反过来又给予了员工自豪感和成就感，激励其进一步发挥潜力。海尔充分认识到这个问题，因此不断探索各种精神激励措施，如以员工名字命名的小发明（“启明焊枪”、“云燕镜子”、“召银扳手”等）、招标公关、设立荣誉奖励（最高奖为“海尔奖”，这是对人才最权威的奖励，由总裁签发）、开展全员性合理化建议活动（专门设立了“合理化建议奖”）等等，以此来激发员工的工作责任感和创造力。

(1)以名命名的激励手段

海尔对人才的内在激励集中体现在它独特的激励方式上，“以名命名”就是其中的一种，即把员工的发明创造以他们自己的名字命名。

“云燕镜子”，就是以海尔一位普通操作工高云燕命名的小发明。这位女工当年负责给冰箱门钻孔，要干的活就是站在钻眼机前给冰箱的两端钻四个孔，孔的精密度极高，容不得一丝偏差。但是钻眼机在操作工的对面，中间还有张一米多长用于放置门体的工作台相隔，以前钻完要翻过来才能知道孔眼钻好没有，影响操作和观察，也影响加工的质量和效率。高云燕琢磨在钻台前放置一面镜子，利用折射，操作时便可清楚地观察到钻孔情况，大大提高了加工质量和进度。

一个叫杨晓玲的青年女工，针对一种冰箱上温控器化霜按钮极易脱落的问题，自己创造了一个化霜按钮的紧固扳手，使按钮组装一次合格率由原来的70%提高到100%，扳手被公司命名“晓玲扳手”。

青年员工李启明在生产实践中发现，按工艺要求使用的一种焊枪体重嘴长、操作困难且极易烧坏压机的漆面。为了解决这个难题，他利用几个月的业余时间，发明出了一种新焊枪，有效解决了老焊枪在工作中的不便，公司就把一块“启明焊枪”的牌子挂在他所在的工作线。

这样的例子不胜枚举,海尔用这种“以名命名”的方式对员工自我价值的承认给了他们极大的动力,员工们都十分珍惜这种用金钱代替不了的荣誉。如今,海尔涌现出一大批以一线员工命名的技术发明和革新成果:“秀凤冲头”、“素萍支架”、“天佑圆锯”、“孟川三通阀”……管理者们越来越发现,员工的创造潜力是无穷的,它是一笔巨大的财富,充分利用能为企业带来意想不到的收益。

(2)全员参与管理的激励方式

海尔集团认识到,一个成功企业的管理不是几个领导的管理,必须发动全员充分参与管理,让每个员工都有参与意识,人人争当企业的老板。

一是劳动竞赛与班组升级达标。海尔集团设立了针对个人的海尔奖、海尔希望奖,开展各种项目的劳动竞赛,并评选劳动竞赛明星(一星、二星、三星、四星),如质量明星、节耗明星、技改明星、多技能明星、管理明星、服务明星等。公司对在质量改进、节约物耗等方面做出明显成效的给予基层老板明星 (一星、二星、三星、四星)称号。由个人申请参加,工会组织,职能部门配合实施,对星级能手和明星老板给予适当的物质奖励,两届以上可进行三工转换或职称评定;同时进行班组升级达标活动,即评选合格班组、信得过班组、免检班组以及自主管理班组。达标班组长及组员享受先进待遇,每月有补贴;自主管理班组成员转为优秀员工。

二是合理化建议与课题攻关。参与程度是影响员工主观能动性发挥的现实激励因素之一,每个员工都有自尊,希望得到他人(包括上级)的尊重、理解和平等的对待,希望自己对工作的看法和建议有人倾听并被采纳。为此,海尔设立了员工合理化建议奖,规定员工在本岗位提出的合理化建议都要逐一落实,并给予适当物质奖励。建议被多次采纳者,可进行三工转换。在课题攻关方面,由职能部门拟定攻关课题,员工自由参加竞争,根据成果给予现金奖励,优秀者也可进行三工转换。

(3)员工培训的激励方式

当劳动者的收入水平达到一定程度时,需要的层次会随之提高。在物质利益基本满足,要面对重组改制、下岗分流的今天,与物质奖励相比,员工更愿意选择参加一定量培训的形式作为应得的奖励,提高自身的含金量,以求在未来的竞争中占有一席之地。可以说,培训已成为最大的奖励。基于此,海尔将培训本身作为企业激励职工积极向上的一种必要手段。通过给职工“充电”的机会,使他们感觉到企业对自己的重视,从而激发员工的积极性。

个人生涯培训。上至企业高层领导,下至车间一线操作员工,海尔根据每个人的职业生涯设计为每个人制定了个性化的培训计划,搭建了个性化发展的空间,提供了充分的培训机会,并实行培训与上岗资格相结合。在具体实施上,给员工搞了三种职业生涯设计:一种是针对管理人员的,一种是针对专业人员的,一种是针对员工的。员工可以根据自身的特点,选择自己的职业生涯,每一种都有一个升迁的方向,要是符合升迁条件的即可升迁入后备人才库,参加下一轮的竞争,跟随而至的就是相应的个性化培训。

半脱产培训。为提高骨干员工的知识水平,海尔有计划的安排骨干人才以半脱产的方式参加各种培训班，中高层管理人员参加工商管理硕士(MBA)班的培训，工程技术骨干人员到高等院校进修。海尔先后与复旦大学、上海交通大学、浙江大学、中国海洋大学等高等院校和科研院所建立了合作关系，委托他们培训海尔的骨干员工。

出国考察培训。为了掌握国际科技发展的最新动态，海尔利用各种机会派出有关人员参加各种专题研讨会、专题学术会议、科技博览会，有时还采取让科技人员出国进修的方式对人才进行培训。

海尔认为，激励是提高员工素质最有效的手段，因此，海尔要求管理者去研究人才的激励机制，而不是具体的个人。海尔力求建立一套能充分发挥个人潜能的机制，给每个员工提供充分实现自身价值的空间；海尔强调即时激励，充分挖掘和发挥员工的积极性和创造性，并设立了"海尔奖"、"海尔希望奖"、"合理化建议奖"，根据对企业创造的经济效益和社会效益，给予授奖。

## 第七节　海尔人力资源管理的启示

### 1.树立"以人为本"的管理思想

科学管理的起点和目标是人，其中心任务是如何尽可能地开发人的智慧，高水平地开发和运用人力资源，提高企业的绩效。应该承认管理也是一种生产力，对企业家而言，如果能把人视为企业生存发展的第一资本，并将人的智慧和内在潜力看成是企业长久发展的资源，才可谓领悟了科学管理的真谛。

海尔实施的是"以人为本"的现代人力资源管理战略。从观念上，不分身份等级，将企业中的所有成员均看作待开发利用的资源；从主次关系上，把人力资本的开发、利用和培训视为管理的重心，注重完善竞争机制和激励机制，利用政策杠杆挖掘人的潜力；从地位上，把人力资源管理者纳入决策层，重视人的存在和人的价值，鼓励全体成员参与管理，企业上下形成了尊重人、理解人、关心人、培养人的良好氛围。

海尔通过召开恳谈会、员工代表大会、同乐会、设立"心桥信箱"等形式为企业上下的疏通开创了渠道；通过"上班满负荷、下班减负荷"、"排忧解难小分队"解决了员工的后顾之优；通过提供劳保福利、医疗保障、解决职工子女入托等具体问题形成了员工对企业的归属感、认同感。海尔以人为本的管理思想，让员工把企业看作生活和一生事业的依托，从而做到"对企业的铁心"。企业和员工利益的高度一致使得海尔员工任劳任怨，必要时能为了企业的全局利益和长远利益，牺牲部分个人利益和眼前利益，发挥非同寻常的潜力，通过集体努力使企业快速而稳定地发展。

### 2.员工激励机制系统化

海尔的激励措施多种多样，其中物质激励是基础，精神激励是根本，在两者结合的基础上，逐步过渡到以精神激励为主。海尔采用多种形式并存的薪酬制度，对生产员工实行点数法这一公正透明的工资计算方法；对研发及销售人员采用市场业绩衡量的绩效联酬办法，企业人员平均收入在同行业中占据中等偏上水平。在物质激励基础上，海尔还采用目标激励、荣誉激励、参与激励、感情激励等多种精神激励方法，将外在激励与内在激励相结合。通过岗位轮换与岗位招聘，挖掘人的潜能，使员工的工作内容丰富化、扩大化；通过劳动竞赛与班组升级达标、合理化建议与课题攻关工程实现员工的充分参与；鼓励员工发明创造，"以名命名"等方法所产生的工作动力远比外在激励要深刻和持久；"6S"脚印的创新管理，把正、负激励巧妙地结合在一起。海尔公司的激励机制使员工外有压力，内有动力，企业焕发出巨大的生命力。

当前，我国很多企业缺乏活力和竞争力的一个重要原因便是激励机制尚不健全，而海尔这方面的做法是值得我们学习和借鉴的。重视激励机制的作用，在正确认识员工需求的基础上，采用多层次、多手段的激励措施，最大限度的开发人的潜能，使全体员工共同为企业的发展献计献策，这应是我国企业的正确选择。

### 3.组织目标与个人目标相结合

在激励机制中，设置目标是一个关键环节。目标设置必须体现企业的总体方针，否则激励将偏离组织目标的方向。目标设置必须能满足员工个人的需要，否则无法提高员工的目标期望，达不到满意的激励程度，只有将组织目标和个人目标结合好，才会收到良好的激励效果。海尔根据员工自我实现的最高层需要，给予了员工充分的自我发展空间。

为实现组织目标与个人目标的结合，海尔实行了员工与班组的自我管理，赋予了员工参与决策的权力，缩小了员工与管理者的距离，员工的独立性和自主性得到了充分的尊重和发挥，积极性也随之高涨。通常企业只需提出任务目标和要求，具体作业过程则由班组自行决定。班组内每个员工的工作权限、职责范围也没有硬性规定，彼此之间经常互相协助支援。由于班组内没有"蓝领"、"白领"之分，没有管理者与被管理者的界限，全体员工在相当程度上都参与管理，班组内建立起了较强的感情联系。实践证明:一旦劳动力参与管理，生产效率会成倍提高，企业的发展将获得强大的原动力。

进而，海尔又采取放权与监督相结合，采用"干部红、黄牌"、"80/20原则""在位受控"的用人原则使海尔的干部既有较大的工作自主权和自由度，又受到了很好的监控，从而在管理层也实现了个人目标与组织目标的高度统一。

美国的商业战略专家詹奎兹认为:每个员工任何时候都会做出决策，而这些决策与他们拥有的决策权和判断力有关。一个优秀的管理者应该适当放权，使员工的才能充分发挥出来，因为下属对公司及工作的了解程度绝对不比高级管理层差。目前我国许多企业都对员工的决策和行动进行直接而全面的干涉和控制，主要因为尽管员工的决策具有重要作用，但是这种作用却几乎是无形的，因此大多数企业都不愿授予员工充分的自主空间，而这也正是影响企业员工主观能动性发挥的一个重要原因。因此，我国企业应尽快改变那种把员工看作单纯"经济人"而实行直接的全面的传统管理办法，需将人的因素更多的考虑进去，把企业的整体目标转化为每个个体的目标，让个体更加自主地从事工作，从而达到自主管理的新境地。

**4.使用人才和培养人才相结合**

人力资源投资必然导致企业管理成本上升，聘任制条件下企业人才流动性加强，人才跳槽现象随时发生，为此不少企业不肯在人才培养上投资，对人才只要其知识输出，而不管其知识输入，殊不知这本身就是造成人才跳槽的重要原因。发达国家的一些著名企业无一不在加大人力资源开发投入的力度，以保持其人力资源优势。海尔集团认识到全过程、全员培训的重要性，建立起了培训、使用、选拔、奖惩和监督良性循环的企业人才开发机制。

海尔相信"人的质量决定产品的质量"，采用动态管理、定额淘汰的办法，利用政策杠杆充分开发人的潜能。在成功用人的同时，海尔加大教育投资，建立起系统的培训机制，形成了良好的育才环境，实施了全方位、立体化的人才培训计划。通过"实战技能"、"脱产培训"等培训形式，不断提高员工的工作技能；通过出国考察、内部网络教学等培训形式，不断提高干部的管理水平。海尔企业人力资本的存量和综合素质的不断提高，为其快速稳定的发展提供了坚实的基础。

在当今年代，许多人已经认识到那种仅凭借努力工作和对公司的无限忠诚就能换得终身保障的时期已经过去，取而代之的是一种与工作不稳定、职务不稳定相关的不安全感渗透到企业各级人员的潜意识之中的阶段，企业不再为员工提供事业，员工只能自己创造事业。因此，保证员工的受雇能力而非保证雇用已成为人们择职要求。我国企业应该很好的认识到这种变化的深层次原因，将使用人才与培养人才有机的统一起来，将全体员工素质的提高作为企业长远发展的动力保证，切实地在培训人才、教育人才上花本钱、下功夫，把人才的学习和提高看作是与企业的生存发展息息相关的事，不断满足员工对知识技能的补充和更新的需要，为学习型企业的建立共同努力。

**5.竞争与合作相结合**

海尔集团的竞争机制有以下几个突出的特点：一是竞争的广泛性。企业内部在技术水平、业务能力、项目开发、职务调整等方面都广泛存在竞争；二是竞争的深刻性。"能者上、庸者下"，物竞天择，适者生存，个人经济利益同劳动成果挂钩等，人才竞争由浅入深发展；三是竞争的公平性。"三公"原则的应用，点数法工资的计算，"绩效联酬"的奖惩方式都保证了竞争在公平、公正、公开的环境下得以进行；四是竞争的可控性。只有保持可控性，促进竞争与合作相统一，才有助于企业提高人力资源利用效率，否则会导致无序、混乱。海尔为实现竞争的可控性，每项竞争中都由个人(或班组)申请，工会组织，职能部门评审控制，从而在企业内部实现了管而不死，放而不乱的竞争格局。

合作在一个企业同样是很重要的，按照系统化管理的思想，企业的运作过程可以看作是各部门之间按照一定的目标和原则组合起来的有机而有序的整体，在这个整体中,任何一部门都是为服务于其他部门而存在的。只有内部系统协调,竞争与合作相统一,企业才可能稳定健康地发展。

如何正确处理好企业内部竞争与合作的关系,在竞争的环境中寻求合作,在合作的基础上鼓励竞争,使二者有机的结合起来,确保企业效益的实现,同样是我国企业应该重点思考的一个问题,

现代管理理论已经越来越重视对人的研究,如何对人力资源进行激励与约束,实现既定人力资源成本下的效益最大化已成为当今的一个热点问题，相信在此方面海尔集团的做法会给我们以很好的启示。

"到河对岸是我们的目标，这是人人看清的事情。难的是如何搭桥，如何造船，或者学会游泳。在根本不会游泳的情况下奋不顾身地跳入水中，除了泛起一阵泡沫和带来滑稽的悲壮以外，什么结果也没有。联想不要这个，联想要能做成事的英雄。"

——柳传志

# 第二课　联想的公司精神

# 引言 联想集团发展简史

1984年11月1日，联想前身——中国科学院计算技术研究所新技术公司成立了，它的成立没有任何的惊天动地，只不过是在中关村又多了一家毫不起眼的新公司。柳传志带着中科院的10个研究员怀揣着中科院计算所投资的20万元，在一间20平方米的小平房中开始寻求自己的梦想。20年之后，2004年12月8日，联想集团以12.5亿美元收购了IBM个人电脑事业部，并购IBM全球PC业务使联想成了真正的国际品牌，一举挺进世界PC制造商三甲行列，成功进入2005年度《世界品牌500强》排行榜。这家曾经毫不起眼的小公司实现了丑小鸭变天鹅的梦想，由一个民族品牌成长为一个世界品牌。

回首联想迅速崛起的历程，并没有什么惊天动地的事情发生，但他每迈出的一步都很稳健，都着眼于长远的发展。当年中关村不起眼的一家小科技公司正是靠着卓有成效的管理理念、永不衰减的创业激情、活力四射的人才团队加上一点点好运气把公司办成了一个国际化的企业集团，使联想由小到大、由弱到强。

1985年推出第一款具有联想功能的汉卡产品联想式汉卡，“联想”这一品牌名称由此而来；

1988年6月23日，香港联想开业，采用英文名称：Legend。第一次使用了联想作为公司名称，吹响了中国企业进军海外的号角；

1989年11月，联想集团公司成立，第一次在国内把“联想”作为企业及集团名称；

1990年，推出联想电脑，联想开始生产及供应联想品牌个人电脑，联想品牌在中国的IT土壤中开始生根发芽，联想电脑销售业绩卓越，声誉不断提高；

1993年底，随着联想品牌声誉的不断提高，联想亮出了“扛起民族计算机工业大旗”的口号，让联想品牌在成长的中国IT行业中格外受到关注；

1994年2月14日，联想股票在香港上市，联想品牌首次在海外资本市场亮相；

1996年，联想首次超越国外品牌，市场占有率居国内外市场第一，并一直稳居榜首，联想品牌开始根植在中国用户的心中。更于1999年联想电脑以8.5%的市场占有率荣登亚太市场PC销量榜首；

2001年4月1日，联想集团实行资产重组，分拆上市，新联想专著于联想品牌业务。联想大军踏上新的征程，提出高科技的联想、服务的联想、国际化联想的战略；

2002年8月，联想成功推出万亿次计算机，成为国内首台实测速度超过万亿次的高性能计算机；2002年12月3日Legendworld2002技术创新大会圆满举行，展现了联想的关联应用技术战略，标志着联想在产品技术上已经取得了实质性的进展；

2003年4月28日“Lenovo联想”新标识发布。联想新形象和内涵展现全球；

2004年，联想集团作为第一家中国企业成为国际奥委会全球合作伙伴。作为国际奥委会的全球赞助商，联想集团将为2006年都灵冬季奥运会和2008年北京奥运会独家提供台式电脑、笔记本、服务器、打印机等计算技术设备以及资金和技术上的支持。这些大型体育营销计划将联想品牌推向世界；

2004年12月8日，联想集团以12.5亿美元收购了IBM个人电脑事业部，一举挺进世界PC制造商三甲行列，成功进入2005年度《世界品牌500强》排行榜；

2006年8月，在《福布斯》杂志公布的“中国顶尖企业榜”中，联想高居榜首。9月中国品牌研究院发布《2006中外品牌美誉度调查报告》，首次有机构对中国市场众多中外品牌的美誉度进行专业研究和评价，联想品牌位列第一，成为中国市场品牌美誉度上升最快的品牌。

# 第7章 管理是核心竞争力

“到河对岸是我们的目标，这是人人看清的事情。难的是如何搭桥，如何造船，或者学会游泳。在根本不会游泳的情况下奋不顾身地跳入水中，除了泛起一阵泡沫和带来滑稽的悲壮以外，什么结果也没有。联想不要这个，联想要能做成事的英雄。”

——柳传志

2004年12月8日，联想集团以12.5亿美元收购了IBM个人电脑事业部，包括IBM全球台式和笔记本电脑的全部业务，涵盖了研发采购等关键部分，并且五年之内有权根据有关协议使用IBM品牌。并购以后联想集团的全球业务总部将设立在纽约，在北京和美国北卡州的罗利(Raleigh)设立主要运营中心，并在世界各地设立销售办事处。联想一跃成为世界第三大PC厂商，由一个民族品牌成长为一个世界品牌。

然而，随着联想迈出国际化的这一步，理论界就联想未来也有了激烈的争论，大体分为两派，一方认为联想走出国门，发展成了一个具有国际竞争能力的跨国集团；另一方认为联想随着全球PC的低迷慢慢的在走向衰落。双方各执己见，不可开交。两年过去了，联想以自己的稳定业绩和行动向关心联想的人交了一份满意的答卷。

联想并购IBM后，公布的04/05财年第一季度包括新收购电脑业务至2005年4月30日收购完成以来两个月的业绩贡献显示，集团综合营业额较去年同期增长234%，达港币196亿元。全球个人电脑业务取得盈利增长，销量创新高，主要来自新兴市场业绩增长及新收购个人电脑业务的贡献，新收购个人电脑业务整合进程顺利，超越原计划。在05/06财年，集团综合营业额年比年增长359%，达港币1036亿元，其中个人电脑销量年比年增长11%，全年息税前利润为港币30亿元，上升154%。06/07财年，综合营业额达146亿美元，年比年增长10%。联想个人电脑销量年比年增长12%，超于市场平均增长的10%。集团的除税前溢利(不包括重组费用)上升29%至2亿美元，全年毛利率达创纪录的14%。联想在并购后的几个财年中取得了良好表现，联想的业绩表现证明联想不但已经稳定全球业务，而且联想复制的“中国式”交易型业务及新兴市场的策略也取得了显著的成果。

2005年9月21日，联想集团携手IBM、英特尔、蓝代斯克、微软和赛门铁克等全球五大IT领先企业在北京联合宣布：新联想北京创新中心正式落成。新联想北京创新中心将在联想全球创新体系中扮演“解决方案孵化器”的角色，提供软硬件解决方案、专业技术咨询、行业合作、技术培训等多种支持和服务，为客户及合作伙伴建立一个研发、交流和共享的平台，为客户开发出更加全面的端到端的解决方案。

2006年4月，揭晓的《财富》中国最具影响力的25位商界领袖评选中，杨元庆位列第三，位于海尔张瑞敏和万科王石之后；8月在《福布斯》杂志公布的“中国顶尖企业榜”中，联想高居榜首；9月中国品牌研究院发布《2006中外品牌美誉度调查报告》，首次有机构对中国市场众多中外品牌的美誉度进行专业研究和评价，联想品牌位列第一，成为中国市场品牌美誉度上升最快的品牌。并购后的联想正在国际化的道路上越走越顺，成功打造了一个世界知名的品牌。

联想集团董事长杨元庆说：“现在，并购一年半时间过去了，经过磨合，我现在对联想未来的走向已经非常有底，联想不会发生任何意外，现在没有，以后也不会有。”联想在全球PC市场上扬鞭跃马，节节推进，与IBM的PC业务整合进展顺利，经营业绩没有受到影响，国内市场份额提升到37%（这是单一PC市场占有率的纪录）以及联想手机的销量位居国内品牌第一，全球的市场份额也得到了巩固。在杨元庆的领导下，联想两任CEO交接平稳，为新联想下一步提升运营效率、拓宽产品线并在国际市场复制联想的“中国模式”奠定了基础。所有这些让杨元庆和联想员工以及关心联想的社会各界备感振奋。联想的“冲天之举”让中国人终于在高科技领域扬眉吐气了一回。

联想，一个在充满风险的高科技领域一路走来的知名品牌，由一个小作坊慢慢成长为跨国并购的企业集团，20多年历经风雨坎坷，没有像很多民营企业一样迅速崛起又迅速衰落，在市场经济的浪潮中昙花一现。联想在经历了九死一生的磨难后，终于在踏踏实实地向前走的同时培养了企业持续发展的能力。探寻联想的成功之源，联想的缔造者柳传志认为有效的管理是联想发展壮大的基础和保证。联想的少帅杨元庆在成功接掌新联想后，带领联想实现了新的飞跃，回顾总结也承认运作管理是联想的核心竞争力。联想正是依靠企业不断提升的管理水平才实现了联想20多年平稳而又具有跨越性的发展。我们这里首先从总体上对联想的管理模式进行提炼，找出联想一些核心的东西，从联想管理的架构、管理的三要素、制胜的三件法宝由轮廓到细微逐层次地体会联想管理的精髓。

## 第一节　联想的管理架构

1979年我国实行改革开放以后，一大批新兴的企业在市场经济的春风沐浴下在中国这片开冻的土地上诞生了，在全新的市场经济体制中探索发展壮大之路，“摸着石头过河”。然而，探索的道路是一场艰难的，一些与联想同时代的企业很多都出现了管理危机，昙花一现，成为了探索市场经济发展之路的“牺牲品”，湮没于改革开放的大潮当中。联想却用它独有的管理模式度过了风风雨雨，并赢得了相对稳定的发展。对此，柳传志和他缔造的联想对中国的经济发展环境和经营体制有着一个清晰的认识：中国经济发展的大环境是一个经历了长期计划经济逐步转轨市场经济的特例，所以在经营体制上，计划经济的余孽影响着这个时代走过来的每个人，给这片刚刚开冻的土地留下了不易改变的烙印。在这样的大环境下，使在市场经济初期诞生的企业很难彻底摆脱内部松散无效率的管理思维和外部政府计划经济的束缚，运行机制环节上很薄弱，而对于企业经营来说，基础的运行机制上留有缺陷，企业很难走的稳健、长远，只有建立在稳定的人才、机制、文化层面上的管理架构企业才能“基业常青”。

从1984年11月创办以来，经历了无数狂风暴雨的洗礼，联想已经探索并形成一些关于企业管理和企业发展的基本认识。联想管理有一个“屋顶图”理论，对企业管理的架构进行了较为深刻的诠释。这个理论将企业管理看作一个“房顶图”，分为三个层面：

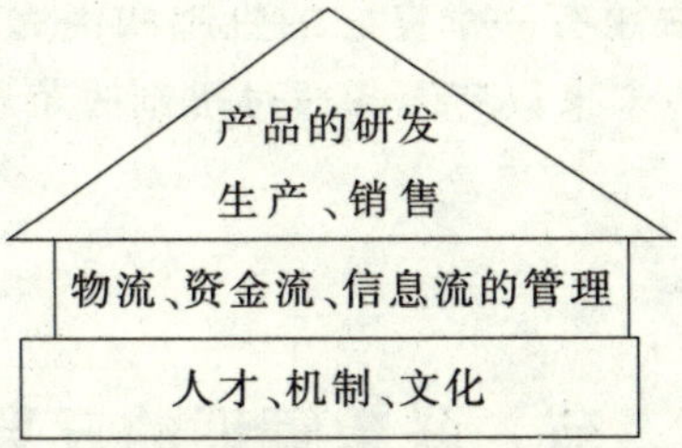


**联想管理的“房顶图”**

第一个部分是屋顶，指的是运作层面的管理，包括产品的研发、生产、销售等价值链的各个环节。这部分对于不同行业、不同企业都是不同的，联想也是年年改进、年年创新。这是企业之间竞争的前沿，在价值链的任何一个环节，每推出一个新的策略，竞争对手立刻就会跟上，稍一疏忽，必然落后。人们常说的企业核心竞争力，一般是指这个部分的价值链中某个环节的竞争力。

第二个部分是围墙，指的是流程管理。联想把企业运作中的一部分进行了规范化、科学化，形成了物流、信息流和资金流的管理，比如ERP、CRM等等。不同的行业、企业虽然还有不同，但已经有了相当层面的共同基础。和国内同行相比，联想在这部分具有竞争优势。

第三部分是地基，指的是企业的运行机制、文化建设等更深层次的内容。一般来讲，不管是哪个行业，好的企业本质应该是相同的。在中国，由于市场经济的环境不成熟和认识方面的原因，使大多数企业在这个部分的建设显得薄弱。

柳传志认为，对于西方发达国家的企业来讲，由于商业环境的成熟，没有必要更多讨论地基这部分的问题，就像法人治理结构，董事会与股东、管理层的关系，商誉诚信等等这些都没有必要去讨论，但是在中国却是一个很大的问题。所以联想几十年来的主要工作除了研究屋顶和围墙部分怎样赚取利润外，另外一个主要工作是研究怎样把地基打好，是联想能够长期发展。前一个工作对同类企业来说，可能会有很多相同的地方，而联想之所以能从同行中脱颖而出，与其“地基”层面的成功构筑是密不可分的。

从90年代中期开始，联想一方面在运作层面不断创新进取的同时，另一方面不遗余力地加大机制改革和文化建设的力度。现在，新联想股东、董事会、管理层权责分明的法人治理结构已经建立。“管理三要素”中“搭班子”和“带队伍”的一系列做法保证了各级领导班子的团结，包括认股权证在内的一系列物质和精神的激励方式，促使广大员工拥有责任心,中层干部有上进心,特别是集团已经培养了一批为联想事业而献身的骨干力量,集合在一起形成了一支经得住狂风暴雨锤炼的“斯巴达克方阵”,这是联想最为宝贵的财富,也是联想管理的“地基”部分。这坚实的地基正是联想百折不挠的原因,是联想核心竞争力的所在。

联想要实现的是持续高速发展。要实现高速,就要根据千变万化的竞争态势在运作部分不断推出正确的竞争策略,靠的就是坚实的“地基”。要实现持续发展,更要完全依靠坚实的“地基”。目前,联想老一代的创业者和奋发有为的年轻领导人能够成功地完成交接, 关键是由于联想有一个良好的机制和优秀的文化风范——也就是说有一个坚实的“地基”。联想的未来只有不断通过机制改革和文化建设来夯实地基,才能办成一个真正的百年老店。

## 第二节　联想管理的三要素

联想之所以能有今天的成功,是有深层次原因的。在别人生病的时候,联想没事儿,这与联想一直十分注重完善的管理体制的建设是密不可分的。提到联想的管理,柳传志曾不无自豪地说:“尽管我和集团其他创始人是中关村研究人员出身, 但在1984年下海以后,我们把最大的力量投入到了企业管理及其规律的研究上,经过不懈的努力,实践证明我们的管理十分成功。”联想从创业至今实践确立了联想管理的核心理念就是联想管理的三要素:搭班子、定战略、带队伍。

所谓“搭班子”是指联想建立以总裁为首的战略领导核心,最高层领导班子及各级领导班子。这个班子有集体智慧和德才兼备,能进行战略设计和科学决策;能发挥个人专长同时又能优势互补,形成集体的力量;能分工协作,快速实施,办成个人能力所做不到的事;能带队伍,培养出各级干部梯队,使联想的事业后继有人,保持事业的稳定和可持续发展,形成团结向上的管理文化;能不断地相互学习交流,取长补短,完善提高自我;有统一的意志和规范,有共同的行为准则,是联想发展的中坚力量。战略要靠班子来制定,队伍要靠班子来带,所以搭班子是三要素中第一位的,班子不和,什么事都做不成。

搭班子的主要内容包括:“一把手是有战斗力的班子的核心, 第一把手应该具备什么条件,应该如何进行自身修养?第一把手应该如何选择班子的其他成员,其他成员不合标准怎么办?班子的成员如何进行考核?没有一个意志统一的、有战斗力的班子,什么定战略、带队伍都做不出来。宗派是形成团结班子的绝症,要杜绝一切可能产生宗派的因素。”

搭班子事实上就是要建立一套集团领导的机制来克服由于个人领导可能带来的弊端。因为柳传志明白“自己再怎么能干,也比不上加李勤、杨元庆、郭为大家在一起能干。集体的智慧绝对是重要的。”柳传志把班子看成“一种制约”,“第一把手要能够知道建这个班子就是为了制约自己的。重要的事情,要人人都知道。小的民营公司一把手将财务控制在自己一个人手里，什么事都不对别人说，这很容易造成相互的猜忌与不团结。”

为了避免这种情况，联想规定：第一，公司的大事必须经过讨论，执委会的每一个人都要知道；第二，所有的话都摆在桌面上，为了贯彻这一点，认定之前说的话完全不算数；第三，坚决不允许宗派的出现，为了杜绝宗派，联想实行高层干部互相调换，避免拥兵自重、不知道老板是谁、不知道公司大的目标、只知道小部门的利益等情况的出现。另外，一旦发现宗派，不惜经济利益一定要把毒瘤砍掉，联想认为及早处理的只是一小块，若不忍痛切除，大了以后损失会更大，联想是要办成一个长久发展的企业，而不是企业家自己的企业。

对于联想班子的特点，柳传志认为联想这个中国企业的班子成员与美国的职业经理人是不同的。美国的职业经理人做到了高层，就有这样的认知：“我能够从一个公司跳到另一个公司，到哪里都是这样的身价。”联想要求员工有“三心”：基层的普通员工要有责任心；中层员工要有上进心，去追求良好的工资待遇，广阔的个人发展空间；到了公司的高层领导，就应该具有事业心。柳传志说，杨元庆、郭为、朱立南这些人就等于卖给了联想，他们的认识是：“联想的事业就是我的事业，联想的成功才是我的成功”，只有有了这样的感情，他们才能抵御得住其他公司来挖人。这是中国一种特殊的情况，也是与其他企业，甚至是国外大企业的不同之处。

联想认为，在管理三要素中，排在首位的是搭班子。不论在什么情况下，班子的团结永远是企业发展的首要条件。而宗派是形成团结班子的一个障碍。为杜绝一切可能产生宗派的因素，联想确定第一把手是一个有战斗力的班子的核心，对一把手应该具备的条件、自身修养、如何选择班子的其他人员、对其他成员不符合标准的处理办法、班子成员如何发挥作用、班子成员的考核标准等问题举办过高级干部研讨班进行过培训。有了一个意志统一、有战斗力的班子，才能谈定战略、带队伍。

所谓“定战略”是指公司各级领导干部要有大局观念，要学会长远考虑，形成发展目标以后要学会分解成具体的战术步骤和实施策略，并在发展过程中不断调整。联想在学习西方企业的过程中，通过自己具体的实践，总结出了了一套制定战略的方法，而且进一步把它们分解为一个个的具体步骤推进下去。

联想将定战略分为以下五个步骤：

第一步是确定公司远景。联想早期确定的公司远景就是：做大规模的、长久的、高科技的联想，将联想做成一个百年老店。新的时代和环境下，新联想少帅杨元庆描绘未来的联想应该是：高科技的联想、服务化的联想、国际化的联想。

第二步是确定立中远期发展战略目标。公司目标的长短各有不同，计算机领域的一些核心技术还掌握在别人手里，联想需要根据形势的发展不断调整自己的战略目标。2001年新联想成立时宣布：确定在2010年进世界500强，希望联想能够率先为中国人圆这个梦。

第三步是制定发展战略的总体路线。这是制定战略比较重要的部分，有很多具体步骤：一是制定前的调查和分析。首先是外部的调查分析——世界和地区的政治、经济方面的调查分析，本行业的状况和前景的分析。二是内部资源能力的审视，包括形成价值链各个环节的分析，核心业务流程的分析，核心竞争力的分析等。三是竞争对手的分析和比较，分析竞争对手的战略，实际情况等等。调查分析之后就是制定路线。

第四步是确定当年的战略目标（总部和各子公司的），并分解成具体战略步骤操作实施。

第五步是检查调整，达到目标。

联想把制定战略分为五步，明确了要达到中长期的目标到底走什么路，进一步怎么在中长期目标的指导下确定当前做什么或者不做什么。制定企业的这种战略路线很重要，柳传志带着中科院的10个技术人员和20万元资金创办联想时，像一只没头的苍蝇到处乱碰。经历了沉痛的教训和痛苦的思索后，意识到在一没有资金，二不懂市场不懂管理的条件下，企业要生存只有走“贸工技”的发展战略。外国企业好比是兔子，中国企业好比是乌龟。乌龟和兔子赛跑，兔子又不肯睡觉，那么乌龟要做两件事，一件是如何向兔子学习，培养兔子基因；第二如何利用赛跑的环境，比如在沼泽地赛跑。于是联想开始给IBM、AST做PC机的代理，给HP做激光打印机的代理，给TOSHIBA做笔记本电脑的代理等等，通过做代理联想学会了解市场，学会企业管理，通过做代理积累了资金。基本上学会做代理以后，联想才开发出自己的品牌，联想品牌的产品有自己的设计和生产，这就是“工”和“技”。

这条道路相对比较稳健，如果联想一开始就将仅有的一点资金投到技术开发，当时又没有风险投资，得不到后续资金的支持，当时也完全不懂开拓市场，也完全不懂如何销售，企业会走上死路的。所以这条“贸工技”的路线对联想当时的情况来讲应该是很正确的。在做贸易的时候，联想向供应商学到了很多东西，特别是HP。从1988年开始起一直是HP在中国区最大的代理，为HP在中国的业务开展起了很大的作用，但同时联想向HP学习到了很多东西：财务控制、销售渠道的管理等等。

把战略分解成具体的战术步骤去实现是一个难度更大的问题。联想的具体计划一般只做一年，甚至更短，保持了“有所为，有所不为”的清醒。主要部门的骨干通过多次培训、研讨，都已习惯在战略目标制定以后，详细研究各个战术步骤，并认真地保证每个具体步骤的实施以求完成总目标。在制定计划时都考虑最恶劣的边界条件，将指标留有余地。因此，联想在全球PC业务低迷的背景下，步履坚定地走过来，一直保持着较高的业绩增长。

所谓“带队伍”是指塑造联想独具特色的企业文化，加强员工的凝聚力，形成爱岗敬业的氛围，培养领军人物，为未来发展奠定基础。有很多公司，能够制定战略，但就是实现不了。带队伍与定战略好比是知与行的关系。在中国有句古语叫做“知易行难”，能制定战略就相当于“知”，知道应该怎么做，但为什么做不到呢？这主要是因为“带队伍”没做好。

在联想，带队伍有五项实际内容，包括：建立合适的组织架构、落实岗位责任制；制定令行禁止的严格的规章制度；采用充分调动积极性发挥创造力的激励方式；加强企业文化建设，增强公司凝聚力；加强内部培训，培养骨干队伍和领军人物。

带队伍需要做好三件事：一是如何充分调动员工的积极性，让你的兵爱打仗；二是如何提高员工能力，让你的兵会打仗；三是如何使组织有序、协调、效率高，让你的兵组织有序，有一个最好的队形，作战最有效率。这些都是组织、架构和规章制度要解决的事。

联想在带队伍方面是做得是非常好的。联想对员工有很好的激励方式，激励的核心就是把员工的发展方向和追求与企业的目标融合在一起，这是联想最高的愿望。如果员工没有一个共同的利益，每个人都以已为本，就不成一个企业了。这一点联想叫"入模子"，不管是什么样的人进入到联想，都要熔化在这个模子里。你可以改造这个模子，比如说联想有些地方做得不好，大家提了以后联想可以修改，但进来之后就要按这个做。

入模子的意思是说联想要形成一个良好的规范，进入联想的职工必须进到联想的"模子"里来，凝成联想的理想、目标、精神、情操行为的特定要求。

对于联想的一般员工，入模子的基本要求就是按照联想的行为规范做事，联想的行为规范主要是指岗位责任制为核心的一系列规章制度，包括财务制度、人事制度等等。执行制度是对一个联想人的最基本要求。

最后就是领军人物和骨干队伍的培养，这是最重要的。第一把手像阿拉伯数字的"1"，后面跟一个0就是10，跟两个0就是100，三个0就是1000。这些"0"虽然也很重要，但没有前面的"1"就什么都没有。联想对领军人物有"德""才"两点要求，"德"就是要把企业的利益放在最高地位，"才"就是一定是个学习型的人，要善于总结，善于学习，善于把理论的东西拿去实践，善于把实践加以总结。

搭班子、定战略、带队伍就构成了联想的管理三要素，联想每年都要对员工培训管理三要素的基本内容。在PC行业的竞争中，联想从1996年开始一直处于中国第一的位置上，而从第二名到第十名的排名一直在不停地变更。这是为什么？这不是某一个业务策略形成的，而是由于管理三要素这种更深层次的原因形成的。

联想成立23年了，应该说在80年代，也就是联想成立的初期，中国企业生存的环境是很困难的。而在90年代，环境逐渐变好，但企业竞争的程度大大加剧了。在这种复杂的情况下，联想之所以能一直高速发展，它的真正核心竞争力，就是因为有一个好的领导班子，有制定正确战略的能力，能培养出一支很好的队伍。

## 第三节 联想制胜的三件法宝

联想在香港上市到纽约、波士顿做路演时，基金经理们最常问的一个问题，就是在中国PC市场有那么多外国的大企业参与竞争，联想是怎样战胜对手的？中国在20世纪90年代初连续大幅度降低PC的进口税，取消了PC进口的许可证。因此大批外国PC企业进入中国市场，如美国的AST、COMAPQ、IBM、HP等，他们的进入大大促进了中国市场的发展，市场每年几乎有100%的增长。但是一直被保护的民族品牌的PC企业却受到致命的打击，几乎溃不成军，当时联想的形势也非常严峻。1994年初，联想召开了三个月的会议，研究在资金、技术、管理及人才等方面联想和外国的大企业相比都处于劣势的情况下，还能不能打自己的品牌，是不是改行只做外国企业的代理，研究的结果是联想一定要打自己的品牌。

为此，联想从最底层的机制做起，调整了经营方式，情况有了根本的改变。在此，联想在机制创新上主要做了“三件事”：

第一件事是“毛巾拧水”，在保证质量的前提下降低成本。

联想从刚开始的小公司发展成为现在的大型集团公司一直都非常重视在企业运作管理中的成本问题，把企业运作的成本费用降下来，在同样的市场竞争环境中，利润自然就在点滴的累积中汇集成河，这就是联想执政的第一件法宝：“毛巾拧水”的本事。

联想“毛巾拧水”主要有三个体现：“小步快跑”的采购方式；卓有成效的管账制度和ERP的业务流程改造。

首先，联想通过“小步快跑”的采购方式降低采购成本。对一个企业来说，产品的成本和费用是多方面形成的，如元器件成本、人工成本、研发投入、市场费用、服务费用等。然而在PC这个行业，有一项是特别突出的，就是元器件成本。在整个成本和费用中，元器件成本占了80%，关键器件如CPU、DRAM这两项就占了元器件总成本的40%左右。由于技术的飞速发展，CPU、DRAM、硬盘等部件不断有新的高性能的新产品产生，这时旧型号的产品就可能会突然大幅度降价。也有可能因为生产厂商各方面的原因，使得这些器件突然缺货而价格暴涨。因此，这些关键部件的价格是所有成本中最重要的因素：要降低这些价格变化很大的关键元器件成本要做到两件事情：第一是要提高采购能力，在当时联想的采购数量和国际大厂商相差很远，因此很难想象和他们展开竞争；第二是要压缩库存周期，这对降低元器件成本有很大的意义，联想在这方面做的非常成功。

在1996年7、8、9这三个月里，DRAM存储器的芯片的价格由每片16美元降低到2美元。一台电脑中用8片DRAM，一片差14美元，一台电脑就差了112美元。也就是说如果买的DRAM做成电脑后在仓库里积压三个月才能卖得出去，和没有仓库积压的进行比较，仅DRAM一项就差了112美元。PC就像是新鲜水果，一天都不能积压，否则就会变质。因此，如何降低库存周期就成了降低成本的重点。联想在当时用的都是最笨的办法，就是及时清理库存，尽量准确地掌握代理销售的情况。根据上面的两个数据即库存和销售，及时调整向供应商的订货，就是用“小步快跑”的办法订货。在当时联想的销售量不大，一年仅十几万台，所以用这种办法还是有效的。

其次，联想对应收账款的处理是卓有成效的。应收账款也是影响企业成本的重要因素。在中国，不管哪个行业掌握应收账款的尺度都是至关重要的。如果过于收紧，影响了代理商的资金周转，业务就做不起来。如果过于放松或是没有有效地监控手段，应收账款收不回来就会造成很大的损失。

1995年前后，当时世界上最大的PC公司为了开展在中国的业务，争夺中国市场第一的位置，曾大规模对代理放账促销，在当时取得了很大的市场份额，但是最后也尝到了恶果，应收账款坏账损失惊人，从此在中国PC市场上一蹶不振。

2001年联想的应收账款坏账率是营业额的万分之五，远远低于国际优秀企业千分之三的标准。能做到这些主要有以下三点原因：

第一，联想监控的内容和方式与国外的企业不同。比如一般的国外企业对代理的监控是由财务部门负责，从财务报表角度考察的；而联想是从商务角度考察的，也就是要考察代理的库存和定单。这种考察方式更接近实际，但要辛苦得多。

第二，联想制订了一套适度有效的放账制度，坚决执行。

第三，联想把管理应收账的效果和有关的销售人员、商务人员的业绩挂钩。

正是由于上述三点措施，使联想应收账的坏账损失率大为降低。

最后，联想真正使自己的成本全面降低还是通过企业ERP业务流程改造实现的。联想在1999年到2000年花了500万美元，用了300个人，采用了SAP公司R3系统，请德勤公司做项目顾问建成了自己的ERP系统。1995年联想PC机的库存周转天数为72天，采用ERP之后压缩到13天；在1995年因为库存积压而要提取的坏账准备金是5%，到了1998年降到了2%，而有了ERP系统以后则降到了0.2%。

这样，联想的净利率由1999年的2.76%提高到2001年的4.85%，从而真正使成本全面降低，平均每年降低成本6亿多元。2001年在IT全行业效益下滑的情况下，联想集团实现利润仍较上年有较大增长，联想计算机连续位居国内市场销量第一，联想集团已跻身世界计算机制造商10强之列。ERP信息化建设使联想企业管理运营方式全面创新，生产效率显增，经营成本大降，企业效益有了大的增加，参与国际市场竞争能力有了大的增强。

第二件事是发挥产品技术的优势。

什么是产品技术？产品技术是联想自己定义的一个词，是指把成熟的技术根据市场的需要集成在一起的技术。

举个例子理解，在20世纪90年代初，中国彩色电视机的主要供应商几乎全是日本企业，而在10年后，中国家电厂商占据了主导地位。其中有一个原因就是产品技术起了作用。日本的彩电产品由于日本的电网电压稳定，所以对电视机的电源部分没有较高的要求，而在中国电网电压不稳定，对电视机的电源电压要求高。中国的厂商在设计电视机时注意了这个简单问题，所以电视机的性能特别是在边远地区的性能得到了很大的改善。这种技术就是产品技术。

在PC领域，PC的主要性能是由CPU、OS、内存和硬盘的容量和速度等主要指标决定的，这就使得PC厂商的产品大同小异。然而在中国，客户还是会有自己的具体需求，联想特别注意根据这种需求开发产品，起到了很好的效果而提高了毛利。如在1999年，网络热潮兴起以后，联想开发了一款“INTERNET”电脑。买了这款电脑不用装MODEM卡，不用装软件，也不用到电信局去办理申请。按一个键就可以上网，所以也叫“一键上网”电脑，这款电脑也是热销了相当长的时间。

联想发展产品技术的例子能举出很多，联想的研发人员分为两个部分：一部分在联想研究院里，专门研究下一代产品，研究带有前瞻性的技术；而另一部分则在产品事业部里，发展产品技术，他们和销售人员结合得很紧，随时注意市场的动向和需求，对当前的产品加以改进。

联想认为最好的科技成果一定来自于市场。因此它把科研机构放在市场前沿。为提高研发的市场灵敏度，联想还把研发中心开到了美国，联想也许是第一个把研究开发中心设在美国硅谷的中国企业。在加利福尼亚那片世人瞩目的地方，联想有一个不大的研究中心，这个研究中心建立于20世纪90年代初。当今世界电脑技术的心脏在美国，就是因为这一点，联想人觉得他们要有一支尖兵部队在那里，否则就无法及时感知世界市场的体温，无法做出第一时间的反应。联想一共有三个研究开发中心分别设立在美国硅谷、香港、北京，其主要职能是跟踪世界先进技术，保持科技领先优势。在硅谷的这个研究中心主要负责新技术的搜集、分析和市场预测，然后反馈到香港。香港的研究开发中心负责新技术实施条件论证包括材料及制造要求和市场推广前景分析，然后反馈到北京的研究开发中心。北京的研究开发中心聚集了代表中国计算机技术最高水平的中科院计算所的专家，由他们对立项的新技术进行整体设计，然后再投人生产。联想的这三个研究开发中心保证了他们与世界先进技术同步，这一点对一个电脑企业是至为关键的，联想人通过对自己科研组织的创新设置实现了这一要求。同时，他们还有两大技术体系，一个叫应用技术推广体系，这个体系主要是指设立在大的销售事业部内的技术中心，它的主要职能是负责已有新技术在市场的推广和问题反馈。另一个叫应用技术研究体系，这个体系主要职能是负责新技术的开发与科技储备。在这三个研究开发中心和两大体系之上有一个技术委员会，这是联想集团研究开发方向的最高决策机构，其主要职能是负责整个公司科研方向的把握和重大课题的批准及推进。联想人把联想这种科研体系结构取名为“一二三结构”，即一个委员会、两大体系、三个研究开发中心。在这种研发体系的支撑下，联想总能敏锐地感应市场变化，开发新的产品，保证源源不断地产生新技术，源源不断地转化为新产品，进而不断发展成为有规模、有实力的企业。

第三件事，强大的市场开拓能力和销售渠道的管理能力。

市场开拓和销售渠道管理是联想的特殊能力。在中国，家庭电脑发展很快，现在大城市像北京、上海、广州、深圳家用电脑比率已经很高了，而在1995年以前，大城市家用电脑的比例还不到5%。之所以发展得这么快，除了教育水平、经济收入的普遍提高之外，和中国厂商特别是联想的努力分不开的。

首先，联想总是想方设法的开发适合家庭用的产品。像前面提到“一键上网”的电脑，开发了没有键盘的专供老年人使用的产品等等。其次，联想建立适合中国家庭购买的方式。在中国，人们购买价值很高的商品，使用比较复杂的商品一般不会采用电话或网上直接购买的方法，这和在美国有很大不同。在购买时客户还会有很多使用中的问题，以及了解为了配套要买什么软件或其它设备，最好都能一次买好。这样联想就设立了家用电脑专卖店，为用户更好地服务。这种专卖店像麦当劳一样是授权代理专卖店，要经过联想严格的培训，这对家用电脑的销售起了很大的推动作用。2001年联想品牌在中国家用电脑的份额占了27.9%。

有人说联想在中国是不是得到了政府的特殊照顾，得到了很多订单，其实家用电脑的销售份额最能说明问题。联想和中国其它厂商的最大优势是体现在家用电脑上，而老百姓买东西则完全是自由的，绝不会因为政府的面子而照顾谁，2001年联想一共有3000家代理，全年销售280万台电脑，应收账的坏账损失率低于万分之五，可见联想对销售渠道有很强的管理能力。

联想每年要到300个城市去进行巡回展示，去宣传电脑的普及应用及联想的产品，这300个城市的展示模式是完全一样的。联想在全国分为7个大区，每个大区的展示人员都在一起训练，研究宣传要点是什么，如何控制展示成本，掌握要点后每个大区自己安排展示。这对联想的市场开拓起到了极大的推动作用，所以联想的新产品、新理念总会很快地传达到中国的各个地区，包括中小城市。

联想20多年的持续稳定发展见证了联想管理模式的成功，这套成功的管理模式把联想由一个民族品牌打造成了世界品牌。联想是那些渴望发展壮大走出国门而又迷茫于管理混沌中的企业家们黑夜中的一颗北斗星，一个充满传奇的楷模。本篇从联想的战略规划、组织设计、人才配备、激励机制、营销策略、文化缔造方面全面地诠释了联想管理模式的精髓。

# 第8章 站出画面看画

## ——联想的战略规划

“看画，退到更远的距离，才能看得清楚。看油画的时候，离得很近，黑和白是什么意思都分不清楚；退得远点，能明白黑是为了衬托白；再远点，才能知道整个画的意思。打这个比喻是为了时时提醒我们牢牢记住目标，不至于做着做着就做糊涂了，不至于游离目标之外。”

——柳传志

运筹于帷幄之中，决胜于千里之外。

军事战争中，将军作战之前都要对战争的全局进行分析，知己知彼，然后才能胸有成竹的在战场上指挥千军万马，冲锋陷阵。

商场如战场，公司只有立意高远，战略远大才能在激烈的竞争中找准自己的方向，披荆斩棘，无往不利。联想之所以能够成功地实现由创业、扩张到割据的转变，得益于联想决策层的战略意识，对公司不同发展时期的正确战略决策。在一个转轨时期纷繁复杂的竞争环境中，联想的决策者们用敏锐的眼光，独到的思维，捕捉变革中的机会，做出了正确的决策，在一次次严峻的考验中走过来。定战略是联想管理三要素之一，也是联想人经常说的一个词，可以说，联想的每一步发展都是在有现实意义的战略思想指导下完成的，联想走的路就是一条战略管理的路子。

### 第一节　办公司立意要高

“立意高，才能制定出战略，才可能一步步地按照你的立意去做。立意低，只能蒙着做，做到什么样子是什么样子，做公司等于撞大运。”

中国改革开放以来的接近30年，诞生了成千上万个公司，也消亡了成千上万个公司。40岁才由中科院一名研究人员跳出来创业的柳传志，选择了一个立意高远的市场进入战略，联想从一开始就立志做一个“长久性的公司”，在联想的发展历程中，每迈出一步，都是长远目标的一个环节，求长远，求发展，做百年企业是联想的发展目标。

1985年年底，在北京海淀区中关村中国科学院计算所院内两间低矮的平房里，联想前身——中国科学院计算机技术研究所新技术发展公司的20多名创业员工必须做出一项艰难的选择。公司利用“国有民营”的优势,争得了当时中科院500台IBM计算机的验机和维修业务,并因此挖到了第一桶金——70万元人民币,这是一笔他们中间从未有人见到过的巨大财富。按照规定,他们有权把这笔财富的相当一部分分掉,这对他们每一个人都是很好的事,因为这些40多岁的中年人家境并不宽裕,每个人每月只挣二三百元工资。一万元在1985年对每个中国人都是一笔横财。这20多名科研人员有理由成为当时令人羡慕的“万元户”。

很多新创企业最难召开和最为沉闷的会议大多数是财富的支配。然而,1985年这20多名创业科技人员并没有表现出那般沉重,这个群体与众不同的素质便初见端倪。他们想选择现实,想富裕,意见也有分歧。但是最后大家的意见得到了统一:把资金投向未来的事业。傍晚,他们结伴走出那个熟悉的院子时,每个人都两手空空,每个人都心里充实,脸上洋溢着微笑,心中满怀着喜悦。现实与未来,他们选择了未来,选择了拼搏,也选择希望。①

柳传志这样描述了他选择的希望:“我们想做一个长久性的公司,要做百年老字号,不急于一下子很出名,利润很高,然后很快就垮了,这是第一条最重要的目标;第二是我们要做一个有规模的公司,要有国际性的市场地位;第三是要做个高技术的公司,不想什么赚钱做什么。”同样是做公司,要做得长远,就要有一个高的立意,这样才能牢牢记住自己所追求的目标不松懈,才能激励自己不断前进。如果立意不高,就不能提出新的、更高的目标,稍有成功就会轻易满足。同时立意高了,自然明白最终目的是什么,不会急功近利,不会在乎个人眼前得失。

20多年后,曾经叱咤一时的“两海两通”大多已经偃旗息鼓,当年笑傲江湖的群雄却被雨打风吹去。联想在“九死一生”的磨难中发展壮大,走出国门,成了民族计算机产业的象征,这在很大程度上归结于联想决策层办公司高远的立意,归结于联想对不同时期高瞻远瞩的战略规划,可以说联想每一步发展都是在有现实意义的战略思想指导下完成的。

在联想初期,提出来的“桥头堡”战略、“步步逼近”战略、“瞎子背瘸子”战略等,联想人从来不愿在没有想清楚、没有考虑成熟的时候,盲目行事,跟着别人跑,这些都是定战略思想的深刻体现。联想总是在阶段性发展上打主意、做文章,例如:作为第一阶段1985~1988年,联想人重在以汉卡开发为突破口;在1988~1994年这6年的阶段,联想以板卡为起开端,推出自己的品牌;在1999~2000年的阶段,联想在互联网上谨慎而大胆出击,提出了以应用为本、全面发展的战略;在2000年以前,一些员工就认为联想应该涉足房地产,但是柳传志把这项举动放到了2002年。

定战略是对企业领导责任感的一种督促和呼唤,它是企业最初发展的大计,是要定全局性要做的大事。在经营战略上,联想根据自己的“发展短板”和市场竞争环境在不同时期选择了“贸工技”和“技工贸”的路线;在业务发展上,联想的战略是在信息产业内多元化发展;在市场战略上,联想以国内市场为主,不急于进军海外市场;在体制

①引自陈惠湘《联想为什么》

战略上，不断创新打破体制瓶颈，进行产权改革。正如联想创业元老李勤所说，定战略就是这些事关企业发展的大事情，大家心里都要清楚。

## 第二节　“贸工技”和“技工贸”的选择

公司经营不能像没头的苍蝇一样四处乱撞，浑浑噩噩发展下去肯定是要倒闭的。公司要分析自身发展的“短板”，结合市场大环境，找到自己经营发展的道路，坚定不移地走适合自己的路。

应该说关于联想经营之路——“贸工技”还是“技工贸”一直是人们争论的焦点，但大多数人都会同意，联想的壮大和成功与其创始人柳传志最初制定的“贸工技”路线是密不可分。“贸工技”对于联想来说，至少有两层涵义：一方面，它象征着公司发展的历史轨迹；另一方面，它也代表公司对自身优势与劣势的清醒判断。联想针对不同时期公司面临的市场竞争环境，清醒并坚定不移的选择自己的经营战略。

### 一、高科技：科学家创业的执着

1984年11月，中国科学院计算技术研究所决定成立新技术发展公司，投资了20万元，从计算所带出了11个人，联想创业者们艰难寻找新公司发展的道路，与众多民营企业一样，他们卖过彩电、电子表，甚至还卖过萝卜、旱冰鞋。在经历过一系列挫折与摸索后，联想创业者们开始冷静分析自身环境和在这个环境中的位置。最终他们把目光聚焦到电脑上。

当时，电脑刚刚进入中国大陆，人们对它还十分陌生，基本处于发达国家向中国进行简单的产品输出阶段，而当时由于改革开放，中关村林立的电脑公司大多数以贸易为主，从进口电脑的转手销售中谋利，联想的11个创业者都是计算机研究员，身后还有一个代表中国最高水平的中国科学院计算技术研究所，他们当然应该做电脑。但是他们没有钱，而当时中关村街上的公司大多数靠从国外进口电脑，然后再加价卖出去，一台286电脑零售价4万多元人民币，可以赚2万元利润。既然瞄准了电脑这一方向，他们就要走下去，虽然没有钱，但柳传志有能力带领联想走曲径通幽之路。

在结合市场分析自身之后，新技术公司有了自己清晰的思路，他们没有把主要精力放在买卖计算机上，而这正是当时国内众多的计算机企业所做的，柳传志说，我们要做别人不想做和不能做的。柳传志选择了另外一条路——计算机服务，他们认识到公司的优势在于自身的技术。恰好这时候中国科学院进口了500台IBM计算机要配给其下属的上百家研究院，新技术公司有很多人曾经参与过我国大型机的研制，技术力量很强，加上这些人的努力，一趟一趟地跑，终于感动了中科院。于是把这500台计算机的验机、培训、维修的业务交给了联想，这样公司终于挣到了的第一笔巨额利润——70万元。

第一桶金的掘得是因为发挥了新技术公司的长处，利用自身的知识和技术，并且也是靠着中科院这个背景，这两点优势在中科院计算所新技术发展公司的创业过程中，起着重要的作用。

企业寻找到核心能力的生长点之后，还要在实际操作中学会洞察市场，要能在市场中找出有生命力的产品，发现适应市场的新产品，要仔细考察包括顾客、竞争者、原材料供应商、销售商和替代品在内的竞争对手。

当时我国的电脑市场还很不成熟，而电脑用户还不太了解电脑，整个电脑市场基本上处于从西方国家简单进口的阶段。当时电脑市场面临一个巨大的技术难题，就是西文汉化问题，这是当时计算机在中国推广的第一大障碍。新技术公司看准了当时急需解决汉字输入问题所带来的机遇，结合当时中科院计算所的技术储备和力量，明确提出以西文汉化为市场定位，以产品开发为龙头从而带动企业发展的市场战略。

柳传志找到了当时刚刚辞去加拿大国家研究院职务，回国访问讲学的一流计算机研究专家倪光南，邀请他参与汉卡的研制开发。公司将70万元全部投入到“联想汉卡”的开发上，并使开发、设计、生产、销售、售后服务各个环节衔接起来，很快就向市场推出了第一个拳头产品——联想汉字系统。产品投放市场很快得到回报，1985年便实现了300万元的销售收入，初步完成了资本的原始积累。

此后的三年内，以倪光南为主连续研制出8种型号的“联想汉卡”，更新了3个版本，形成了一套功能齐全的“联想式汉字系统”。由此，计算所新技术发展公司走上了“技工贸”的发展之路。计算所新技术公司在创业的艰难历程中，终于寻到了属于自己、能够发挥自己优势、能够利用中科院的资源、发挥技术优势的初创之路。

联想在起步阶段采取的“技工贸”一体化策略，虽然利用高技术服务积累资金的速度较慢，但实际上这是一条很有长远意义的资金积累道路。联想在这一阶段不仅仅是为下一阶段的战略准备了资金，更为重要的是这一条道路还为联想准备了以下几种“看不见的资产”：技术服务的经验、初步的信誉、公司内部的组织运作与协调。假设联想的选择是用倒买倒卖积累资金，并且假设这一条道路可以用较快的速度积累起大量资金的话，就像当时许多中关村企业所做的那样，也许上述几种“无形的资产”就不会同时得到积累，而这几种无形的资产正是下一阶段生产和销售汉卡的迫切需要。联想选择的道路适应了资金积累的要求，也为将来的长远发展打下了基础，是相当成功的。

## 二、贸工技：联想生存的时代选择

联想汉卡为联想集团的长远发展开了一个好头，联想成功地以服务积累资本，以汉卡开发作为突破口的策略，使自己获得了赖以发展的创业资本。然而步入流通的联想并没有像想象的那样有技术就有市场。联想怎么才能走出中关村成为世界高科技企业仍是一个懵懂的理想，“功勋卓越”的联想汉卡也不是所有版本都实现了盈利。为什么呢？经过商海的洗礼，柳传志和联想初期创业者们苦苦地思索和寻找着制约他们最初发展的瓶颈:一方面产品本身没有在市场上反反复复地磨合过,产品的性能和质量还应在市场上获得更多的意见;另一方面销售人员不知道在市场上应该如何卖,没有市场运作管理的经验。

是技术优先,还是利润优先?企业家与技术专家的回答是不同的。正是在这个问题上,柳传志与倪光南发生了争执。倪光南认为,对一个高技术公司来说,技术创新是灵魂,所以应当采取"技工贸",联想集团创业的成功,也是走了"开发、生产、销售、服务一条龙"的"技工贸"路线。所以,当1998年柳传志提出"贸工技"时,倪光南觉得不可理解,柳传志的"贸工技"和倪光南的"技工贸"发生了矛盾,并且裂痕越来越大。

在80年代中期,由于长期封闭国门,对于世界高科技技术发展,国人还是知之甚少。作为一个高新技术企业要想最终获得巨大发展,就必须跟上世界高新技术潮流。我国与世界其他发达国家相比,以计算机为例,落后的差距在当时至少有10年。联想曾经计划一步到位先在美国硅谷办公司,为此柳传志和李勤以及别的助手,曾多次到美国考察。美国的考察给联想很大的刺激。譬如说在美国商场里,意大利等一些国家的鞋放在精美的货架上,标价上百美金,中国的布鞋却扔在一只纸箱里,一双一元钱;美国很多企业的写字楼豪华气派,大多数是好几个欧美国家的股东合资兴办的,相反一些寒碜小器的公司多数是亚洲人办的,一般股东就一个。尽管这个亚洲老板就个人财产而言也许要超过那些合股的欧美人,但亚洲人不愿意大家合作盖一栋摩天大楼。

美国的考察使柳传志意识到联想实际上依然是一个贫穷的黑人。而一个贫穷的黑人一开始就要在美国硅谷办高科技企业是不自量力。美国之旅让柳传志重新开始思索自己,思索联想要走的路,沉重的思索后柳传志找到了联想办高科技企业的两个短板:落后的技术和薄弱的管理。

第一个短板就是落后的技术。大多人看来当时的联想集团有足够的理由推出联想电脑而不是去销售别人的牌子。理由之一是联想汉卡当时如日中天,已进入黄金销售期,而作为解决了西文汉化的权威产品,联想汉卡对电脑整机的促销作用是强大的;理由之二是当时中国大陆电脑市场竞争远没有今天激烈,而以中国科学院计算所为技术依托的联想如果推出自己品牌的电脑,应当可以占有优势;理由之三是当时电脑的利润好到每台可以赚一万多元人民币。但结果是联想没有推出自己的品牌电脑,而走上国外品牌的代理之路呢?陈惠湘在《联想为什么》中总结了三点原因:一是联想当时业务还仅限于国内,对世界电脑技术还缺乏了解,如果强行推出自己的电脑,势必会在一个较低的技术起点上。不久以后国外厂商大举进入中国时,有自生自灭的危险;二是联想人当时还很幼稚,幼稚就不能打正规战;三是联想的资本与市场渠道的能力还不够,从产品到市场的"惊险一跃"不一定能够成功。考虑到这些因素联想只有耐心的跟在国外厂商后面"吃土",慢慢地学习,积累技术,才能够在激烈的市场竞争中挺直腰杆,有持续发展的能力。在上不上自己品牌电脑这个问题上,联想使用了减法,尽管推出自己的牌子是他们做梦都想的事。

第二个短板就是薄弱的管理。联想集团创业伊始,其全部员工包括管理决策人员,都属于在传统科研院所工作的科研人员,对企业经营管理没有多少认知。尽管在信息行业中生存的企业，掌握核心技术无疑是十分重要的，但由于历史条件，联想必须从贸易开始，通过贸易积累资金、熟悉市场，学习经营管理的规律。为此，联想明确提出了抢占市场份额的口号，号召科研人员到市场中去锻炼和学习，积累开发市场的知识。

在这种形势下，联想以在计算机领域追赶世界先进水平为己任，审时度势，明确了“先看别人怎样做，然后自己学着做”的企业发展策略，联想汉卡的推广成功地促使一些国际知名电脑厂商纷纷寻求与联想合作，以联想汉卡解决其电脑进入中国的障碍。而与这些知名企业的合作，不仅对联想实力的增长产生了积极作用，更重要的是，联想借此机会摸索市场规律，积累了学习电脑推广的经验，从而完成了对企业经营管理的初步认识，建立了经营型的企业队伍，有效地实现了科研型团队向经营型团队的初步转变。

1987年联想开始代理AST电脑。那时候中国电脑市场上只有四五个美国品牌，他们给AST电脑装配了联想汉字系统，导致了AST电脑在中国市场上经常脱销。在美国只是一家小企业的AST因为有了联想而获得了成功机会，它曾一度成为中国电脑市场中的霸主，一直到1995年还在处于领先地位。由于当时电脑价格高得惊人，利润也高得离谱，联想自然大发其财，那一年联想的营业额达到了7014万元。

对联想来说，代理业务在其发展史上功不可没。联想与AST的合作对联想电脑的发展意义重大，通过代理销售AST电脑，联想了解了电脑的内部构造，了解了微处理器和各种组件之间的关系，培养了一批联想的工程师队伍，有效地实现了科研型队伍向经营型队伍的转变，对企业组织开发、筹集资金、元器件采购、生产组织、销售和售前售后服务的企业运作流程有了初步认识和一定的驾驭能力，从而为今后企业向产业化迈进奠定了基础，也为联想90年代大举进军电脑领域奠定了基础。联想还与惠普合作，从1988年开始起联想一直是惠普在中国区的最大代理，为惠普在中国的业务开展起了很大的作用，同时联想也向惠普学习到了很多东西，如财务控制、销售渠道的管理等。可以说，没有代理业务，就没有今天的联想电脑和联想激光打印机，就没有出色的联想管理和成功的渠道管理。

联想那时候成立了代理部，柳传志亲自抓代理，从代理中他学会了如何做贸易。杨元庆以惠普为师，从惠普那里得到了他日后管理PC事业部的经验，最终他赢得了权力，也赢得了IT领袖的声望。

成功的代理不仅使联想生存下来，还为联想日后的发展打下了三方面坚实的基础：积累了一大笔资金，壮大了公司自身的实力；了解了国际计算机行业最先进的技术，增强了自主创新的能力；积累了丰富的贸易经验，提升了公司管理水平，培养了一批市场开拓的管理人员。联想开始看到一个清晰的未来，想通过代理将优秀产品引入中国市场，然后水到渠成地引进生产线，最终完成技术转移。

### 三、着眼未来：重新走进高科技

作为一个企业，最根本的宗旨应该是能长期持续地保持利润增长，而作为一个IT

行业领域的企业,要实现长期增长,在世界市场的竞争中取得一席之地并不断做强做大,就必须要走发展技术的道路,走创新的道路,提高自己的产品技术竞争力。只有这样才能从最基础的位置不断超越,达到领跑的位置,并把这个领跑的位置保持下去。

联想并没有满足于贸易代理带来的巨大收益，柳传志的梦想是做中国的IBM,是要做一个长久性的高科技公司。如果说当年的“贸工技”发展道路,使得联想从20世纪90年代中期开始快速崛起,雄踞中国IT产业首席,那么,这次的“跟跑—领跑—持续领跑”的思路,无疑给联想的未来圈定了一个方向。

杨元庆说:“我们不能总是以国内庞大市场换别人的技术,尤其是加入WTO以后,市场开放了,如果你没有一定的技术竞争力,和国外大公司合作就会失去基础。只有核心技术不断突破,我们才能真正把命运掌握在自己手里。”与之相适应的是,联想建立了基于事业部一级和基于公司一级的二级研发体系:在公司一级,联想研发的资源更多地面向专业领域的发展,技术方面取得突破;在事业部一级,则更多地根据市场用户的应用水平进行应用级的开发,使联想能够在市场上推出符合用户需要,能够体现高性能、高技术的产品。从这个角度来看,联想的二级研发体系,保障了联想产品的不断突破和技术领域的不断深入，也是联想能够吸引到众多的国际厂商与之共同合作的关键。

2004年底,联想在举世瞩目之下并购了被称为“个人电脑时代缔造者”的IBM的全球PC业务,由民族IT产业的领军企业一跃成为全球第三大个人电脑生产商。作为根植中国的企业中唯一的国际奥委会全球合作伙伴(TOP),都灵2006冬季奥运会唯一指定的计算技术设备和服务提供商,联想以高稳定、高可靠和高安全性的卓越品质,以及创新的技术服务能力,给予整个冬奥会信息系统以坚不可摧的支撑,并得到了都灵奥组委的高度赞誉。2008年,联想还将为北京奥运会提供信息技术设备与服务的支持。

联想和原IBMPC都具有悠久的技术创新传统,新联想将秉承双方在创新方面的特质,持续不断地进行技术研发投入,创新将是联想的品牌基因。目前,联想研究院除在北京外,还在上海、成都建有分院,联想的研发中心遍布中国深圳、美国罗利、日本大阪等地。国际化的联想业已构建了规模宏伟的全球研发体系,实现了研发基地的多点布局。在新的研发体系之下,联想研究院做为公司级核心研发机构,承担着新联想未来核心技术研究与开发的重任,居于至关重要的位置。

成立于1999年1月的联想研究院,是联想集团公司级的中央研发机构,为公司提供持久的核心竞争力,创造新的利润增长点。2001年初,联想明确提出“向技术转型”,开始了向科技的全面进军。今天联想研究院的职能定位是：以全球客户的需求为导向,积极研发应用型科技,不断提升技术成果的产品化效率,致力于自主开发和创新。联想研究院将持续探索引领计算机行业发展和用户应用潮流的研究成果，为中国及世界其他国家的客户创造最好的产品和服务体验,以此来助力联想的全球博弈,进而提升中国IT产业在世界范围内的地位。联想研究院正成为联想角逐世界的一张王牌,它标志着联想由“贸工技”路线重新走进高科技,由在后面吃土的乌龟变成了领跑的兔子。

2001年联想研究院开创了独特的用户研究技术方向，极大地提高了PC产品质量和用户体验。2003年推出关联应用电脑，构建了联想数字家庭蓝图。2005年联想推出第一款自主研发笔记本产品，支持笔记本业务高速健康发展，毛利率大幅提升。

2000年联想研究院布局信息安全研发并快速推出防火墙产品，开创公司网络安全业务；2003年推出业界领先的千兆线速防火墙产品，获得巨大市场成功，成为国内品牌Top1；2005年网络安全系列产品持续保持技术和市场领先，成为联想亚信公司的利润支柱。

2002年，联想研究院提出独创的前瞻性关联应用技术战略，并同时推出了IGRS技术标准，推动“闪联”标准的发展，2005年6月29日“闪联”成为中国第一个完全由企业主导的国家标准，奠定联想在3C融合时代的产业领导地位。2007年1月5日，联想集团在北京发布了历经5年研发取得的自主创新成果实时多媒体协同技术。这是联想落实关联应用技术战略的又一重大里程碑，标志着联想集团在3C融合核心技术领域取得重大突破，将对未来3C融合的发展态势产生深远影响。

2003年，联想推出深腾系列万亿次计算机、4万亿次超级服务器，使中国企业的高性能计算机产品首次进入世界Top500排名前列（No14），获得国家级科技进步二等奖，率先实现高性能计算机的产业化，在用户、业界和政府部门成功地树立了联想的高科技形象。

2005年4月联想研究院领先开发出被誉为“中国安全第一芯”的“恒智”安全芯片，取得芯片核心技术突破，实现我国可信计算领域的重大技术突破，为主流PC业务在下一代全球PC市场的角逐中提供核心技术支持，树立联想PC在系统安全领域的领导地位。

联想通过管理为技术创新铺平了道路，打通了技术变成钱、钱变成技术、技术再变成钱的各个环节，在奠定了坚实的管理基础之后，联想迎来了大力推进技术创新的新时期。联想在扎扎实实做好产品创新的同时，将依托中央研究院，逐步开展功能技术创新和核心技术创新，成为技术驱动型企业，在新帅杨元庆上任之后，更是明确提出联想要向技术和服务转型，做高科技的联想。

经过长期的研发积淀，目前联想在技术领域已经有了自己完整的战略和规划，以技术战略为支撑的联想未来公司战略也进一步清晰。在以强劲的销售实力成为中国电脑市场的巨无霸之后，联想正从一个国内大众消费品牌向高技术的国际IT品牌转变，在改变着中国IT行业一直在核心技术上没有发言权的历史，杨元庆表示，“我们把自己定位成高科技的，服务的和国际化的联想，高科技是我们努力的重点。只有在核心技术上扬眉吐气，联想才能真正走向世界。”

## 第三节 高科技随时代而变

将企业做强做大，是企业家们心中梦寐以求的事情。人们习惯上把“做大”与“多元化”联系在一起，把“做强”与“专业化”联系在一起。究竟是该做强还是做大？先做强还是先做大？很多公司在专业化与多元化之间逐渐迷失了自我——要么在盲目多元化的迷途中失去方向，成了大而不强的“纸老虎”；要么在一个狭窄的领域里裹足不前，成为国外大公司的配角，既做不强也长不大。浮躁是中国企业家的大敌，不顾自身的实力，盲目判定一些不切实际的决策，往往导致企业的失败。在中国企业发展史上，这种案例不为少见，三株的破灭、太阳神的陨落、巨人集团的倒塌都是企业盲目扩张的恶果。在世界500强前10名中，也只有GE一家成功实现了真正意义上的多元化发展，而坚持专业化战略并取得成功的企业则不胜枚举：inter、微软、诺基亚、高通……

联想在业务战略规划上显得很稳健，柳传志一直强调，一个企业要能明白自己能做什么，不能做什么。这说起来容易做起来难，20世纪90年代初期，联想也受过房地产、炒股等的诱惑，但当决策层深刻研究清楚自己到底该不该做这些事情，做这些事情有没有优势后就定下来，联想只能在信息领域内多元化经营。因此当房地产大潮过去后，很多高科技公司都受到了或多或少的损失，联想却因为他的坚守而成为IT行业的领军人物。联想一直执着于高科技的梦想，坚持在IT行业内做多元化，以世界最先进的产品技术为标杆，从汉卡到代理PC机，再由代理到自主品牌，再到IT产品的相关多元化，联想步步逼近，随时代而不断转变自己的产品结构。

## 一、汉卡时代

在中国，1984年已有至少11万台个人计算机来自IBM。计算机正在进入中国人的生活，可惜它从诞生至今，只能在英文环境中运行，即使在中国的土地上，也没有一台计算机能够识别中文。语言成了天然障碍，所以让机器能够“识别汉字”就成为那时候无数中国科学家孜孜以求的目标，也是让13亿中国人进入计算机世界的桥梁。

柳传志也敏感的嗅到这一商机，决定抓住西文汉化这一技术进入计算机高科技行业，那时中国人手上的“汉字系统”已有十几种，其原理和运行过程大同小异。计算机所研究员倪光南的“汉字系统”（人们恰如其分地叫做“汉卡”）是其中非常有特色的一种，它包括三块由若干集成电路芯片组成的电路板和一套软件系统。三块电路板之间以扁平电缆相连，字库中则永久地储存着所有标准汉字，当你在键盘上键入一个汉字的时候，控制系统便将你要的汉字翻译为计算机可以接受的数码，再把数码传到字库中与之相关的地址，然后把它读人处理系统，进入存储器中，再送到显示器或者打印机上，变成一个由点阵组成的汉字。其与众不同之处在于它的“联想功能”，它利用了中国文字中词组和同音字的特性，建立起自己的汉字体系。

当1985年年初柳传志闻讯找到倪光南的时候，这一技术已经以“LX-80联想式汉字系统”命名，并且相当成熟，向个人计算机移植的过程也已成功在望。柳传志三顾茅庐把倪光南请进公司，开始了“倪柳”合作时代，公司将自己的第一桶金全部投入到“联想汉卡”的开发上了，此后的三年内，以倪光南为主连续研制出8种型号的“联想汉卡”，更新了3个版本，形成了一套功能齐全的“联想式汉字系统”。由此计算所新技术发展公司走上了"技工贸"的发展之路。

1986年开始,联想公司在开发联想汉卡过程中,不断地开发完善,形成了8个软件版本,6个型号的联想双字系统,广泛应用于6个大的领域。而后联想又连续开发出FAX通讯传真系统、以U超级汉字系统、CK40可编程工业控制器等拳头产品及一系列有重大社会经济效益的高技术产品。并以产品为龙头带动整个经销,使公司步入流通领域,从此企业调整运作起来。

公司开始把所有的资源和人力都放在联想汉卡上,I985年10月,联想一型汉卡通过了中科院的鉴定。第二年1月,在北京举办的汉字系统对口赛上,联想汉卡的一举夺魁。联想汉卡在技术上具有明显优势,可兼容市场上各种品牌计算机,再加上良好的售后服务,很快打开市场,产量迅速增长,联想声誉日渐提高。联想汉卡的开发成功,解决了当时西文汉化这一计算机难题,是联想历史上一个里程碑式的产品,对联想初期的发展功不可没。联想汉字系统自投放市场三年多以来,共销售了2万套,创产值6000万元,1988年荣获国家科技进步一等奖。1989年11月14日,新技术发展公司正式更名为北京联想计算机集团公司。

为了让产品尽快转化为社会生产力,联想将科学技术不仅仅应用于产品的开发阶段和销售阶段,还将它进一步延伸到产品的生产、加工、开拓市场和售后服务等各个环节,使联想公司进入市场竞争的轨道,大大提高了开发效率。此外,联想公司每年还举办两次全国范围的大型技术交流演示会,其培训中心每年免费为社会培训5000多名计算机应用人员,并在全国设置了36个维修服务网点。公司在试制新产品的时候,将科技与经济紧密结合,有效地实现技术转化为社会生产力。

20世纪80年代后期中国人都预感到计算机的时代已经来临,心急火燎却又不知道该从哪里干起。联想坚持了"有所为有所不为"的方针。所谓"有所为"就是"联想式汉卡"。理由很明显,汉卡不仅是个"拳头产品",还能大幅度地带动其他产品的销售,将公司的影响力延伸到全中国去。比如"山东浪潮0520、上海东海0520,还有杭州西子0520,都希望将"联想式汉卡"装在他们的机器里正式成为他们机器的一部分"。"0520"是当时最流行的国产微机,进入这个领域,就意味着你正在走向微机的世界。

## 二、代理PC时代

联想汉卡的初战告捷是联想进入高科技行业的一个跳板,汉卡的成功让公司与越来越多的客户建立起联系,本来公司可以利用这样一个机会代理国外品牌PC机获取利润,然而20世纪80年代中国的"进口许可制度"成了联想经营跨越的羁绊。摆在联想面前有三条路可走:一种选择是继续推广汉卡,但其市场毕竟有限;二是开发自主品牌电脑,虽然有利可图,但一无资金二无实力,又不可能得到电子工业部的生产许可,即使偷偷摸摸地干了,也会落下先天不足的毛病,三是代理国外电脑积累资金,顺便了解最先进的技术,为自己建立起可靠的销售网络。柳传志决心代理国外微机,"踩着巨人的肩膀往上爬"。联想最早是从香港中银集团的一个电脑部获得IBM代理权的。

到了1986年以后,国家的各种管制开始松动,把集成电路、电子计算机、软件和程控交换机这个行业定为高科技行业,并给予优惠:免征产品税;减半征收所得税;免征关键设备、仪器的关税;按销售收入提取10%的研究开发费;对重大项目引进免征关税。联想是这一批优惠政策的幸运者之一,这更让联想坚定了代理之路。联想刚开始做IBM的代理获得了丰厚的利润,但是后来IBM恃强傲物推出的新机器不像原来的微机那样拥有开放的接口并且和其他技术兼容,它完全基于自己的操作系统和自制芯片。在中国市场上,用户无法让自己的汉化系统进入IBM的新机器。所以联想开始寻找新的品牌,其中AST的兼容机质量最优,价格也要便宜很多。1987年开始,联想开始代理AST电脑,那时候中国电脑市场上只有四五个美国品牌。联想给AST电脑装配了联想汉字系统,导致了AST电脑在中国市场上经常脱销。

代理的巨大利润不仅给联想积累了更高飞翔的资本,还提高了联想销售管理的能力,培养了一批懂业务,会管理的人才。这些都为联想的海外战略奠定了基础,开始进军海外,实施海外拓展计划。联想首先把他的触角指向了香港,1988年6月23日成立了香港联想。香港联想诞生后,柳传志便谋划将代理AST业务变成"金矿挖掘机":香港联想负责进货,北京联想负责销售。香港联想有北京联想保底市场撑着,就敢向AST多定货,开始一个月定1000台,后来一个月定3000多台,当时PC不存在价格一直跌的问题,不太怕压货。香港联想在内地疯狂扩张,几乎垄断了AST在内地的销售,而且利润极高,毛利超过20%,第一年便赚了1200万港币。

联想稳健地进军海外,以很小的代价取得了极大的收益,这也得益于联想"瞎子背瘸子"的优势互补策略。在1988年联想进军海外市场,条件并不完全成熟,他们对国际计算机市场是怎么回事一无所知,就好比一个身强力壮的瞎子。而联想找到的合作伙伴香港导远电脑公司的几位毕业于英国伦敦帝国大学理工学院年轻港商,资金与技术实力不够,但对国际市场的竞争规律一清二楚,熟悉当地和欧美市场,有长期海外贸易的经验,就好比一个心明眼亮的瘸子;另一家中国技术转让公司能提供可靠的法律保证和坚实的贷款来源。"瞎子背瘸子"策略运用互补原理,香港是国际贸易窗口,信息灵敏,渠道畅通,适合于开发和贸易;国内市场广阔,但相对封闭,产品进口短缺。公司头上戴着进军海外的光环,其实就是把AST微机从香港运到中国大陆,然后就忙着点钱。

这样在优势互补,稳健合作的基础上联想拉开了海外进军的三步曲:第一步是在边境以外的地方办一家贸易公司、积聚资金和经验;第二步是将公司业务由贸易领域延伸到生产领域,大规模地进入个人计算机的整合业务;第三步是进入香港股票布场,成为一家上市公司。从这个海外计划可以看出联想不甘心永远做代理,AST只是一个跳板,联想的目标是步步为营,取而代之,走AST公司的道路,做中国的IBM。

## 三、从板卡到PC机的自主品牌时代

开发自己的PC机,做自己的品牌,一直是联想创业者们的梦想,也是一群计算机专家的执着。随着中国市场潜力的不断开发,单靠代理业务,有经销商的风险;光靠着贸易,一条腿站不稳。联想必须开发自己新的生存空间,联想“早晚有一天要取代AST”的梦想越来越强烈,它把自己的着眼点首先放在了电脑板卡的制造上。

电脑主机板在整个电脑制造业中是一个市场需求量大,利润率不高在电脑行业中又属于劳动密集型产品。联想集团的战略设计者之所以选择开发电脑板卡主要是基于以下几点考虑:

一是整个世界计算机市场已经进入高速成长期。1994年全球计算机市场营业额3000亿美元以上,但是中国仅占其中1%点多。联想希望自己成为一个世界性的企业,所以必须尽快进入到一个更广阔的生存空间。

二是由于信息产业在全球呈现爆炸性增长的趋势,高技术产品更新换代和价格下降极快,生产成本对价格影响很大。80年代,世界电脑制造业基本集中在亚洲四小龙等国家和地区,而最为典型的是中国台湾地区。随着四小龙的快速成长,劳动力成本和其他成本因素上涨,电脑制造业势必进行第二次转移,而大转移的方向是发展中国家,其中应该主要是中国大陆,客观上为联想集团提供了机会。

三是由于中国经济的高速发展,大陆计算机市场也将高速成长,国外一流电脑厂商进人中国指日可待。与可能遇到的竞争对手相比,联想毕竟还是在一个竞争质量不高的市场环境中成长起来的企业,并且是在市场结构单一的中国大陆。如此巨大的市场机会与即将面临的激烈竞争,联想决定首先进入板卡制造业。

与电脑整机相比,板卡制造的利润确实很薄,但是联想1988年从海外开始的板卡制造业从战略上对企业的发展居功至伟,它事实上起到了“一手托两头”的作用。一头是以板卡叩开国际市场大门,赢得在一个广泛空间发展的机会;另一头是由于生产制造掌握在自己手里,当90年代中期中国电脑市场拼杀异常激烈以后,联想电脑依然能够以很强的性价比优势与世界一流厂商角逐。

在多年代理经验和电脑板卡开发制造的基础上,联想开始研究自主品牌的PC机,1990年,联想获得机电部批准,可以生产自销联想系列微机,联想也在那一年推出了第一台自有品牌电脑。那么联想为什么会选择在1990年推出自有品牌的电脑?这就是涉及到对整个中国市场乃至世界市场的判断问题。在1992年以前,外国电脑厂商对中国市场的策略还基本处于单纯的“产品输出阶段”,即通过进出口公司把他们生产的电脑卖到中国大陆。当时中国的电脑市场还很小,一年全国的需求也只有90万台左右,而IBM在全世界的销量是几百万台。1990年联想有两个选择:一是继续做外国品牌的代理分销,一直等国外电脑厂商真正进人中国市场的时候,联想再推出自己的品牌电脑,与人家放在同一起跑线上。但是如果那样,联想电脑可能会难以出头,因为实力悬殊过大。二是在外国电脑厂商进入以前就推出自己的品牌电脑,笨鸟先飞,早跑几步。联想在这个合适的时候“先飞”一步推出联想电脑了。

虽然联想的286电脑除了主机板和品牌,其他配件都和AST一样,而且价格也很高,但让大家扔掉AST这块肥肉,转向名不见经传的联想电脑,确实有很大的风险,销售人员都在患得患失,放饭碗里的肉不吃,要是再捞不着锅里的,岂非鸡飞蛋打?

联想可以有三种结局：把自己的做好了，AST也没有丢，这是上局；把自己的做好了，也把AST丢了，这是中局，自己的没有做好，把AST也丢了，这是下局。联想"要办的是一个长远的公司，为子孙后代做点事，而不是办成一个短期的尽管能够闪烁光芒的公司"，本着这种信念，联想走上了"做开发，做自己品牌"的道路，"贸工技"的道路总会面临"将来贸易不好做"的困境，到那时再做工业联想几乎毫无希望。就这样联想实现了自己的第一次转型，把联想的未来架构在一个新的平台上了。

在这个平台上，联想很快又推出自己的划时代创新产品——家用电脑。中国的家庭电脑市场是充满诱惑的，当时美国30%以上的家庭拥有电脑。从人口绝对数量和经济发展速度看，20世纪最后也是最大的电脑市场在中国。

联想集团推出的第一代"联想1+1"是一种零售价只有3000多元的电脑。这种电脑没有硬盘，使用黑白显示器。从运行软件和学习电脑来看，这种电脑可以满足要求。在1992年和1993年的时候，中国的电脑都是针对企业这样的团体用户，售价都在1万多元以上。联想都是针对家庭的电脑，性能价格与商用机有很大差别。准确地说，第一代"联想1+1"是一个中国消费者很容易买得起和能够用得好的电脑，这一点十分重要。

1996年，公司成立了个人电脑研发部，开始真正有了自己的研发，使联想个人电脑研发由原来的"逆向设计"——公司设计什么，就卖给用户什么，转变成现在的"正向设计"——用户需要什么，公司就设计什么。这样拉近了公司与客户之间的关系，满足了客户的需求。经过几年的努力，中国人终于明白个人电脑对于家庭来说意味着什么，个人家庭电脑也开始以每年50%的速度增长，而在这些购买电脑的家庭当中，每一百户就有四十户买了"联想1+1"电脑。联想由一个代理贸易公司转变为了一个自有品牌的公司，扛起了民族品牌的大旗。

## 四、IT产品时代

联想从最初的电脑代理商到后来的计算机服务商，再到"贸工技"一体化的PC商，联想逐渐成长为中国PC界的领头羊。然而随着PC市场由"卖方市场"向"买方市场"的转折，全球IT行业也进入寒冬季节，联想在这种衰退中也面临着考验。PC行业最大的筹码仍然是价格，打价格战，国际厂商一不怕赔，二有品牌优势，如果国际PC巨头大幅度降价，必然会迅速侵蚀联想的份额。摆在联想面前的突出问题就是如何走出单一的PC格局，在IT业更广阔的领域中建立自己的市场地位，对此联想规划了两条道路：一条是技术之路，一条是拓展之路。技术之路比较明确，联想也在不断精耕细作，而在行业拓展之路上，联想一直在寻觅。

1999年开始，互联网飞速发展起来，联想吹响进军网络世界的号角。在公司新财年誓师大会上，杨元庆做了"迎接因特网挑战"的主题报告，公司进军网络世界。杨元庆相信因特网将会成为"信息产业的第三次变革"，联想肯定要抓住这次机会，进入IT行业的高端领域。联想的研究人员推出了具有"一键上网"功能的"因特网电脑"——"天禧"电脑。2000年被定为联想的"网络年"，联想在原来"幸福之家"网站的基础上，又推出“FM365”网站,8月又宣布收购财经资讯网站赢时通。2001年联想又与全球网络与媒体巨子AOL(美国在线)组建合资公司,迈出了进军互联网时代最重要的一步,随后又开通了电子商务系统,联想电脑公司的代理伙伴们将通过访问该电子商务网站,进行网上信息查询、网上订货和网上信息沟通,涵盖了从产品信息、订单处理到货款确认、发货运输状态的全套商务运作流程,标志着联想的因特网战略进入了实施阶段。然而形势并没有想象中的那么好,网络经济并不是一帆风顺的。联想进军网络世界的迅猛也给自己留下了深刻的教训,“FM365”生不逢时,即使后来与AOL组建的合资公司也没挽回颓势,最终不能维持,在2001年11月1日公司第一次大规模裁员,“FM365”网站也名存实亡,而收购的赢时通网站也给股票市场带来了消极反应。

虽然联想进军互联网领域并不是一帆风顺的,但并没有打消联想的相关多元化的念头。21世纪已经是一个多元化的世纪,联想也一直在做中国GE的梦想,不想几年以后人们提起联想来,只有个人计算机。联想把业务分为核心业务、成长业务和种子业务,即联想“碗里的、锅里的和田里的”的业务。

联想碗里的核心业务是联想的PC机、数码和手机。PC是联想的利润来源中心,联想要生存下去,必须要把他的传统业务做好。稳定了PC业务市场的同时,联想又实行了核心业务品牌延伸策略,发展手机和数码业务。之前数码市场主要把持在一些国外厂商的手里,联想以民族品牌形象介入市场,最终占领市场。联想在消费事业部中专门成立了一个数字家庭事业部,该事业部对联想的数码规划主要包括三大块:以数码相机为代表的数码影像业务,以打印机为代表的数码打印业务,以MP3为代表的数码音频业务,这些业务推出的产品目标直指主流市场。2002年联想又宣布进入手机生产领域,生产“联想”品牌的手机,在PC业务运作经验和良好业绩基础上,联想手机销量和营业收入都迅速增长。在2005年第二季度,联想已成为中国国内最大的国产手机制造商。包括外国品牌在内,它在整个中国市场排名第五位,现在联想手机已经成为联想的第二大支柱业务。

联想锅里的成长业务是联想的服务器。市场竞争要技术、服务两条腿走路,联想要在PC机的市场上站稳脚跟,就必须依靠其核心技术服务器的支撑。2001年,联想开始进入全新的国内的服务器市场。国内服务器市场需求大,竞争相当激烈,然而联想以一个高远的目标为指导,在联想“万全日”(2001年7月24日,进军企业级服务器的纪念日),联想就宣称已经在北京建成一个亚洲最大的服务应用方案中心,这之后开始陆续在深圳、上海建立了分部。2001年第4季度,联想万全服务器首次进入全球服务器10强行列,在2002年国际数据公司公布的年度报告中,联想万全服务器以总销量第一、总销售额第一的业绩蝉联中国服务器市场国产品牌总冠军。两条腿走路给联想的服务器带来了可以引以自豪的业绩与更有希望的明天。

联想田里的种子业务是联想的IT服务,包括电子商务,管理咨询和软件服务等。新联想定位未来要成为“服务的联想”,IT服务将是联想未来重要的利润来源。2000年4月,联想推出一项新业务——面向中小企业的“IT1for1”。2001年还为该业务设立了专门的事业部,隶属于企业1T群组,开展对中小企业量身定做信息化。与此同时,联想为大客户提供全套解决方案和服务的完全个性化定制，包括ERP、OM、供应链管理、商业智能系统在银行、税务、电信等关键行业的企业中应用。联想在售前(咨询、方案准备)、售中(实施、应用开发)到售后（运营维护、关怀服务）全方位建立起服务的竞争力，使服务业务(包括信息服务、IT系统服务和IT1for1等)成为联想的业务支柱。IT服务业务是联想培育在田里的，是未来的希望。

联想一直都有做中国GE的梦想，经过拓展整合，联想形成了六项基本业务：消费类信息技术设备；商务类信息技术设备；手持设备；信息运营；信息技术服务；部件合同制造，从而将业务分成了产品和服务两大体系。联想朝着自己的梦想走向了多元化的道路，多元化发展就会有管理失控盲目发展的危险，联想会不会也因为多元化而失足？

杨元庆对联想多元化有着清醒的认识，“多元化本身不是什么坏事，关键看能不能管理。而且联想也不是什么行业都干，我们是非常专注于IT领域的，而且有战略、有想法——不仅在PC领域，在信息终端，在IT的后台产品如服务器、存储以及IT服务和互联网服务等领域，我们都已经布下棋局。棋子既然已经布下，这些领域就是联想未来的希望。比如说手机，它像PC一样属于信息终端的产品，而且在未来信息终端产品之间应该都能融合，手机以前是语音处理，现在和数据处理已经开始结合，将来还会有互联互通的需要，这也是联想技术发展战略的需要。我们现在必须布这个点，否则在技术上就不可能发展。”联想追求的就是依靠传统业务的高增长来支撑新业务。

## 第四节　借香港跳板瞭望世界

随着中国加入WTO，经济全球化，国际化的趋势越来越明显，企业应该如何在这种背景下开拓自己的市场，把自己放在一个什么位置上是很多企业模糊的一个问题。中国企业应该要保持清醒，正确分析自己的处境，明白自己的优势何在，量力而行，不能盲目跟风。尽管国内市场正越来越国际化，但在中国市场的竞争，中国企业显然拥有文化、营销和服务网络等优势，只有在主场取得胜利才有理由考虑国际化问题。

联想成功的关键就在于他们充分认识和利用了中国市场的比较优势，分析自己的差距，一步一步从国内市场开始，壮大自己，等自己的实力累积起来，然后再通过进军海外“鲤鱼跳龙门”，进行国际化战略，走出国门。联想有个鸵鸟理论形象地诠释了联想的市场战略：“当两只鸡一样大的时候，人家肯定觉得你比他小；当你是只火鸡，人家是只小鸡，你觉得自己大的不行了吧，小鸡会觉得咱俩一样大；只有当你是只鸵鸟的时候，小鸡才会承认你大。所以，千万不要把自己的力量估计得过高，你一定要站在人家的角度去想。你想取得优势，你就要比别人有非常明显的优势才行。所以，当你还不是鸵鸟时候，说话口气不要太大。鸵鸟理论是为提醒自己应有自知之明，提醒我们从别人的角度考虑问题。”

## 一、立足国内市场

中国是电子信息产品的生产大国，也是消费大国，所以企业首先还得立足于国内市场，这是一个潜力无穷的市场，是一个让跨国巨头觊觎垂涎的市场，而在中国市场的竞争，中国企业显然拥有文化、营销和服务网络等优势。

联想刚刚成立就分析了自己面临的市场，当时世界知名电脑厂商向中国进行简单的产品输出，意在为最终全面进入中国做准备。同时由于改革开放的不断深入，国人对电脑的认识将日渐提高导致电脑市场的迅速成长，而中国市场缺乏先进的主导型电脑。联想根据这些条件和市场机会，明确提出以计算机辅助产品进入国际市场，以联想汉卡带动电脑推广继而建立全国销售网络的市场策略，利用自己在国内市场的优势，做外国品牌机的代理，在代理中不断积累市场开放经验，改善企业经营格局，为下一步发展奠定经营方面的基础。联想发展初期和外国企业相比优势全是由于在本土市场得到的，而到海外联想不具备形成品牌和外国著名品牌竞争的实力。所以，联想制定的一条战略路线就是先把主要精力放在中国市场，而不急于进入国际市场。

在经过一段时间代理以后，联想没有沉浸于代理的巨额利润，而是果断地开发自主品牌的PC机，打造真正联想的民族品牌。1990年联想电脑在中国大陆问世，为了保证联想电脑的整体性能优异，在整个联想电脑的技术方面，联想集团自己独有设计图纸和主机板，其余诸如显示器、键盘、机壳等等全部采用进口产品，联想把这种做法叫做"站在巨人肩膀上起飞"。联想在外国电脑厂商进入以前就推出自己的品牌电脑，笨鸟先飞，早跑几步，在这个合适的时候"先飞"一步推出了联想电脑，从而联想通过自有品牌牢牢地控制住了国内市场。

在市场策略上，联想通过"农村包围城市"的价格策略和"大联想"的渠道策略两方面开发并牢牢地控制了市场。中国百姓购物，价格是首选。这是中国的国情，联想的价格策略紧扣这一国情实施的"农村包围城市"战略。联想的质优低价增加了市场份额，也使广大国内用户得到了实惠。联想还建立起了坚实的、完整的代理机制和国内代理体系，形成了联想和代理组成的"大联想"团队，使联想走上了良性循环的轨道。联想电脑从1996年以来一直居国内市场销量第一，2002年第二季度，联想台式电脑销量首次进入全球前五，其中消费电脑世界排名第三。联想牢牢地把握住了国内市场，成为了国内IT行业的领头老大。

台湾的很多企业在研发能力、制造能力上都比联想强很多，然而他们在国际市场上都只能以OEM的方式开展业务，这是因为他们本土市场太小了，无法支持他们发展。而联想有这样一个广阔的本土市场，一定要充分地利用，积蓄力量，等条件成熟了再进入国际市场。这条路线制定以后，联想就踏踏实实地集中力量在本土发展，这也是能取得较快发展的原因。事实上，在国内市场的精耕细作，对于后来国际化的联想仍具有很强的指导意义。

## 二、香港跳板

联想从搞维修、培训等技术服务起步，如果局限于流通领域的一个公司，尽管可能发迹于一时，但也时刻伴随着大起大落甚至夭折的危险。要使公司长久稳定地发展，就一定要形成自己的产业结构。公司的特点是以中科院计算所为技术后盾，拥有一支以杰出的计算机专家倪光南为首的经验丰富、作风严谨的科技队伍。但由于国内开发环境相对落后，很难发挥在产品开发上的技术优势，以国内狭小的市场为依托，靠自我积累或高额贷款实现产业化，风险极大，困难极多。所以联想决定打开一个海外窗口，充分运用国外的各种优势求发展以期走出一条国际化带动产业化的发展道路。联想把这个海外窗口选为香港。

联想向海外发展是一个循序渐进、稳扎稳打的三步曲。第一步是办一个贸易公司，以了解市场，积累资金，选择产品开发的突破口。第二步是成立有研究开发中心、生产基地和世界销售网点的跨国集团公司。第三步争取1993年在海外股票上市，形成规模经济。1988年4月，中国科学院计算所公司在香港与香港导远电脑有限公司、中国(香港)技术转让公司合资成立了“香港联想科技有限公司”。这一决定性的策略为联想能够真正强大奠定了基础。为什么要选择香港作为其海外窗口呢？

80年代后期，国内当时根本没有PC机的制造技术而且信息流通不畅，对于计算机这样一个日新月异的行业来说，在国内进行难以了解到国际市场行情及电脑技术的最新动态，难以采购到最新的电子元器件，无法设计、生产出有竞争力的产品。运用香港独有的地理优势和“非内地产品”对消费者的心理优势不断地向内地市场渗透。另外，香港是世界著名的贸易、信息中心，通过香港可以更快地进入国际市场，开发巨大国际市场需求。

对于联想和香港导远、中国技术转让公司一起成立的合资公司，联想称其为“瞎子背瘸子”。按照计划，香港导远公司、中国技术转让公司三家各投资30万港元，开办了以海外贸易为主的香港联想电脑公司中国技术转让公司有很强经济实力和很好信誉。导远公司是由几名毕业于英国伦敦大学计算机专业的年轻人创办的，他们比较熟悉海外市场，有在国际市场上销售的经验，但是缺乏研发能力，在快速发展的电脑行业无疑是是心明眼亮的“瘸子”；“北京联想”则有雄厚的技术实力和国内的保底市场，但对海外的销售渠道不熟悉，好比是身强力壮的“瞎子”。“瞎子背瘸子”，目标一致，精诚合作，加上强有力的资金支持，自然就能健步如飞。“瞎子背瘸子”，关键在于优势互补。

1988年底买下香港Quaritum公司，联想就利用Quantum的厂房设备着手搞产品开发。此时香港联想虽然已取得了较大的成功，但是，同当时国际市场上已有的大型计算机生产厂商，如IBM、COMPAQ、AST等相比，联想公司无论是在技术、资金实力还是品牌声誉上都相去甚远，为此，公司决定避开这些实力强劲的厂商，而以台湾、香港的厂商作为竞争对手，采取所谓“田忌赛马，以上对下”的策略，将自己的产品定位于档次较低的国际通用产品。联想公司以中国科学院计算机研究所作为后盾,拥有40多名高级研究人员和工程师,有多年的丰富经验,因此,在技术实力上同众多的港台厂商比,可以说是一匹名副其实的"上等马",但在产品定位上,联想公司却以"下等马"自居,选择了档次较低的国际通用产品为开发目标:在产品技术层次上,选择技术层次较低,但应用面广、市场大、易于商品化的微型机产品,而不是搞大型机、小型机等高层次产品;在微机机型上,先选择微机产品中的低档机型286,而不是先搞高档机型;在产品形式上,从开发板级产品入手,而不是一开始就开发整机。联想QDI主板是其出口业务的主要内容,2001年以"QDI"为品牌的主板全球销量达到360万片,业界排名第五,成为中国大陆最大的集研发、生产和销售于一体的主板供应商。十几年来,联想QDI从激烈竞争的市场脱颖中而出,不仅跻身于全球五大主机板供应商之列,也打造了为世界广泛接受的国际化品牌。

进军香港,是联想是了解世界的一个窗口,也是联想"曲线救国"重要的一步。联想通过国内市场和香港跳板的优势互补,短期来看通过香港联想,减少了进口国外代理品牌机的中间渠道,大大降低了联想代理的成本,让联想也了解到了国际市场的贸易规则,加速了联想的资本积累。长期来看,也给联想提供了一个良好的技术研发的环境,从海外开始的板卡制造业从战略上起到了"一手托两头"的作用。一头是以板卡叩开国际市场大门,赢得在一个广泛空间发展的机会;另一头是由于生产制造掌握在自己手里。当90年代中期中国电脑市场拼杀异常激烈以后,联想电脑依然能够以很强的性价比优势与世界一流厂商角逐。

## 三、走进世界

贸易是企业进入海外目标市场的最基础性的尝试,也是联想在拓展国际化业务中的一条必由之路,但重要的是在学习和尝试中,尽快找到适合自己的方法。

联想在国际市场上的开拓可谓举步维艰:2001年杨元庆接过帅印后,就开始带领联想向国际市场试探着走去,尽管步子不大。联想先后与英特尔、微软等跨国公司通过项目合作的方式培养了一批了解国际业务的人才,培训范围包括:技术、产品、市场等部门。在培养人才的同时,联想开始将部分产品拿到国外销售,但是,渠道太长,运作不畅,物流成本偏高。2003年,联想国际化的收入只占其总收入的5%,这些收入还主要来自计算机主板。由于亏损,联想已将其主板业务出售。在试销的时候,联想发现其原有英文标识"legend"在国外很多地方已被注册。于是2002年9月起,联想开始筹划换标。2003年4月,联想全球换标"lenovo"。解决了商标问题,联想国际化就有恃无恐,换标之后,联想开始把PC及一些外设销往欧洲,甚至北美市场。

联想先后在英国、美国、荷兰、法国、奥地利、西班牙等国家建立了十几家分公司,并且相继设立硅谷、香港、深圳、北京4个研究开发中心,建立了香港、深圳、北京3个生产基地,从而把自身的经营开发触角向发达国家和中国其他城市延伸,奠定了向产业化发展的基础,完善自己的海外分支机构的设置。

2004年12月8日，柳传志代表联想对全世界宣布：联想以12.5亿美元的价格并购了IBM的全球个人电脑业务，包括：PC机和笔记本电脑，以及与个人电脑业务相关的研发中心、制造工厂、全球的经销网络和服务中心。根据双方签署的协议，联想将向IBM支付6.5亿美元的现金，以及价值6亿美元的联想集团普通股，同时联想还将承担IBM PC部门5亿美元的资产负债。交易完成后，IBM将持有联想集团18.5%的股份。新联想将在5年内无偿使用IBM品牌，并永久保留使用全球著名的“Think”商标的权利。新联想将在纽约设立集团总部，在北京和罗利(在美国北卡罗来纳州)设立主要运营中心。交易后，联想将以中国为主要生产基地，同时将拥有约19500名员工(约9500名来自IBM，约10000名来自联想集团)。根据并购协议，联想和IBM将结成长期战略联盟，IBM将成为联想的首选服务和客户融资提供商，而联想将成为IBM的首选PC供应商。IBM高级副总裁兼个人系统部总经理史蒂芬·沃德将担任新联想的CEO，而杨元庆将担任收购完成后的新联想董事局主席。

按照规划，联想将完全消化IBM全球PC业务的时间分为三大阶段：第一阶段的目标，就是整合双方的组织架构、职能平台，以及供应链等。这一阶段将耗时12~18个月；随后是第二阶段，重点是新公司的产品、销售队伍以及渠道、研发的整合；第三阶段，就是整合品牌，进入到一些新的业务和新的市场。联想预计完全消化IBM的全球PC业务要用5年时间完成。18个月后市场上出现的有可能是IBM联想的联合品牌。到了2008年，联想将大力宣传自有品牌，“Lenovo”品牌最终将取代IBM品牌。

联想收购IBM部分电脑业务，实现了从国内品牌到国际品牌的实质飞跃，2005年联想的动作则更是让人眼花缭乱。当人们对新联想的前途做出种种推测的时候，杨元庆和他的联想战舰却不断演绎着IT界的“神话”。3月31日，联想与全球三大私人股权投资公司德克萨斯太平洋集团(TexasPacificGroup)、GineralAtlantic及美国新桥投资集团(NewbridgeCapitalLLC)达成协议，三大私人股权投资公司向联想集团提供3.5亿美元的战略投资。5月1日，新联想在美国纽约正式挂牌成立。8月10日，联想集团在香港发布并购后的第一季度财报显示，其综合营业额较去年同期狂增234%，达196亿美元，旧有Lenovo品牌与收购的Think品牌产品双双赢利，而此时距离收购不到半年时间。9月30日，新联想宣布整合提前迈入第二阶段，将联想原有业务与并购获得的IBM个人电脑业务在全球范围内全面整合在一起。2005年新联想走得稳定而踏实，尽管对于新联想的未来，无论是业界还是传媒都抱着质疑的态度。然而，一年下来，我们看到的是一个健康向上的品牌，从产品市场到资本市场联想品牌在逐步实现着自己品牌的构想，联想也因此入选2005年度影响中国最佳媒体形象品牌第一位。经过了组织再造品牌再造的新联想将面对全球化运作与管理的巨大挑战，而这也正是对联想组织管理能力的最大挑战，它要整合各种全球性资源，同化各种国际化差异，这将决定联想到底能不能管理跨国企业能不能成为全球企业。

从联想20年的国际化之路来看，其国际化战略经历了由模糊到清晰再到实现跳跃式发展的曲折历程。直到并购IBM PC业务之前，无论从哪方面看，联想仍然是一家地道的本土企业。并购IBM PC业务使得联想成为了真正意义上的国际化企业，但仅仅通过资本力量而实现的国际化,必然存在其固有的脆弱性和风险性。联想需要不断探索更适合自己的国际化道路。

## 第五节 产权改革打破体制瓶颈

体制问题是中国企业的软肋, 很多大型民营企业在自身发展转型时期因体制结构问题而四分五裂或走向衰落。机制是办好一个企业非常重要的条件,其中企业产权是最重要的问题,关系到企业上下的责、权、利,是国有企业改革的重中之重。联想认为,产权不明晰,有权有责没有利,在这种情况下,再发展下去就有困难了。如果产权问题模糊,可以导致企业的"死亡"。

柳传志总结了国有企业产权机制不解决对企业来讲会出现四种现象:"第一种现象就是褚时健现象。第二种现象比较恶劣,就是关联交易。比如说我办一个联想,要对个人有好处,也不犯法,可以把公司里边几个最得力的年轻人在边上办一个畅想。把好的业务往那儿转,吃亏的事我担着,这个利润你们得。这些经营者,主人不像主人,看不住他的时候,他是会有各种办法跟国家捣鬼的。第三种情况,就是形成宗派。他不做以上两种事情,不跟国家捣鬼,但是到了快退休的时候,他可以安排亲信成为接班人,很显然这是为了保证他以后的生活待遇。这样就会形成宗派,各有各的一套体系,企业将来办起来更困难。第四种情况,这几种都不做,他也不怎么干活,就是混。一些小企业,做的不大,做大了老总肯定就得被换走,家里面一定会派别人来做。当然做得亏损了也很难过,就做得刚够吃就行。"这些情况都是机制上的问题,所以国有企业的产权机制问题一定要正视,而且要努力推进现代企业制度,能够彻底解决这些问题。

联想在机制战略上率先有为,采取了"拐大弯"的方法来解决产权问题,从开始借势国有民营开始创业,到后来进行奖金税和分红权的改革,再到最后改制上市,最终实现"鲤鱼跳龙门"。由创业之初的小公司发展到今天IT行业的巨鳄,联想为自己的不断发展铺平了道路,提供了一种生机勃勃的氛围。

### 一、一院两制下的国有民营

改革开放后,中国整个转向经济建设的局面下,中科院为了对付各方压力,提出"一院两制", 意思是在中国科学院系统奉行两种管理体制, 一种是研究所的管理体制,另一种是完全放开自主经营的企业管理体制。在这种背景下,1984年11月1日,中国科学院计算技术研究所新技术发展公司—联想集团公司的前身成立。中科院计算所投资20万元加上一间20平方米的小平房,应该说这是一家地道的国有企业。虽然投资少、规模小,但国有这一点在那个时代却是至关重要的。国有企业在很多方面都具有民营企业不可比拟的优势,联想发挥自己的优势,用活用足了政策,把联想这样一个名不见经传的小企业发展成今天一个举世瞩目的大企业。

联想的缔造者柳传志认识到，计算所只投资是不够的，更主要的是应该放权。于是他向所里提出要三权：第一是人事权，所里不能往公司塞人；第二是财务权，公司把该交国家的、科学院的、计算所的上缴以后，剩下的资金支配，所里不要管；第三就是经营决策权，公司的重大经营决策由自己做主。下放人事、财务和经营自主权，在机制上保证后来柳传志所说的“民营”，同时公司有计算所里上千名科技人员做公司后盾，这些高素质的创业人员是当时计算所新技术发展公司最大的财富。

联想前身公司命名当中还有一块“中科院计算所”的金字招牌。这是计算所新技术发展公司重要的无形资产，有了中科院计算所这块国内计算机界的顶尖招牌，对公司发展业务肯定有很强的支持作用。联想也充分利用了这块“金字招牌”，回顾联想集团的发展历程，国有优势的发挥，在联想发展的关键时刻往往是功不可没。柳传志曾直言不讳地说：“1988年我们能到香港发展，‘金海王工程’为什么去不了？因为它是私营的，而我们有科学院出来说话：‘这是我们的公司’。”香港联想开业三个月就收回90万港元的全部投资，第一年营业额高达1.247亿港元，“国有”的优势再一次得到体现。甚至在企业发展的后期，联想还一如既往地享受着“国有”的恩惠，与政府成功地合作、开发并实施了诸多的合作项目。

柳传志曾在1997年5月19日联想全体干部大会上讲过：“同志们有没有想过一个问题，如果联想集团不是国有的，而是私营的，赚出的利润是归私人的，大家还会有这么强的凝聚力，还会有这样远大的奋斗目标吗？大家会说国外的企业都是私营的，不是一样有凝聚力吗？可以肯定地说，如果联想是私营的，联想不会得到国家银行如此规模的贷款支持；联想海外发展的策略不可能得到国务院港澳办和新华社香港分社的支持；我们的人根本派不出去；联想不会有今天在民众中的声誉；不会得到国家各部委采购政策的支持，还会有各种各样的麻烦，总之，绝不可能有今天的规模。但即使不是私营的，是国有的联想就能发展吗，答案显然更是不确定的。如果国家所有者把联想卡得死死的，把每年所有的利润都提上去，把联想应有的经营权力全部收上去，不鼓励联想进行股份制改造，不支持实行符合市场经济的激励方式，那联想就谈不上存活，更谈不上发展……”

联想实行“国有民营”体制的核心要素主要是财产所有权是国家的，但经营自主权是企业的。这意味着联想集团的全体员工必须对国家的财产负责，但经营方面可以完全按市场经济规律办事，不必太多顾及一般国营企业经常面对的行政干预。联想所置身的领域是第一个完全向世界开放的行业，竞争对手都是世界一流的，无论在国际市场还是国内市场，放开手脚与别人竞争，小心翼翼也还难说谁胜谁负，假如再加上一些与市场经济规律相悖的行政干预，肯定必败无疑。联想是一个幼稚的企业，这意味着必须有“国有”这个后盾，它才可能成长起来，才可能与外国的巨人企业一拼高下。没有中国科学院的支持，没有电子工业部的支持，没有政府的支持，联想也很难有今天的发展。

## 二、奖金税与分红权

1988年联想进军香港，步入新的创业时代。随着联想的不断壮大，联想陆续引入了一大批年轻人，这意味着“无私奉献的创业时代”已经过去了，怎样激励销售人员的积极性，促进联想进入更快的发展阶段成了联想摆在桌面上的问题。联想从1988年第一次实行承包制，开展优秀推销员活动，并颁布了一个现金奖励制度：凡经营额达300万元以上者，可评为“优秀推销员”，将在职称、工资、进修深造等方面优先考虑；凡经营额达500万元者，记“特等功”，并给予奖励。

销售经理金开贵大大超额完成任务，按照公司的承诺该拿奖金6000多元。当年柳传志的月工资是200多元。当时政策规定，奖金如果超过3个月的工资，单位要上交300%的奖金税。金开贵获6000元奖金，联想要拿出2.4万元。联想1988年全年的利润不过100来万，而且，奖金超过3个月工资的还远不止金开贵一人。柳传志的办法只有两个：一是硬交奖金税，二是想办法逃税。硬交对联想来说无异于割肉。但是逃税，柳传志猛然想到——第一次那么清楚地想到——公司不是我的，这奖金也不是我拿，但出了事，责任是我的。柳传志最终还是变相地选择了逃税。几个月后事情败露，经过一番周折以罚款9万元了结此案。一年以后，有关奖金税的政策被取消。

金税事件体现了联想信守承诺，更体现了当时在中国办企业面临巨大的“政策风险”。公有制企业经营者柳传志开始感到，一个公有制企业经营者所要求的奉献精神，也许太多了，不光要吃苦在前享受在后，而且要乐于为公有资产承担个人责任。后来在柳传志给当时中科院院长周光召写的一封信中说：“现在经营企业很难，不光有决策风险、管理风险，还有政策风险。国家在一天天转型，政策在一天天趋于合理，但是我们的企业现在就存在着各种困难。如果不想一点办法，冒一点风险，可能一天都不能生存。这就要求企业经营者不光要有才能，还要有超强的奉献精神。为什么旧有企业通常办不好呢？就因为经营者要么因为公有资产无人负责，而混水摸鱼；要么因为公有资产与已无关，但求无过。

企业的发展，从本质上说是人的发展，而企业的创业群体中不可能每个人都能够跟得上企业发展的脚步，这是一个残酷的现实。在“国有民营”体制下，怎样才能让联想老一辈创业者顺利地从领导岗位上退下来呢？接班易，交班难。早期创业者几乎是赤手空拳，刚刚打下江山又要拱手让出，很多人迈不过去心理上的这个坎。联想是通过产权改革实现新老接替的。如果收交控制权的老一辈创业者能获得相应的资产收益权，他们会变得平稳，也会收得安心。“中国的事情要顺势而为，不能强来，不能急。”从1989年开始，联想一步步提高工资奖金，稳定军心。与此同时，联想力争得到中科院的更大信任，向中科院提出35%的分红权，1994得到了中科院的批准。

联想在处理分红权上体现了很高的管理艺术性。在向中科院提出分红权的前一年，柳传志已经把35%的分红权在内部分配掉了。“如果中科院批准下来，分红权的内部分配也是个大难题。”因为创业者没有一个投过一分钱，他们之间也从来不曾形成过任何关于资产收益权的合约。"但是在批准之前,空头支票就好分多了。"获批的35%的分红权又分作3份——其中的35%分给"参与创业的重要老同志",20%分给"一般老同志",另外45%留给1988年以后进入的新员工,他们共同组成员工持股会。通过分配分红权使老同志欣然退位,交班问题得以解决。

但是分红权毕竟不是股权。1994年分红权获批之后,联想内部就有人主张趁热打铁,将分红权明确为股权。柳传志按兵不动,他觉得触动太大,可能弄巧成拙,政策环境总是趋好的,时机总会成熟。随着联想越做越大,高科技企业的发展越来越成为政策面关注的焦点。1998年北京市工商局透露,中关村2000多家高科技企业正为产权问题所绊,其中包括一批大企业,政府也指出要摸清这批大企业的产权归属问题。在这种背景下柳传志提出将分红权明确为股权。中科院表示支持,"联想员工持股者享有分红权已经5年了,最后还是要过渡到股权。之所以以前没有做,是由于有关政策规定,如果现在有所松动,中科院很愿意尝试。"联想的要求无疑可以一举两得,既为联想员工拿到了股权,又为中科院树立了一个样板。

由奖金税到分红权,再到股权,意味着联想在产权问题上迈出了一大步,产权改革对联想的发展至关重要。年轻人陆续到了第一线,有了自己的阵地施展抱负,老一辈创业人员逐年退去,顺利实现了联想新老交接。柳传志把联想产权改革称之为"拐大弯",看准目标,然后拐大弯,不要临时拐急弯,拐急弯容易熄火。

## 三、改制上市

20世纪80年代末,整个中国都处在高速发展的氛围中,国内经济环境既繁荣又混乱,许多客观情况都限制着民营科技企业向产业化发展,当时我国正处于经济体制改革的关键时刻,市场经济特别是股份经济的发展已经清晰地证明,股份公司特别是上市公司的最重要功能是优化资源配置以及与此相适应的产业结构调整。

联想认识到中国企业的直接融资环境很不理想,中国企业还不具备发行债券的条件,内地股市融资也存在很多问题,于是联想把上市纳入了联想进军海外三部曲的最后一步,希望在香港上市,实现联想"金色鲤鱼跳龙门"的梦想。

1988年6月与香港导远公司、中国技术转让公司各出资30万港币成立合资企业——香港联想电脑有限公司,简称为香港联想,三家各拥有33.3%的股份。后来几经增资扩股后股份变动为:北京联想占53.3%,导远公司占43.3%。中国技术转让公司占3.3%。1994年2月,香港联想控股公司股票在香港公开上市,通过发售新股融资2.17亿港元,为形成规模经济,实现建成国际级大型电脑企业这一目标奠定了基础。从此,联想集团发展进入了一个新的阶段。

1997年之前,北京联想和香港联想的业务格局是:香港有一个指挥中心,北京有一个指挥中心,财务是单独核算的,形不成集团的一个统一指挥中心。1997年开始,北京联想计算机新技术发展公司将北京联想和香港联想进行了整合,通过资本重组的方式独立接管了香港联想,将北京联想的优质资产(联想电脑、联想科技)与香港联想的股权进行置换，实现了两者合二为一，北京联想的其他资产由新技术发展公司接管。1998年6月，京港整合完毕，整合后的联想把原来的十几种业务归并为六大业务领域，成立联想集团有限责任公司(香港上市公司)，北京联想变成为香港联想集团有限责任公司的全资子公司。同时北京联想计算机新技术发展公司在并入北京联想的其余部分业务后更名为联想集团控股公司，成为联想集团有限责任公司的控股公司。按照1993年确定的比例，中科院和联想正式确定中科院拥有联想65%的股份，联想自身占有其余35%的股权。1999年，联想又在集团内部推行员工持股计划，这个员工持股计划是分掉联想集团所拥有的那35%的股份。按照1994年就已经确定的方案：第一部分是创业员工，总共有15人，将获得其中的35%，这些人主要是1984年、1985年创业时的骨干；第二部分是核心员工，约160人，他们主要是1988年6月1日前的老员工，将获得其余的20%；第三部分是未来的骨干员工，包括现在的联想员工，获得其中的45%。

2000年在柳传志传出联想大调整时，将联想一分为二，并分别上市，开辟了新的融资渠道，带来了“一种资产，两次使用”的效果，实现了企业资本运营的“多赢”战略。联想分拆神州数码的真实目的并不在于募集资金，而更多地是为了完成集团内部的结构调整，在结构调整之后，将分为通讯、PC、掌上电脑和企业设备四个事业部，这样分工更加专业化，业务拓展将更有效率。

“股票上市肯定是一件非常大的事，”柳传志说，“第一它可以解决公司的资金问题；第二个好处是扩大影响；第三点是对公司内部运行机制的影响。”联想“跃龙门”计划获得了成功，其意义不仅为联想实现了新的跨越，获得了更广阔的成长空间，更为联想获得一个与世界对话的机会，赢得与IBM、HP等跨国巨头进行一场场挑战赛的资格。

# 第9章　做一只适应环境的鸡蛋

## ——联想的组织设计

“生命力顽强的鸡蛋就要研究周边的环境，一方面促使环境更适合，一方面增强自己的生命力，以便能顽强地孵出小鸡来。”

——柳传志

组织结构是一个企业正常运营和不断发展提高的支撑和载体。如果缺乏一个良好的组织结构，没有一套分工明确、权责清楚、协作配合、合理高效的组织设计，企业内在机制的优势就不可能充分发挥出来。企业要根据外部环境的变化，及时调整、创新和优化组织结构，不断提高管理效能和组织效率。所以，企业的组织设计是至关重要的，组织变革是一定的，不变革，无以生存。

联想组织结构最大的特点就是“变”，变是联想组织变革不变的规律。联想的组织变化多，变化快，直至变到连管理专家都要说“惊人的混乱”。“联想爱折腾”，联想每隔一段时间就要“折腾”一次，在不断的“折腾”中发展进步，而所谓的“折腾”就是一次次的组织创新。对此，柳传志认为：“没有一个不断创新的组织，企业的其他创新活动就不会有效。也不会持久。因为联想所在的计算机行业。技术变化快。市场变化快。人员变化快。如果企业沿用过去那种秩序井然的组织结构来以不变应万变。结果就只有被淘汰。”

联想有着顺应时势变化发展改善自己的经营组织和发展战略的优良传统，随着规模和业务的不断扩大，企业的组织设计也与时俱进，不断创新，实现了联想的持续成长。联想在不同阶段运用了木桶理论、打包理论、专业分工理论、继承与创新理论等组织优化理论对联想的组织结构进行了优化，其发展历程经历了如下几个阶段：

### 第一节　简单结构——平底快船（1984年—1987年）

1984-1987年是联想最初创业阶段，没有形成严格成型的组织结构，这一时期公司的总体特点是产品少、人员少、经营额小、资金短缺。公司组织比较简单，总经理领导下设技术开发部、工程部、办公室、财务室、业务部。业务部包括：宣传培训、维修、门市和技术实体。公司内设IBM代理北京中心和集体所有制的商店各一个。这一时期联想采取的是“平底快船”的管理模式，即总经理直接指挥，权力高度集中；人员和部门一专多能，只要是市场需要什么事都要干；资金则分批量投放然后快速回笼，联想称之为“小步快跑”。这种管理模式对规模很小，处于创业阶段的联想十分有效。

联想刚刚成立时，除了中科院20万元的投资、20平方米的房子、11个人之外几乎一无所有。11个人挤在两间原是传达室的平房里，没有招牌，没有门市部。公司的第一桶金是为中科院进口的500台IBM微机做验机服务得来的，联想当时承接了IBM500台机器的验机任务，但是他们没有地方，就借用了中科院计算所第八研究室的副研究员胡锡兰的办公室。每天他们从小楼把机器搬下，再搬到北楼的二层最西头。在他们当中既有总经理，又有书记，他们有撩胳膊的，有挽裤腿的，根本看不出来谁是领导，谁是被领导的，一批40多岁的中科院研究人员靠自己的体力和技术获得了他们的第一桶金——70万元，也正是这种坚毅和执着显示了公司未来的兴旺感召了一批人后来陆续进入联想，这其中就包括胡锡兰，她是当时中科院计算所所长曾茂朝的妻子，也是联想“研究员站柜台”故事的主人公。

联想的创业者们都是有着一种想干点事情的时代压抑者，有着强烈的创业激情，他们身上也都体现了非常感人的奉献精神。胡锡兰到联想后，恰逢1985年北京展览馆举办全国科技成果展览，所以她的第一件事儿就是到展览会上办展览。当时胡锡兰介绍的是“联想汉卡”。那时我国计算机应用水平还很低。有的人不停地问这问那，胡锡兰来者不拒，耐心给人解释，展览结束别人都下班了，联想的顾客还是走不动，后来又围在展览馆门前的水池子继续讲。她没有因为自己是研究员而背包袱，反而觉得自己有价值，对公司有帮助。联想的初期资本积累就是这样靠每个人的激情和奉献换来的：他们曾经有人累得晕晕乎乎，下班时撞到电线杆子上；有人低血糖，工作中当场昏倒；有人累得哇哇吐血；还有人在风雨中迎接客户而掉进了一人多深的泄水井……联想就是靠这种做事拼命的精神成长起来的，1996年春节联欢会，当柳传志、李勤向所有退休员工发“终身荣誉员工”证书的时候，从那一双双接过证书的颤抖的手，经久不息的掌声，高唱的《联想之歌》中，在场的所有人都能体会这歌声发自肺腑。

联想在这种没有权力等级的简单结构中奠定了未来起飞的基础，为联想沉淀下了浓厚的创业文化。在这种“平底快船”的组织结构中，总经理直接指挥，权力集中，没有层次，能维持组织的灵活性和快速决策。当时人员少（员工数1985年51人，1987年182人）部门少；业务以贸易、技术服务为主，除联想汉卡有一定规模，多数项目业务量不大，能保证彼此之间的沟通；资金紧张，需要集中使用；领导人也有必要对为数不多的下级实行监督和控制。实践证明，当时的组织结构与当时联想的情况基本适当，初步形成了联想的面向市场、同时内部相对集中的组织思路，同时还培养了一批管理和业务骨干。总体看企业组织结构比较合理高效、统一，为企业早期的资本积累和产品开发提供了组织保证。

联想在1988年的营业额首次突破亿元大关，除去自制产品之外，联想还与几家外国公司建立了产品代理关系。联想这个时候面临的机会和课题是几个：第一个是在国际市场把自制产品市场做大；第二个是在国内市场把自制产品市场做大；第三个是把与国外电脑公司合作的电脑产品增值业务市场做大；第四个是在扩大联想汉卡市场同时加速联想电脑的开发。联想这时候基本已是一个中型企业了，平底快船已经不适合联想发展了。

## 第二节 直线职能制——大船结构（1988年—1992年）

1988年开始，联想已经是一个中型企业了，对于高科技企业如何发展，应该建立什么样的企业组织结构，众说不一。当时有的提出分散经营、小卫星制、小诸侯制，这些组织结构管理上灵活，容易调动下面的积极性，领导上比较超脱，但容易使企业兵力分散，正是我国多年来科研管理上的一大弊端，而且当今世界经济的发展也趋于协作、大联合。同时当时的一些新兴企业内部出现脱钩现象，小摊贩、小山头儿思想导致企业停滞不前。联想认识到，没有一支组织严密、战斗力很强的队伍，企业就成不了气候，形不成产业，也就无从谈起进军海外市场。在这样的背景下，联想提出了“大船结构”管理模式。

联想的这种“大船结构”模式实际上就是直线职能制的组织结构，是联想对主业探索阶段的体制模式，也是联想运用木桶理论针对自身发展找出自己的短板对组织结构进行创新。联想当时实行直线职能制的主要原因有三点：

1.顺应规模扩张。联想在1988年的营业额首次突破亿元大关，已完成了初步创业，开始进入成长期。随着规模的扩大，继续实行高度集权，一抓到底的“平底快船”管理模式，使高层管理者捉襟见肘，结果是降低决策效率，因而需要发挥职能部门的作用和分级管理。

2.实现公司发展战略的需要。1988年初，公司提出了几个战略目标：抢占市场，营业额1.3亿元；开辟海外市场，向海外进军；在计算机领域内形成技工贸的产业结构；在全国各地办分公司，筹建生产基地；抓好研究室建设，争取推出2—3个有效益的产品；在非计算机领域做试探；进行内部管理体制改革，对业务部、技术部、工程部、电源部进行试点，实行承包合同制。为实现这些战略目标，必须调整组织结构，发挥各方面的作用，使领导工作集中于基本决策上，有效利用企业资源。

3.防止资源分散。联想的大船结构有对下的承包授权，但仍是直线制以利集中资源，防止过度分权。1987年底1988年初，中关村刚刚发展起来的几百家公司，许多都提出要分散经营。有人提出联想应该像科海那样——总公司下面设一大堆小公司，虽然每个公司都做重复的事，但是都赚钱。联想认为，兵力分散，是我国科研、企业管理上的一大弊端，没有一支组织严密、战斗力强的队伍，企业成不了气候，形不成产业，也无从谈起进军海外市场及PC机业。

联想“大船结构”式的组织结构强调明确岗位责任、权力等级和职能分工，强调交流和沟通正式化，强调“集中指挥，分工协作”，具体包含以下五层意思：

**1.集中指挥,统一协调。**

公司以开发、生产、经营三大系统为主体。围绕这三大主体,公司设置了一个决策系统,一套服务系统,一个供货渠道,一个财务部门;实行人员统一调动,资金统一管理;根据市场竞争规律,企业内部实行目标管理和指令性工作方式,统一思想,统一号令,接近于半军事化管理。

**2.各“船舱”实行经济承包合同制。**

1988年起,公司按工作性质划分了各专业部,比如业务部下设:汉卡、微机、网络、小型机、CAD工控、软件、资料等专业部;实行“船舱式”管理,任务明确,流水作业,有利于提高工作质量和效率,有利于实现按劳分配,调动员工积极性,体现企业主人翁地位。

**3.逐步实现制度化管理。**

从1989年起,公司开始完善各种企业管理制度,比如财务制度、员工培训制度、干部聘任制度、库房管理制度等等,有意识进行规范化企业管理,为创建大规模外向型企业做准备,实行制度管理;使各“船舱”衔接起来,既有分工又有协作;既要提高各自的工作效率,又要顾全整体目标和利益。制度化管理使企业不但有了强大的动力机制。同时也建立起一套企业自我约束机制,以保证企业高速正常运转。

**4.实行集体领导,董事会下设总经理(裁)室。**

总经理室四名成员,两个在香港,两个在国内,实行海内外统一指挥。公司高度重视领导班子的团结和表率作用,由于领导班子成员有共同的理想,共同的思想基础,又配合默契,使总经理一班人成为公司的坚强核心,在员工面前具有很强的号召力,并保证了企业决策的正确性,不在竞争中产生失误和失利。

**5.思想政治工作与奖罚严明的组织纪律相结合。**

公司实行总经理室与员工对话制度,与员工及时沟通思想,交流感情;公司高度重视员工的观念转变,重视思想认识上的统一,将思想政治工作渗透到科研、生产、经营、管理等各项工作中去;公司关心员工思想成长与切身利益,对各类员工一视同仁,积极解决各种福利待遇,解决各种实际困难和问题;公司有意识地培养一支骨干队伍,注意发挥党组织的战斗堡垒作用;公司致力于青年人才的培养,对青年人不仅为其发挥特长而搭台子,而且倾注心血去帮助、引导和鼓励,并辅之以严格的纪律约束,促使其迅速成长为德才兼备的新型科技企业人才。

实践证明,实行大船结构体制,让联想形成坚强有力的整体,产生了1+1>2的总体效益。通过这种组织结构设计集中了资金、人力和进口渠道,使联想有能力开发出一系列高技术拳头产品,有能力广泛地开拓市场,增强了企业的竞争能力和抗风险能力，也有利于培养大型科技企业管理人才，对联想的快速成长起了重要作用。另外它还为联想共同发展的信念和价值观创造了条件，联想企业文化一定程度上也是在大船结构的组织形态下逐渐形成的。

## 第三节 事业部制——舰队结构(1993年—1997年)

1993年前后，联想的已有企业资本逾10亿元，海内外互补性经营格局已经形成，人才市场竞争白热化。联想在此期间的主要任务，一是全面参与国际性竞争确保自身的市场地位；二是建立和发展新的管理体制，为企业成为“百年老字号”长盛不衰创造基础条件。面对这种迅速发展的公司业务，导致组织管理部门迅速横向发展，管理人员的精力成为管理的瓶颈，联想的“大船结构”管理思想和由“大船结构”管理思想而确立的组织架构已经不适合联想的规模，联想需要的是一只能抵御狂风巨浪的舰队。原有的组织结构已经严重阻碍了联想的发展，机构精简，部门打包成为组织变革当务之急。

杨元庆早在对PC进行结构重组时就认识到了这一点，“分工越细当然越有利于明确职责，但细分工势必造成部门之间的协调问题。一个人的企业没有协调问题，小企业协调问题也不会多，因为一个人就能把所有的事情管理过来。但是企业发展壮大了，职能越来越多，分工越来越细，当职能分工细到一定程度时，一个层次的管理就不行了。以联想PC的例子来说，1994年的时候，我只能管理5个部门，随着管理能力、协调能力的提高，我有能力管更多的部门，1996年之前联想PC基本上是横向发展，一个部门接着一个部门成立，发展到最多的时候。大大小小的部门有23个之多，我的能力对于管理好这所有的部门可能还没有问题，但我的精力会成为一个瓶颈。这个时候就必须把关系最紧密、接口接近的部门打个包，合起来，在这些部门中挑一个能力较强的人去管理。”

1992年初，公司总裁室提出了事业部的概念，北京和香港分别建立了事业部，特别是香港全面实行了事业部。随之产生的“大船”变“舰队”的指导思想，提出了旗舰领导，计划管理，独立核算的体制调整原则，为公司的改革提供了指导思想。

1992年下半年开始，在汉字系统事业部、小型机事业部实行事业部制。汉字系统事业部针对当时汉卡开发、生产、销售服务脱节的情况，由公司总裁室决定于1992年秋季成立的。1993年，该部全面实行事业部制，从开发、生产、销售到售后服务统一规划，统一管理，使汉卡业务有较大发展。

公司给小型事业部充分的自主权，目标是明确的：那就是完成利润上缴数。小型机事业部采取一系列措施调动员工的积极性，在供应、技术支持、对外合作等方面采取一系列措施，在1993年市场形势萎缩的情况下，他们打破了多年来小型机营业额在几百万美元徘徊的局面，跃过千万美元，形成了北京、上海、深圳三足鼎立的系统集成开发基地和销售服务体系。

1993年，联想集团第一次没有完成计划指标，微机计划销售3万台，实际只销售了2万台。在这种背景下，引发了联想管理思想大讨论，1994年工作会议总结事业部经验，决定全面实行从“大船结构”向以事业部为基本组织形式的体制，即向所谓舰队结构体制转变。公司原有经营部门按产品划分为14个事业部。在公司总体战略部署和统一经营计划指导下，事业部对产供销各环节实行统一管理，享有经营决策权、财务支配权和人事管理权。公司设立销售总监、财务总监，成立审计部，健全人事、财务和审计等方面的制度，对事业部进行“目标管理”及过程监控。

1994年3月19日，联想集团微机事业部正式成立。把联想电脑的研发、采购、生产、销售、服务全部环节都统一管理起来，制定了以市场为导向的战略，向事业部充分放权。杨元庆出任微机事业部总经理，曹之江、袁保玑任事业部副总经理，事业部总经理被赋予经营决策、财务、人事三项权力，微机的供应生产、销售、质控、技术服务、软件支持等全部放在事业部，形成了研发、生产、销售、服务一体化的新的微机产业体系。联想微机事业部成立后，联想的主要业务，特别是PC机业务迅速成长。事业部以微机销售为龙头，统一指挥，消除“内耗”，全方位降低成本，当时就完成了4.5万台的销量，取得较好的成果，开始建立全国性的分销体系；1996年微机事业部率先在中国市场上掀起降价“狂潮”，联想台式电脑当年的销量跃居中国市场第一，从此确立了联想电脑在中国市场的优势地位。

联想决定调整大船结构实行事业部制的主要原因，首先是大船结构在企业规模扩大后，决策速度慢、市场应变能力差的弊端日益显露：大船结构将权力集中在总部，包括研发营销在内的决策层不能贴近的市场，适应不了激烈的竞争；高层管理者因精力和能力所限，妨碍企业制定合适的战略；不利于调动下属的积极性；不利于培养干部，特别是培养领军人物。舰队结构管理模式在管理上的突出表现在于不仅发展和强调了大船结构提出的整体作战的要求，同时加入了以人为本的个性尊重，从而成为舰队结构管理模式建立的两个核心要素：“法治”和“人才”。联想全面实行事业部制意义重大，也极为成功，是联想组织结构管理走向成熟的重要标志，在此过程中，联想“建班子、定战略、带队伍”的管理三要素思想逐步形成。联想的组织结构由大船式的直线职能制转变为舰队式的事业部制，实现了生产力的又一次解放，带动联想进入了有一个高速发展时期。

## 第四节　矩阵制——多元化的创新(1998年—2004年)

1997年之前，联想包括北京联想和香港联想两块业务：香港有一个指挥中心，北京有一个指挥中心，财务是单独核算的，形不成集团的一个统一指挥中心。1997年开始，北京联想计算机新技术发展公司将北京联想和香港联想进行了整合，通过资本重组的方式独立接管了香港联想，将北京联想的优质资产(联想电脑、联想科技)与香港联想的股权进行置换，实现了两者合二为一，北京联想的其他资产由新技术发展公司接管。

1998年6月，京港整合完毕，整合后的联想把原来的十几种业务归并为六大业务领域，成立联想集团有限责任公司(香港上市公司)，北京联想变成为香港联想集团有限责任公司的全资子公司。同时，北京联想计算机新技术发展公司在并入北京联想的其余部分业务后更名为联想集团控股公司，成为联想集团有限责任公司的控股公司。

京港整合为联想事业部体制的进一步完善提供了重要的条件。整合主要集中在三个方面：

(1)资产业务的重整，“同类项归并”。联想的事业部在集团内部得到真正的统一。联想形成6大事业部(或公司)，其中电脑、代理分销、系统集成、板卡制造销售是基本的经营事业部或者说是基本的战略经营单位(SBU)。

(2)进一步完善公司总部和事业部的集权与授权体系。基本事业部对产供销各环节实行统一管理，享有经营决策权、财务支配权和人事管理权。

在财务方面，贯彻大财务的管理思想，总部实行统一财务，对外只有一个账户，事业部财务部门由总部实行统一管理。总部有投资管理办法和预算制度，有统一的财务管理及接口制度。大的投资由总部决定，总部要参与各部门的预算并最终审批，修改和高速预算由总部决定。

在人力资源方面，事业部总经理、副总经理由总部任命，部门经理、副经理由事业部内部决定任命，总部备案。高级干部培训由总部负责，一般管理干部和技术培训由事业部负责。薪酬制度由总部统一制定，浮动工资部分由事业部负责。招聘由总部和事业部共同负责，由事业部决定聘用，但员工档案在总部。

在经营方面，事业部有经营自主权，但大的业务变化、大的经营举措要请示总部，如科技发展公司要做新的业务——代理网络产品，必须通过总部，又如原只代理惠普一家的激光打印机，现要代理第二家产品，也要请示总部，如已同意代理第二家产品，再代理第三家产品就可以自己做主，各子公司领导人非常明白，什么事应该请示，什么事自己可以决定。

总部对各子公司实行责任利润考核。责任利润=毛利-费用-(应收款、存货)准备金。应收款、存货时间长自行贬值，半年贬值50%，超过一年全部减掉。

(3)建立地区平台。地区平台是联想公司对联想地区公司(如上海公司)的称呼。整合以后，各地业务都逐渐集中到各地公司，通过地区公司的渠道和支持展开业务。各地公司都是一个账号，统一运筹或支持联想在各地的共同业务。地区公司从财务管理角度来看是费用中心，承担与基本产品事业部配合开拓地区业务的重要任务。

地区平台的建立，使联想逐渐形成了以产品事业部为基础，以地区平台为全国性网络基础的经营组织体制。2000年4月5日，联想集团的业务被分成了两大公司，一个以“联想电脑公司”为主体，主要负责网络接入端产品和信息产品，以及ISP和ICP的服务为主。另一个以“神州数码有限公司”为主，主要负责以电子商务为中心的网络产品，以及为客户提供全面的系统集成方案。令人关注的两名三十多岁的“候补接班人”杨元庆、郭为分别成为两大子公司的少帅。

业务分拆后，新联想少帅杨元庆上任后面临最大的问题就是内部结构上不清晰，人员比较臃肿。联想持续的高增长以及打包形成的事业部制管理，最终还是形成了联想一个垂直线过长的金字塔，如果朝下看，需要越过11级，才能看到自己最底层的员工。新的竞争环境和新的业务模式需要一个更有弹性、更扁平化的组织。

在这种情况下，一方面联想实行了精简，把部门的组织架构由原来的几十个简化成了6个部门。好几百人的队伍一下子缩减到了100多人，到2000财年结束的时候，整个公司的层级被砍到7级，杨元庆通过更多的权力下放使这7级都变成了企业前进的“发动机”。另一方面联想开始实施企业信息化建设，组建企业ERP管理系统。联想在1998年底与全球最大的企业管理软件供应商SAP签约，由SAP提供ERP应用软件（即SAPR/3系统），并由世界著名咨询公司德勤和SAP同时提供咨询顾问。共同参与联想的ERP项目实施。经过几年来大规模的信息化建设，为联想搭建起了一个符合现代企业长远发展的信息化平台。使联想的各项成本明显降低，极大地提高了企业效率和盈利能力，为联想打造了与世界领先企业一争短长的核心竞争力，也为新联想向高端产品转型和向服务业转型提供了一个契机。

经过一系列的组织变革和信息化的流程再造，新联想形成了以客户为中心。以PC为基准业务遍及消费IT、企业IT、IT服务、信息运营、手持业务、部件与合同制造6大组群的新的组织架构。这种扁平化的模式配合联想信息化的管理。使联想的组织效率日益提高。为新联想向更高的目标迈进打下了坚实基础。

## 第五节　多维立体组织结构——国际化的探索（2005年—至今）

2004年12月，联想收购IBM部分电脑业务，实现了从国内品牌到国际品牌的实质飞跃，并购后的新联想，总部在美国纽约。美国罗利是作为国际业务运营中心和全球市场中心，中国北京作为中国运营中心，全球研发管理中心和全球采购供应中心。新联想将拥有19000名员工，160个全球销售网点，3600个中国分销代理，4400个零售店面（中国），35000多全球商业伙伴。在中国，联想分布了四个区域和18个分区，并在沈阳、西安、上海、武汉、成都、深圳设立了分公司，在北京、上海、惠阳分别建有生产厂，移动公司设在厦门。研发中心分布在日本大和日本大阪，美国罗利和中国北京，上海，成都，深圳。

2005年联想的动作则更是让人眼花缭乱。3月31日，联想与全球三大私人股权投资公司德克萨斯太平洋集团（Texas Pacific Group）、Gineral Atlantic及美国新桥投资集团（New bridge Capital LLC）达成协议，三大私人股权投资公司向联想集团提供3.5亿美元的战略投资。5月1日。新联想在美国纽约正式挂牌成立。9月30日，新联想宣布整合提前迈入第二阶段，将联想原有业务与并购获得的IBM个人电脑业务在全球范围内全面整合在一起。经过了组织再造、品牌再造的新联想将面对全球化运作与管理的巨大挑战，而这也正是对联想组织管理能力的最大挑战，它要整合各种全球性资源，同化各种国际化差异,这将决定联想到底能不能管理跨国企业,能不能成为全球企业。

联想全新的组织架构将联想原有业务和近期并购的IBM个人电脑业务将在全球范围内整合在一起,在原有矩阵制组织结构的基础上进行了继承和创新,形成统一的组织架构。过去双方各自的产品运作、供应链和销售体系将合并,统一整合到这个全新的组织架构中。

首先,为了延续Think Pad和联想在业界领先的创新能力,新联想将全球的产品和产品营销业务整合为一个新的全球产品集团。这个产品集团将由联想集团高级副总裁兼首席运营官—弗兰·奥沙立文领导,她此前曾担任联想集团高级副总裁兼联想国际的首席运营官。该产品集团将主要负责联想品牌、Think品牌和IBM-Think品牌产品的全球业务。产品集团下设了台式电脑和笔记本电脑两个国际业务群组,同时该产品集团还设有专门的数码等其他业务、客户服务和质量控制部门。

其次,为了获得最高的运营效率,新联想将把供应链的各环节合并成一个新的全球供应链系统,该供应链系统将包括采购、物流、销售支持、供应链战略规划及生产制造等全面运作,将由联想集团高级副总裁兼首席运营官刘军领导这个全球供应链系统,刘军此前曾担任联想集团高级副总裁兼联想中国首席运营官。

第三,为了保证高水平的客户满意度,新联想将区域总部由三个扩展到五个,区域总部将主要负责该地区的产品销售和客户服务,整体由联想集团高级副总裁拉维·马尔瓦哈领导,他目前负责联想全球的销售和渠道运作。联想过去在美国和EMEA(欧洲、中东和非洲)这两个区域总部的组织架构将保持不变。联想在亚太的区域总部将主要负责日本、韩国、澳大利亚、新西兰、香港地区、台湾地区和东盟等主要市场。而在中国,Think品牌和联想品牌的业务将合并为一体,成立联想中国区——全球第四个区域总部,并由联想集团副总裁陈绍鹏兼任中国区总经理。最后,从2006年1月1日开始,联想将在其业务发展最快的国家——印度设立第五个区域总部,印度区域总部仍将向拉维·马尔瓦哈汇报。

联想同时宣布将把设在中国北京、日本大以及美国北卡罗州罗利的研发中心整合到一起,并统一由现任的联想集团首席技术官贺志强负责。调整后,贺志强、刘军、拉维·马尔瓦哈和弗兰·奥沙立文将直接向史蒂夫·沃德汇报。

联想集团首席运营官(CEO)史蒂夫·沃德表示:"我们今天发布的全球组织架构是为了能在成熟市场和新兴市场中实现联想的创新战略、高效运作和达成高水准的客户满意度而设计的。客户告诉我们,他们之所以选择联想品牌和ThinkPad的产品是由于我们产品的设计和品质,而客户的需求也不断激励着我们更加快速而高效地在更广阔的市场内推出诸如'气囊技术'(保护硬盘数据的技术)和'一键杀毒'技术等业内领先的创新技术。"

联想集团董事局主席杨元庆说"整合后的新联想将有能力为客户更快地带来更好的产品和服务,为员工带来更广阔的发展舞台,为合作伙伴带来更多的增长机会,为投资者带来更高的回报。整合使得联想完全合二为一,成为一间真正意义上的国际化公司。这将有利于我们打造更具竞争力的业务模式,提高效率,改善成本结构。这也将让我们有机会在保持原联想国际在大企业客户方面的竞争优势的同时，更大力度地开拓全球中小企业及消费市场。”

联想的组织结构变化与调整是频繁的，频繁到不仅仅外人不理解，有时候连一部分联想人也不能马上适应，这与许多国有企业组织机构多少年不变的情况形成了对照。变化的原因只有一个，那就是有利于提高效率，以变应变成为他们提高竞争能力的一个根本手段。中国的电脑行业与世界电脑行业相同，有几个快：一是技术变化快，二是市场变化快，三是人员变动快。与其他的行业相比，这几快已经成为电信行业一个独有的特点。很多人把近几年不下十家的中国电脑企业的消失归结为单一的技术跟不上的因素，但其实这仅仅是一个因素，问题远不止这么简单。电脑企业要想在今天这个风云莫测的世界生存下去，它的组织结构必须具有两种能力：一是快速感觉能力。要像温度计那样，嗅觉一定要灵敏，时时刻刻要保持对趋势与潮流的敏感；二是快速反应能力。要有闻风而动的本领，否则一步跟不上就会步步跟不上，90年代初美国王安电脑公司的破产就是一个明证。联想组织结构的多变顺应了这种市场要求，而它的所谓组织的创新也恰好表现在这里。

联想集团组织变革的成功，给我们很多有益的启示，即一个企业要想保持旺盛的活力，保持创造性和强大的市场竞争力，首先你的组织要有创新，要有活力，否则企业就会暮气沉沉。变化是现代社会的常态，以不变的策略，或仅采取局部修正的策略，都将无法在激烈竞争的市场中脱颖而出。

# 第10章 把珍珠串成项链

## ——联想的人才战略

“办公司就是办人，人才是利润最高的商品。能够经营好人才的企业才是最终的大赢家”

——柳传志

小公司办事，大公司办人。

市场经济的竞争，实质是抢夺人才的竞争。拥有众多高素质人才，建立人才管理机制并且能够充分调动其积极性的企业，在市场经济竞争中，才能长盛不衰，不断地夺取新胜利；而人才匮乏或者虽有一定数量的人才但缺乏调动人才积极性管理机制的企业，必然在竞争中溃败，最终被淘汰。在高新技术企业中，优秀的管理、技术等方面人才的重要性更是突出，是起决定作用的核心资源，一个稳定的经营团队，是保证企业乘风破浪的关键。

联想集团成功发展的一个重要原因是有一个团结作战的班子。班子就是企业人才，联想对企业人才有独特的概念，是指富有较高的才能而又能为企业的进步做出创造性贡献的人。“以人为本”是联想人才战略的核心，尊重人才、理解人才、关心人才，把人才看作“主人翁”而非“被雇佣者”。柳传志认为在联想管理三要素当中，和定战略、带队伍相比，最重要的是搭班子。联想的人力资源管理紧紧围绕“吸引人、培养人、用好人、留住人”这四个方面展开。通过给员工提供没有天花板的舞台来吸引人才，按照联想的人才标准来培养人才，人联想的“模子”，培养员工从“缝鞋垫”到“做西装”，进一步从中培养出一批领军人物，保证企业持续发展。联想奉行的打造团队的方法是“撒上一层新土，夯实，再撒上一层新土，再夯实”，意思就是培养一支文化价值观认同的骨干队伍，然后吸纳一批新人，经过培训消化，使新人纳人联想的文化轨道，然后，再吸纳。正是用这种筑路工人筑路基式的方法，使联想集团实现了人才引进与培养的有机结合，增强了联想企业文化的统一性，建立起既充满活力又富有凝聚力的企业员工队伍。

### 第一节 管理者要做一条串珍珠的线

人才战略首先要有一个调动人才积极性的科学管理机制。对此，联想提出了一个项链理论:人才竞争不在于把最大最好的珠子买回,而是要先理好自己的一条线,形成完善的管理机制,对于一般的企业来说,更需要的是管理人才,因为珍珠再亮没有线穿也成不了项链,哪怕最后这串项链是以珍珠大小来论好坏,但首先需要的是这根线。

人才当然是企业珍贵的“珍珠”,企业应该力求把最好的人才引进来,即把最好、最大的“珍珠”购进来,同时更重要的是建立完善的、充分发挥人才能力的管理机制,形成管理人才的一条线,把一颗颗“珍珠”即人才串起来,串成一条精美的“项链”。没有把“珍珠”串成“项链”的一条线,“珍珠”(即人才)再好、再多,只是一盘散沙,不会发挥作用,没有好的管理形成强有力的企业凝聚力,仅仅依赖高薪也难留住人才,管理者就要学会做这样一条线,把零散的珍珠串成一条精美的项链。

高科技产业化是一个把技术变成钱,把钱变成技术的过程。把技术变成钱,本身是有很多环节的,不是光有技术成果就能变成钱,要把成果生产成产品,还要有市场、销售渠道管理等很多过程,需要科技人员、销售人员、财务人员有很多,才能把技术变成钱。如果说技术人员是一颗珍珠,财务人员是一颗珍珠,专业人员都是一颗颗珍珠,那么最高的管理者就是一根线,他把他们串起来,才能成为一条有价值的项链。作为管理者,就要为其它人才准备环境,站在更高的角度考虑全方位的问题,是一个系统设计。

联想的缔造者柳传志就是一条能串起珍珠的线。上世纪80年代,中科院的一批研究员都渴望找到一条道路,把计算所里的发明卖给千家万户,让技术变成利润,实现自己做点事情的梦想,甚至还能贴补计算所的研究经费。柳传志作为其中一员,也有这种强烈的愿望,但它深刻分析洞察了自己的短处:在科学的领域里缺少专注和激情,也没有一鸣惊人的才干,比起计算所里的许多人,比如倪光南和陈大有,要差许多。“有的人像一颗珍珠,有的人不是珍珠,不能像珍珠一样闪闪发光,但他是一条线,能把那些珍珠串起来,做出一条光彩夺目的项链来。”柳传志深知自己的价值所在:“我想我就是那条线。”

创业初期,柳传志心目中的一颗珍珠就是倪光南,后者是刚刚辞去加拿大国家研究院的职位访问讲学回国的一流计算机研究专家,柳传志三顾茅庐,为倪光南开设特区,将倪光南送上神坛,倪光南的智慧变成联想汉卡和联想微机,成了早期联想的技术支撑,孕育出了“少年”联想。打开香港窗口,又发现一颗重要的珍珠商人吕谭平,运用吕谭平的资源和人脉为联想的长远发展扫清了制度上的障碍,不再带着镣铐跳舞。柳传志熟悉内地市场开拓,吕谭平擅长国际市场运作,柳传志和吕谭平一拍即合。柳传志有钱,吕谭平有力,瞎子背瘸子,把联想一步步做大,使得联想进入快速发育期。然后由培养提拔了孙宏斌、杨元庆和郭为这几个娃娃少帅,这几个娃娃少帅敢打敢拼的劲头,联想一跃成为中国的标杆性企业,柳传志也成为令人尊敬的教父级企业家。恶劣的环境下,搭建一个温室,让幼苗无所顾忌地成长。成长过程中,适合联想的给他们足够的发展空间,不适合的就要忍痛割掉。短短两年,一批20多岁的年轻人就这样被柳传志拔到重要的管理岗位上接受锻炼和考验,孙宏斌试图越位成诸侯,柳传志挽救未果，毫不留情地将他投入大狱。杨元庆、郭为适合了联想发展的需要，终于硕果累累，被柳传志扶上战马。

企业人才是个人才能与企业环境的统一，即人才的产生首先取决于内因，即人才要有知识和创造能力。同时人才的产生还决定于外因，即合适的人才环境，只有适合的外界条件才能促进才能的充分发挥。所以企业应该制定科学的人才战略，创造优越的人才环境，使人才发挥最大创造性，展现人的最佳才能。

柳传志说，联想人力资源部最重要的工作不是找珍珠，而是找到串起珍珠的那根线。高薪“挖角”并不难，联想还是有这个经济实力的，但对像联想这样的中国企业来说，要想和外国企业在人才市场上竞争，重要的不是把他们的高级人才挖过来，而是缩短和他们之间在人力资源管理方面的差距，建立起联想具有凝聚力的企业文化，这种企业文化就好比那条串起珍珠的线，如果没有这条线，即使今天拿来很多大珍珠，过两天还是要被别人拿走的。当真的把珍珠穿成一条美丽的项链时，每个珍珠找到了自己发光的位置，别人想“挖角”也挖不走了。联想有一个很好的例子，1988年，郭为刚进入联想时，他的一个同学从美国回来，见到他劈头就问：“你怎么还在中国混？”直问得他面红耳赤、无言以对，数年后，已成为联想集团副总裁的郭为去美国出差，又碰到那位同学，这回是他自豪地问：“你怎么还在美国混？”

## 第二节　办公司就是办人

管理学家德鲁克说：“企业只有一项真正的资源，人。”每个企业都有自己的一套人才机制，它是衡量企业总体管理水平高低的重要标志。深知人才重要性的联想有一个著名的论断，那就是“办公司就是办人”。有人曾经问柳传志联想靠什么发的财，柳传志的回答是：靠人。当有人问柳传志联想将来靠什么发财时，柳传志的回答还是：靠人。

联想把人才放到战略的高度来看，十分重视人才的培养和团队的打造，联想的“办人”就是管理三要素的“搭班子”、“带队伍”，这是一个系统工程。

### 一、联想的人才观

联想认为人才应该有三种：一种是能独立做好一摊事的人；一种是可以带领一群人做好一件事的人；一种是能够制定战略、带队伍、做出大事的领军人物。公司比较小的时候，更多的需要是第一种人才。公司发展到一定程度，需要较多的是第二种人才。公司发展到比较大以后，第三种人才就尤显珍贵。1989年以后，联想集团在第二种人才下了很大功夫。通过各种方式，将年轻人推到总经理位子，占总经理人数的80%。联想发展壮大以后开始重视第三种人才的培养，认为可以在企业中承担较高责任的人才必须具备六个标准：一是共同信念和价值观标准；二是忠诚与牺牲精神的标准；三是审时度势、独当一面的指挥能力；四是搭班子、带队伍的管理能力；五是团结多数、协调一致的合作能力;六是孜孜不倦、吐故纳新的学习能力。

这个标准既是一种训练标准,又是一种操作标准。联想以衡量业绩表现的方法来衡量人才干得好与不好,以处理问题的方式和水平来判断人才的可塑性。联想始终不去衡量一个静止状态的人,那可能会有假象。“这有点像看时装表演,只有在模特儿举手投足之间你才会发现美,橱窗里的石膏模特至多让你感觉漂亮”,人只有在运动中才是真实的,人的能力只有在运动中才客观体现。

联想甄别人才时,在这六个标准下要求人才应具有以下一些素质:

有事业心。要求员工特别是干部有为联想的发展、为中华民族信息产业的发展而奋斗的事业心。“作为联想的干部,要真正有为民族做一番事业的理想。”人才大都有很强的上进心,事业心里包含了上进心,但事业心的层次更高,“事业心要升华到一个更高的目标,即使自己吃亏,但要为这个事业做出奉献,这才是事业心。”“有了事业心就会立意高。事业心强以后才能自觉地接受大局观的观念,才能够自然大气,做事是大手笔,再不会小里小气地做事,也再不会和人去争尺寸之短长。”事业心是人才成就一番事业的基础。

有信誉。柳传志是个十分重诺守信的人,他认为说出去的事情就必须做到,每做一件事都是一次信誉积累的机会。他要求部下首先要有信誉,然后才是能力。“希望我们联想的干部,特别是年轻人,要牢牢地记住把取信于用户,取信于同仁,取信于领导,取信于下级,取信于政府,作为在联想事业上求发展的基础。年轻人表现的机遇并不是很多,当你一旦大话说出去之后,事情一次做不灵,二次再做不灵,你就会丢失很重要的机会。”当一些年轻干部通过一件件事情赢得信誉之后,柳传志对他们甚至会有一种偏爱,而部下言而无信则是他最不能容忍的。

有正气。要求员工勤勤恳恳劳动、清清白白做人、光明正大做事、理直气壮挣钱。“作为联想的干部,必须堂堂正气,光明磊落。不许拉帮结派,有问题摆在桌面上谈;不许为了本部门的利益和别的部门形成摩擦;不许吃回扣,收红包,利用工作关系谋取私利等等。”为此,联想制定了严格的纪律,对违反者给予批评、扣发奖金,甚至开除等处罚。柳传志说:“我们要有理想,守纪律,不管社会环境如何,我们都要正派地经营,正派地做人。联想集团应该为纯净中国的社会风气尽自己的努力。”

有拼搏精神。联想提倡“把5%的希望变成100%的现实”的拼搏精神。年底各部门制定经营指标时,部门总经理不能拿出一个唾手可得的指标,而必须拿出一个需要助跑起跳才可能摸着的指标来。那种宽容自己而只愿接受“安全”指标的行为是联想所摒弃的。联想的人才要有一股冲天的干劲,这样才能成就大事,炼出人才。联想正是靠这种拼搏精神成长起来的企业。

有合作精神。联想十分重视培养员工的集体主义精神,加强员工队伍的团结、协作,铸造“斯巴达克方阵”。联想认为,一个优秀的人才既要能坚持原则,又要善于妥协。坚持原则才能有正气,善于妥协才能保证团结人。没有这两条,事业做不大。联想集团就是这样“一个人一个人与别人比比人家弱,合在一起就比较强”的企业。联想要求人才有大局观念,“公司的各级骨干,特别是子公司高层领导,要时时事事想着联想的大战局,要服从大战局的总体目标"。"对不利于总体战局的人和事,作坚决的毫不妥协的斗争,不怕打碎坛坛罐罐。"对那些有才华但不会妥协的年轻人,他则会不失时机地进行一些委屈训练。

有制定战略的能力。联想认为人才有三种类型:第一种是能够自己独立做好一摊事;第二种是能够带领一群人做事;第三种是能够制定战略。公司比较小的时候,更多需要的是第一种人才。公司发展到一定程度,需要较多的是第二种人才。公司发展到比较大以后,就很需要第三种人才。他要求公司管理人员具有审时度势、能制定战略的能力。部门总经理要拿出三年的规划,不会制定战略就不能当总经理。

有搭班子、带队伍的能力。部门和子公司的负责人要有搭班子、带队伍的管理能力,不会搭班子的总经理,不能培养人的总经理,不是优秀的总经理。作为领导者,不仅要完成工作目标,还要考虑完成的手段,"是一个人拼死累活地干,还是组织队伍一起干;是把工作方案一个人装在脑子里,别人都是简单的执行者,还是让下级都能成为主动的参与者,调动起下级的积极性,这两种领导得分应是不一样的,升迁也是不一样的。"

能说能干。柳传志是个很实干、很能干的人,他反对说空话、说大话,主张说到做到。但他又是一个很能说的人。陈惠湘曾这样形容柳传志的口才:"在一个上千人、嘈杂混乱的会场里,谁能够用三句话使全场鸦雀无声?柳传志能做到。上千人的会场,谁能够发表三个小时演讲还能令人全神贯注?柳传志能够。"市场经济需要推销自己、推销公司,这就要求人才不仅能干,也要能说。能说能干的柳传志也希望每个联想人都能说能干,他认为:"光说不练是假把式,光练不说是傻把式,能说会练是真把式。"这是根据现代市场经济发展的需要,对"君子讷于言而敏于行"的传统人才观的变革。

联想员工和联想人是两个概念。联想通常用两个维度来分析人。一个维度是他是否认同联想价值观,认同企业文化;另一个是他是否出业绩。从这两个维度判断,联想把员工分成四类:一类是既认可联想价值观又出业绩的这当然是最好的;第二类是能力非常强,能不断出业绩,但未必认可企业文化的,对这类人我们在人才管理和开发方面要考虑不同的策略;第三类很认可联想价值观,但做不出业绩来,这是联想要着力来加强培养培训的群体;第四类又不认同又不出业绩,当然就没必要保留。联想不要求所有人都把公司的事业当成自己的事业。但上进心是普遍要求的,联想希望每个人都抱着干一番事业的上进心,只不过这个事业有的可能是沿着自己的发展方向走。如果这个方向和公司的发展方向相一致最好,即使不是最好,只要两者没有利害冲突,联想对所有的人才都是本着好好培养的原则去配置和利用,一旦两者发生明显冲突,企业也不是慈善机构,只能请他去干自己的事业去。

## 二、入模子

"入模子"培训最早是由联想的创始人柳传志提出来的,每一个初到联想的员工都必须参加"入模子"培训以及相应考核。根据新员工的需求和公司要求,联想公司将

“入模子”培训内容设计为三个部分:认识篇、感知篇和成长篇。认识篇主要介绍公司简介、产品和业务等,是解决“联想是什么”的问题;感知篇告诉新员工联想倡导的文化和行为模式,树立团队意识,是解决“联想要什么”的问题;成长篇介绍公司人力资源政策、员工的职业生涯规划等,以及员工基本的技能,如沟通、演讲等,是解决“联想给什么”的问题。通过以上内容,让员工了解公司的各项业务及其关系,熟悉公司的产品和性能,员工掌握工作必备的知识。

联想的“入模子”培训不仅是进入联想的第一关,也是联想考察人才,发现人才的重要手段,保证员工能够适才适岗。联想在“入模子”培训中通过各种方式考察新进员工的表现,同时将员工的表现反馈给其所在部门的指导人,帮助部门最后确定新员工是否适合岗位。在培训中,通过学员的日常表现,每天要求员工进行日志总结,总结当天所学内容,重点谈学习感受。培训结束后,学员所在小组的组长要对学员在培训期间的表现进行评价。“入模子”培训在新员工筛选中起到了很大作用,为部门提供了很多宝贵信息和建议,保证能够帮助学员走上工作岗位以后能够适才适岗,发挥最大能力。

在培训中,还安排了系列团队活动,让新员工体会沟通协作的必要性。其中有一个“坠蛋”团队活动要求小组成员为一个生鸡蛋做保护层,然后从2.5米高空自由落体坠下,保持不碎。这是一个很有挑战性的活动,小组成员经过讨论方法、任务分工、实际操作等步骤,了解执行任务时如何准确理解工作目标,并根据目标制定详细计划,在实施过程中只有团队成员集思广益,分工协作,主动补位才能完成既定计划。这些寓教于乐的团队活动对学员理解企业的工作模式非常有帮助, 特别是对项目管理人员启发很大,在学习中领悟到工作的方法

联想的“入模子”培训得到学员的广泛认可。“入模子”培训不仅仅有助于员工尽快了解公司情况,认识公司的竞争优势,看到公司发展的未来,从而使员工对公司充满信心。特别是通过一周的封闭式培训,为学员创造了相互了解彼此业务的机会,对工作的开展非常有帮助,加快了新员工适应公司的速度。另外通过“入模子”培训,新员工真正了解什么是联想的文化, 许多新员工在参加团队活动的过程中被寓于其中的内涵所感染和震撼。例如,联想强调的“迟到罚站一分钟”看起来很苛刻,但反映出公司的纪律性和正规性。很多新进员工曾经在小公司工作多年,很少感受到企业的文化渗透,但联想让他们认识到什么是在大公司做事和做人的风范。

## 三、从“缝鞋垫”到“做西服”

联想曾把人才分为能独立做好一件事情的战术型人才和能带领一群人做事的战略型人才,联想现在缺少的就是能够把企业一次次推上更高台阶的战略性人才,保证战略型人才的不断涌现是一个长江后浪推前浪的系统工程, 解决不了这个问题任何企业都只能是昙花一现。

战略型人才从主体上说不是通过招聘,也就是说不是外来和尚就可以解决的。这

需要企业自己培养,因为是自己培养的,在这个过程中,企业文化会一代代继承和进化,人才也会逐渐被人接受。

联想对年轻人的任用并非“火箭式”的突击提拔直线上升,而是注重对他们的培养锻炼,让他们一个台阶一个台阶地爬上去。联想比喻这种方法为从“缝鞋垫”到“做西服”。培养一个战略型人才和培养一个优秀的裁缝有相同的道理,不能一开始就给他一块上等毛料去做西服,而是让他从缝鞋垫做起。鞋垫做好了再做短裤,然后再做一般的裤子、衬衣,最后才是做西装。这样使人才得到充分历练,真正能堪当重任。

在联想,有许多从“缝鞋垫”,一步一步直至“做西服”的高级管理人员。副总裁郭为1988年成为联想集团第一位有工商管理硕士学位的员工。他先是给柳传志做秘书,从给老板开车门,拎皮箱学起。后来他离开秘书岗位,到只有5个人的公共部做经理。一年后他又去做集团办公室的主任经理。在以后的5年里,他做过业务部门的总经理,企划部的总经理,负责过财务部门的工作。1994年,柳传志又把他派到广东惠州联想集团新建的生产基地,让他去学习盖厂房,然后又让他负责香港联想投资事务。郭为在联想集团工作了8年,经历的岗位变动近10次,每一次都是不同类型的业务内容。在这期间他也有过失误,柳传志曾经让他在全体员工大会上做检查。但是到今天,他确实已经成长为联想年轻一代员工中的佼佼者,作为联想控股公司的子公司神州数码的总裁兼CEO,在全球经济持续低迷、IT市场增长速度明显放缓的情况下,带领着他的团队开始二次创业,努力打造中国IT服务的第一品牌。

联想现任总裁杨元庆也是这样一步步做上去的。1988年中国科技大学硕士毕业之后,杨元庆从推销员做起,两年后做当时还不很重要的业务部经理。杨元庆利用与美国惠普公司的业务关系,潜心学习惠普公司的管理,不仅使自己任职部门的营业额有很好的增长,而且带出一支十分优秀的员工队伍。在微机事业部,杨元庆带领一群人拼搏,使联想电脑市场份额两年间获得很大的飞跃,1996年更是在中国电脑市场一马当先脱颖而出,令许多同行刮目相看。

联想的这种稳扎稳打步步为营的人才培养模式有点像中国古代师傅带徒弟学手艺的情景。柳传志像一个言传身教的师傅,他会把自己亲身经历的体会告诉他的员工,也会举出一些常见的例子让大家讨论。稳扎稳打步步为营的原则贯彻在联想选拔、培养、任用人才的每个阶段,通过这样一种“缝鞋垫式”的磨练,联想积聚了一大批谨慎努力、奋发有为的员工。今天联想能够有这么一大批奋发有为的年轻骨干领军作战,从根本上说还是得益于80年代末就开始的人才锤炼,这为联想实现其做“百年老店”的宏伟目标提供了可靠的人才保证。

## 四、培养领军人物

一个团结、坚强的领导班子是联想成功的关键,而领军人物是企业的核心堡垒。“火车跑得快,全靠车头带”,一个企业或企业的部门不能没有领军人物,没有领军人物的企业或部门就像一列火车没有车头。

什么是领军人物？企业组织架构图中最上面的群体就应该是领军人物。因为它的确在领着这支队伍完成目标和为完成目标制定战略、运作措施。从组织架构图中可以看出其概念：第一，领军人物不是一个个人，是一个管理团队；第二，是企业中具有较高权力的人；第三，是对下属所做工作负责任的人，是把企业的事当作他们自己的事来做的人，是把知识转化成有效行动的人。总结成一句话就是：有责任心、上进心、事业心；能运筹帷幄；能带领一个团队制定战略，进而把这个指令推向成功，并能为公司的所有者创造满意回报的人。柳传志曾说，一个能干的人，就是一个有效的阿拉伯数字，它后面加一个零，就是一个十位数字，加两个零就是一个百位数字，加三个零就是千位数字。联想的经理们想想，你后面能带几个零，你能做多大的事情。柳传志在这里强调是领军人物的关键作用。

在80年代末，联想对领军人物的定义是：有责任心、上进心、事业心，能带领一个团队、制定战略、并将战略推向成功的人。经过多年的运作，现在联想对领军人物的素质和能力有了更明确的认识，那就是责任、能力和素质。

责任：对于领军人物的责任，第一是要对公司所有者负责。第二就是公司的员工，因为当公司破产，受到最大损害的人是员工。第三就是客户。第四就是政府部门。对于投资者来说，他们要的是投资回报率，要给投资者创造一个满意的投资回报率；对于员工来说，要给员工创造一个人均收入水平不断提高、发展空间不断扩大的环境；对客户来说，给客户创造的价值，比他对你的付出大，即给客户创造出剩余价值；对于政府来说，按政府的规定一定要依法纳税。

能力：要完成上述的责任，就必须通过工作来体现。围绕这些重点工作，需要什么样的能力呢？联想控股公司常务副总裁李勤列出12种能力，这是神州数码考核CEO时所用的考核标准：建班子、调整班子的能力；组织架构和设计能力；把握行业发展趋势，特别是主流行业发展趋势；把握公司发展方向和目标；正确选择和把握经营模式的问题；整合公司内外部资源的能力；推进公司及重点工作的能力；跟踪进度指标的完成能力（这点是很重要的，过去指标都是在年终来考核，实际上到年终，完不成也没有办法。因此现在的指标是每周都要检查。）；建立监督风险的体系；领导公司基础管理，推动公司持续发展，做一个成功的企业；除了完成当年的指标，还要为第二年、第三年的长远发展，做基础的准备工作，比如信息化建设，人才培养等等，这就是能力。

素质：没有这样的素质，即使有能力也会受到限制。第一是诚信，作为一个企业最重要的品质也是诚信；第二是必须有事业心；第三是正确认识自己；第四是正确认识别人；第五能够正确考核、评价别人；第六沟通能力，能够倾听别人的意见，达到共识；第七科学决策，要有科学决策的体系、科学决策的部门、科学决策人物；第八善于把握一个度，包括协调近期和远期利益；第九是善于学习；第十是执着，在联想干一件事，都要把它干到底，这样才能知道这件事是对还是不对；第十一是创新精神；第十二是善于进行时间管理。

联想现在需要的就是这种能够领军作战，能够制定战略的领军人物，企业的发展就像滚雪球一样，队伍也是雪球，而领军人物就是这个雪球的核心，核心越大雪球便滚得越大。联想现在的领军人物还远远不够，还要培养出更多的领军人物，才能实现联想长远的目标。联想在他的成长过程中产生和培养自己的领军人物的方法有三种：

1.“时势造英雄”。改革开放、计划经济向市场经济转型的过程中，我国产生了市场经济下的企业，这才催生了中国当代的企业家和领军人物，所以是“时势造英雄”。从领导来讲，是领导团队，另外还有一群部队，所以成功应该是公司全体利用整个资源综合能量的结果，绝非一个人可以创造的。

2.赛马中识别好马。在任何一个企业中，一个人绝对不会初生之始就是领军人物，这是根本不可能的。比如神州数码的CEO郭为，郭为1988年作为联想的第一个MBA加入，但他在1988年到2000年的12年间，做了12项不同的工作(岗位)。是否联想故意折腾他？不是，而是因为联想不断发展，不断出现新岗位，让年轻人去做这样的岗位，从赛马中识别好马。郭为在成长的过程中，逐步增加各方面的能力，经过多年的锻炼，联想认为他是一匹好马，所以在2000年拆分时被任命为神州数码的总裁。

3.培训。随着公司的发展，需要有意识地对高级管理人员进行培训。完全靠培训就能造出一个领军人物也是很天真的想法，主要在于个人的努力，但是要想让他快速发展，培训也是非常重要的。联想每年至少都要办两次高级干部的培训班，一般在三五天。这个培训基本是结合了发展过程中暴露出的问题来进行的。

要培养领军人物我们认为最重要的是给他们提供环境、提供舞台、提供沃土，这是非常重要的。如何给年轻人提供更大的空间？实际上就是组织架构的归类。过去联想请咨询公司给联想诊断，诊断的结果两句话，一是有惊人的业绩，二是内部惊人的折腾。实际上联想每年的组织架构都在变。考虑怎样把年轻人提到合适的位置，要靠组织架构保证。1988年到1994年联想是大船结构，1994年就变成事业部了。事业部组织架构就是集权和分权度的把握，把这个度把握好，可以调动下面的积极性，使资源得到充分的利用。所谓放权就是给有能力的年轻人更好的舞台，让他们自己接管这些事。2000年拆分，实际上变成一个真正的控股公司，把权力真正下放。所以组织架构实质上是保证管理的到位。做这件事是不断调整生产关系和生产力的矛盾，最大限度地解放生产力，使人发挥最大的能力。

## 第三节　协调组织冲突的艺术

一个企业要持续发展就要不断地创新、完善，甚至到了一定阶段还需要比较大的变动和转型。然而伴随着企业内部的变动，组织冲突也不可避免地萦绕在企业转型期周围，渗入到企业组织内部。破坏性冲突对组织是不利的，是导致组织不安全、不和谐乃至分裂、瓦解、缺乏战斗力的主要原因，应当防止和消除，万事“以和为贵”。但经理人员对组织冲突过于放纵，“以和为贵”回避了组织内部的矛盾和不满，问题没有得到真正的解决，错误仍在大行其道。人们的不满被长期压抑，找不到发泄的渠道，会不断的积累和膨胀，这种负面情绪一旦爆发，将给组织带来极大的破坏力。“以和为贵”以牺牲组织效率为代价，虽然换取组织暂时的、表面的“和谐”，却埋下了更大的祸根，使组织成员人心涣散、人人自危，组织最终丧失凝聚力和战斗力，这对企业持续发展是极其不利的。冲突、内耗日益成为中国企业最深层的痛，而共赢、和谐则越来越成为中国企业最难做的梦。

联想一直以其牢固的“斯巴达克方阵”而著称，然而在联想的发展转型历史上也存在了很多组织冲突，联想以其独特的方法把这种冲突化解于无形，以联想长远利益为指导，采取冲突挽救拐大弯与冲突处理果断决策相结合的方法，保持了组织的凝聚力和战斗力。这里我们分析一下联想如何处理发展过程中出现的三次比较严重的组织冲突，从中感受联想不一样的协调艺术。

## 一、孙宏斌事件

孙宏斌，山西临邑人，是一个充满激情的人，在清华大学得到水利系计算流体力学专业硕士学位后，他在中国环境科学院工作了三年，在学术上他已经取得一定成就，但他总觉得不甘心。1988年，孙宏斌放弃乏味但体面的学术生活，“下海”做生意进入联想，不到两年就被提拔为企业发展部主管，全权负责联想北京以外的地区的业务。这样的提升在当时的联想确属破格。“你做科研能看到头，就是高级工程师、教授，能看到你六十岁是什么样子。但是你要是下海做生意，你看不到头，前面都是未知的，挑战要大得多。”孙宏斌进入联想的初衷与当初柳传志下海时的想法不谋而合。但是“看不到头”，此时想起来更像是双关语。

1990年初甚至更早些，有关孙宏斌的传闻就开始不断进入身在香港的柳传志的耳朵：孙宏斌权力太大，结党营私；孙宏斌要从联想独立出去；联想要失控。当时香港联想电脑有限公司初创不久，业务进展不吃香，柳传志长驻香港督战，后方的不祥传闻让他如坐针毡。

柳传志在香港同时也看到了企业部出版的《联想企业报》，看到了企业部的章程，看到了企业部的利益高于一切的提法，也看到了主任经理主持企业部发展工作具有总裁赋予的所有权力，诸如进人、裁人、分公司经理的任命等提法，这使他着实吃了一惊。于是他“及时”赶回京和李勤、胡靖宇商量对策。十几年后，柳传志承认，这是唯一让他感到“心里有点发慌”的关键时刻，而其发慌的原因，“主要是不了解局势”。

经过调查，柳传志认为孙宏斌的问题确实严重，独立倾向明显。“孙宏斌努力想形成企业体外的循环，不在监控之下进行他们的运作，已经有财务失控的问题。他们说这种运作的成果还是会归到企业旗下，但是我们是不允许的。至于是不是真的像他们所说会归到企业，这不好讲，因为他们成立了一个集体(坏的词就叫‘帮’)，外地分公司的人都由他来选拔由他来负责，这种做法很危险。

1990年，柳传志在西山宾馆召开联想高层会议，主要目的是把孙宏斌从企业发展部主管的位置上调开。在这次会议上，柳传志充分体现了他的政治家潜质，柳传志先是一贯的手法表扬了孙宏斌，“现在就缺这样的年轻人，年轻人就得有闯劲儿。”说孙宏斌就属于“能审时度势，能一眼看到底”的人才，接着，柳传志开始讲孙宏斌管理中的“帮会”问题，把孙宏斌调到一个更重要的位置上去，担任业务部总经理。

年轻气盛的孙宏斌懂得事业的逻辑、懂得调动属下的积极性，却不懂公司政治的风情，没有“悬崖勒马”。他的属下在柳传志召集的整风会上为了保护他直接顶撞柳传志。会后他却拒不执行柳传志裁掉这个人的动议，错过了缓和矛盾的契机。一旦确定孙“不可救药”，柳传志马上快刀斩乱麻，决不手软。孙宏斌很快因挪用公款罪名被投进了监狱。

在昏暗窒闷的囚室里，孙宏斌的“政治意识”突然觉醒，他发觉了自己的离经叛道，品味出那左右一个公司运行的潜规则。他想在一个只能通行独裁的金字塔体系中想另外树立自己的旗帜，难怪被投进监狱。在柳传志冷酷无情的外表中，他读出了那脆弱而顽强的人性。一如母亲为了保护幼子与豺狼搏斗，柳传志为保护自己视同命一样的公司，不得不跟他动真格的。他理解了柳传志。

接受现实的孙宏斌，把一切恩怨化为零。1994年，他在快要出狱的时候，以一个新人的朝气主动找到柳传志承认错误，承认自己当时太年轻，做人太浮躁，事情想得简单。“他出来的第一件事就是向我们道歉，我挺感动。联想曾经有三个人被抓起来过，出来的第一件事都是向我们道歉，这很有意思。”柳传志说。孙宏斌表示希望能跟柳传志成为朋友。柳传志说：“我从来不说谁是我的朋友，但是你可以告诉别人你是我朋友。”

## 二、倪光南事件

倪光南1961年从南京工学院(现东南大学)毕业后，分配到中科院计算所工作，从此就投身计算机事业中。改革开放初期，倪光南有机会到加拿大国家研究院工作了两年，接触到当时国外的先进技术，而且也对西方的市场经济、企业运作有所了解，1984年12月，受柳传志等人邀请，加盟计算所公司(联想前身)。

1986年，柳传志升任为总经理。为了让倪光南能够最大限度地发挥自己的才能，同时将“心”留在公司，柳传志为倪光南单独开设了一个“特区”：倪光南可以不参与公司的事务性工作；可以拒绝参加任何他不想参加的会；公司的纪律对他没有任何约束力。柳传志甚至在公司宣称：“只要老倪说的都对，老倪是有效数字1，别的科技人员都是0，这些0只有跟着倪光南干才能出成绩。”每任公关部负责人上任，柳传志定的基调都是“宣传好倪光南”。科学院奖给柳传志一套房子，柳传志也让给了倪光南。在大家的通力合作下，倪光南主持开发出联想汉字系统和联想微机，先后获得两个国家科技进步一等奖，也为联想的初期发展打下了基础。倪光南并不否认这些东西，在1994年之前，柳与倪曾被视为中关村的“最佳拍档”，度过了企业首脑与首席科学家的蜜月期。

然而，当汉卡慢慢衰落的时候，正是倪光南的权威慢慢衰落的时候。这位迷恋硬件技术的神已在“硬汉字枪毙软汉字”过程中展示出科学家或有的狭隘一面。从1991

年开始，联想汉字系统走上了下滑曲线，倪光南的研发项目亦开始遭到李勤质疑，后者与柳传志均已知道“技工贸”道路如何不切实际，“贸工技”道路对联想有多么重要。他们不再迷信技术神倪光南。他们清晰地发现倪光南立项太多的致命，知道联想根本无力纵容倪光南几十个项目一起上的“乱来”。

柳传志是一位有科技背景的企业管理者，倪光南在学术上有一定的成就，分歧的实质是领导权的问题，主要表现在三个方面：一是企业内部研发应该以什么原则命题；二是应该有怎样一个研发立题程序；三是这个题立不立由谁拍板。当时柳传志认为在企业内部命题应该由两个基本因素决定：第一，这个技术将来能不能变成可卖的商品，如果做不到这一点，企业不能定题；第二，这个能变成可卖商品的技术，公司有没有财力来支持，如果没有，也不能定。倪认为技术问题应该由技术专家来拍板，柳认为应该由老板来拍板。

1994年5月3日，因为司机被更换的小事，倪光南写信向柳传志表达了强烈的不满，这让柳传志感到非常意外。柳传志回信中劝告：“公司分裂，那是非常可怕的事情。”然而心高气傲的倪光南认为柳传志会继续低着头站在他这一边。倪光南想错了，柳传志不是10年前“小柳”，联想也不是10年前的计算所公司，倪光南对联想的价值更不能和10年前同日而语。1994年关于倪光南在上海建立设计中心的事情，柳传志10年里面第一次向倪光南说了“不”。柳倪二人的矛盾日渐升级，而二人的争斗中柳传志牢牢把握住公司的主导权。

倪光南开始不停地告状。倪光南直指柳传志香港联想上市的时候玩了“阴谋”：北京联想借给香港导远公司的552.58万美元，实际造成国有资产损失1.2亿元人民币。如果倪光南反映的情况属实，柳传志上断头台则是板上钉钉的事。柳传志和倪光南的关系白热化。导远公司借债持股一事是柳传志在取得中科院的支持之后，按部就班实行的计划。因此，此后几年经过反反复复的调查，都没有发现柳传志违法违纪的问题。直到这时候，倪光南才明白过来，柳传志没有玩“阴谋”，柳传志玩的是“阳谋”。

1995年6月30日上午，联想集团董事会宣布解除倪光南总工和董事的职务。1999年9月2日，柳传志对倪光南进行了最后的一击：联想解聘倪光南，股份也被联想收回，500万元的“安慰奖”也给了倪光南的单位而非本人。

倪柳事件，是联想史上最重要的一次人事风暴，也是最长久的一次，对以后的影响也最深远。柳传志成为了名副其实的“联想教父”，柳传志以倪光南的出局确立了自己在联想意识形态的立场，即为“贸工技”。实际上这是他将多年经验的扩展之后又延长，以利于联想蓄积与跨国巨头对抗的种种理论与实践的资本。

## 三、杨元庆与郭为

“一山不容二虎”，如果企业组织内部管理出现“一山二虎”的现象，处理不好会导致组织内耗增加，导致分裂，企业发展也无从谈起。但在联想“一山二虎”问题处理得很好，过去有柳传志和李勤的成功搭配，现在又有分拆联想后的杨元庆和郭为。

过去柳传志和李勤意见不一致时,解决的办法是面对面地说理,举好多例子说服对方,说着说着,一方的声音越来越小,意见也就统一了。在李勤看来,一二把手能不能合作好,不在于性格上是否互补,而在于一二把手的目标和方法论是否一致,"一山不容二虎"的假设是"二虎"的目标和方法论不一致。但如果"二虎"的目标和方法论一致,顺着一个目标强硬下去,则更能够快速有效地推进工作贯彻执行。

在联想年轻一辈的副总裁中,杨元庆及郭为是柳传志心目中较理想的接班人选,从1999年开始,"杨、郭之争"成为大陆媒体持续关心的焦点,当然也是联想内部最关切的问题。杨元庆、郭为都在联想创业的艰难时期立下汗马功劳,可以说是柳传志的左右手。

郭为的长处在于他在联想的很多部门任过职并都有出色表现，这对统领整个公司有很大的助益，而且他的包容度要比杨元庆好。而杨元庆的优势在于他的推动力强,而且当时的业绩要强过郭为很多,联想PC又刚刚力拔亚太区头筹,更重要的是杨元庆的身后已成长起一股实力雄厚的中坚力量。杨元庆与郭为在领军上各有千秋,如何处理这"一山二虎"的关系,如何处理好接班人的问题,无疑是联想面临的最大挑战。中国历史上,为了争夺一家之主、一国之君,父子反目、兄弟阋墙的例子多不胜举,在郭为和杨元庆的能力和声望不相上下的情况下，如果联想不能处理好交接班的问题,肯定会阻碍联想的发展,甚至会导致联想的分裂。

事情的第一步是按照典型的中国方式来解决的，柳传志希望把两个年轻人撮合在一起,"以杨元庆为主,郭为积极配合杨元庆,杨元庆好好对待郭为。"从公司业务的立场上考虑,郭为率领的"联想科技"有3000人,占有公司30%的销售额和20%的利润;杨元庆统帅的"联想电脑"有7000多人,承担着公司70%的销售额和80%的利润。毫无疑问,联想电脑是公司的主要业务,那是杨元庆一招一式打出来的天下,他对电脑流程的熟悉程度也远远超过郭为。此外有一个不为人注意但却更加重要的因素:杨元庆擅长于在漫长的岁月中只做一件事,善始善终;而郭为善于在一年之中做很多事情,总是在关键的时候出现在关键的地方,不是善始,就是善终。

杨元庆和郭为虽说同为公司副总裁,可是过去几乎从来没有在一起工作过,在心理上也是竞争的感觉更多些,彼此都对合作毫无准备,现在说要"试验半年",两人嘴上答应,心里别扭,很快便意识到无法在一起工作,公司业务中固有的冲突也日渐严重。杨元庆一心只想把联想微机卖得更好,而郭为扛着一大堆"最佳代理"的牌子,一心只想做"代理"。这两人后来回忆当时的分歧,各自都有一番表白。

杨元庆说:"我们的自制品牌在公司占的比重越来越大，但是代理业务和我们有很大的不同,实际上你要是把代理做好,可能会影响自制品牌的业务。当然也有人的因素,比如柳总也说过,要让我和郭为这两块都能比较自由地发挥。"

郭为说:"当时我确实遇到非常大的压力,你既然有自己品牌的微机,人家为什么还要让你代理。比如我们跟惠普本来有非常好的合作,但是惠普后来把我们代理它的微机业务都取消了。联想微机也是一样。1996年和1997年,我们分公司销售了40%的联想微机。后来就不让我们卖那么多,到2000年彻底不让我们做联想微机了。"

两人各自为政，彼此都不开心，于是一同向柳传志诉说怨气和委屈。柳传志早就预感这两人合不来，现在事情到了这个程度，只好承认还是“一山不容二虎”。他看过太多的人事纠葛，知道这种情形下即使劝和也是徒劳，还会导致公司业务出现难堪的局面。他和董事会里的其他成员想来想去，最后得出结论：这两人的摩擦是必然的，不是他们的品格太低，勾心斗角，而是各自有着完全不同的目标，所以只好分开。

两位“少帅”的不能合作与他们各自代表的公司业务的冲突交织在一起，成为后来联想分拆的真正原因。至于这两种因素孰轻孰重，不同的人会有不同的评论。杨元庆认为是业务的因素多一些，郭为认为是人的因素多一些。朱立南则认为：“他们两人同在一个屋檐下有困难，这是分拆的根本原因。”柳传志当时口口声声说，公司的分拆是“自身业务发展的需要，就像不久前惠普公司成立安捷伦公司一样”。后来也承认那是说给股票市场听的，“实际的原因还是打算让杨元庆接班，又舍不得让郭为走，所以才要另外搭出一个舞台。”①

因为人的问题而将一家公司分拆，这在中国商业史上罕有成例。可能使杨元庆、郭为一个为正，一个为副，成为柳传志和李勤那样的好搭档是联想最好的结果，也是柳传志最感到欣慰的结果。然而最终柳传志选择了一分为二，让两人各领人马，重起炉灶，“引导他行动的不是他和哪个人的感情，而是公司的利益。”分拆联想，这在一定程度上给这杨元庆、郭为“两只虎”提供了充分的发展空间。巨舰分拆好远航，在新的发展形势下，老一代联想人希望看到的是“一山二虎”——杨元庆、郭为两个少帅各自带领着联想继续在21世纪前进。

① 引自凌志军《联想风云》

# 第11章 锻造斯巴达克方阵

## ——联想的激励机制

“要把联想人培养成一个斯巴达克方阵。好的企业就像是一支军队,令旗所到之处,三军人人奋勇,进攻时个个争先,退却时阵脚不乱。”

——柳传志

士气如虹则战无不胜。

现代企业管理的核心是对人的管理,人力资源是企业的战略性资源,而激励是人力资源的重要内容。激励就是用各种有效的方法去调动员工的积极性和创造性,引导和促使员工为实现组织目标做出最大的努力。激励机制运用的好坏在一定程度上是决定企业兴衰的一个重要因素。如何运用好激励机制就成为各个企业面临的一个重要的问题,是唤醒企业战斗力的关键。

联想“带队伍”的要素有三点:第一是怎样让士兵爱打仗;第二是怎样让士兵会打仗;第三是怎样让士兵组织有序,也就是组织最好的队形,作战就有理想的效果。“带队伍”首先要让自己的士兵爱打仗,联想通过建立了多层次激励机制来保证联想的士兵爱打仗,联想集团始终认为激励机制是一个永远开放的系统,要随着时代、环境、市场形式的变化而不断变化。

首先,联想在不同时期有不同的激励机制。对于80年代第一代联想人,公司主要注重培养他们的集体主义精神,在物质生活上基本满足。进入90年代以后,新一代的联想人对物质要求更为强烈,并有很强的自我意识,从这些特点出发,联想制定了新的、合理的、有效的激励方案,那就是多一点空间、多一点办法,根据高科技企业发展的特点采取多种途径激励。

其次,联想针对员工不同需求把多种激励结合起来。联想集团始终认为只激励一条跑道一定会拥挤不堪,一定要激励多条跑道,要想办法了解员工需要的是什么,分清哪些是合理的和不合理的,哪些是主要的和次要的,哪些是现在可以满足的和是今后努力才能做到的,把物质激励、精神激励、职业激励和目标激励结合在一起,这样才能使员工真正能安心在最适合他的岗位上工作。

再次,联想对不同层次的员工采取不同的激励手段。联想分析了公司内部不同层次员工有不同的期望,他们也各自需要不同的激励方式。经理班子需要有一种主人翁意识,联想通过股权激励保证了经理人员的积极性。另外,高级经理需要得到承认,联想通过外部媒体和宣传给高级经理带上了一层荣誉光环, 所以联想很少有高级经理跳槽到别的公司。中层管理人员有自己的职业追求，可望晋升，联想给他们提供了没有天花板的舞台，让他们去展示自己的才能。流水线上的工人需要稳定感，联想建立了在业绩导向下的激励机制，只要工人完成工作目标，就可以得到提前制定的奖金。

总之，联想的激励机制主要是把激励的手段、方法与激励的目的相结合，从而达到激励手段和效果的一致性。而他们所采取的激励手段是灵活多样的，是根据不同的工作、不同的人、不同的情况制定出不同的制度，而决不能是一种制度从一而终。

## 第一节 联想人的大家庭

联想创立开始就非常重视团队的打造，强调团队的凝聚力和向心力，培养员工的事业心，把员工的个人追求融入到企业发展目标中，慢慢地形成了联想的一种深厚的企业文化，是联想一直保持了一种积极向上的活力和攻无不克的战斗力，建立起了联想的大家庭。

联想的创业人员是中国科学院计算所的科研人员，创办联想的时候这批人的年龄都在40岁至50岁之间。和同龄的中国知识分子一样，他们富有学识但自感得不到施展，一面是看着国家落后，一面是自己不能更好地为国家多做一点事。所以这批人的精神要求很高，他们办公司的目的一半是忧国家之忧，另一半是为了证明自己拥有的知识能够变成财富。这种要求对于他们头等重要，办公司几乎是证明他们价值的最后的机会。这批人对物质的要求并不太多，旧体制下他们的月收人不足200元，当公司每月能够提供400多元薪水的时候他们就很知足。同时这批人的集体荣誉感很重，这也许应该归功于政府过去很多年的集体主义教育。他们中的很多人并不习惯时时处处显示自己，而是十分关心自己置身的集体是否能够取得更大的业绩。第一代联想人的总体特征归纳起来有三点值得注意：一是事业要求极高；二是集体荣誉感很强；三是物质要求不高。

针对这一特征，联想集团在这一时期的激励也体现出事业目标激励、集体主义精神培养、物质分配的基本满足这样一种特点。至今依然在联想集团影响很大的一些思想和价值观都是在这一时期形成的，例如“把5%的希望变成100%的现实”、“看功劳不看苦劳”、“研究员站柜台”、“斯巴达克方阵”，等等，由这些构筑起联想创业文化的主体。初期的联想给员工最多和最大的激励是他们的事业，他们的理想和他们的目标，上上下下一百多人团结得跟一个人似的。当然，他们的收人也有了相当的改善，但与精神方面的激励相比，物质方面的注重程度和实际效果都显得微不足道。

联想作为一个高科技企业，科技研发人才是整个企业不断发展和前进非常重要的动力，如何激发研发人员的创新活力对企业的发展也是非常重要的。研发人员工作紧张，负荷重，常常默默无闻地在幕后奉献，当新产品问世时，人们容易忽视凝结在其背后的研发人员的心血，这很不利于研发人员创造性的发挥。因此，联想认为对研发人员的贡献，光是用大幅海报宣传和物质奖励还不够，联想在重大活动时将研发人员推向前台，让人们与研发人员一起分享喜悦、感受艰辛。联想从近几年起就改变了在产品发布时由品牌推广人员介绍产品的方式，而是请研发人员亲自介绍产品特点、性能、定位。在1999年的龙腾世纪新产品推广会上，研发人员倾注感情和爱的讲解令全场为之动容，也令研发人员自己备感鼓舞和自豪。研发人员的事迹还被编成诗在全体员工中广为流传。研发人员的创新力量由此被大大激发，每一个联想新产品刚刚问世，掀起的市场余热未消，联想的研发人员们就已经为自己提出新的挑战，构想新的突破了。

让员工愉快地工作也是一个很好的精神激励手段，而这就需要企业营造个良好的工作氛围。在联想的大家庭里，员工有任何想法或问题，都会摆到桌面上来，让员工之间获得有效沟通，既能很好地避免窝里斗，又能使员工心情舒畅。在联想的班子建设中，有一项重要的工作内容，即怎样撤换不合格的班子成员。对此，联想有一个非常重要的原则就是"把话放在桌面上讲"，这也使得班子在制定战略决策的时候，不会受到其他方面的挤压。谁不合适，就跟谁谈，说哪点不合适，就立即改；若改动不成功，那就再放在会上当着大家的面来谈。到这时候再撤换他，就不会有太大的问题了，这就避免了因为更换领导班子而带来的企业动荡。中国人做事讲面子固然重要，但只要注意方式方法也不是不能谈的。比如对于一些重要人物在谈话时，也可以不当着别人的面，而是关起门来单独谈，但必须得谈。

联想集团也曾出现过部分中层领导闹矛盾的时候，通常处理这一问题时，联想会坚持一个原则：若这个部门工作成绩不错，但部门第一、二把手领导发生纠纷，就会把二把手调开，同时也给一把手一个警告。调开以后，再对被调到新部门的领导进行考察。这样一个良好运作的部门就不会因为两个人闹矛盾而造成影响，也会使各部门员工的心情都比较舒畅。因此联想近几年来的员工流动率比较低，重要的骨干员工几乎很少自愿离职。

正是联想这个充满温情的大家庭，让员工感受到了联想文化的强大凝聚力。在联想，一人有难众人帮，出现了很多感人的事件，联想还有一个水果宴的传统，产品创销售记录，全公司上下都要庆贺一下。这些点点滴滴的小事折射出联想的家庭文化，这种"以人为本"的家庭文化是一种最好的精神激励。

## 第二节　谁栽树谁乘凉

企业对员工的物质激励是其履行对员工责任的重要手段，特别是对于业务骨干，如果仅仅采用精神激励，时间一长可能就会行不通。因此，物质激励是精神激励的基础。联想作为制造业，利润很薄，对每一项支出都要精打细算，要"从毛巾里面拧水"，但是不能从员工的待遇方面去拧，而是要千方百计地提高企业的效率，否则员工很快会被"掏空"，企业也就无法跟对手竞争。随着企业效益的提高，员工的待遇是应该逐年提高的，联想的指导思想是员工的待遇要比国内同类型的企业高（含外资企业的中方员工)。

前人栽树,后人乘凉。而联想的物质激励强调的是谁栽树,谁乘凉,用这种新的理念来稳定队伍的军心,消除了他们的后顾之忧,让联想的士兵得以全身心地投入战斗。联想的物质激励包括了四个方面:薪金、奖金、福利和股权,其中福利和股权更偏重于长期激励,薪金和奖金更偏重于短期激励。

长期激励首先是股权,股权改革一直是联想非常有创新的管理成就。作为国有企业,在成立之初联想直接投资人是中科院。直到1993年,为了将员工(尤其是骨干员工)的积极性保持下去,柳传志提出了让骨干员工拥有股份的设想,但因为联想是由中国科学院投资的国有企业,员工持股涉及到股份制改造问题,受当时政策影响,一时难以实现。于是退而求其次,将股权改为分红权,员工也便拥有了35%年利润的分红权,这是联想股权激励迈出的第一步。不过,因为涉及到税收等问题,分红的钱当时并没发,而是暂时存在企业,所以,当时的分红看起来还是一张"空饼"。之后的2001年,联想迈出了股权激励的第二步,进行了股份制改造,用原来分红的钱买下了35%的股权,将原本是一张空饼的分红权做实了。

股权对老员工来说一种尊重和奖励,许多能力不足的老员工在获得股权后,心甘情愿地从重要的岗位上退下来,且积极主动地支持年轻人的工作。对于新员工来说也是一个巨大的工作动力,它促使年轻人义无反顾地冲到第一线。这种合理分配机制也为联想交接班的问题打下了基础。

在股权激励上联想还有一个很有特色的就是认股权证。认股权证与刚才分红权不是一回事,根据香港联交所的规定,上市公司10%的股份可以拿出来做认股权证,作为期权奖励员工,联想是全员持股,凡是在公司工作两年以上的员工一律都有认股权证。举个例子,1994年联想股票是1.33元一股,认了10万股,当时不交钱,5年以后兑现。5年后多少钱一股呢?是8元一股,而只需交1.33元,这是一笔不小的数目。这些钱不是联想给的,是员工自己挣得的。认股权证,其实体现了员工努力工作的激励反馈。

长期激励的第二方面就是企业福利。由于股权激励具有选择性,主要集中于对企业最起作用的员工身上,所以要想激励所有员工,良好的福利是必不可少的,如保险、住房基金等,联想按社会标准取高不取低。在联想除了各项应有的福利之外,其年金计划等补充养老保险又走在了很多企业前面。

企业年金,即由企业提供的养老金。员工如果仅靠社会基本养老保险的话,其退休后的生活多数会比在职时有很大的落差,而企业年金便是弥补这个落差的有力手段。企业年金一部分来源于员工月工资一定比例的预留,另一部分则由企业支付,两部分基金共同储存,作为员工的预留年金。在联想,若员工五年之内离开,只能把年金中从自己工资预留的部分提走,只有服务年限五年以上的员工,在离职时才可以按比例把企业给的基金提走。如果员工一直为联想服务直至退休,那他所获得的退休金将会同退休前的工资基本持平。这大大减少了员工退休之后的生活顾虑,增强了企业留住人才的实力,使全体员工能够踏实工作,让优秀员工能够更长久、更有效地为联想服务。

此外,联想还有很多中短期激励,包括薪金、奖金和一些贴心的日常福利政策。联想有一个统一的工薪标准,即按照欧洲国家的方式设立了一种CRG的工资方式,保证公平、公正和公开,即同等级的同类人员的薪金在同等级中。其实,公司还需考虑多种因素:相同与不同的子公司、销售部或公关部、规模和能力等等。集团制定了评估标准,放到下面去,评级时定一级、看一级,比如总经理看基层副总经理,副总经理看下面经理,我们要求方式公开、方法透明,做好后,由决策者批准实施。

联想还为员工提供了贴心的日常福利政策, 在保证全国各地区的福利投入一致的情况下进行总额控制,各地区可以根据当地政策确定不同福利组合,其中公司福利主要有免费午餐、实物发放、带薪休假及出国旅游等,从外地来到联想工作的新员工配备宿舍。在带薪休假方面,除国家规定的法定休假外,根据在联想的工龄,员工每年可享受12—18天的有薪休假;每人每年能享受500元的春游或秋游费;工作满四年的员工还可以出国休假。这些贴心的日常福利政策让联想人感受到了联想温暖的家庭文化,更加努力地为联想事业而奋斗。

在奖金方面主要有两种:一是就完成一个特殊项目给予的奖励,即项目奖;二是年终奖金。奖金多寡基本上是按集团效率、部门效率和个人表现。比如,做研发的和做销售的不同, 销售部60%—70%取决于个人表现,30%—40%是部门效率, 而研发部60%—70%取决于部门和集团效率。除了一般意义上的年终奖外,联想控股还创造性地提出了所谓的"三年奖金",这种奖励是特别针对骨干员工提出的。如果他们今年做的这个战略计划或者准备做的事情,在后面三年中都会产生效应,那么,不仅仅是他今年能够得到奖金,而且在未来的三年还会按照一定比例得到奖励。这便会让一些管理层或骨干员工能够有更多的积极性,而且做事也会考虑得更为长远。

## 第三节 为员工提供一个没有天花板的舞台

良好的工作环境和广阔的上升空间也是激励员工非常重要的手段, 联想非常重视为员工提供一个没有天花板的舞台,把个人追求融入到企业长远发展当中去,对员工进行职业激励。联想为每位员工提供平等的发展机会,员工与企业相互依存,相互促进,共同成功。在联想,没有小舞台,只有小演员。每一个岗位上,只要你尽心去做,都会有无穷的发展。

联想是一个年轻人聚集的地方,在新员工中,有相当一部分都是高校的应届毕业生,他们尽管缺乏实际工作经验,但拼劲十足,他们平均年龄26岁左右,有90%以上拥有本科或本科以上学历,员工从进入联想到提拔为干部的最短时间为三个月,远远低于大多数公司的试用期。联想之所以吸引一批批有志的年轻人留在这里,是联想具备了一个让人才与企业共同成长的软、硬环境。联想喜欢用"小马拉大车",大量提拔年轻人,几乎每年都会有数十名年轻人被提拔,所以你永远会是"小马拉大车",因为一旦你长成大马, 就会有更大的车让你拉。这也使联想的人才队伍较好地实现了年轻化,在联想部门经理级的管理人员中,35岁以下的占95%。联想公司近些年的发展人们有目共睹,企业的成长会出现很多机会,有许多重要的岗位要年轻人来承担,大多数岗位都需要能够独当一面、素质全面的人才,这些岗位形成了对年轻人极具吸引力的发展空间和自由施展的舞台,是留住人才的硬条件,使每一个员工都能够“将个人追求与企业的长远发展结合在一起”。这也迫使员工不断给自己提出更高的要求,在提高中去应对工作的压力和挑战。

联想让每个人都有成长的机会,也为每个人都提供了锻炼的机会,“在赛马中识别好马”。这包括三个方面的含义:首先要有“赛场”,即为人才提供合适的岗位;其次要有“跑道”划分,不能乱哄哄挤作一团,必须引导他们有秩序地竞争;最后还要制订比赛规则,即建立一套较为科学的绩效考核和奖励评估系统。从1994年开始联想几乎每年都会进行组织机构、业务结构的调整,管理模式、人员变动都极大。在这些调整中,联想给员工提供尽可能多的竞争机会,在工作中崭露头角的年轻人脱颖而出,而那些固步自封,跟不上时代变化的人就会被淘汰——这就是“在赛马中识别好马”。

联想看待人才,提倡“不拘一格降人才”,不唯资历、学历,重在能力和业绩。员工进入联想的时间可能有先有后,学历也会有高有低,但只要有能力,创造出了显著的业绩,都可以得到重用,这样的例子在联想内部比比皆是。人才能力的发挥要靠自身的努力,但环境与机会同样重要。联想是一个重视人才的企业,不仅广纳贤才,还对人才的使用倾注了大量的心血,不惜代价去创造机会,提供舞台。

联想将招聘进来的每一个人都视为人才,在日常工作中逐渐发现适合各类岗位的人才。那么如何找到员工自己最适合的岗位?一是员工在不断的总结中发现自己,找到目标;其次,联想帮助员工挖掘潜智,找到适合的岗位。在联想电脑公司,新员工进来会为每个人配备指导员,新员工在试用期对岗位、对自己、对公司的感受及对工作的胜任程度都可以随时与指导员沟通,指导员可以从中发现这个新人在现有的岗位上是否有问题,是否有别的潜智。其实招聘过程的一两次面谈只能依当时的情况进行判断,未必能把一个人的特点了解得非常清楚,还是要经过一段相当的时间进行了解和验证,正所谓“在赛马中识别好马”,进入公司一段时间后,个人和公司都在变化,原来的岗位可能不适合或会限制人的发展,这要靠员工的指导员或他的领导来发现。

联想为员工提供的舞台上,每一名员工都是推动联想发展的发动机,而不是小齿轮。“齿轮式”的工作方式是把每一名员工都当作“齿轮”,就意味着老总作为“大发动机”要怎么做,员工作为“齿轮”就必须跟着发动机转。这种工作方式从组织系统最上层开始,就把每一名员工要做的事情都定死了。而联想倡导的“发动机式”工作方式,却是不仅仅将老总看作是一个大发动机,下面各个部门的负责人也是发动机,而且是同步发动机,不管是大发动机还是小发动机都要围绕着企业的发展、战略同步运转,是由企业上层“把责任给清楚,把权力给清楚,把利益给清楚”,明确所有规则以后,由各个部门自己具体运作。比如,在联想定战略时,一个战略目标制定以后,首先要在班子会议上明确各个部门的工作接口是什么、目标要求是什么,当各个部门的目标要求确定之后,就放手由他们自己制定自己的工作方式。由此可以看出,“齿轮”和“发动机”的不同之处在于，采用“同步发动机”的方式会让各个部门的领导及员工感觉到自己在企业里是有重大价值的，是有职有权的，他们自己的工作怎么做是可以由自己决定的。这样大发动机带动同步发动机，通过有职有权的“发动机”理念激励员工为联想战车提供了更足的马力。

联想提倡为每个人提供一个舞台，给每个人设计他发展的路径，职位是常见的一条路径，但不应是唯一的路径。因为职位的提升才代表了工作业绩，职位提升才有更大的舞台去做事，才有更多可掌握的资源。但如果都往这条路上挤，过独木桥机会肯定是有限的。如此，大多数人经历的不是成功的喜悦而是淘汰的失望，没能得到机会的人未必没有资格和能力，肯定会影响心理状态，多少会受到些打击。很多人希望通过公正的评价，证明自己的实际能力，所以联想制定了新的职称评定体系，给每个人标志他相应水平的职称。与国家评定职称的不同，它不仅仅是一种形式，有严格的等级界限，从最初把关筛选到最后裁定，都要进行严格的评审；一旦评上职称，就会与相应的物质待遇匹配。比如，按岗位工作内容不同，可能分为一级、二级、三级研究人员及行政人员等等，他们很难与行政职务挂靠、对比和联系。担任高级职称的人，在业务上的参与把关权可能会很大，这些人在公司决策是否做一件事情时的影响力应该是最大的，但他不会有更大的行政权。这样联想就解决了单一职位晋升激励的弊端，开拓了多种职业激励。

联想把每个员工看作是企业不可或缺的成员，承认每个人有自身的能力和优势，并不断提供机会，提高能力，联想有一套完整的培训体系。美国百家IT人员最佳工作企业大多把在职培训作为留住高技术人才的重要手段，并为此投入高额的资金，IT人才对技术和管理方面新知培训的渴求也越来越迫切。

在计划经济体制下企业比较习惯把人当成一根蜡烛，一点一点燃烧，最后蜡炬成灰；而联想则把人当成一个蓄电池，在不断放电的过程中，再不断进行培训，不断充电，开发其潜能，使人在一种付出与收获的平衡中不断提升。在联想不仅是一个不断付出的过程，也是不断再造、接受培训的过程，这种培训理念对社会上的人才和应届生也具有较大的吸引力。

新员工上岗第一天，就要进行入职培训，认同联想价值观，培养客户意识和合作精神。普通员工都有机会接受职业技能的培训，包括现代办公技能、交流能力的强化，技术与质量、市场与服务知识的提高。对于管理干部，联想关注使其不仅成为部门的领头羊，还要成为成功的牧羊人。对于中层领导，联想注重其带领团队、凝聚精神的能力。每个层次的联想人，都有机会在自己的基础上进一步发展。联想认为，如果把培训投入看作花钱，就不会大胆放手地去做。联想把员工的培训看作一种风险投资，是企业发展不可或缺的投入。

在联想，做事的原则是对事不对人，允许有失败的经历，能力的提高只有建立在不断总结过去的基础上。因此，联想鼓励创新，只有创新才能体现自身特色，赢得更大机会，最终获得发展。

## 第四节 适才适岗

有效的激励不仅表现在较广义的要素如物质、晋升等方面，也体现于企业运作过程当中的一些具体管理制度上。联想制定具体的岗位责任制度，通过目标管理对员工进行相应的目标责任激励，使企业日常的运作能够按部就班，有条不紊，一步一步完成组织总的目标。

联想与CRG咨询公司合作，参照该公司的“国际职位评估体系”在联想集团开展了岗位评估，统一工薪项目，推行“适才适岗、适岗适酬”的管理方针。适才适岗，要求首先对岗位进行分析评估，岗位职责明确并有量化考核指标；其次对员工的技能素质、心理素质和潜质等进行分析。同时，还必须有一套机制来保证适才适岗，通过建立企业内劳动力市场，通过轮岗制度，来实现人和岗位的最佳配置。

联想的岗位责任体系是通过明确一个岗位在组织与业务流程中所承担的职责，将个人与组织、个人目标与组织目标联系起来，进而提升组织与个人绩效，促进目标的达成。通过各种在岗培训包括指导人培训、岗位学习、轮岗和任务锻炼等来完善这个岗位责任体系。其中最重要的方式就是轮岗，同一人在同一岗位不能呆太久，一个岗位长期干下来会显单调乏味，应有意识地在集团内进行岗位轮换。实行轮岗，既有利个人发掘潜能，找到自己最适合的岗位，亦有利于工作的创造性发挥，还会增加员工的稳定性，及早做好人员变化的储备。

联想还建立起了一个目标与职责协调一致的岗位责任考核体系，这一考核体系结构围绕“静态的职责+动态的目标”两条主线展开，包括四个部分：职责分解、目标分解、目标与职责结合、考核实施。

静态岗位责任设计上，联想按照“公司宗旨—部门职责—岗位职责”的步骤进行了职责分解，首先是明确公司宗旨即公司存在的意义和价值，在公司宗旨之下确立公司的各个主要增值环节、增值流程需要的组织单元，构造组织结构。其次是依据公司宗旨和发展战略并在相应的组织结构下，阐述部门存在的目的及其在组织结构中的确切定位，确定部门在公司增值流程中的工作范围和职责边界，并建立具体的工作流程。最后，在理清了由公司宗旨、部门职责以及部门为履行职责而应遵循的工作流程后，就可以将职责最终落实到每个岗位上。岗位职责来源于部门职责的细化和工作流程的分解，一般以“岗位指导书”的形式明确规定一个标准岗位应承担的职责、岗位素质、工作条件、岗位考核等。

一个岗位仅仅知道“做什么”、“怎么做”还不够，还要知道什么时间要做到什么程度、达成什么目标，要知道如何围绕企业中期发展战略与目标，按职责(横向)和时间(纵向)进行目标分解，最终落实到每个岗位，从而保证每个岗位的工作都是企业目标的有机组成部分，使每个人的工作都与公司发展密切相联。动态目标分解就是按照职责这条横线，与时间、目标这条纵线的有机整合，使各部门、岗位之间的职责和工作关系有机地协调起来。把企业宗旨和目标分解到个人的“岗位责任书”和“目标任务书”，为监控和考核打下了扎实基础。

为了达到设定目标，需要企业运作环节各方面能够得到持续改进。将这些目标落到实处首先需要在目标与职责之间建立清晰的分解和对应关系，为了建立这种联系，管理部门建立了各种运作和核算模型，其中有一个核算“屋顶图”很有特色。“屋顶图”是早期联想电脑公司根据管理会计原理、结合自己的产品成本结构，建立的一个量化的产品经营核算体系。它将所有的费用细分成广告费、部门费，成本项目具体分成材料、制造、运输、技服、积压、财务六块，再把前两年的历史数据装进去，就得到清晰的产品成本结构图。这六块成本都可以落实到一个最直接的部门，比如说广告费是由市场部负责，部门费用是经营管理部负责等等。这样就建立起一个架构，将开源节流的任务分解到每一个部门，将控制成本的任务分解到每一个岗位上去，这样就把每项费用变成它最直接的部门考核指标。

设定职责和目标后，联想利用制度化的考核手段来保证“说到做到”，以实现预设目标。具体形式有两个方面：

定期检查评议。联想干部每季要写对照上月工作目标的述职报告、自我评价和下季度工作计划；各级定期制度化的业务汇报保证对业务的监控；联想集团总部的财务、审计部门每年都要对各子公司的经营业绩进行核实，以防范舞弊，公正透明地展示工作成绩。

量化考核，细化到人。联想电脑公司的综合考核评价体系分部门业绩P值考核、员工绩效Q值考核两部分。P值反映部门大团队努力工作取得的成果，是团队协作的评价，是结果导向的。部门业绩考核的目的是通过检查各部门中心工作和主要目标完成情况，加强公司对各部门工作的导向性，增强公司整体团队意识，促进员工业绩与部门业绩的有机结合。Q值为部门团队个人工作评价的结果，反映员工个人在团队工作中与团队其他成员比较付出的努力与取得的成果，是偏向于个人工作过程的评价，是过程导向的。员工绩效考核是为了帮助员工了解组织目标，对个人进行有效激励，也是组织进行人事决策的重要依据。

考核形式是多视角、全方位的，包括上级对下级的考核，平级之间、下级对上级的评议，以及部门互评等。部门互评的目的是对各部门在“客户意识、沟通合作、工作效率”等软性工作指标方面进行评价，评价结果作为对部门负责人年度绩效考核的参考依据。通过部门互评，发现组织在工作关系方面存在的问题；民主评议的目的是为考察干部管理业绩和干部选拔、干部培养及干部自我发展等提供参考，帮助干部清醒认识自我，建立透明、健康的干部提升发展机制。部门业绩P值考核每季度进行，员工绩效Q值考核、问卷形式的部门互评和民主评议，每年综合考评一次。

各部门季度工作评价是决定薪酬的依据，P、Q考核评价结果与薪酬的关系是：员工月薪=PQ岗位定级工作量。尽管工作保密是联想的天条，但通过新员工培训、内部网等，全员宣传贯彻考核体系，使每一个员工了解钱是如何得到的。同时绩效考核结果要在员工所在部门及人力资源部建立档案，作为年度奖金、干部任免、评选先进、岗位调换以及辞退的重要依据。

岗位责任考核体系通过岗位责任设计明确了责任，保障了前进的方向；通过绩效考核明确了目标，保障了前进的质量；通过业绩激励明确了奖惩，保障了前进的动力。岗位责任考核体系通过岗位责任来激励员工，体现了联想众人拾柴火焰高的理念，是实现部门目标及公司发展战略的基础管理保障，也正是这种不断完善和优化的岗位责任考核体系才成就了联想今天的辉煌。

# 第12章 到市场中去"抢棒子"

## ——联想的营销策略

"市场不像王米地,张三家五亩地李四家十亩地。市场是个没主儿的大野地,地里的庄稼谁有本事抢回家就是谁的。"

——柳传志

市场是企业的生命线,占有市场,就意味着成功,一个企业如果没有占有市场的欲望,就会失去拼争的动力。而要占领市场就要通过有效的营销来保证。

联想是一个非常重视市场的企业,公司发展早期通过走"贸工技"的商业道路,一方面实现了资本的快速积累,另外一方面,也从中学习和积累了国外先进IT行业的经营之道,为联想以后在营销策略上的创新打下了坚实的基础。联想有一个形象的比喻,把市场营销比作到市场中"抢棒子"。"棒子"是北方人对玉米的称呼,联想用了"抢"这个字眼而没有用"收割",更加形象的体现了市场的特征。市场是一个没有主人的一片野地,地里的庄稼谁有能力抢回家就是谁的。

"抢棒子"也是要讲究策略的,联想的市场营销策略以"茅台酒的质量,二锅头的价格"为营销理念,以渠道建设为营销重点,以关系营销为营销方式,打造联想的世界品牌,进行品牌营销。联想建立了一个完整的营销体系,帮助联想巩固了国内IT行业霸主的地位,成长为一个世界性的品牌企业。

### 第一节 质优价廉

商品销售是一个市场承认和一个市场接受问题,而商品的质量和价格是决定市场承认和接受的前提条件。IT行业产品升级日新月异,只有为顾客提供"质优价廉"的产品,才能得到市场的承认,在激烈的市场竞争中站稳脚跟。联想深刻地认识到了这一点,从创业初期就秉承一个营销理念——"茅台酒的质量,二锅头的价格"。

"茅台酒质量二锅头价格"最早是在联想海外战略中实施的。在刚开始时由于规模较小,元器件采购量小。采购价格很高,造成每一块主机板的单位成本很高。而世界知名电脑厂商其经营早已形成规模经济,元器件采购、部件生产都要比联想的低,资金也比较雄厚,联想要挤进国际市场,就必须以低价格销售,即"茅台酒质量二锅头价格"。在前两年虽然联想电脑板卡性能质量优异,但由于没有形成整体规模经济,所以整体上还是赔钱的。在这种情况下，联想没有动摇，他们用贸易赚取的利润投到电脑板卡上，坚定不移地实施“茅台酒质量二锅头价格”的销售策略，也使联想板卡进入了世界主板市场前五名。联想海外战略初期虽然为“茅台酒质量二锅头价格”付出了高昂的代价，但也使联想在市场的考验下走向了成熟。

联想“高质低价”营销理念首先建立在一个恰当的目标市场选择上。联想将客户需求做了细致的分析，并根据自身的差异化竞争战略，结合自身的技术领先优势，确定了两大类四种客户为联想的目标顾客，即由家庭和个人组成的消费类，由中小型企业和大行业、大企业组成的商用类。联想对商用客户的划分采用了一种“三维锁定”的方式，即从规模、行业、IT应用水平三个因素综合分析客户，据此划分客户的类别和层次。对于家庭和个人组成的消费类，按照消费者收入和年龄不同又细分为中高收入家庭和中低收入家庭、中学生、老年人等不同细分市场。联想商务类还专门细分出教育、税务等大的行业用户以及单机运行的个人商务用户。不同的目标客户在产品的需求上表现明显的差异，联想不断调整产品线，力求差异化以扩大中高端市场占有率。因为国内品牌电脑行业都没有核心技术，因此在电脑的硬件配置上基本相似。联想必须寻找新的市场，对产品进行重新包装，引导新一轮的消费需求。在进行产品包装的同时，还要与国际合作相结合，把最先进最成熟的技术和产品带给用户。在把握客户需求的基础上，充分利用自身在品牌机领域多年积累的技术，开发适合中国用户的新产品，联想也非常注意和国际一流同行的合作，能够外包加工的就不要自己做，利用不同的分工，发挥各自的优势，保障产品的领先性和市场的竞争力。

PC产品有五个层次，每个层次都增加了顾客更多的价值，它们构成顾客价值层次：最基本的层次是核心利益，即顾客真正所购买的基本服务或利益，如上网、打字、打游戏。第二个层次是基础产品，即产品的基本形式，如品牌、特点、质量、性能等。第三个层次是期望产品，即购买产品时通常希望和默认的一组属性和条件如操作简便。第四个层次是附加产品，即包括增加的服务和利益，如三年保修、上门维修。第五个层次是潜在产品，即该产品最终可能会实现的全部附加部分和将来会转换的部分，如成为家庭数码中心。

联想根据产品的五个层次，主要从产品的第二个层次即基础产品、第三个层次即期望产品和第四个层次即附加产品方面实施其差异化产品策略。

1.联想不断创新提高产品的品质。1996年联想成为我国第一家通过ISO 9001质量体系认证的电脑整机厂商，1999年又首家通过该认证复评，平时无故障时间20000小时。塑造出联想电脑是高质量、高性能产品的形象，给顾客一个名牌产品形象，提升基础产品的价值。

2.联想产品组合的品种多、规格全。联想有强大的后台调查，能根据市场特点，适时地丰富自己的产品线，有面向家庭消费者的“天”字系列电脑和面向商用用户的“开天、启天、扬天”等电脑，产品层次丰富，高、中、低档次齐全满足不同用户需要。目前其产品已经完整覆盖整个社会信息化的应用需求，据称面向税务行业的方案级PC也上市，未来还将陆续推出面向政府、军队等不同行业的细分型方案级产品。

3.采用多品牌和新品牌相结合的品牌策略，以家用PC为例，几种品牌电脑功能、价格略有不同，分别面向特定的细分市场，有面向高收入家庭的天麒、天鹭，有面向中等收入的家庭的天麟，还有面向工薪家庭的同禧。对于全新产品，联想采用新品牌策略，如对天禧电脑的替代产品，联想为新品牌命名天麒、天麟，表示这是一个全新的产品系列。

4.强调产品功能独特之处，提高产品的期望价值。一个产品的成功必须要有一些独特的东西，并且这些特点正是目标消费者所重视的。在期望产品方面，联想以客户需求为导向，先后推出了满足消费者需求的“一键上网”、“功能键盘”、静音、符合环保要求等多种满足顾客希望属性的电脑。因特网电脑、功能电脑、家庭数码港等概念都成为联想产品的独特卖点。联想针对中老年人希望电脑操作简便的期望属性，专门推出一款专为满足中老年用户对网络、信息服务的需求而个性定制设计的操作直观、简单易用的“天乐”电脑；联想还推出外形时尚、满足中学生学习、上网、娱乐多种要求的“未来先锋”电脑。在满足人们基本要求的基础上提高了产品的附加值。对商用电脑，联想提出“体验应用，感受品质”，强调客户体验，满足客户PC应用需要。如面向学校推出的“启天”电脑，强调其独特的网络管理功能和安全保护措施。

5.突出服务差异化。推出送货上门、免费对顾客进行电脑基本操作培训、所有产品三年保修、一年上门的服务承诺，免除人们购买PC的后顾之忧。增加产品的附加服务价值。联想通过提高产品价值以及服务价值达到提高顾客价值的目的，成为提供比竞争对手更多顾客让渡价值的企业，从而赢得竞争优势。

价格也是营销的一个利器，IT行业尤其是PC发展到现在，已经进入到同质时代，不同品牌产品之间技术的差异越来越少，在这种情况下，价格因素变得越来越重要。PC厂商应随时了解竞争对手的价格变化，并及时调整自己的价格，以保持自己在同类产品中的相对价格优势。联想走的是大众名牌的道路。价格高的贵族电脑，服务再好多数中国人今天也还用不起；价格便宜的兼容机质量与服务太难让人放心，很多人又不敢用。所以，“买得起用得放心”便成为联想大众名牌的核心内容。联想电脑并非一面世就是很低的价格，它当时还做不到这一点。销量还不够大的联想电脑不会有成本上的优势，当然在价格策略上的选择余地也较小。但是随着联想电脑销量的逐步提高，成本的逐步降低，联想电脑的价格基本上总是保持比国外品牌电脑便宜，与兼容机比价格还是高出很多。

1996年2月，联想为加快电脑进入家庭，联想集团各种型号电脑大幅度降价，其中奔腾5/75电脑降价幅度达到25%以上。从价格上看联想电脑降价以后一方面是使自己的价格比进口品牌电脑的价格便宜25%以上，同时又使自己的价格与兼容机的价格由原来高出兼容机30%以上缩小为15%左右，这样一来，性能好，服务健全的联想电脑对兼容机市场形成了强大的冲击，成为所有名牌电脑中走大众名牌道路的先驱。这颗重磅炸弹，其震撼力不仅仅是在中国本土，还波及到太平洋彼岸，联想这一举动之后数月，其他进口电脑也相继降价，兼容机市场急剧萎缩，巩固了联想在市场占有率上的绝对老大地位。

## 第二节 渠道制胜

产品是立命之本,渠道是立身之本。

联想的渠道建设是联想能够成功非常重要的因素之一,在联想发展历程中,建立了庞大的分销与增值渠道体系,通过他们,联想的产品、服务、理念、文化等诸多方面得以遍布全国,形成了别人无法比拟的优势和核心竞争力。联想核心的渠道理念是共赢的理念,即“风雨同舟、荣辱与共、共同发展、共同进步”的理念。在这个理念之下实现联想和渠道的共同发展、风雨同舟,展开渠道体系的全面建设,联想的发展与壮大和联想渠道这一体系的发展与壮大是相伴着进行的。联想渠道体系发展到现在经历了四个阶段:

直销与代理并行。1986年联想汉卡问世,解决了计算机西文汉化的问题,促动联想开展外国品牌电脑的代理,继而推出联想电脑。当时在面临国外厂商的重压下,以联想为代表的国产品牌一般都是面向行业用户采用前店后厂,自产自销的方式。当然这与今天的戴尔的直销(直线订购模式)有着很大的差别,因为当时计算机价格太高,用户有限,而国内品牌实力太弱,有实力的经销都不愿代理。同时由于用户相对集中,厂商直销可以掌握第一手资料,投入小,见效快,利润高,所以厂商直销在当时也是不得已的方法。在1994年以前,联想电脑销售采用直销、分销并行。随着市场的飞速发展和联想品牌的逐渐树立,行业用户特别是大用户行业在整个销售领域中的份额逐渐减小时,厂家直销的弊端也就渐渐显现出来,厂商将整个销售渠道统一在自己手里,由自己的人员进行管理经营,局限了产品的销售范围。地域之间、销售部门之间的责、权、利很难准确划分,这使得销售部门间的内耗严重,很难在短期内将渠道影响力扩大到整个市场。为了打破企业发展的瓶颈,联想最终决定彻底放弃直销,建立起一条与国际模式相似的渠道——二级分销渠道模式。

代理分销。1994年联想成立微机事业部时,将销售人员从100多人精简到18人,放弃直销,而采用代理制。当时联想在代理中基本没有信誉,甚至信誉是负值,因为联想多年来一直在许多情况下与代理争单子。联想尽力要把负数补起来,比如说承诺一年给代理的返款,压缩到一个季度返一次,以取得信任。1994年杨元庆和业务代表跑遍了中国的每一个省,一个一个代理去谈,才把代理网络做起来。这一年,联想PC的销量由前一年的2.5万台上升到4.2万台,同比增长70%。

1995年设立了商务部和物控部,这一方面公司加强了对物流的全过程的全面控制,使之更加高效,更加合理,充分满足代理伙伴销售的需求。另一方面也彻底改变了原有的销售人员对所有工作全面负责的工作模式,使之更加超脱更加专业地从事分销代理渠道发展和对代理的支持服务工作。随着更多的市场空白有了新的渠道覆盖,以及设立商务、物控这样的部门,有力地提高了运作的速度,使得联想1995年一举销量达到10万台的规模。

紧密分销。随着联想的日益壮大，联想不断地调整渠道结构，以适应市场的变化和客户的需求，日趋完善其渠道架构。1996年底，杨元庆第一次提出了“大联想”的渠道策略，就是希望构筑一个包括联想代理商甚至一些主要客户在内的一个大的利益联合体。从提供什么样的产品，到提供什么样的销售，到提供什么样的服务，一系列工作都在这个大架构里面完成。这个利益联合体，就是从机制上将成员间的冲突降低到最低，它可以协调成员间的冲突。代理伙伴冒着亏损的风险，空前热烈地响应号召，保证了大联想这一战略得以取得成功。1996年联想获得中国市场第一。经过三年多的发展，由1994年初的基本没有代理，到1996年发展到400余家代理，平均每家代理年均销量570台，大联想的渠道体系已见雏形，并且初具规模。

1997年，为了加强对市场腹地的纵深开发，联想设立了分销商，变一层渠道架构为两层渠道结构，教代理伙伴学习和共享前几年发展管理渠道的经验，发动他们发展大量的经销商，并且创设了与经销商签三方协议的新机制，将三方的责权利创造性地结合在一起，有效地发挥了各自的优势，使原来的骨干代理商们迅速壮大了规模，从而使得整个大联想规模得到迅速、空前的扩大。同时推出了许多抑制无序批发和无序分销的政策，大力治理市场秩序，保护代理的利益。1997年底代理伙伴阵容齐整，已有近2000家分销商、代理商、经销商。值得一提的是1997年年销量达到1万台以上的代理已由1996年的一家增加到四家。到1998年底，联想基本上形成了北京、上海、广东三大辐射中心和北京、上海、广东、沈阳、武汉、西安、成都七大销售中心，大联想渠道的地域架构从此变得非常均衡和坚固。

2000年为全面实施“大联想”的渠道策略，依托电子商务建设面向全国市场，面向Internet时代高效、快捷的满足客户需求的渠道体系，联想将电子交易系统扩展到代理端，并且通过实施客户关系管理系统（CRM）将联想与大联想和客户之间的交易过程自动化。2002年，联想在指定的市场区域内精细化管理所属连锁专卖店和授权经销店，开展具有区域特色的市场营销，并具有多项分销增值能力为用户提供高水准的规范化服务的新一代分销模式。精密分销重点提升分销商五大增值能力：零售管理、区域市场开拓、零售点规划布局、多产品运筹、新产品推广。2002年第二季度，联想台式电脑销量首次进入全球前五，其中消费电脑世界排名第三。

集成分销。面临着来自行业、用户、终端、竞争对手和自身的挑战，联想选择主动变革、积极突破，对大联想进行一次新的理念飞跃，实现大联想体系的改革和升华，打造一个基于大联想体系的增值、高效、强有力的集成分销链。2004年2月开始，联想对其PC渠道按照“细分市场、权力适度下放、结构扁平化、矩阵管理”的原则进行调整。调整后，联想将财务、市场规划等统一到中央平台由总部统一调配，而将原来七大销售中心细划为18个分区，各个分区总经理权限放大，有人、财、市场权，甚至可自己商定与销售代理之间的返利并可以拒绝销售不适合自己区域的产品。这样分区可更贴近顾客。联想为了应对戴尔的直销，也开始针对大客户和成长型的企业客户进行“电话营销”和“跟踪营销”。联想渠道调整使得其渠道管理层级减少，指挥和管理前移，更为重视大客户，顺应了渠道扁平化的趋势。

2005年5月在亚洲博鳌论坛上联想首次提出了集成分销的概念。集成分销的核心思想就是将联想、渠道看作一个整体，面向客户做一体化的设计，清晰角色定位与分工，加强互动，提高整体运作效率。在集成分销阶段，联想将与合作伙伴结成更为紧密的战略伙伴关系，与合作伙伴之间形成高度的、实时的信息共享，实现精密、高效的一体化运营体系。同时，联想将根据合作伙伴在大联想中不同的功能进行区隔定位，对整个大联想体系提供有力的支持和管理。集成分销与联想以前的分销体系相比，主要有四个特点：一体化设计、客户制导、专业分工和协同作业。

对于分销零售市场，联想强调精耕细作。据为了打造必要的竞争力，联想加强了四个方面的工作：一是打造一个多产品整合营销的连锁店面体系，提高店面营销的效率和回报。这其中特别加强了笔记本的销售，加速渗透市场；二是建设紧密协同的商用渠道队伍，打造一支专注经营中小企业和中小政教客户、信息一体化的商用伙伴队伍；三是深入推进分销区隔，强化规范的渠道管理。区隔的目的一方面是为了精细规划市场、精细规划渠道，保持一个合理的伙伴数量，避免过度竞争。另一方面是为了使终端渠道能够有一个有序的市场环境，可以专注竞争力建设，专注服务客户，最终目的都是为了提高竞争力和提高大家的获利水平；四是建设精确高效的产品销售In-Throughin-Out管理体系。现在的行业竞争都是价值链与价值链的竞争，只有无缝的信息流动与分享，才会有高效和低成本，因此联想强调要深度打通从联想到分销的In、从分销到经销的Throughin、以及经销商的Out。

在大客户市场上，联想强调精确制导。在这方面戴尔通过精确的客户管理，他们既能不断从老客户身上赚取高额利润，又能够瞄准其他厂商的优质客户，通过超低的价格迅速切入，占据优势。联想的策略是一方面迅速提升能力，一方面更加紧密地依靠更加贴近客户的合作伙伴。为了在大客户市场上获得成功，联想强调做四个方面的工作：一是坚持一层合作伙伴架构，只有一层架构才能精确制导，才能做到高效率；二是所有的伙伴，无论是客户代理商还是客户服务商，都必须清晰锁定有限数量的指名客户，这既是精确制导的需要，也是进行关系性营销的需要；三是打通商机管理，通过全程的商机管理，从合作伙伴的客户经理到联想的客户经理，再到联想的后台系统，全部打通并高度集成起来，从而打造一个高效柔性的服务大客户的价值链；四是大力提升大联想服务和经营指名大客户的各项能力。

2005年，联想集团副总裁兼联想中国大客户业务部总经理蓝烨正式提出了针对大客户市场开拓的“诺曼底计划”，将对政府、教育、军工、金融、电信、能源、工商企业等七个行业发起重点冲击，联想的几百名客户经理将对合作伙伴提供产品、推广、伙伴建设、交付、服务等方面的支持。

经过十多年的实践，现在联想已经形成了一个严谨、完整的渠道管理体系，它可以用一个简洁的金字塔来表示，可以分成三个层次：战略层、运营层和保障层。

战略层包括联想一直倡导的大联想的核心理念、“集成分销”思想以及在这个渠道体系框架下的渠道架构和目标。

执行层则以客户管理为中心，还包括渠道建设管理、产品运作、联想工作模式。联想渠道的数量非常多，渠道建设管理就是要定义分销商、经销商、行业代理、商用精品店、1+1专卖店等各种类型的渠道，是支撑客户管理的根基。产品运作也是紧紧围绕客户来进行，推出满足客户需求的产品。支持一个庞大体系的高效运作，联想的工作模式是重要的一环。现在，联想的渠道工作有了很大的变革，改变的主要就是联想的工作模式。比如和合作伙伴的定期例会和业绩回顾，合作伙伴的配合等。

保障层是金字塔的根基，是联想为合作伙伴提供支持基础。在信息化建设方面，联想重点推进的是与合作伙伴的信息系统一体化，包括大联想网站、大联想商务网站等，这是整个供应链系统高效运作的基础。例如联想现在每天下午6点就能够得到全国所有渠道和店面的销售情况。另外，大联想学院、大联想顾委会、监控支持、物流和资金流等方面，也都是联想保障层的工作重点。

在联想渠道的发展历程中，"大联想"无疑是一个创举，联想还专门成立了一个大联想学院，建立了大联想培训体系。这样不仅将渠道商纳入到联想的销售服务体系中，而且还直接纳入到培训体系中，许多核心渠道商的老总都成为大联想顾问委员会的一员。通过渠道商与联想高层的定期沟通，大联想把渠道和联想连结成了荣辱与共的整体。

## 第三节　品牌营销

一流企业卖品牌，二流企业卖技术，三流企业卖产品。

我们已经进入了品牌竞争时代，品牌是开拓市场最有效的方式，也是企业市场资源的集中体现。企业的目的是满足消费需求从而发展自己，为了达到这一目的，企业就必须从产品研发、市场营销、售前售后服务等多方面来提高与完善自己，企业在这些方面的努力作为一种成果，最终是体现在企业品牌形象上的。

企业创建新品牌以及巩固品牌的强势地位，其核心及基础便是在品牌发展过程中完善品牌的价值系统。有着完善品牌体系的企业不但能极大助力产品推广，而且能在市场竞争中，抵御行业内领导性品牌及国际知名品牌的打压，同时能应对其他竞争对手的挑战。完善的品牌体系直接决定着品牌的未来，也决定企业的未来。企业满足消费需求程度越高，它的品牌形象就越好，市场成就就越大，往前发展的市场空间就越广阔。从衡量企业的角度说，品牌形象就成了一把尺子。

联想品牌逐步实现了从最早的产品名称发展到了今天这样一个品牌价值为200亿元的优秀品牌。从1984年到2003年的19年当中，联想品牌的发展经历了三个非常重要的阶段。第一个阶段是"计算所"品牌时期，这一阶段从1984年联想成立，到联想拥有"Legend"这一品牌；第二个阶段是"Legend"时期，从香港联想的成立到2003年4月28日，这是一个漫长、且联想高速发展的品牌历史时期；"lenovo"新标识的发布，揭开了联想新品牌发展的第三个历史时期。

## 一、"计算所"时期

联想在创业初期还没有"联想"这一品牌的概念。1984年11月,柳传志带领11名科技人员,以20万元的资金创立联想时,那是个艰苦创业时期,以技术服务作为积累资金的主要手段,而公司的名称"联想"则来自其第一个拳头产品"联想式汉字系统"。

计算所公司通过为电脑用户提供各类服务,以及汉卡的推出,为联想的初期发展奠定了坚实的基础。而"计算所公司"这一品牌在中关村逐渐小有名气。"联想式汉卡"也赢得了用户的信赖。1988年,联想汉卡荣获国家科技进步一等奖,联想还在中央电视台第一套节目购买了黄金时间播出联想汉卡的30秒电视广告, 当时中央电视台收视率远比今天高,因此联想汉卡的电视广告时机促销效果相当好。

创业初期,联想人通过办展会,做平面广告、门牌广告等多种方式对"计算所"品牌进行了塑造,而"诚信"成为当时的联想人所一贯坚持的理念。柳传志常说:"一个好的技术力量、好的适应价格、好的销售服务、去争取和赢得一个好的用户市场,这就是我们信誉的全部内容。"而这一时期"研究员站柜台"、"诚信对客户"等故事成为打造"计算所"品牌不可或缺的重要内容。1988年4月16日,计算所公司"开创高科技外向型产业动员大会"在人民大会堂召开,之所以选择在人民大会堂召开,则表明了联想人树立自己品牌的坚定信心。

## 二、"Legend"时期

1988年6月23日,香港联想开业。为适应当地发展需求,第一次采用"Legend"作为自己的英文品牌标识,这也是联想海外战略第一步,也为进一步打开国际市场创造了良好的开端。1989年11月联想集团公司成立,对于"联想"品牌建设的积累开始初步尝试。联想新品的不断推出, 市场活动和理念在全国的推广成为联想品牌发展的助推力。

1994年初,《人民日报》以头版头条的显著位置刊登报道:联想集团面对世界一流企业强大竞争压力,明确提出坚决扛起民族工业大旗。这是中国企业界第一次有人提出这样的明确目标。在市场各个领域都普遍面临民族工业发展与进口品牌和外资企业竞争日渐激烈的情况下,联想喊出这样的口号,引起了社会的广泛关注,作为中国计算机产业的代表企业, 作为全球竞争最为激烈的行业, 联想的行动从某种程度上说,至少对于中国经济融入世界经济最终可能的结局具有典型的启示作用。

联想第一台自有品牌电脑在1990年推出。1992年"联想1+1"、"家用电脑"概念的提出,成为中国家用电脑的创始。1996年成为中国电脑史上的一个里程碑,联想产品连续四次大降价,"万元奔腾"使得联想第一次市场占有率中国第一。在1996年以前洋品牌一统天下的时期,国内电脑品牌步履维艰,联想品牌承诺扛起民族产业大旗,让电脑在中国百姓中普及,联想的理念是让中国人用得起电脑,推出了面向家庭用户的联想1+1家用电脑，通过“联想电脑快车”、“1+1”暑期大培训等活动普及电脑知识等一系列品牌活动使得“联想”这一品牌知名度在中国迅速提升。联想在1996年成为国内PC市场第一品牌并保持至今，“legend”的本意“传奇”在联想的发展历程中得到了最完美的演绎。

1997年、1998年国外市场的本土化运作使竞争日趋激烈，应用成为阻碍市场发展的瓶颈，联想的品牌承诺是电脑品质与世界同步，并更加易用，让中国人用得好电脑。在1997年与世界同步推出奔腾II电脑，1998年推出“天鹤、天鹭、商博士”等面向消费和企业客户的功能、应用电脑，并通过“着想中国、应用为本”为主题的百城巡礼活动，传播功能和应用的理念，普及电脑的应用。这一时期使得联想品牌的知名度进一步提升，并赋予了功能和应用的内涵。

随着Internet的推广，1999年到2000年联想逐步成为为用户提供Internet产品和服务，推动Internet在中国普及的企业。尤为让人关注的是1999年推出的具有“一键上网”功能的第一代因特网电脑“天禧”，这一电脑体现了联想品牌中的“容易”特性，同时联想PC荣登亚太PC销量的榜首。1999年举行的覆盖300多城市的“联想Internet中国行”活动推动了因特网在中国的发展，2000年举行覆盖600多个城市、企业、行业的“联想电子商务中国行”活动，大大推动了电子商务在中国的应用和发展。在这关键的两年中，联想品牌树立了Internet厂商的形象，联想品牌美誉度迅速提升。

进入2001年，已经在国内IT市场占据首席的联想进入了“Legend联想”品牌发展中非常关键的阶段。2001年4月1日联想分拆，联想新一代领导人承担起联想进一步发展的责任，并制定了三年规划，成立了面向四大类客户的六大业务群组，坚决推进向技术转型、向服务转型的企业战略，加大研发力度，以客户为导向，不断推出高技术含量的信息产品，并大力发展服务业务。联想品牌承诺是为客户提供信息技术、工具和服务，使人们的生活更加简便、高效、丰富多彩。这时的联想品牌被赋予技术和服务的内涵，初步树立高科技的、服务的、国际化的联想品牌形象。

### 三、“lenovo”时期

在技术创新与服务转型战略相继启动后，联想在IT领域多元化的发展也呈现出积极的态势，联想按照“从单一到丰富、从前台到后台、从产品到服务”这三个转变来布局，使业务范围更趋多元化，产品和服务体系日趋完善。在这样的背景下，需要思索如何进一步发展并清晰联想的品牌内涵，使它更好地与公司战略愿景相结合，成为联想面临的问题之一。

“Legend”创造了中国PC市场上的一个个辉煌，但也面临冲破天花板，开辟新征程的瓶颈，对于一个志存高远，希望能够比肩国际一流企业的中国公司而言，品牌是否能与自身的发展状况相适应，将直接影响目标的实现。崭新的“lenovo”就这样应时而生。

联想品牌已经和“高科技”、“服务”紧密联系在了一起，但要想成为一个国际性的品牌，还需要一个可以在世界上畅通无阻的、受人喜爱的英文标识，但由于其一直沿用的英文标识Legend在国外很多国家已经被注册，因此联想未雨绸缪，更换品牌标识为未来公司业务拓展做好先行部署，并且通过更换品牌标识来进一步梳理并明确其品牌内涵，联想的新标识中“Le”取自原来的“Legend”，继承“传奇”的含义，“novo”是一个拉丁词根，代表“创新”之意。从“Legend”体现的“高科技”和“服务”，到走国际化路线的“Lenovo"，联想最终将其品牌内涵定义为：诚信；创新有活力；优质专业服务；便捷。由于社会风尚、竞争格局、消费者文化的变迁，使得旧标识不能传达出企业核心价值观，甚至发生了扭曲，因此企业有必要采纳新的角度、方式、风格来表现、深化、丰富自己的价值。标识不仅仅是个品牌符号，更重要的是它见证了联想的不同成长阶段，彰显了联想品牌的成长过程。

联想作为国内最具代表性的IT企业，在技术和产品上已实现与国际接轨，在品牌营销方面也保持着与国际品牌营销思想的及时交流。自2003年以来的品牌结构调整，更加明确的品牌整合营销理念的提出和实践，联想在品牌整合营销方面已经收获良多。所以现在应该继续强化品牌整合营销，充分把握品牌整合营销的精髓，自中央到各区域，涵盖各业务面，强化贯穿，充分发挥“整合”的力量。

品牌整合营销的核心是面对市场的“立体营销”和“整合营销”。品牌整合营销的最大优势在于“以一种声音说话”，即用多样化的行销手段，向消费者传递同一诉求；由于消费者“听见的是一种声音”，他们能够更有效地接受企业所传播的信息，准确辨认企业及其产品和服务；对于企业来说，这也有助于实现营销资源的合理配置，使其相对低成本的投入产出高效益。在当今信息爆炸、媒体泛滥，商品趋于同质化和消费市场多元化的社会环境中，品牌整合营销传播给企业提供了一种全新的品牌营销概念和策略。

联想用品牌整合营销最突出的是通过联想科技巡展等方式在全国范围内推广新的品牌标识及关联应用战略。这些营销活动的目的是为了增加联想品牌的价值与曝光率。从1996年的联想电脑快车，到1997年的鹏程展翅，从1998年的百城巡礼，到1999年的龙腾世纪，再到2000年的“推动因特网，龙腾新世纪”，联想大规模地通过全国性巡展活动，做深做透了覆盖全国各大市场的市场推广活动，在向用户大规模普及IT知识、推广IT技术同时，推动产品的市场销售，树立了市场领导者形象。

某些特定的时机和事件，利用得好，就能达到特殊效果，对企业品牌美誉度的塑造所产生的正面影响是不可估量的。联想非常善于利用这些特定的时机和事件，实现品牌整合营销。在2003年11月神舟5号飞船成功发射之日，以“只要你想”为主题的联想新版形象广告在“神州5号上天”的实况转播过程中播出。广告中的主题语十分贴切“人类用想法改变世界，只要您想”。选择这个播出时段，既对“神州5号上天”印证了中国人敢于创新并终将梦想成真的气概表示祝贺，又突出了联想品牌特性和企业精神：不断创新并超越自我—“只要你想”。通过“神州5号上天”这一具重大意义的“时机”的联系，使联想在大众心中的形象魅力大大提高。

2004年2月，联想赞助国际奥委会，成为国际奥委会第6期全球合作伙伴(TOP，The

Olympic Partnership)。TOP计划是国际奥委会直接主管的最高级别的合作伙伴计划。根据规定,TOP合作伙伴在全球范围内享有奥林匹克市场开发权利,并且是奥运会、国际奥委会、奥运会组委会以及200多个国家和地区奥委会和奥运会代表团的官方赞助商,因此,成为TOP合作伙伴,意味着一下子可以获得全球各国奥组委和各国人民的信赖,对企业来说绝对是一个最佳的全球宣传的机会。2005年11月8日,作为国际奥委会全球合作伙伴之一,联想在北京揭幕启动了为期一周的"联想奥运周"活动,正式发布了联想的品牌及奥运战略。联想还同时对外发布了面向2006年都灵冬季奥运会及2008年北京夏季奥运会的品牌及奥运战略。作为中国第一家成为奥林匹克全球合作伙伴的企业,多年积累的实力使联想拥有了"奥林匹克全球合作伙伴"这一全球企业竞技场的"奥运金牌",这对联想集团、对中国企业来说都是一个标志性的全新的开始。

2004年12月8日,联想并购IBM的全球个人电脑业务后。新联想将在5年之内无偿使用IBM品牌,并永久保留使用全球著名的"Think"商标的权利,开始了双品牌战略。按照联想的设想,Think品牌将主打商用市场而Lenovo品牌则依旧集中在个人消费。Think品牌和Lenovo品牌都是老品牌,各自都已经有很成熟的品牌内涵和个性:Think高贵、可靠拥有最低成本,Lenovo则是易用、时尚、物有所值。

双品牌策略也解决了长期困扰联想的增长问题。收购IBM PC部门之前PC市场已经过了高速增长的时代,渐趋成熟。只有更细分市场才能赢得进一步的增长。取得突破的最好方式是能有一个与Lenovo不同定位的品牌作为补充,Think品牌恰好能够做到。如果简单将两个品牌合二为一,或是二选一,可能会两败俱伤。

联想对Think和Lenovo的产品都做了非常精细的定位:在继承原来优势的基础上,通过互补在中国市场上提升竞争力。同时Think和Lenovo在客户组合上也有非常大的互补性。Lenovo在家庭教育市场和中小企业市场在笔记本的领域非常强,Think在政府大中型企业非常强,可以说是相得益彰。

品牌在消费者心目中建立起来以后,还能够通过品牌延伸给企业带来立竿见影的好处。品牌延伸是指在已有相当知名度与市场影响力的品牌的基础上,将成名品牌运用到新产品和服务上,以期减少新产品进入市场风险的一种策略。从企业内部看,发挥、借助已有的品牌(名牌)效应,能降低各种广告、宣传等促销费用,从而降低产品的成本;还可以借助已有的良好销售渠道快捷地把新产品送达到目标顾客手中,有利于新产品进入市场。从企业外部看,借助已成名的熟悉的品牌声誉,有利于目标顾客的认同、接受乃至购买;借助于统一的品牌名称有利于形成一种强大的阵势,给消费者一个全面的、整体的、良好的企业形象。

做信息时代的发展商,联想将自己的品牌形象全面融进信息时代的产品和服务。联想采取的是和SONY等国际知名企业类似的品牌延伸策略,即无论进入哪一行业,所制造的产品均冠以"联想"品牌,包括打印机、服务器等产品均采用了联想的品牌,有效地利用了原有的品牌效应,在市场扩张上节约了成本,延伸了品牌价值。2002年联想宣布进入手机生产领域,生产"联想"品牌的手机,由于手机行业的运作方式和电脑的具有高度相似性,如大宗交易化、产业链开放、电子类产品等,使得深得PC运作精髓的联想做手机时会在许多方面驾轻就熟。另一方面良好的用户基础也是联想手机顺利发展的一个保证,联想拥有几百万认同联想品牌的PC用户,是手机业务发展用户的潜在资源。2004年开始,联想手机销量和营业收入都迅速增长。在2005年第二季度,联想已成为中国国内最大的国产手机制造商,包括外国品牌在内,它在整个中国市场排名第五位。联想手机业务是品牌延伸的又一个成功典范,现在联想手机已经成为联想的第二大支柱业务。

## 第四节 关系营销

在当前激烈竞争的市场环境下,企业在营销过程中,不仅要创造购买,更重要的是要建立各种“关系”,建立各种“关系”比创造购买更重要,现代营销已经进入了一个关系营销时代。所谓关系营销是指买卖双方之间创造更亲密的工作关系和相互依赖的关系。它在以市场为导向的基础上,通过满足顾客全方位的需求,与顾客和其他的合作者建立、保持和发展长期互惠关系,创造忠诚的顾客和合作伙伴,取得稳定的竞争优势。企业追求的是长期盈利, 要保持长期盈利能力那就要与顾客保持长期的关系,因此,买卖双方的关系不应该是交战双方的关系,而应是长期合作的关系。此外,企业还应与供应商、分销商以及其他的合作者保持长期密切的关系。

联想在营销工作中引进了关系营销这个新策略,改变原来的思维方法,从简单营销因素组合思维法转变为真正营销导向的思维方法深入分析当前的营销环境, 明确本企业的优势和劣势,采取相应的策略,与目标市场的顾客和其他的合作者建立、保持并发展相互之间的关系。

根据马斯落的需求层次理论:顾客的需求是不断发展的,随着较低层次的需求得到满足,就会追求更高层次的需求。关系营销有三个层次,企业选择的关系营销层次越高,其获得潜在的收益和提高竞争力的可能性越大。联想紧跟顾客(客户)需求的变化,不断提升关系层次。

财务层次。这是最低的一层,往往通过价格的优惠或免费奖品等来刺激顾客购买更多的产品和服务。1996年联想针对国际品牌微机的价格太高而国内普通消费者的消费能力较低的现状, 率先将联想品牌机大幅度地调低了价格, 创造了一大批的顾客。但这些举措竞争者很容易模仿,往往很难保持公司产品的差别优势,也无法创造忠诚的顾客。

社交层次。这类关系营销并不忽视价格的重要性,但更重视企业与顾客(或合作者等)之间的社交联系,要求企业强调定制化的服务,尽力将顾客转化为常客。在这个层次,联想不仅重视传统的营销工作,更重视交往营销工作,以提高关系质量。如主动与顾客保持联系,了解顾客的需求和愿望,想方设法满足顾客的需求。这样的社交联系竞争者不容易模仿,顾客与企业容易保持合作的关系,这样,企业可以及时发现服务差错，了解竞争对手的动向，防止顾客“跳槽”。

结构层次。这是最高的层次，可通过结构性联系，与顾客(或合作者等)增强联系。结构性联系是指企业增加技术投资，利用高科技成果，及时收集顾客需求信息，精心设计服务体系，按顾客的特殊需求，为顾客提供个性化服务，使顾客得到更多消费利益和更大的使用价值，从而与企业保持亲密的关系。与顾客建立起结构性关系有两个好处：一是大大提高了顾客的满意度；二是设置高的转换壁垒。当顾客改变供应商将造成资金成本的提高、优质售后服务的丧失、老主顾折扣的丧失等时，于是，顾客不愿意更换供应商。

联想的关系营销策略重点放在这个层次上，公司除了根据行业用户的特点，提供全系列的满足不同需求的产品外，还建立起“大客户市场部—地方专员—行业代理”这样一个三级销售服务结构。最上层是大客户市场部，这个部门根据全国不同行业的特点，分别组织了有精通相应行业领域的技术、市场、服务等专门人员组成的小分队，负责为不同行业用户提供全面的、完善的集软硬服务于一体的一揽子解决方案。同时发展一批专门的行业代理队伍，努力和各行业建立深层次的合作关系，为用户提供“专家式”的服务。这样“度身定做”服务不仅使顾客满意，也加大了他们对联想的依赖性，从而双方的关系更加密切了。

联想关系营销的策略主要体现在与顾客、供应商和合作伙伴的关系处理上。

联想与顾客的关系：心连心。为了提高顾客的满意度，联想推行“五心服务”的承诺：“买得放心，用得开心，咨询后舒心，服务到家省心，联想与用户心连心”，大大拉近了顾客与公司的关系。

1.满足营销顾客在各个阶段的需求。不少企业对关系营销缺乏重视，只重视顾客购前和购买阶段的营销工作，却忽视了售后阶段的营销工作。他们不断地花大量的人力、物力和财力去吸引新顾客，却不想方设法去提高服务质量，满足顾客的需要。导致老顾客不断跳槽，因为竞争对手能提供更优质的服务。企业里出现了严重的恶性循环，不断吸引新顾客，不断失去老顾客。尽管企业花费了大量的销售费用，但效果甚微。

而联想却非常注意在各个环节都与顾客保持联系，最大限度地满足顾客的需要。在购前阶段，联想不仅采取广告、营业推广和公关等传统的营销手段，而且通过新产品发布会、展示会、巡展等形式来介绍公司的产品，提供咨询服务。在顾客购买阶段，联想不仅提供各种优质售中服务(接受定单、确认定单、处理凭证、提供信息、安排送货、组装配件等)，而且帮助零售商店营业人员掌握必要的产品知识，使他们能更好地为顾客提供售中服务。另外还推出家用电脑送货上门服务，帮助用户安装、调试、培训等。在售后阶段，联想设立投诉信箱，认真处理消费者的投诉，虚心征求消费者的意见，并采取一系列补救性措施，努力消除消费者的不满情绪。另外联想还加强咨询、培训、用户协会、“1+1”俱乐部及办刊物等工作，经常性举办各种活动，如“电脑乐园”、“温馨周末”等，向消费者传授计算机知识、提供信息、解答疑问。这样，联想创造和保持了一批忠诚的顾客。此外，忠诚的顾客的口头宣传可起到很好的蚁群效应，增强企业的广告影响，也大大减低了企业的广告费用。

2.建立健全的服务网络，提供优质的服务。联想把帮助顾客使用好购买的电脑看作是自己神圣的职责，在“龙腾计划”中提出了全面服务的策略：一切为了用户，为了用户的一切，为了一切的用户。联想在全国104个城市设有140多家联想电脑服务站，保证遍布全国的联想电脑用户都能接受到完善、周到、快捷的服务。为提高服务人员的服务质量，联想制定了持证上岗制度，公司的维修人员上岗都必须经过考试，拿到上岗证方可上岗，这对提高维修水平起到很好的保障作用。

联想与代理商的伙伴关系。1993年以前，联想的销售模式为直销。1994年，联想开始建立安全的代理体制。联想的代理队伍日益壮大，到1996年代理商和经销商就达到500多家。在个人电脑市场上，由于竞争激烈，商家的利润越来越薄，经销商们很容易唯利是图，“跳槽”现象时有发生。然而，联想的队伍不但稳定，而且越来越多的经销商加入了联想的代理队伍。那么，联想靠什么来发展与代理商的合作关系呢？首先，信誉保证。联想对代理伙伴承诺了许多优惠的条件：向代理商提供质量可靠、技术领先、品种齐全的产品；建立合理的价格体系和强有力的市场监督体制；通过强大的市场宣传攻势来营造更好的电脑销售氛围；向代理商提供良好的售后服务保障等等。联想以实实在在的行动实现自己的承诺，取得很好的口碑。其次，保障代理商的利益。许多电脑厂商迫于竞争的压力，逐渐压缩流通环节的利润，而联想却在考虑如何保障代理商的利益；通过加强内部管理和运筹能力来降低成本，向市场提供极具竞争力的价格；通过对市场进行强有力的控制和监督，防止代理商违规操作，进行恶性的削价竞争，只要代理商坚决地执行联想制定的价格，就可以获得较好的利润。再次，与代理商共同发展。将代理商纳入联想的销售、服务体系，也纳入分配、培训体系，大家荣辱与共，一同成长。

联想与合作伙伴的结盟关系。1988年联想公司进军海外市场的第一步，并不是贸然在海外设立子公司，而是在香港寻找合作伙伴：香港导远公司和中国技术转让公司。因为联想公司深知本身虽然以中国科学院为后盾，有雄厚的技术开发能力，但缺乏海外营销的经验和渠道，所以必须与合作伙伴结盟，以扬“技术”之长、避“国际营销”之短。事实证明，联想走关系营销的这一步是十分正确的。三方各合资经营的香港电脑公司取得了极大的成功，在开办当年，公司营业额达到1.2亿港元，不仅收回全部的投资，还拿出100万港元购买了香港一家有生产能力的Quantum公司，为香港联想自行研制开发产品建立了一个基地。

联想在研究开发上采用“内联外合”策略：“内联”是指联想加强国内厂商的联合，真正做到资源共享，优势互补。如联想与全国最大的财务管理软件厂商用友公司实行战略性合作以应用为本，软硬一体，共同开发与销售。与实达公司、TCL致福电脑公司签定了OEM合作协议，这两家公司将在他们的家用电脑中全面预装联想开发的“幸福之家”软件。“外合”是指进一步加强与国际著名厂商的合作，包括技术、产品还有销售的合作。如联想与英特尔(Intel)、微软(Microsoft)的战略合作伙伴关系，有力地加强了联想电脑在技术上的领先地位。同时联想也努力和国际厂商展开更深层次的合作，比如，联合开发、联合定义未来产品等。

联想在与盟友的合作中，不仅在贸易、资金积累和技术应用方面取得非常显著的业绩，更重要的是联想从这些国际高科技企业中学到成熟的管理经验、市场推广、经营理念和严谨、科学的生产运作体系。①

①参考戚闽粤《联想的关系营销》，企业经济，1999年第7期

# 第13章 一个IT企业生命的传承

## ——联想的文化缔造

“什么是保持公司生存和发展最基本的要素？战略、组织、领导人、制度和流程都非常重要，但与文化相比。他们都是在短时期内可以调整的。真正不会轻易改变的，并且能深刻影响着我们每一个人行为的，是一个企业的文化，只有文化才是一个企业赖以基业长青最基础的东西。”

——杨元庆

百年基业，文化是根。

企业文化是一个企业精神的载体，是企业在发展中形成的一种企业员工共享的价值观念和行为准则。这种统一的价值观念和行为准则根植于每个员工的DNA中，流在员工的血液里，表现在每个员工日常的行为上。企业文化融于企业的经营理念、管理方式和道德规范等许多方面，通过建立共同的价值观念、企业目标，把员工凝聚在企业周围，使员工具有使命感和责任感，自觉地把自己的智慧和力量汇聚到企业的整体目标上，把个人的追求融于企业长远发展之中，从而凝结成推动企业发展的巨大动力。企业拥有了自己的文化，才能使企业具有生命的活力，具有真正意义上人格的象征，才能获得生存、发展和壮大。

联想文化是联想在20多年的成长历程中帮助联想成功的一个极其重要的因素，联想的目标是做“百年老店”，并步入世界500强，依靠的还是使联想迅速崛起的联想文化。联想的领导者们一直都非常重视联想企业文化的建设，把它作为企业管理的基础层面来抓。柳传志在哈佛商学院介绍联想在中国连续高速增长始终没有失败的根本原因时，提到了联想管理的“房顶图”，管理就像一个房屋的结构，屋顶是价值链的直接相关部分——怎么去生产、怎样去销售、怎样去研发等等，第二部分是围墙，主要是管理的流程部分，如信息流、资金流、物流等等。第三部分是地基部分，也就是机制文化。联想20多年来的主要工作除了研究屋顶和围墙部分怎样赚取利润外，另外一个主要工作是研究怎样把地基打好，使联想能够长期发展。而联想之所以能从同行中脱颖而出，与其“地基”层面的成功构建是密不可分的。

越是成功的企业，越是重视企业文化的建设，联想将文化比作可持续发展的动力引擎，对企业文化的建设十分重视。综观联想的发展，可以说，联想的发展史同时是一部企业文化建设、创新的历史。联想的氛围、观念、意识、价值追求以及在经营实践中的贯彻，无不让人们感受到联想集团充满理性和激情。深厚的文化底蕴，这也成为了联想集团的核心竞争力。

## 第一节　百年老店以人为本

企业的核心是人。联想作为一个IT行业的高科技企业，始终坚持"以人为本"的基本理念，把为员工"创造发展空间、提升员工价值、提高工作生活质量"作为企业的使命，员工也把个人追求融入到企业的长远发展之中。

把个人追求融入到企业的长远发展之中包含三层含义：(1)员工个人的追求只有与企业的长远发展目标相一致(对企业忠诚、为企业发展尽心尽力)，才有可能得到实现；(2)企业发展了势必会给员工带来更多的发展机会，为每位员工提供"没有天花板的舞台"；(3)联想为每位员工都提供了平等的发展机会，不惟学历重能力，不惟资历重业绩，每位联想员工都有相当的舞台，每个人都有成功机会，员工与企业相互依存，相互促进，共同成功。

实现把个人追求融入到企业的长远发展之中，要求作为联想的管理者，在设计企业发展的时候就应考虑到企业的发展要代表员工的利益，应该考虑到如何为员工提供各种成长的空间，如何让员工通过自己的努力得到物质和精神的回报；作为联想的员工，要具备"三心"即责任心、进取心和事业心。对普通员工来说，要有责任心，这是对所有进入联想的员工的最起码要求。进入骨干层的员工不仅具备责任心，而且还有拼搏向上的上进心才有可能。到了高层，还要具备强烈的事业心，必须要把联想的事业当成自己一生的追求来做。联想本着对员工负责的理念，把以"人为本"的理念贯彻到整个"选人、用人、留人、育人"的体系当中。

联想首先在选人上非常慎重，同时对每个"新人"都精雕细琢，希望他不仅适应岗位的要求，而且能够认同联想的企业文化。"入模子"是新员工进入联想的第一步，不进入联想的"老君炉"，不被联想的企业文化同化的人，是不能成为联想人的。按照联想的传统，每一个联想员工，在入职以后三个月的试用期内，都必须参加"入模子"培训，否则不能够如期转正。"入模子"的成绩记入新员工档案成为日后评审的重要依据。培训每天的日程都安排得满满的，甚至超过平时的工作。清晨天不亮就要起来跑操，像军训一样，然后高唱联想之歌，开始一天的课程。课程从基本的素质培养开始，比如团队精神、自信精神，然后是重头戏，进入联想的部分，包括联想的历史、发展道路、使命和远景，以及联想成功的基本经验。培训的过程中会组织参观联想的工厂、卖场，介绍公司的主要业务、联想的管理模式，组织结构和薪酬体系。联想从1991年开始坚持不懈地开展"入模子"培训，进入联想的员工必须进到联想的"模子"里来，凝成联想的理想、目标、精神、情操行为所要求的形状，使大家能够按照联想所要求的行为规范做事。

联想在用人方面强调给员工提供没有天花板的舞台。联想不仅广纳贤才，还对人才的使用倾注了大量的心血，不惜代价给员工创造机会，提供巨大的发展空间和自由施展的舞台,在联想工作,对每一个人而言,也许不是所有的舞台都能适合,但联想总能为他找到一个适合其发展的舞台,而且是“没有天花板的舞台”,在这个舞台上,不断把年轻人推到前面,通过“赛马不相马”的机制来磨练年轻人,培养领军人物,实现联想的新老交替的工程,保证联想后继有人、持续发展。

联想为员工提供的舞台上,要求每一名员工都做推动联想发展的发动机,而不是小齿轮。如果员工把自己看作“齿轮”,就必须跟着发动机转,这样从组织系统最上层开始,就把每一名员工要做的事情都定死了。联想倡导不仅仅将老总看作是一个大发动机,下面各个部门的负责人也是发动机,而且是同步发动机,不管是大发动机还是小发动机都要围绕着企业的发展、战略同步运转,是由企业上层“把责任给清楚,把权力给清楚,把利益给清楚”,明确所有规则以后,由各个部门自己具体运作。这样大发动机带动同步发动机,通过有职有权的“发动机”理念激励员工为联想战车提供了更足的马力。

联想的事业是国家的事业,也是每个联想人的事业,所以有了成果,联想也会拿出来和大家一起分享,在联想奉行“谁栽树,谁乘凉”的理念,通过各种方式实现对员工的激励,让员工确切感受到“个人的追求已经融入到企业的长远发展中”了。联想还重视对员工得培训,把人当成一个蓄电池,在不断放电的过程中,再不断进行培训,不断充电,开发其潜能,使人在一种付出与收获的平衡中不断提升,在联想不仅是一个不断付出的过程,也是不断再造、接受培训的过程。

作为一个有远大抱负的企业,一个永远要保持年轻的企业,联想的发展将给员工带来广阔前景,为员工提供了一个可以充分发挥自身能力的舞台。成就联想的百年基业,要靠一代代认同联想文化的联想人来完成。

## 第二节 螺旋式发展的文化历程

随着联想的快速发展,联想的企业文化也是不断深化的。企业文化一方面要关注和支持企业当前的生存,另一方面还要为企业长期发展提供持久的动力,追求持续发展的企业总是在适当的时候,积极地推进自己的文化不断地向更高层次发展。联想在文化建设的过程中,结合国际上先进的企业管理和企业文化理论,形成了一套独具特色的企业文化建设方法——企业文化螺旋式发展。联想在处理外部环境和整合内部资源的过程中,一些方法由于卓有成效而受到反复强化和使用,并逐渐被大部分成员共享而变成了企业的文化。

企业文化螺旋式发展模型是国际上最先进企业文化理论,模型将“对内—对外”、“控制—灵活”组成两个维度,其中“控制、灵活”是有效推动企业运转的手段,“控制”是指企业的运转依靠严密的规范和流程;“灵活”是指企业的运转依靠人与人之间、团队与团队之间的相互协作以及建立良好的人际氛围,并充分发挥的人的能动性。企业文化会依据企业所强调的“控制和灵活”的程度不同,内外发展的重心不同分为四个基本导向：目标导向、规则导向、支持导向、创新导向。“过程控制”与“灵活自主”，“外部发展”与“内部运营”对于企业来说都是必要的，它们之间的关系都是对立统一和相辅相成的，只是企业在不同时期对它们需要和使用的程度不同而已。每个企业的文化上都存在四个导向，在不同历史条件和阶段下呈现的强弱程度也不同，并且四个导向都具有自己相对的关联特征。

| 关联特征 | 注重方面 | 相关要素 |
| --- | --- | --- |
| 创新导向 | 开放系统 | 学习、尝试、风险、自主、进取 |
| 目标导向 | 理性目标 | 客户、指标、计划、业绩、价值 |
| 规则导向 | 内部过程 | 纪律、流程、制度、信息、服从 |
| 支持导向 | 群体关系 | 团队、共享、培训、参与、协作 |

**四种文化导向的关联特征**

纵观联想的发展历史，从求生存到求发展到企业转型，企业文化在联想的不同发展阶段，呈现出不同的导向，遵循着一种螺旋式上升的路径：创新（创业）导向——目标导向——规则导向——支持导向——高层次的创新（创业）导向，以此来进行企业文化的不断演进，推动着企业管理一步一步迈向更高层次，形成螺旋式上升态势。①

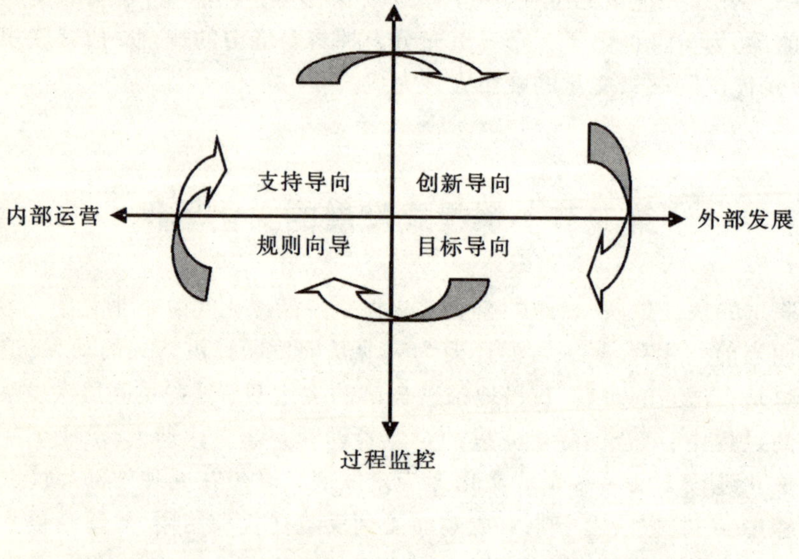


## 一、创业文化：诚信、开拓、拼搏、奉献

联想刚创立的时候，既不懂市场，也不懂管理。这个时期联想面对的是关系到能

①参考梁喜生《联想集团企业文化文化建设的理论与实践》，中华企业文化网，2006-9-14

否生存的竞争压力,充满了创业的决心,也充满了克服一切困难的拼搏精神。创业初期联想人就把诚信看得最重,“宁可丧失金钱,决不丧失信誉”;联想人深刻分析自身的差距,从在后面“吃土”开始到在前面“领跑”,在跟踪中超越;联想人敢于尝试和开拓,拿出了“研究员站柜台”的勇气和魄力,树立一种“把5%的希望变成100%的现实”的创业进取精神。

联想把信誉看作是一种金不换的资本,有了这种资本才能聚合队伍,取信于人。1988年、1989年的时候,人民币和美元的汇率一下子从1:6升到了1:9。联想做贸易要通过进出口公司把人民币换成美元,在人民币对美元涨到1:9的时候,进出口公司不愿意再履行原来合同。为了能把人民币及时兑换成美元,归还香港银行的美元贷款,联想决定允许进出口公司违约,按1:9而不是原来定好的1:6价格兑换美元,赶快把银行的美元贷款还上。联想集团尽管赔了100多万元,但在银行、进口商那里却牢牢地建立起了信誉。柳传志很看重这样的信誉,认为人每做一件事,都是一次信誉积累的机会。所以他要求自己的部下也必须这样做,说出去的事情就必须做到。不能够开始喊出一个高分,最后真打牌却打出低分,柳传志非常厌恶这种人。他鼓励自己的部下用行动为公司挣信誉,信誉是品德与才能的体现。

创业初期的联想虽然规模比较小,人数比较少,但从开始就注意培养企业规范化的文化。联想为了提高会议效率,就定了一个规矩:大家开会不准迟到,谁迟到就要自觉罚站一分钟。被罚站的第一个人是吴文洋,被罚的员工一身汗,柳传志也一身汗。因为吴文洋是计算所老科技处长,是柳传志的老领导。柳传志对吴文洋说:“老吴,今天你在这儿站一分钟,今晚我到你家,给你站一分钟。但现在你必须罚站,不这样,今后会议没法开,所有的人都忙,都有理由迟到。”吴文洋的脸立即变得通红,但他真站了一分钟。但那一分钟柳传志的背上也冒满了汗。柳传志承认自己被罚站过三次,“其实不算多,我开会最多,迟到机会最多。有一次,电梯坏了,我被困在里面,我拼命敲门,叫人请假,可周围没人。”除了会议罚站制度外,联想内部还有一个著名的“联想天条”:不利用工作之便谋取私利;不收受红包;不从事第二职业;工薪保密。任何人违背联想天条都是要被开除的。

联想客观分析了自身与世界先进IT企业的差距,认识到自己发展的短板,在跟踪中超越。“要狠下心来,踏踏实实地在后面‘吃土’,吃土就是我们赛跑的时候,跑在前面的人就说,你在后面吃土吧,他跑得快,我在后面吃土,这没错。我们现在必须踏踏实实地做工业,搞好销售渠道,但我们心里希望是领跑的,最起码不要老跑在别人后面。”跟踪是为了学习,吃土是为了掌握,掌握了才能进一步超越,但跟踪模仿只是权宜之计,没有自己的“绝活”,终究会受制于人。联想的策略是这样的,第一步,通过代理合作,将世界上真正优秀的产品引进来,第二步,在适当的时候把生产引进来,实现生产环节本地化、相关技术本地化。第三步,进行技术转移,形成自己的东西。

联想创业时期也充分的体现了联想创业人员的拼搏和奉献精神。1988年,国家举办一年一度的全国科技进步奖评选,联想汉卡只得了二等奖。联想汉卡本该拿到一等奖的,但由于专家们把联想汉卡理解为单一的计算机辅助产品,对于汉卡的巨大贡献没有充分的重视。联想人不服气,决定要通过复议将二等奖改为一等奖。但评选结果已经在《人民日报》上公布了,变更谈何容易。郭为率领攻关组,从成果办了解到复议程序:首先,专家组50名专家中要有10名专家联名要求复议,然后再开大会,三分之二的专家同意这个复议,才能变更为一等奖。

首先要找够10名专家联名要求复议,郭为直接去影响专家,并不一定起作用,专家们会觉得郭为是在走后门。于是想到了借助媒体,联想在《光明日报》、《经济日报》、中央电视台等影响广泛媒体上,连篇累牍地宣传联想汉卡,做到在郭为去找专家之前,这些专家就已经在广播里、电视中、报纸上听到、看到了对联想汉卡的美誉,然后攻关组就一家一家地登门拜访,要求再展示一次联想汉卡。就这样联想一个人一个人地做工作,终于攻下了十个人。10名专家联名50个专家开会,联想汉卡终于拿下了国家科技进步一等奖。这对当时的联想具有非常重要的经济意义。

这件事极大地振奋和引导了联想人。当时柳传志并没有坚持要求他们这样做,主要是公关部的几位同仁主动请战,凭着"不达目标誓不罢休"的精神,把这个本没有什么希望的事变成现实。公司以此事为背景提出了"把5%的希望变成100%的现实"的创业拼搏精神。从开始做苦力获得的第一桶金到"研究员站柜台",在80年代,这批从中科院走出来的创业人员在打下联想基业的同时,也为联想培育了一种创业拼搏的文化。

## 二、大船文化:求实、进取、和谐、统一

1988年以后,联想进入了快速发展的时期,开始逐渐由一支小部队向正规军转化。当时中关村大大小小的企业均奉行开小船的原则,其机动、快速的优势虽然明显,但若遭遇危机,一条小船便可毁掉整个公司。在这种背景下联想提出了求实、进取、和谐、统一的"大船文化",它主要包括六个方面的内容①:

1.灌输全新的价值观。一是提出"讲功劳不讲苦劳"的价值观,即对科技人员的评价不是以学历、资历和成果鉴定会评价为依据,而是以实际贡献为依据,要求科技人员发挥实际作用,创造经济效益;二是提倡"研究员站柜台",要求开发人员跟踪市场,完善产品,直到产生效益;三是要求开发人员强化市场观念、用户观念、时间观念、效益观念。另外,公司对员工的要求是德才兼备,综合评价,既忠诚,又精明。公司任人唯贤,量才用人,亲仇不避,不计较个人恩怨。

2.树立事业上的共同理想。"创办计算机产业,跻身国际市场"是联想集团的共同理想。在这面旗帜之下,吸引了大批研究所的高级科技人员,汇聚了一批又一批社会上的各路优秀人才。共同的理想,宏伟的目标,是联想集团凝聚力的根源。

3.铸造联想集团的整体意识。联想集团的主导思想是同舟共济、协同作战。联想极力反对内部分裂,反对小山头、小摊贩、小作坊和部门所有思想,联想倡导透明的人际

①引自汪洋《联想无限--柳传志的领导艺术》

关系，强调内部凝聚力，引发向心力，视团结如生命。联想要求每个“船员”都要进入自己的岗位，朝着共同的目标，组成步调一致、整齐有序的科技企业队伍。

4.塑造高科技企业的社会形象。联想集团把产品质量、联想信誉和售后服务视为企业生存的三大基础。投入2/3的人力和相当大的财力用于保证产品质量和社会服务，并提出“用户是联想的皇后”、“信誉比金子还宝贵”，产品开发、生产、经销“全过程质量控制”等口号。比如联想286微机研制出来后，由高级科研人员组成的测试小组，经过50多个项目的严格测试把关之后，才送往国际市场。如今，联想集团的信誉已在广大用户心中牢固地树立起来。

5.弘扬拼搏创业的联想精神。柳传志在联想动员大会上重点指出，联想要求员工做到“把5%的希望变成100%的现实”。联想制定目标、计划时，慎重小心，稳扎稳打。一旦目标确立，就要发挥轮番冲杀精神，不达目的决不罢休。联想号召大家既然上了大船，就要断绝退路，拼命前行。这充分体现出科技人员在改革中表现出来的能力和英雄气概，高度概括了中国知识分子的创业精神和决心。

6.培养、倡导亲密和谐的内部关系。联想引导员工把个人前途与企业的发展紧密联系在一起，使员工与企业产生理想共鸣、价值共振。联想培养员工的主人翁感和归宿感，鼓励并吸引员工长期甚至终身为企业服务。

公司当时的文化强调的是个人的上进心，更多提倡的是拼搏，是“只讲功劳不讲苦劳”，是“把5%的希望变成100%的现实”的精神。在管理上，提出著名的管理三要素，即建班子、定战略、和带队伍，这在当时都非常符合整个公司发展的需要。当时杨元庆领导的微机事业部每当完成了任务或创造了新的记录时，大家就聚在一起，或是让杨元庆买冰棍请客，或是开个庆功宴，大家围坐在专门的饭桌旁共进午餐(原先都只能在各自的座位上吃饭)。首创了饮水间，改变了习以为常的暖瓶打水方式，可以随时喝上果汁和咖啡，工作中定期组织多种形式的总结会，既交流工作又加深感情(包括在后期给员工过生日的时候，由原来只是一个慰问到公司统一有了生日蛋糕等等)，在当时那种艰苦创业的条件下，这些形式对工作的开展起到了非常好的促进作用。那时候100来人的微机事业部就像一个大家庭，大伙抱成团，彼此间亲如兄弟，杨元庆就像是这个大家庭中既严厉又富有亲情的家长，共同的命运把大家紧紧地联系在了一起。

“大船文化”的突出特色是整体意识，联想不但把企业视为一个整体，还把集团与子公司，把企业与社会、市场与用户、科技与经济、海内与海外均视为一个有机整体，在协调发展基础上，获得综合效益。联想之所以提倡“大船文化”就是为了造就一支能打硬仗、战斗力极强的高科技大军。

## 三、严格文化：认真、严格、主动、高效

1997年联想开始进行香港和北京的整合工作，把原来的十几种业务归并为六大业务领域。联想发展的规模越来越大，人员越来越多，在国内市场联想已经取得了成功，形成了自己的品牌，打败了进口机和兼容机占了主导地位，联想要成为世界级的

公司,要实现第二次飞跃,实现向世界大企业的迈进。在这种背景下,1997年下半年,杨元庆在联想内部干部大会上提出了打造联想内部严格文化:认真、严格、主动、高效。

首先是“认真”。联想要求的认真主要体现在两点上。第一点就是要“精益求精”,就是对正在做的事情要反复地看一看有没有问题,还能不能做得更好,跟联想现在在国内市场领先的地位是否相称,是否对得起联想的客户、联想的听众、联想的观众等等。对所花费的每一分钱都要不断地去问一问是否值得?是否还能更值一点,有了这样的精神,才能认真地做。例如:在做市场活动的时候,过去公司小的时候,花几万块钱十几万块钱都要杨元庆亲自批准,严格审核。但是现在部门自己随随便便就花个十万八万,搞的活动也不是非常正规,不是准备得很好的活动,该省的地方是非常多的。

第二点要提倡“刨根问底”。对于已出现的问题,已发现的问题要找出根结何在,如何根治经常接到的投诉,特别是处理用户的投诉。联想要求要有一种认真做事的态度,对每一件事追问到底的精神和决心。处理客户投诉有三部曲:第一步,让投诉人得到满意的答复。(这个投诉人不管他是用户,还是兄弟部门),要特别提倡的是部门之间,互为客户的观念,每个部门都可能是另一个部门的客户,也都可能有很多的客户,对于投诉人所投诉的事情都必须给他一个满意的答复;第二步对于责任部门,责任人应该承担什么样的责任受到什么样的处罚,要讲的很清楚。第三步就是如何从根本上杜绝类似的投诉。

第二是“严格”。要严格管理,建立一个“严管理、严处罚”的机制,各级的干部必须要对自己的部下有严格的要求,无论是过程还是结果都要加以严格的控制,对所做的每一件事都要知道是按照什么制度,不符合准则的事情,就坚决不做。如果每个员工没有感觉到有威胁,没有很强的压力的话,就不可能有很强的上进心,所以必须要贯彻“严格管理”的思想,必须要严格对人。但是要做到严格对人,首先要严格律己,要在各方面起到表率的作用,要提高自己的素质,不许有特权,严格按照制度和流程办事。如果是有制度,而且制度是合理的,就应该坚决照办;如果有制度但制度不合理的话,在执行制度的同时,要提出修改;如果没有制度,要先把制度建立起来。在每一件事的处理上都要有严格的做事态度,那样就能把每件工作做得更好。

第三是“主动”。形成“主动”的文化氛围包括四方面:一是要有主动接受任务的勇气;二是要有主动承担责任的勇气,出了问题时,每个部门、每个人都要更多地检讨自己,从自身方面找原因,少指责别的部门,损害公司和谐的气氛;三要有主动发现问题的能力,尤其对干部,在这方面的能力要求提高;最后还要有主动完善提高的要求。

第四是“高效”。首先要有明确的工作计划和进度要求。不管做什么事情,都要有明确的工作计划和进度要求,否则就没有评价的标准。其次要有明确的答复时间,如果到时不答复,可以再往这个部门的上级去递,直到答复为止。最后强调要有一个高效的工作作风。在强调规范化、制度化的时候,不能降低了效率,每一个人必须保持有良好的作风和风格。联想特别提出要有两点工作作风,第一点是“要为明天留出空余”来,“当日事,当日毕”,鼓励只争朝夕的精神,不是今天把事情做完,让明天没事可做,而是明天可以做更多的事情,做更大的事情。为此,联想还取消了原来的班车制度,改发交通补贴,就是不愿让员工为了去赶班车,到了点,把重要的工作放下而去坐班车。第二点是“零等待”的工作作风。“零等待”就是不用等待环境条件足够了,不管责任界限清楚不清楚,能做的事情就主动把它做了,要有“有条件要上,没有条件创造条件也要上”的精神。

联想的严格文化是强调规则导向的,但这里的规范化和高效、创新不是一对矛盾的事情,而是一对相互促进的事情,建立了规范的流程和制度是为了保证员工的创造性能更好地发挥出来。通过严格文化的推广,联想转变成一个正规的公司,一个有规模大企业,企业形象将会进一步得到提升。

## 四、亲情文化:平等、信任、欣赏、亲情

当联想发展得越来越大,部门也越来越多的时候,联想发现单纯强调严格文化不利于公司内部的协作,联想公司内部迫切需要多一些利于协作的湿润空气。这时的企业文化也开始由规则向支持导向过渡, 到2000年联想正式明确了支持导向的亲情文化。“亲情”文化是由“平等、信任、欣赏、亲情”四个方面组成,是联想文化体系中涉及到人际关系范畴的一种文化倡导,它体现的是对他人的态度,人与人之间的相互关系(包括部门与部门间的关系),是保证公司从规范化管理向人性化管理,从制度化管理向文化管理转变的一种文化倡导,但它并不是联想文化体系的全部,而是一个重要的组成部分,是对联想文化的再丰富和完善。亲情文化提倡互相支持,提倡客户理念,推行矩阵式管理模式,要求各部门和层次之间互相配合,资源共享,实行称谓无总、倡导平等、信任、欣赏、亲情。

1999年开始强调亲情文化,在公司推广“称谓无总”活动每个月会有固定的一天,领导班子成员站在公司门口迎接员工,杨元庆让所有的联想员工都叫他元庆。在联想研究院的研究人员仿效硅谷的工作方式,比如可自己调配上班时间,办公室里随意着装等。杨元庆还提出在员工生日时,以公司名义赠送生日蛋糕;甚至在情人节那天让大家早点下班去约会。亲情文化的内涵是让联想人在一个更为宽松、有活力的氛围下养蓄创造力。企业规模更大了,更长远的发展不仅仅来自于规范的作用,更需要沟通协调、需要理解信任,需要增强企业亲和力、向心力、凝聚力。这就好比木桶,联想得尽快补好“支持”这一短板,所谓支持导向就是部门与部门之间、上级与下级之间、同事之间都能做到平等尊重、理解信任,沟通协调,欣赏亲情,具体含义包括以下四个方面①:

### 1.对“平等”的理解

“平等”是相对的。没有绝对的理想中的平等,现实社会中是做不到的,联想希望在企业内部创造的不是柏拉图式的绝对平等, 而是一个更符合现代文明的人与人相

①参考联想亲情文化建设资料《“亲情”文化大家谈》

互理解、尊重的,有助于员工身心健康发展的平等文化。

"平等"应该是一种人格上的平等。平等并不等于表面态度的谦和,只有从内心去尊重对方,真心表达自我,大家站在一个同等人格的角度去交流,这才是一种平等的感受。

"平等"的基础是"尊重"。发自内心的尊重应是平等的基础,尊重对方的人格,尊重对方的感受,尊重对方的权利,如果有了尊重,很多事情都会得到很好的解决。同事之间,上下级之间有了尊重,平等的建立就会有保障,很多问题就会得到妥善的处理。

**2.对"信任"的理解**

"信任"程度是衡量一个企业文明程度高低的重要标志。在西方,人与人多是首先基于信任的角度出发,认为人是有信誉的,在法律上体现的是"首先假设你无罪,然后用充分的证据来证明你有罪",一旦失信于人,失信于社会,就很难得到人们的信任。而在我国人与人之间多是基于不信任的角度出发,对于不认识,不熟悉的人很难做到相信,为人处世慎之又慎,经常用"害人之心不可有,防人之心不可无"来提醒自己,在法律上体现的是:"首先假定你有罪,然后来证明你无罪",一旦你能得到人们的信任,以后一切事情都好办了,甚至是毫无原则、毫无科学性可言,会从一个极端走到另一个极端。往往中国式为取得信任所付出的成本要比西方式因信任所带来的损失要高得多。企业内如果彼此之间总把别人往坏处想,这个企业是不会有很大的发展的,猜忌、不合作甚至拆台的现象就会随处可见。只有增强了信任,才可能在尊重的基础上平等地沟通和协作。

"信任"是影响企业成本的重要因素之一。一个企业的成本相当一部分在于沟通协调成本和决策成本上,信任程度直接决定这部分成本的高低。一般来说,一个相互信任度高的企业在这方面的成本很低。虽然就中国整体水平而言,信任还处在相当低的层次上。但联想需要提升企业的信任度。联想员工是中华民族优秀的成员,有着较高的素质、品德及能力,因此要做到:联想成员间的信任即使不能达到西方的程度,也要高出中国的整体水平,至少要做到不把人往坏处想。

进一步了解、理解是提升更加深度信任的必然保障,让别人信任你,首先你要有信誉。联想人在联想的环境中对于建立起的每一点信任都要珍惜,要能在此基础上进一步加深了解和理解。要想取信于人,待人态度要谦和、尊重,具有良好的品德、素养和真实能力,要有信誉,说到要做到,让人通过你的说话、做事能直接或间接感受到你是值得信赖的。如果言而无信,出尔反尔,毁了信誉,要想再使别人相信你,可能要付出巨大的努力。联想是一个对员工负责,对社会负责的公司,对联想人的要求比别的公司更高:联想人之间要建立彼此的信任,要有信誉,要能说到做到。

建立"信任"要靠人人先改变自我做起。信任应包含四个方面:公司与员工间的信任、部门与部门间的信任、上级与下级间的信任、同事与同事间的信任。信任如何建立,不要总是等待别人信任你后再去行动,要先改变自己,从我做起。

### 3.对“欣赏”的理解

欣赏是什么？欣赏的含义在于：你能够看到对方缺点的同时，又能够看到对方的优点。既不要拿着放大镜看别人的缺点，也不要拿着望远镜看别人的优点，讲欣赏就是要能够感觉到自己确实是为了对方好，才去先肯定对方的努力与成绩，先尊重对方的劳动。

欣赏要养成一种意识。欣赏是一种意识，而不是技巧，欣赏是只有发自内心才能做到，只有在潜移默化中才能感受到的一种效果。

欣赏的前提就是在于自己。只有自己主动去发现、去认识别人或别的部门，才能产生欣赏。要做到欣赏，就需要建立良好的沟通，能在沟通中做到了解别人的长处，了解对方的能力，认可对方的能力。

欣赏需要包容和谦虚。欣赏是要能包容别人与你不同的个性、习惯以及观点、做法等，而不是很排斥地去看待别人，总把别人往坏处去想。做到了欣赏，才会多一些学习和谅解。

欣赏之中要有谦虚的一面，即使别人做的没有你好，也要能看到别人相比他自己做的好的方面、长处的方面。

### 4.对“亲情”的理解

“亲情”是什么？“亲情”是一种感受，是一种对来自他人关怀的感受，是一种对来自他人超越功利关系的关怀的感受。

“亲情”重在关心。重在每个干部都能让对方感觉你是发自内心去关心他的发展，重在每个员工都能让对方感到你是在真心为他好，是真心诚意地在帮助他。

“亲情”重在小事，重在过程。做到亲情，不在于做出了什么惊天动地的大事，就看平时的小事、小的方面能否体现得出来，过程中能否体现得出来。

联想的“亲情”是去掉家庭“亲情”中自私、狭隘、不理智成分，增加开放与互动的成分。

联想提倡的“亲情”，就希望能够达到中国家庭内部高度的凝聚力、向心力，丢掉不好的狭隘、利己自私、保守封闭的部分，融合现代文明开放式、社会化的亲情，强调人与人之间和谐共处，互帮互助，真情互动，营造出大家都感觉舒适的环境和氛围，产生巨大的协同效应，使联想成为中国社会文明的排头兵。

“平等、信任、欣赏、亲情”的亲情文化是有着层层递进关系的。建立了人与人之间的平等(人格和心理上的平等)，才能产生相互的信任，有了平等、信任，才会达到欣赏境界，有了这些，亲情的出现才成为可能，由此看来，“平等、信任”应该是“亲情”文化的基础和核心部分，没有了平等、信任，一切都谈不上，当然，要做到平等、信任，基础来自于尊重(前面已述)。

当每个干部的和员工都能在不断提高自身修养的基础上，站在一个平等的角度去思考问题，站在彼此信任的角度去沟通时，“亲情”文化才能一步一步做到位，也才能落在实处。

## 五、创新文化:激情、谦恭、开拓、创新

杨元庆、郭为等新一代领军人物从柳传志老一代手中接过联想未来的那一刻起,联想开始了其新的征程,也就是联想的第二次创业。面临新的挑战,联想现在开始在亲情文化的基础上倡导创业文化,创业精神又一次回归成为今天联想要重点倡导的企业文化。今天的创业和柳传志当年白手起家的创业不同。那个时候,联想面临的是能否突出重围、能否生存下去的问题。而今天的联想已经在国内市场取得了一定的优势,业务也已经发展壮大,是辉煌成功后的继续创业。因此联想今天提倡的创业精神也有了更新的含义:那就是危机意识和创新意识。

在2000年5月12日的誓师大会上,柳传志在交出联想大旗时,最后叮嘱一定要“谦虚”:“我们离要达到的目标实在差得太远,我们的竞争对手实在太强大,我们所在的行业发展实在太迅速。凭你们的能力和拥有的基础,已经不会有让你们无法解决的困难,但就是不能让‘自满’两字蒙住了眼睛。对于经受过文化大革命洗礼的我们,毕竟经过大喜大悲,经过大险大恶,经验教训永远逼使我们记住要谦虚,即使这样,今天反省起来,还是有许多地方做得不好,应该检讨。面对基本上是一帆风顺的你们,做到‘要谦虚’三个字,实在是很不容易。在你们的队伍中,将会涌进来一批又一批更年轻的同志,容易为取得些许的进步而轻狂,容易和不如他们的同事相比而沾沾自喜。不注意时时事事提醒和教育,就会相互传染,就会造成内部和周围的空气干燥,恶化生存环境,长期盲目自大就很容易导致战略制定的错误,那就会给公司大来巨大的损失。”

联想要长远地发展下去,每个联想人,尤其是没有经历过当年创业的年轻一辈联想人都必须要树立自己的危机意识,居安思危,放下从前的成就,培养白手起家、从头再来的本领。在充满后工业化设计感的深圳联想新大楼里,办公室、电梯间、食堂甚至洗手间,随处可以发现与创业文化相关的小标语条。杨元庆希望随时提醒联想人,让大家重新凝聚起一种白手起家的精神来面对现在的竞争环境。

作为联想人精神支柱的创业精神,在新的形势下又一次回归成为联想人要重点倡导的企业文化。新形势下的创业精神包括四点:一是要有激情,要有拼劲,要喜爱自己的工作,想把它做得更好,对客户的需求、对合理事情的推动要有一种不达目的不罢休的精神;二是要谦恭,低姿态,悉心倾听客户的批评;三是要有效率;四是要艰苦奋斗,要有经营意识。杨元庆认识到,在这四方面,公司上上下下现在都已和当初创业时有了很大的差距,都已或多或少地表现出了大企业病的症兆。在这种情况下,创业精神的提倡就迫在眉睫。

2001年5月,联想“创业工程”正式启动。创业工程调研小组在调研过程中发现,创业精神得到了公司员工的高度认同。员工们认为,由于计算机的技术含量越来越少,原有的核心产业(硬件)已不能满足联想未来的发展需要,过去在不少方面的优势,在今天已经开始失去价值,创业是寻找新的增长点、寻找新的生存和发展的机会。

联想的队伍还很年轻,没有经历过失败。但是成功只代表过去,明天的辉煌还要这些年轻人亲手创造,所以对于进联想时间不长的人来说,体会多的是联想今天的辉煌,而创业的艰苦则比较遥远,现在再一次提出创业,对新一代联想人在精神上也是一次洗礼,这是联想文化的一次升华。在文化上对新联想的创业认同的同时,员工要在实际工作中从我做起、从小事做起,以零起点的心态和创业精神去做事,不断创新、学习、成长、开拓,主动去适应环境,去获得外部资源的支持。实现创业,要摒弃打工意识,把个人追求融入到公司的创业之中,融入到公司的长远发展之中,培养责任感和事业心。

任何一个追求持久发展的企业,随着自己的不断成熟,都会完成一次四种文化导向的循环,都要开展新一轮文化导向旋转的历程,在发展中不断地演绎自己文化的生命轨迹。国际上诸多"百年老店"的文化发展历史,都证明了这样一个企业文化发展的真谛:任何一次文化导向的循环和延递,都不是简单意义上的文化轮回和重复,而是在更高起点上的文化进化和提升。追求持续发展的联想总是在适当的时候,积极地推进自己的文化不断地向更高层次发展。

## 第三节　新联想的核心文化

经过20多年的发展和摸索,联想已经形成了一个"以人为本"的联想文化体系。新联想的使命、远景和核心价值观构成了联想文化的核心内容。

### 一、新联想的愿景

企业愿景告诉人们"企业是什么",告诉人们企业将做成什么样子,是对企业未来发展的一种期望和描述。只有清晰地描述企业的愿景,员工、社会、投资者和合作伙伴才能对企业有更为清晰的认识。一个美好的远景能够激发人们发自内心的感召力量,激发人们强大的凝聚力和向心力。

联想缔造者柳传志将"大规模的、长久的、高科技的联想",将联想做成百年老店作为企业的愿景。新联想在新的时代和新的环境下,杨元庆在《未来的联想》主题报告中描绘了未来的联想应该是:高科技的联想、服务化的联想、国际化的联想。并在2001年新联想正式宣布联想愿景及其内涵:确定在2010年进军世界500强希望联想能够率先为中国人圆这个梦。

"高科技的联想"意味着在研究开发上的投人逐年增加;研发人员在公司人员的比重逐渐提高;产品中自己创新技术的含量不断提升;研发领域不断加宽、加深,尤其是要逐渐从产品技术、应用技术向核心技术领域渗透;技术将不仅仅为公司产品增值,使其更有特色,同时也将成为公司利润的直接来源;成为全球领先的高科技公司之一。

“服务的联想”强调三方面：服务成为融入联想每名员工血液的DNA，服务客户的文化根深蒂固；服务要成为产品业务的核心竞争力，成为带动营业额、利润增长的重要要素；服务是新业务，包括服务外包、运营服务、系统集成、管理咨询等，服务业务将成为联想业务(尤其利润)支柱之一。

“国际化的联想”在10年以后，公司20%以上的收入来自于国际市场；公司具有国际化发展的视野和与之相对应的人才、文化等；公司的管理水准达到国际一流。

## 二、新联想的使命

企业的使命告诉人们：“企业为什么存在”，企业使命是企业的存在宣言，它阐明了企业存在的理由和根据，浓缩了企业的价值观念，同时揭示企业的目的、走向以及生存意义等根本性问题。明确的使命能够增强企业员工的内在驱动力，让大家为一个共同的理想拼搏奉献。文化建设是以企业的使命为中心的。

从成立之初联想就有着非常明确的使命感，是一个使命驱动型的公司，并且随着联想的发展，联想的使命得到了逐渐提升。联想的使命可以概括为“四为”：为客户、为股东、为社会、为员工。

为客户——提供信息技术、工具和服务，使人们的生活和工作更加简便、高效、丰富多彩。概括来说就是，让科技走近大众，走近我们每一个人的生活和工作。

为社会——服务社会文明进步。联想将一如既往地严格遵守中国的和其它已开展业务的国家和地区的法律，做当地的好公民，为社会贡献越来越多的税收，积极参与科技、教育、环保、赈灾、体育等各种公益事业，提供先进科技产品，为社会的进步做出自己的贡献。

为股东——回报股东长远利益。联想将要成为百年老店，为股东创造长远的价值，不为一时短期利益而损害长期发展。

为员工——创造发展空间，提升员工价值，提高工作生活质量。联想的未来就是大家共同的未来，联想的宗旨是与员工共同发展。

## 三、新联想的核心价值观

核心价值观告诉员工“我们应该怎么做？”或者“什么对我们是最重要的”。联想创业之初，只有十几个人，大家志同道合，用共同的思维方式一起共事，文化就像分布在每个人身上的基因一样，在企业中自然而然地形成了。现在联想发展成成千上万人时，就需要把这些价值观提炼出来，明确告诉所有的员工，使之成为大家共同认可的价值观。联想的核心价值观经历了长期积累和演变，现在已经得到进一步明确和丰富。联想集团经过系统整理和反复论证，现在确立了四条联想核心价值观：服务客户、精准求实、诚信共享、创业创新。

服务客户。服务客户是联想的首要价值观，因为联想最重要的使命就是为客户创造价值,联想将要成为一个服务型公司。联想和联想人的价值在于拥有客户,为客户提供全方位的服务,让客户获得超出期望的满意。联想人把技术、产品和方案作为服务客户的手段,在全员中树立一种"客户至上"的意识。"我们的存在取决于我们能否找到自己的客户,我们的价值取决于我们能否满足客户的需求"。为了做好服务客户,联想人注重客户体验,走进客户,倾听客户的声音,认清客户的真正需求。联想人提出"客户的问题是我们工作最重要的出发点","谁贴近客户,谁就是指挥棒"。联想人以客户的需求为设立目标的依据,完全从客户的角度来提升能力和素质,提升服务质量。

精准求实。联想能够取得今天的成就,从管理和做事的方法来看,主要得益于联想人能够"以事实为依据,用数据来说话","乐于发现问题,勇于面对现实"。企业经营管理既是艺术的,更是科学的。联想人以科学的态度对待每一项工作,"注重目标可衡量性和计划的可操作性";联想人以求实的精神对待每一件事,"尊重规范和标准,纪律严明",养成"认真、严格、主动、高效"的做事风格。与国际企业相比,中国企业最短的那块板就是缺乏基于细分和量化的"精准"文化。联想人为了与国际公司进行竞争,精益求精,努力探求做事规律;简洁高效,不断总结做事方法,努力夯实自己的管理基础。

诚信共享。在股市上,在客户心目中,在合作伙伴的眼里,联想集团是一个以诚信著称的公司。"诚实做人,注重信誉;坦诚相待,开诚布公"是联想人最基本的道德准则;"取信于用户,取信于员工,取信于合作伙伴"是联想人的待人之道。作为一家"以人为本"的公司,联想集团在企业设计和目标设立时充分考虑到了所有员工的发展和员工的主人地位,努力做到"把员工的个人追求融入到企业的长远发展之中"。今天,联想正在进一步塑造"平等、信任、欣赏、亲情"的亲情文化,有效地降低企业管理中的尊重成本和信任成本,激发了联想人的工作激情和工作效率。诚信为企业经营之本,共享为企业经营之魂。通过公司内外的利益相关者之间"分享愿景,相互协作,共享资源,共同发展",把"以人为本"的企业经营理念在联想变为鲜活的现实。

创业创新。曾经,老一代联想创业者创造了"把5%的希望变成100%的现实"的拼搏精神,也把"每一年,每一天,我们都在进步!"的进取信念融入了新一代联想人的血液之中。今天,创业精神已经在新一代联想人身上得到了继承和发扬。虽然公司做大了,联想人意识到"创业永无止境",还要"开源节流,创新奋斗",还要保持危机意识,放下以前的成就,要充满激情和拼劲,永不满足,勇于拼搏,不断超越自我。联想把员工看作联想主人,不希望员工成为"螺丝钉"那样发挥作用,以主人的心态对待自己的工作,像"发动机"一样主动工作,并坚持学习与开拓,灵活应对各种挑战和变化。过去,联想人常把联想看成一个"没有天花板的舞台",今天联想人则把联想当作了一个"创业者的乐园"。

华为的追求是在电子信息领域实现顾客的梦想，并依靠点点滴滴、锲而不舍的艰苦追求，使我们成为世界级领先企业。

——《华为基本法》

在管理上，我不是一个激进主义者，而是一个改良主义者，主张不断地管理进步。

——任正非

# 第三课　华为的狼性文化

# 引言 华为集团发展简史

华为的发展在中国可以说是一个传奇，在这个“中国制造”闻名全球的时期，华为却不甘于“为他人做嫁衣裳”一直在为成为业界最佳的设备供应商而不懈地努力。华为在创建之初，任正非就曾宣称“十年之后，世界通信行业三分天下，华为将占一份”。在当时这个口号虽然十分的振奋人心，但听起来总让人觉得不大现实。华为人经过近20年的努力让这个目标不再是遥不可及，现在华为在国际化的大舞台上走得越来越平稳。在许多技术上保持着领先地位，华为凭着自己的实力渐渐地被国际上的大型电信运营商所承认，成为他们稳定的合作伙伴。

华为是以通讯技术为主导的公司，它成立于1988年，由任正非和其他几个科技人员合伙组建。1988年10月，任正非与他的合伙人在深圳南山区创建了华为，当时只有员工14人，注册资本21000元。刚刚起步时的华为还没有自己的产品，其主要业务是代理销售香港HAX模拟小交换机。在有了一定的资金和技术的积累之后，华为开始走上了自主研发的道路。

1991年，华为决定开发当时还属尖端技术的数字程控交换机，以填补程控交换机市场的国产空白。在历经无数次的失败，付出了6000万到1亿元的代价，华为终于获得了第一次的研发成功，1993年9月份，推出了2000门网用大型交换机设备C&C08机，这是华为第一次拥有自主产权的产品，标志着华为完成了从一个通信设备代理商到通信设备的供应商角色的转变。1994年，研制万门交换机的成功为华为挖到了第一桶金，这一年华为实现年销售额8亿元。

1995年，华为销售额达到14亿元，全国电子行业百强排名第26名。注册资本也增长到7005万元，员工也从1991年的20人发展到800人。1995年，华为成立北京研究所，负责数据通信研究，也是华为历史上技术道路上的里程碑。1997年在上海成立了上海研究所，这两个研究所成了华为的重要技术基地，为华为的发展做出了重大贡献。

1996年，全年华为完成销售额26亿元，在全国电子行业百强列第12名。这一年由人大教授组成的基本法起草小组正式成立，开始起草著名的《华为基本法》。它在中国是第一部总结企业战略、价值观和经营管理原则的“宪法”。同年，华为与李嘉诚的香港和记公司开展交换机业务，开始迈出国际市场的第一步。

1997年，华为实现销售额41亿，同比增长60%，华为进入迅速扩张期，员工迅速增至5600人。华为实现多元化发展战略,在原有的电话交换机的业务基础上,还进入了数据业务、无线通讯等通讯领域。1997年华为推出完全拥有自主产权的全套GSM系统和QuidwayS2403以太网交换机。

1998年,华为员工增至8000人,销售额达89亿元,同比增长34.8%。华为成立了数据通信行销部专门负责数据产品销售;推出QuidwayA8010master电信级接入服务器;开始WCDMA的研发;华为公司渠道拓展部成立。

1999年销售额首次突破百亿元,达到120亿元,利润17亿元,员工总数达到15000人。规模急剧扩张。1999年,初步形成全国七大区域代理销售体系;北京上海华为数据通信研究基地正式启用;第一个代理商授权培训中心和代理商解决方案中心在北京成立;华为QuidwayR3640/3680模块化路由器和系列交换机面世;华为第一台移动交换机GSM开通。

2000年销售额达到220亿元,利润26亿元,纳税27亿元,利润在电子百强中居首。员工人数达到16000人。12月,增资注册资本232亿元。同年,华为打进中东和非洲,海外销售额1.28亿美元,以OEM方式提供中低端光网络设备。与朗讯洽谈,后者为华为渐露锋芒所顾忌,致使谈判最终无法达成。华为在国际舞台上开始崭露头角,逐渐引起了对手的重视。

2001年初,高盛以财务顾问身份进入华为,评估华为总资产达104亿美元。2001年,华为完成营业额255亿元,增长率从80%下滑到13.7%,而2002年,华为的收入更是出现了下滑,从255亿元下滑到了221亿。华为成立15年的历史上第一次出现了负增长,华为遭遇了著名的"华为的冬天"。华为为了在入冬天以后找一件厚厚的棉袄,2001年10月22日,爱默生能源系统有限公司与华为公司联合对外宣布:爱默生公司已经完成对华为名下子公司安圣电气的收购,总交易金额为7.5亿美元。

为了改变在国内销售额增速下降的局面,华为加快了国际化进程,2002年,挺进美国市场。并在美国德克萨斯州成立全资子公司FutureWei,华为开始在美国市场上渐渐的取得市场份额,华为的美国市场销售比上年度增长了将近70%。而对手思科的销售额和市场占有率却出现了首次下滑。华为在美国的步步紧逼,令思科开始把华为列为自己最大的对手。

2003年,思科以知识产权侵权的名义起诉华为,最终这起诉以和解告终,说明华为已经足以令其国际对手的重视。同年11月,华为3COM有限公司正式宣布成立并开始业务运作,对于华为来说,华为3COM的重大意义在于它将成为华为国际化战略的重要一步。

2003年,华为合同销售额317亿人民币,同比增长42%。华为海外销售额10.5亿美元,同比增长90%,华为的国际化战略全面展开,并依靠在国际市场的成功走出了寒冷的冬天。

2004年,在英国设立了它的首家海外分公司,是迄今为止中国企业在英国的最大投资。

2004年华为全球销售收入达到了55.8亿美元,比2003年增长了45%,创造该公司

17年历史中最高的销售纪录。国际销售的强劲增长对华为的销售增长做出了主要的贡献。

2004年，华为与马来西亚电信公司(TelekomMalaysia)合作建设W-CDMA商用网络。在非洲，华为与EMTEL公司合作在毛里求斯建设一个3G网络，使这个线路成为非洲第一个端对端的UMTS/BTS3G网络。2004年底，华为的海外市场已经拓展到77个国家，其中有14个是发达国家，如美国、德国、英国、法国、加拿大、葡萄牙等。

2005年，华为技术销售收入达到453亿人民币，同比增长40%左右。在移动网络、NGN、光通信、数据通信、业务软件以及终端等业务领域的增长势头较为良好。

11月10日，华为和德国第二大固网电信运营商Arcor在柏林签署了关于部署新一代SDH光传输系统合同。11月14日，华为与西班牙电信在西班牙马德里的首相府正式签署协议，西班牙电信选择华为作为其在3G和宽带领域进行业务创新的战略性合作伙伴，同时双方还将携手拓展拉美地区市场。11月21日，华为与全球最大的移动通信运营商英国沃达丰(Vodafone)正式签署全球采购框架协议。经过10年的打拼，70%的收入来自海外，华为的国际化已是初见成效。

2006年公司全年销售收入达到656亿人民币(折合84.5亿美元)，海外销售额所占比例突破65%。2006年，华为规模突破高端市场，得到包括沃达丰(Vodafone)、西班牙电信(Telefornica)、荷兰皇家电信(KPN)、FT/Orange、希腊电信、意大利电信等在内的多家世界一流运营商的认可。截至目前，华为服务于"全球电信运营商50强"中的31家，并实现规模进入日本、欧洲、美国等发达国家市场。华为在全球累计获得67个3G商用合同，WCDMA合同数目达到35个，其中12个来自欧洲，销售额超65%。

华为经过19年的发展，公司总资产超过了100亿元，员工2.3万多人，其中85%具有大学本科以上的学历。华为年产值近500亿元人民币，已基本完成国际化的布局，华为在全球55个国家建立了市场分支机构、研发机构和合资企业，华为已经站在了迈向"世界级企业"的最后几节台阶上。

# 第14章 从"华为的冬天"到"北国之春"

## ——华为的发展历程

华为的追求是在电子信息领域实现顾客的梦想,并依靠点点滴滴、锲而不舍的艰苦追求,使我们成为世界级领先企业。

——《华为基本法》

## 第一节 南国华为初长成

上世纪80年代,国家开始鼓励邮电通信的技术改造。1986年,经国务院同意,国家经委、海关总署、财政部联合发文,对邮电通信的技术改造项目实行了降低50%海关税的政策,实行以"市场换技术"的政策。这加快了电信基础设施的建设,也使得中国的电话网通信设备市场上充斥着外国的先进设备,形成多国割据垄断的局面,外国供应商的设备价格居高不下。

1988年,任正非与他的合伙人在深圳南山区创建了华为。当时,华为只有14个人,注册资本21000元,主要业务是为代理销售香港HAX模拟小交换机,华为根本还没有自己的产品、技术和品牌。在那时,为满足通信网发展的需要,国家进口了一批国外程控交换机,还引进了国外的生产线。但是,这些程控交换机只分布在一些大中城市,而国内自行开发生产的程控交换机则大都安装在中小城市或农村地区。由于华为代理销售的程控交换机比国内自主开发的要好得多,所以当时华为在农村市场具有一定的有竞争力。

### 一、选择研发路线

自成立之日起,任正非就希望做出自己的产品,这种渴望也成为华为进行自主产品开发的原动力。当时全国上下大约有200多家小型的交换机生产厂家,但是由于技术比较落后,只能生产一些小型的交换机。1990年,华为在代理香港的模拟交换机的时候,就开始一边做国外交换机技术研究,一边开始研制自己的数字交换机。1990年,华为研制了阳春机型交换机,这还算不上一个成熟的自主开发产品,主要的卖给那些酒店和厂矿等小用户。为了学习外国的先进技术,当HAX的工程师对已售出产品进行现场维护时,华为必派出自己工程师到现场观摩学习。

1991年，华为决定开发当时还属尖端技术的数字程控交换机，以填补程控交换机市场的国产空白。1991年12月，中国邮电工业总公司与解放军信息工程学院合作开发出HID-04程控交换机，它成为我国自主开发的第一个大型数字程控交换机机型，成为我国交换机研发中的一个重要的里程碑。从此之后的几年里，中国出现了以巨龙、大唐、电信、中兴、华为和武汉邮电科学研究院为代表的民族通信制造商，实现了中国在通信制造业的飞速发展。

1992年，中国经济进入一个恢复性的经济快速增长期，整个中国经济由于固定资产投资规模过大，速度过快，经济进入一个膨胀期。南方几个地区掀起了房地产热潮，当时的深圳也陷于另外一种热潮中。1992年的8月10日，深圳上演着中国证券史上著名的“8.10”风波。当时很多企业开始转投房地产和进入股市，就连联想也经受不住诱惑开始在惠州投资房地产。

1992年，华为的销售额首次突破了1亿元，实现利润1000多万元，员工平均创造利润达百万元之多。但是这个时候任正非却毅然决然地做出决策：投资上亿元研制C&C08机。在社会上弥漫着浮躁、投机之风的时候，华为却不为之所惑，开始专注的做自己有自主产权的交换机，踏上了一条充满风险的自主研发之路。这是华为发展历程中的重要一步，很难想象它是在一个狂热和疯狂的环境中完成。

任正非在后来的一次讲话中提到:“我们广泛吸收世界电子信息技术最新研究成果，虚心向国内外优秀企业学习，在独立自主基础上，开放合作地发展领先核心技术体系。我们紧紧围绕电子信息领域来发展，不受其它投资机会所诱惑，树立为客户提供一揽子解决问题的设想，为客户服务。公司从创业到现在，紧紧围绕着通信，后来扩展到信息。大家知道，深圳经历了两个泡沫经济时代，一个是房地产，一个是股票。而华为公司在这两个领域中一点都没有卷进去，倒不是什么出污泥而不染，而是我们始终认认真真地搞技术。房地产和股票起来的时候，我们也有机会，但我们认为未来的世界是知识的世界，不可能是这种泡沫的世界，所以我们不为所动。”认认真真地搞技术这就是当时华为人选择的发展路线。

从1992年第三季度开始，国家对出现的经济过热现象进行宏观控制，人民银行开始控制商业银行的发放贷款，以控制投资过热的问题。这个时候，华为倾其所有投入到C&C08机的研究上，使得华为在财务上十分的窘迫，迫不得已华为开始向当时的一些大企业进行拆借，来缓解资金不足。

这个时期是华为生死存亡的关键时期，对当时的华为来说C&C08机研发只能成功不能失败。在研发的动员大会上，任正非曾经说:“这次研发如果失败了，我只有从楼上跳下去，你们还可以另谋出路。”正是任正非这种破釜沉舟的魄力，激发华为人的创业激情。

同时在1992年，深圳的中兴通讯和长虹通信分别研制出了端局数字交换机产品和2000门数字交换机。交换机行业的利润由于竞争的加剧急剧下降，很多小企业在竞争中纷纷倒下。

## 二、破釜沉舟研制C&C08万门机

华为负责产品研发的总工程师郑宝用曾这样说:“回想起08机开发的经历，现在感到全身发抖啊,全世界没有我们这么搞科研的—同时采用这么多的新技术,没有样机的借鉴,一步到位地从头设计。幸亏我们成功了,失败了后果真的不堪设想!”

1993年,在历经无数次的失败,付出了6000万到1亿元的代价,华为终于获得了第一次的研发成功,推出了2000门网用大型交换机设备C&C08机,这是华为第一次拥有自主产权的产品，标志着华为完成了从一个通信设备代理商到通信设备的供应商角色的转变。

1993年7月,财政部制定电信设备加速折旧政策。这一政策规定,提高电信设备的综合折旧率,特别是对程控电话交换机采取双倍余额法,五年内将其折旧提完,以鼓励电信部门更新改造,加快发展。这为国内企业提供了更为广阔的发展空间,国内企业终于迎来了一个难得发展良机。同年9月份华为推出了自主研发、拥有知识产权的C&C08万门交换机。1993年华为的年销售额超4个亿,华为挖到了第一桶金。

1994年,在北京国际通信展览会上,华为特意把展台设在国外展区,让C&C08程控交换机的产品、专利、商标亮相于跨国公司眼前。一位国家领导人参观后高兴地说:“在外国展区升起一面五星红旗,华为做了一件让中国人扬眉吐气的事情。”

华为的C&C08万门机采用光纤连接,此前,国外的万门交换机都是通过电缆连接的。电缆的最大弱点是对维护技术要求高,在用户过于分散的地方铺设成本过高,不适合远端市场,而光纤最适合远端,在中国的农村农话市场采用国外的万门交换机成本非常高而且不实用。于是华为就自己自行研发设计了一个标准,采用光纤作为交换机的连接材料。华为的这种交换机母机设在县电信局,维护系统、计价系统都是在县局统一进行,而远端运行模块设在乡镇里,中间通过光纤连接。后来,又设计了RTU系统,把终端由乡里拉到了村里。这样,中国广大农话市场终于有了一套完整实用的解决方案,适应了中国广大农村地区的需求。

当时,国内光纤通信技术(SDH)尚不成熟,没有一个统一的通信标准。华为的这套基于SDH架构的独特的农话系统一下子打开了中国广大农村的市场空间,为后来进入城市打下了基础,华为这套适合远端的SDH架构后来形成了华为的接入网HOTNET概念。

当时,城市里是从电信局拉一根电缆到小区,再从小区到用户家里的。由于光纤容量巨大,一根光纤相当于一捆电缆。华为采用光纤直接从电信局拉到了用户家里,节省了很多成本。在无线通讯方面,华为最成功的还是ETS,这是对交换机的一种补充。当时,中央提出村村通计划,要求农村各地都通电话。但是在很多农村地区,住户非常分散,拉电缆成本很高。华为的ETS产品是利用已有的交换机,加上无线接收设备开发的。具体地讲,就是在乡镇与村委间通过无线设备进行对接,再从村委拉有线电话线到各个农户家里。华为的这种产品在渔民众多、居住分散的海南、广西等省份得到了广泛应用。1998年发洪水的时候，华为捐赠了一批ETS产品到抗洪前线。洪水把原来的有线通讯设备都冲坏了，这批无线通信设备发挥了重要作用。当时的国家主席江泽民在视察抗洪前线的时候，还在现场使用华为的这种电话。

## 三、邮电改革迎来发展契机

1994年3月，国务院批准进一步改革邮电管理体制，国务院批准的邮电部"三定"方案要求：邮电部要进一步实行政企职责分开，将邮政总局、电信总局分别改为单独核算的企业局，统一经营全国公用邮政、电信通信网和邮电基本业务，并承担普遍服务的义务。邮电系统继续实行邮电部和省区市双重领导、以邮电部为主的管理体制。邮电部负责对全国通信行业的宏观管理，统一管理国家公用通信网和通信业务市场。

1994年4月，江泽民总书记视察电信部门并做重要讲话。江总书记视察北京国际通信中心时指出，发达的市场经济需要发达的通信网络为之服务。他还强调指出："改革开放十几年来，我国邮电通信事业有了很大发展，通信技术水平有了很大提高，通信设备真是'鸟枪换炮'了。在我国的现代化建设中，邮电通信发挥了重要作用。对于这些成绩，党中央、国务院是满意的。"

1994年8月，邮电部提出"联合投资、有偿使用、按资分利、照章纳税"的原则。1994年10月，邮电部决策发展GSM移动电话。GSM数字移动电话实验网在北京、上海、广州开始建设，此后在全国迅速发展。

1994年11月，首届中国国际电信设备展览在北京举行。华为首次参加这样的展览，万门机在会上首次亮相便取得不错的效果。

邮电部门与地方政府、社会各个方面的广泛合作，逐步形成了依靠政策筹资与依靠自筹资并存、以自筹为主的通信投资的格局。这些政策也为后来华为与各地邮电局展开合作提供了条件。这个时期中国电信迅速发展，电信设备迅速更新，国家对电信改革的支持力度也越来越大，为华为等国内企业的迅速发展提供了客观的条件，华为也终于迎来了发展的第一次春天。

1994年，实现年销售额8亿元。从这以后，华为在技术特别是核心技术上的投入不断加大，虽然这个时候，华为还饱受缺乏资金的困扰，但是华为还是保持着对技术的持续的大规模的投入，坚持着进行技术储备，令整个业界震撼不已。

在1994年6月5日的庆功会上，任正非说到："几年的时光一晃就过去了，华为从一个小公司逐渐变为一个有实力的公司，更有机会向市场提供良好的服务，售后服务的成本也在降低。在当前市场外患内乱、不正当的竞争几乎把国内厂家逼到临近破产的状况下，我们一定要坚持提升技术的先进性，不惜代价提高产品质量的可靠性，建立及时良好的售后服务体系。在当前产品良莠不分的情况下，我们承受了较大的价格压力，但我们真诚为用户服务的心一定会感动上帝，一定会让上帝理解物有所值，逐步地缓解我们的困难。我们一定能生存下去，为中华民族的通信产业，发出光和热。历史给了我们巨大的压力、危机，也给了我们难得的机遇。处在民族通信工业生死存亡的关头，我们要竭尽努力，在公平竞争中生存发展，决不退步、低头。”

## 四、GSM跟随先进技术

1993年，中国邮电第一研究所开始跟踪GSM规范和设备研究。1994年，中国联通成立并在国内率先选择了第二代数字移动通信标准GSM，从此中国移动通信进入了大发展时期。

1995年7月19日，中国联通开通了北京、天津、上海和广州四大城市容量共8万门的GSM数字移动通信网，开设“130”网号实现全国自动漫游。同年，中国电信开始建立全国数字移动电话网，并在十几个地区开设“139”网号。

1996年3月28日，中国移动通信国家工程研究中心宣告成立，该研究中心依托电子部第七研究所，受国家计委和电子工业部直接领导，1996年底中国联通共建成48个城市总容量达到100万门的GSM数字移动通信网，全国数字移动电话约170万户。

GSM在国外已经发展很长时间了，1996年美国移动通信用户总量是中国的5倍，而人口只有中国的1/5，中国移动用户的普及率不满1%，随着通信技术的不断发展，通信设备的成本和销售价格越来越低，GSM用户会越来越多，这是一个巨大的市场，有很大的利润空间。

1995年，华为销售额达到14亿元，全国电子行业百强排名第26名。注册资本也增长到7005万元，员工也从1991年的20人，发展到800人。1995年，华为成立北京研究所，负责数据通信研究。同年，华为开始进入移动通信领域，华为启动GSM移动通信研究。尽管华为的起步很晚，华为开始GSM研发的时候，中移动通信90%以上的市场都被外国电信公司占据了。但是华为对GSM充满了信心，华为每年坚持加大对GSM的投入力度。1997年，华为GSM系统首次在北京通信展发布；1998年，中国第一套自主研发的华为GSM系统在内蒙成功商用；1999年，提供GPRS全网解决方案。

1997年3月，华为发布了有完全自主知识产权的商用GSM移动通信系统，10月份，华为的GSM产品开始推出，并投入大规模的生产和投入市场。这对我国这个被国外产品长期垄断的移动通信设备市场来说无疑是一个振奋人心的消息，GSM市场上终于有了中国人自行研发的产品，它打破了国外产品的垄断局面。

但要突破国外产品的垄断并不简单，此时，大部分的发达地区和中等发达地区都已经被外国的进口设备所占据了，进入的门槛很高。但是华为人并没有放弃，当时华为的规模很小因此只要能占领一部分市场就能生存下去，何况中国在无线通信设备市场上每年的采购额高达600亿，这为华为和其他的国内企业提供了巨大的市场空间。中国的电信用户每年都是成倍的增长，到2003年的时候中国的移动用户在全世界已经排在第三位，仅次于美国和日本。在此市场环境下，华为的GSM产品开始逐渐适销对路，伴随着中国的电信市场的迅速扩大，华为的GSM市场份额也不断的扩大。华为等国内企业渐渐成长为中国移动通信设备的主供应商，在中国市场上占据了主力地位。

1999年，华为自己设计了GSM全套产品。2003年的，华为开始投入GSM行业的专业技术领域，而且很快达到了世界技术水平的前列。2004年，华为的GSM设备开始进入国际市场。

回首华为的GSM之路，尽管起步晚，但是秉承“持续投入，不断创新”的理念，华为GSM已经获得了全球移动通信运营商和用户的高度认可。截至2006年3月，华为GSM的销售已经连续三年实现了翻番增长，GSM解决方案全球应用已经超过1.2亿线，在全球80多个国家获得规模商用，产品遍及亚洲、欧洲、美洲、非洲和中东，标志着华为公司已经由追随者逐步成长为一个世界级的业务服务提供商。华为已经成为全球最大的GSM软交换产品供应商，华为GSM系列化基站在全球的应用也超过了50万载频。8000人的无线研发平台，全球化的研发战略，遍布全球的通过CMM5级认证的GSM研发基地，这一切铸就了华为GSM今天的辉煌。

## 五、牵手招行获买方信贷

1996年，华为推出Quidway2501路由器和ISDN系列终端。年底，首台STP在宁夏银川开始试验机获得极大成功，标志着华为成为世界少数几家能够提供该设备的通信巨头行列。

1996年6月1日，国务院总理朱镕基、李岚清等国家领导人视察华为。朱总理指示随行的政府部门和招商银行行长，积极地支持华为和像华为这样的民营企业发展。朱总理说：“只要是中国的程控交换机打入国际市场，一定提供买方信贷，在国内市场与外国公司竞争，一律给予支持，同样给予买方信贷”。由于华为民营企业的身份，在当时很难从银行里面贷到款，特别是在1992年的时候，华为在研发C&C08机的那段时间里，现金流出现问题，资金开始周转不过来，甚至员工的工资都发不出来。朱总理当时的这一番话，无疑是给了华为最大的支持，解了华为的燃眉之急。在这之后，招行开始了与华为的全面地合作，为华为推出了买方信贷，让电信部门从招商银行贷款购买华为的设备，华为再从银行提出贷款。这可能在今天算不得什么大事，但是在当时却是一种观念上的突破。

## 六、难忘的1996

1996年11月，邮电部组织召开国内通信设备厂商和运营企业参加的用户协调会，引导和鼓励运营企业借鉴采购国产设备。此后1997年和1998年连续召开用户协调会，有力地促进了民族通信设备制造业的发展。同年，华为在信息产业部、邮电部召开的全国交换机产品订货会上，抢到一大批订单。全年华为完成销售额26亿元，在全国电子行业百强列第12名。

在《自强不息，荣辱与共，促进管理的进步——在机关干部下基层，走与生产实践相结合道路欢送会上的讲话》一文中任正非提到：“1996年我们市场增长了85%，综合货款回收率达到69%。通过ISO9000的全面贯彻执行，规范化管理已经取得了成绩，出现了石家庄办事处这一类好的群体。1996年我们的产品进入了北京、广州、天津、香港、深圳、福州、重庆、保定等重点城市的市话网。C&C08交换机作为市话和农话设备在许多地区得到了广泛应用，至今已交付了近600万线。在联通公司的GSM网间接口局国际招标中C&C08中标，提供了联通公司第一个GSM网间接口局。C&C08作为C2级长途汇接局在网络上运行，并极有可能在海外提供国际长途局。已经研制成功的最先进的C&C08STP设备，使华为跻身世界少数几家能提供此类设备的通信巨头行列。在先进业务提供方面C&C08也走在了前列。”

1996年，是华为迎来技术研发成果巨大回报的一年，同时也是华为的内部管理实施改革的重要一年。在市场上取得巨大成绩的同时，华为人开始审视自己，华为看到了自身与其它国外的行业巨人们的差距。不仅仅表现在技术上，同时在管理上也存在着巨大的差距。

1996年3月，由人大教授组成的基本法起草小组正式成立，开始起草著名的《华为基本法》。它在中国是第一部总结企业战略、价值观和经营管理原则的“宪法”。

1996年，华为与李嘉诚的香港和记公司开展交换机业务，当时香港和记电信刚获得固定电话运营牌照，需要在短期内实现移机不改号的业务，限定的时间只有短短3个月。而和记电信在欧洲所能找到提供的设备供应商，完成该项目最快的也需要6个月，且价格昂贵。时间一天天逼近，就在和记电信眼看该项目将变成“不可能的任务”时，这时有人推荐了华为，华为在不到3个月的时间就顺利地完成了项目，与国际一流产品相比，除了价格上的优势，华为在提供新的电信业务生成环境的灵活性上更获得和记电信在称赞，设备可以放在楼梯间里，适应了香港人多地少的特点。此单的迅速完工成功地帮助了和记电信与香港电信的竞争中取得差异化优势。同时和记电信在产品质量、服务等方面近乎“苛刻”的要求，为华为日后进军国际市场进行了一次演练。

C&C08机从此打入了香港市话网，开通了许多国内未开的业务，打开了进军东南亚市场的大门。这是华为大型交换机从国内走向国际的第一步，标志着华为迈出了进入国际电信市场的第一步。

## 第二节　华为过冬

从1997年到2000年，是华为的高速发展时期，在这个时期，华为的销售额每年都在以100%的速度增长，华为的员工人数也在不断扩大。1997年，华为实现销售额41亿，员工5600人。到2000年，华为的销售额达到220亿元利润26亿元纳税27亿元，利润在电子百强中居首。员工人数达到16000人，注册资本232亿元。

很多员工沉浸在成功的喜悦中，不少的人为已经取得的成就而沾沾自喜，但是任正非却没有被表象所蒙蔽。一个企业也会经历着春、夏、秋、冬四个季节，人们总是容易迷失在其他三个季节而忘记冬季。任正非却在寒冬来临之际,早就感到了料峭的寒意。1999年中国电信实行分拆重组,设备采购规模开始停滞。2000年,美国的网络泡沫破裂,全球的电信市场布满阴霾。同时由于华为高层对小灵通和CDMA市场的判断失误。小灵通和CDMA在实施之初,华为基于对自身战略的考虑,以及对国家政策和市场前景的错误估计,对它们没有给予充分重视,从而丧失了企业业务发展的大好时机。华为开始进入了这个有点漫长的突然来临的冬天。

## 一、"出售安圣"准备过冬棉袄

安圣电气作为华为最大的子公司,仅2001年的市场销售总额就达到26亿元人民币,拥有48项国家专利,盈利能力良好。可就是这样一家盈利能力强、且保持快速增长、有着良好市场规模的企业,华为为何如此"狠心"把其"卖给他人"呢?

1999年底,华为领导层认为,国内电讯器材供应商之间的竞争日益激烈,华为必须集中所有能量与对手竞争。"华为出售安圣电气的主要原因是出于整个发展战略的考虑",安圣电气常务副总裁付恒科解释说,"为此,华为必须转让和剥离所有与核心业务、主流设备不相干的产品线,把主要精力、资源从非核心业务抽出来放在核心领域,使华为在网络通信领域的竞争力日益显现,特别是向数据通信、移动通信领域迈进。而安圣电气是以电力电子及其相关控制技术为基础的,与华为的核心发展方向不同,为了安圣电气的长远发展,华为认为还不如把它卖出去"。

华为在2000年4月将华为电气更名为"深圳市安圣电气有限公司",将其正式从华为的一个事业部转变为一个独立核算的公司,为出售安圣电气做好了铺垫。同时,华为领导层制定了一个详细的出售方案,列出了执行该方案的职责和时间表。

2000年下半年,华为开始为安圣电气物色新的"娘家",并对几个潜在买家进行尽职调查。调查分两块:一块是法律和公司的基本情况,还有一块是财务。华为负责此次销售的人员还详细了解了各大潜在买家的购买要求,比如规模、出价、财务,或者是业务等,并将这些指标量化确定下来。华为负责此次销售的人员掌握了各买家的意向,初步确定美国艾默生公司为优质买家。因为美国艾默生公司相比其他买家在出价,或者是在投资结构上大致能够符合华为技术的要求。

2001年1月,华为最终确定同美国艾默生进行谈判。华为向艾默生公司提供了包括整个这个项目全面的财务、技术、法律和业务文件信息的查询服务,以便艾默生公司对安圣电气有更真实的了解。当所有人都觉得一切水到渠成时,2001年4月发生的中美撞机事件,严重影响了谈判的进展。在确定出售价格时,双方的谈判人员进行了激烈的争辩。国内传统的企业并购估值一般采用净资产溢价法(或折价法),有时候也采用内在价值法。对此,华为负责谈判的人员为艾默生的谈判人员算了一笔账,根据深圳证券交易所和上海证券交易所公布的数字,上市公司平均市盈率约为42,绩效好的公司市盈率会更低些,一般在30上下。如果安圣电气是上市公司,根据其绩效,假设其市盈率为30,则现金流贴现率为3.3%,如果未来20年,安圣每年稳定的带来4.15亿元的收入，则这些收入的净现值正好就是60亿元。如果市盈率按20，则每年稳定收入应为4.82亿元。事实是，安圣每年的利润都在4~5亿元，因此，如果按现有赢利水平，60亿元售出价还是比较合适的。

对于此次收购，买卖双方都表现出了同样的执着与坚定。2001年5月24日，艾默生电气有限公司正式以7.5亿美元（折合现金人民币60亿元）收购安圣电气100%的股权，并承诺收购后将进一步加强安圣电气对中国客户的服务支持、技术支持和产品支持，承担安圣电气既有的债权债务。2001年10月22日，爱默生能源系统有限公司与华为公司联合对外宣布：爱默生公司已经完成对华为名下子公司安圣电气的收购，总交易金额为7.5亿美元。2002年6月8日美国艾默生公司在北京正式宣布"深圳安圣电气有限公司"更名为"艾默生网络能源有限公司"。

出售安圣对华为意义重大，华为意识到未来两到三年将对华为未来的发展有着至关重要的意义。正如兵法上的"夺势"，棋盘上的"布局"，未来几年华为在自己锁定的领域里意图占据全球性的有利竞争位置。而为了达到这一目标，与世界级的电信巨头相比而言，刚成长起来的华为公司不得不将有限的资源用到"刀刃"上——这正是华为长期遵循的"压强原则"，出售安圣得来的60亿人民币为华为加上了一件厚厚的棉袄，帮助华为平稳地度过"冬天"。

## 二、华为的冬天

1999年2月，国务院通过中国电信重组方案，同年12月和2000年1月、6月，分别批复组建中国移动通信集团公司、中国电信集团公司和中国卫星通信集团公司。此后，三大集团公司陆续挂牌，中国电信重组工作完成。

由于电信的重组，到了1999年下半年，设备采购发生了重大改变，这个时候华为的订单出现了大幅度的下滑，虽然华为的高层领导都到市场前线去督战，但是业绩还是没有改变。整个1999年，中国电信设备市场的投资规模仅1100亿元，与1998年相比基本上没有增长。

2000年，纳斯达克股市上出现了网络股股价大幅度下降，网络泡沫破碎了。国际网络供应商如思科、爱立信、摩托罗拉也都进入了发展的低迷期，而拥有贝尔实验室的美国朗讯公司，其前身是雄霸美国电信业几十年的AT&T（美国电报电话公司）。由于在2000年财政年度痛失在光网络市场的巨大成长机遇，以及在电路交换领域销售和利润下降加上公司在经营管理和业务重点方面存在的问题，短短一年时间，朗讯在纽约证券交易所的股票从60美元跌到6美元多，差点被法国电信巨头阿尔卡特并购。整个世界的IT界都笼罩在阴霾下。华为也认识到了在国外市场如此低迷的情况下，中国电信市场也无法一枝独秀，国外电信设备巨头会很快把战场摆到中国这块最后的"蛋糕"上。中国企业的生存环境将更加的困难。

任正非在2001年2月17日华为的《管理优化报》上发表了著名的《华为的冬天》一文，此文一经发表就在这个IT界引起了广泛的关注。此时正是IT处境艰难的调整时期，这个时期中国IT界,以及更广泛的业界,都在传看任正非的这篇文章。创维集团董事长黄宏生:“这篇文章说出了所有干企业人的感受。”联想集团新帅杨元庆把这篇文章发给所有中层干部,要求认真学习。

在《华为的冬天》最后一个段落,任正非明确说明,“华为的冬天”其实并不非只是华为的冬天,“沉舟侧畔千帆过,病树前头万木春。网络股的暴跌,必将对二三年后的建设预期产生影响,那时制造业就惯性进入了收缩。眼前的繁荣是前几年网络股大涨的惯性结果。记住一句话:“物极必反”。这一场网络设备供应的冬天,也会像它热得人们不理解一样冷得出奇。没有预见、没有预防,就会冻死。那时谁有棉衣,谁就活下来了。

中国最优秀的软件企业之一,东软集团董事长刘积仁,在公司成立十周年大庆之际,读到《华为的冬天》一文。他感慨地说:“IT催人老啊!东软一天天成长,业务一天天扩大,人员一天天增加,营业额一天天增长,我对于东软生存与发展的优虑也与日俱增。”刘亲笔写了《致东软全体员工的一封信》,试图让东软3500名员工读出两个字:危机。

在《华为的冬天》里任正非开篇就指出“冬天”来了:“公司所有员工是否考虑过,如果有一天,公司销售额下滑、利润下滑甚至会破产,我们怎么办?我们公司的太平时间太长了,在和平时期升的官太多了,这也许就是我们的灾难。泰坦尼克号也是在一片欢呼声中出的海。而且我相信,这一天一定会到来。面对这样的未来,我们怎样来处理,我们是不是思考过?我们好多员工盲目自豪,盲目乐观,如果想过的人太少,也许就快来临了。居安思危,不是危言耸听。”

不过,任正非也没有想到“冬天”会马上到来,所以,讲话的同时仍然把2001年预期销售额定为370亿至380亿,增长速度为68%,其中传输类产品就达200亿元。但形势的变化比预计的要更快,进入2001年,传出中国电信分拆及电信业重组的消息,同时由于北美及欧洲市场的迅速饱和,导致大量的国外光纤设备产品涌入中国,作为中国电信最大的电信设备提供商,华为立即把传输类产品与其销售额调整为80亿至90亿元。

但IT业的冬天还是不幸被任正非言中,而且如此的漫长:2001年全国电信固定资产投资额2648亿元,比上年增长15.3%;2002年完成2034亿元,比2001年减少了20多个百分点;2003年计划完成投资2000亿元,比2002年又少了1.7个百分点。道琼斯通讯社的分析师也预计,2003年中国电信设备市场将连续第二年出现萎缩,因为各公司仍将消减它们的设备购买量。对于国内制造商来说,这意味着又是苦苦煎熬的一年,电信投资连续两年下滑,是十几年来从未有过的。

为了应对这场寒流,华为选择了逆势扩张。公司一方面强制性地抽调优秀员工到海外去,迅速抢占发展中国家的市场,另一方面大规模招聘人才,在研发上向高端路由器和无线通信网络领域发起冲击,以期用性能价格比的优势在国外市场打击寒流中的竞争对手,进而弥补国内市场的萎缩,维持企业的高速发展。

这种逆势扩张,比华为以前创业初期在国内电信迅猛发展时期的扩展,更加残酷,需要增加投入才可能保住原有份额,于是对现金流的把握变得异常重要。华为将安圣电器出售得来的65亿人民币,保证了华为在冬天有了一件厚厚的棉袄。任正非在2002年的讲话中透露了出卖安圣的另一层意义:"我们现在账上还有几十亿现金存着,是谁送给我们的,是安圣给我们的……这个棉袄够我们穿两年的啊!我们和别的公司不一样,我们现在还没有多大的压力,我们今年的工资肯定够发,明年的工资肯定也够了,就是没有销售额也够了。"

但是,市场比想象的要严峻得多,2001年,华为完成营业额255亿元,增长率从80%下滑到13.7%,而2002年,华为的收入更是出现了下滑,从255亿元下滑到了221亿。华为成立15年来第一次出现了负增长。2001—2003年的这一次发展的低潮期对华为来说是一次寒冷的冬天。

虽然出现了暂时的困难,但是由于华为早有所准备,因此也并没有像别的企业那样一蹶不振。到2003年,华为注重研发和开拓海外市场的努力得到了回报,特别是海外市场的开拓,使得华为在国内市场迟迟不能复苏的情况下,重新活跃起来,并且借助海外3G业务的发展锻炼了队伍,打下了基础,不仅成功地度过了这场寒冷的冬天,而且积蓄了力量,为即将到来的春天做好了准备。

## 第三节 冬去春来

从2003年,海外市场成为华为销售重点。上半年销售额仅为120亿元,其中海外销售3.5亿美元,同比上升60%。员工人数达到22000人。在海外市场上迅速打开局面让华为2004年开始走出下滑的低谷。2004年,华为的销售额达到了462亿,销售收入首次突破了300亿元,达到创记录的315亿元,同时实现了50亿元的净利润,在中国电子百强利润排行榜上位居榜首。为华为走出冬天做出最大贡献的恰恰是华为从1996年开始开辟的海外市场,在海外市场上,华为不仅销售额达到22.8亿美元,占到了41%。华为的冬天过去了,迎来了又一个发展的春天,但是华为在海外市场的发展也不是一帆风顺。华为在海外的迅速崛起,引起其他对手的敌视,并引起一场江湖恩怨。

### 一、与思科的明争暗斗

2003年1月3日,思科系统有限公司宣布对华为技术有限公司非法侵犯思科知识产权提起法律诉讼。思科列举了华为四条"罪状":一、抄袭思科IOS源代码。二、抄袭思科的技术文档。三、抄袭思科公司"命令行接口"。四、侵犯思科公司在路由协议方面至少5项专利。

其实,华为与思科的较量从1999年就开始了。当时,华为第一次在中国推出了自己的数据产品:接入服务器。一年之内,华为就在中国新增接入服务器市场占70%的份额。随后,华为开始延伸到路由器、以太网等主流数据产品。2002年,华为在中国路由器、交换机市场的占有率直逼思科，成为它最大的竞争对手。路由器、交换机等数据产品，正是思科长期以来最具优势的领域，它在全球数据通信领域市场占有率达70%。2002年，华为开始进入美国市场，当时任正非的口号是“雄赳赳、气昂昂跨过大平洋”。2002年6月，在美国亚特兰大举行的电信设备展，是华为全系列数据通信产品在美国市场的首次正式亮相。华为展示的数据产品其性能与思科产品相当，但价格却比对手低20%到50%。由于价格上的优势，华为的数据产品在美国市场的销售迅速打开局面。

在亚特兰大展览上，思科CEO钱伯斯悄悄来到华为展台，不一会即匆匆离开。据说，此次展览结束后，思科迅速在公司内成立了“打击华为”工作小组，其内部网上设立专门主页，供其全球员工讨论如何打击华为，并开始为诉讼做准备。

2002年，华为的美国市场销售比上年度增长了将近70%。而对手思科的销售额和市场占有率却出现了首次下滑。2002年秋，在巴西举行的招标中，华为的数据产品再次取得佳绩，拿到了400万美元的订单。

2002年12月中旬，思科的全球副总裁从美国来到华为，正式提出了华为侵犯思科知识产权的问题。思科提出了承认侵权、赔偿、停止销售产品等要求，而华为提出的方案是主动停止在海外销售涉嫌有争议的路由器产品，但是坚持拒绝承认在软件方面的侵权事实。

华为和思科都明白这次交涉不过是即将启动的诉讼的一次预热，交锋绝不可能到此为止。在谈判桌外，华为和思科都开始行动，双方纷纷忙着收集对自己有利的证据和外部资源。

思科副总从华为深圳总部无功而返后，华为对这场诉讼就早有预料，但华为人没有想到这么快。思科选择在中国农历腊月二十一，离中国的春节只有9天的时间，此时恰是华为反应速度的最慢的时间。得到消息后，华为立即取消所有高层的春节假期，据说，任正非曾不无轻松地说道“这是思科送给华为的一个意外的春节礼物。

华为承担着巨大的压力，一旦思科胜诉，华为经营6年的国际市场将全面陷入困境。在这样的压力下华为迅速成立由郭平、费敏、洪天峰等华为数位副总裁领导知识产权、法律、数据产品研发、市场、公关等部门参与的“应讼团队”。春节之前华为常务副总裁郭平、徐文伟等就抵达美国。

2003年3月17日，第一次开庭前法庭之外的公众舆论是双方争斗的主战场。一开始具有主场优势的思科完全表现出压倒性胜利。与思科的CEO钱伯斯的张扬截然不同，任正非十分低调，这也分别代表了两家公司的性格。在从前的华为看来，只有做到公司纳税、守法、对客户和员工负责就可以了，华为不需要抛头露面针对外界的各种说法，华为也从不解释。

思科的行动显然收到了效果。2003年，正是华为拓展欧美市场的关键时刻，很多欧美客户因此暂停了与华为的项目。华为不得不抛弃过去躲避媒体公众的做法主动展示自我，华为做的第一件事就是决定换公关公司，华为找到擅长危机公关的爱德曼。郭平亲自去公关公司告诉他们，什么是真实的华为。接着，他们又把律师请到中国让他们参观华为的研发基地，讲解华为的技术实力，华为也努力和美国政府保持沟通。2003年3月，在美国和德国举行的两场电信设备展，华为本来没有计划参展的。但是以正面、积极的形象和姿态出现在这样的国际场合，对华为就显得非常必要，因此华为临时决定参展。

3月17日，华为在沉默了近两个月后，终于走出了低调状态，而且不鸣则已，一鸣惊人。在其正式向法庭提交的一份18页的简明答辩状中，华为对思科的各项指控做出了全面的否认。在法庭上，华为的律师除了反驳思科方面的控诉之外，更提出了三项反诉：即请求法庭宣告华为对思科专利不构成侵权、判决思科专利无效以及思科不正当竞争。

3月20日，华为与思科的老冤家，另一家著名网络设备制造商美国3COM公司结盟，宣布在香港成立合资公司。今后将以3COM品牌在中国和日本以外地区销售华为的多种产品，其中也包括此次案件中涉嫌侵犯思科专利的Quidway系列路由器。思科股价应声下跌。

3月21日，思科发表公告，宣布将收购Links网络设备公司，以进入低端家庭网络用户市场。仅从时间上的巧合来看，舆论多认为这是思科为应对华为与3COM的攻势，巩固股东信心以拯救股价所采取的措施。

3月24日，华为向法庭提交了五份材料，包括一份46页长的答辩状，几份分别来自3COM公司首席执行官Bruce L Clan fin斯坦福大学软件专家Dennis Allison和两位华为公司员工的证言。这些证据都对华为一方十分有利，因此，华为要求法院驳回思科申请初步禁止令的请求。

华为的一系列的反击让思科应接不暇，在两次听证会之后，6月7日，法庭驳回了思科申请下令禁制华为销售产品等请求，拒绝了思科提出的禁止华为使用与思科操作软件类似的命令行程序，但又颁布了有限禁令，即华为停止使用有争议的路由器软件源代码、操作界面及在线帮助文件等。这样一个看似折衷的方案使双方都认为自己获得了胜利。

7月28日，华为公司、思科公司、3COM公司向美国得州东区法院马歇尔分院提交终止诉讼的申请。法院据此签发法令终止思科公司对华为公司的诉讼，最终全部解决了该起知识产权案件的争议。各方的律师费用、诉讼费用及相关其他费用由双方自行承担。同时，思科今后不得再就此案提起诉讼或就相同事由提起诉讼。思科表示，华为已经同意修改其命令行界面、用户手册、帮助界面和部分源代码，以消除思科公司的疑虑。在此诉讼案宣告完成之前，中立第三方已经审核了该诉讼所涉及的华为公司存在问题的产品。华为同意停止销售诉讼中所提及的产品；华为同意在全球范围内只销售经过修改后的新产品，并已经将其相关产品提交给一个中立的第三方专家进行审核。

7月29日，华为公司发表声明对此结果感到满意。华为的新闻发言人傅军则“针锋相对”地表示思科的一些表态违反了双方达成的和解协议，华为主动对有争议产品进行修改只是为了避免争端，并不是华为侵犯了其他公司的知识产权。

历经一年七个月的美国思科系统公司诉中国的华为技术公司技术侵权的跨国知

识产权案，最终以和解告终。在中国企业频频在国际知识产权交锋中败北的背景中，华为和思科打成平手至少意味着中国企业取得了进步，华为的经验值得其他中国企业借鉴。

2003年7月，华为生产的路由器和交换机等数据产品通过3Com公司的销售渠道进入美国市场。官司之初对华为产品充满犹豫和怀疑的欧美客户，又开始继续曾暂停的华为产品订单。即使是思科长期以来的盟友EDS(电子数据系统公司)也在2003年12月与华为签订协议，在美国销售华为3Com合资公司的设备。

这场诉讼表明华为是一个真正的市场参与者。当潜在客户听说华为是思科的低价竞争对手时，很可能会考虑与华为合作以节省开支。思科并没有通过这场官司达到在市场上阻击华为的目的。"恰恰相反官司给华为产品在全球做了一次免费广告。"

## 二、借船出海联手3COM

2003年3月，华为与美国3COM公司成立合资公司。华为利用3COM的技术，3COM则利用华为在国内的销售渠道。

华为和3COM的这次联姻，对华为的意义当然远不仅限于与思科的官司。首先，3COM拥有广泛的渠道和在欧美的知名度，能够为华为在国际市场的竞争提供便利条件。其次，华为打算在全球企业网市场上与华为3COM并行展开业务，华为已经把除了面向运营商的核心路由器以外的全部路由器、交换机产品线，以及其中的知识产权和其他数据通信业务悉数注入合资公司。因此，在国际市场上，华为和华为3COM将可以在各自专注的领域内互为代理，销售对方的产品。或者由华为直接OEM华为3COM的产品。最后，3COM带给了合资公司国际化的管理方式。包括合资公司的财务体系、渠道管理和法律平台。为华为提供更符合国际市场的思路。

而3COM看上的，是华为的全系列产品线、强大的中国销售渠道和能力。这对3COM占领中国市场并拓展对全球大型企业客户的销售将起到极大的帮助，三年前，3COM已经基本撤出了这一市场，而且，因电信运营商的采购能力在进一步下滑，3COM已将未来悉数寄托在企业网市场上。3COM主张让客户"按需购买，渐进扩展"，从而降低客户的前期成本，这和华为的"低成本、低利润、业务适应性开发"的商业模式高度一致，双方都要以更高的性价比冲击思科。思科的第一代对手3COM和第四代对手华为戏剧性的结合，将产生可能改变网络设备市场竞争格局的力量。

3COM也表示在除中国和日本外的其它地区，3COM将利用其世界级经销渠道，大力拓展合资企业产品的市场范围。3COM将允许其分销商经销包括从低端交换机到高端路由器在内的合资企业的全线网络产品。这意味着华为的路由器可以沿着3COM的经销渠道源源不断地输出到欧美市场，省去了一大笔拓展国际市场的费用。另外合资公司将拥有3COM和华为共4000多项专利技术和应用的知识产权，同时还拥有1000多个注册商标。其中3COM的1850余项是美国专利，华为的中低端路由器产品通过3COM OEM到美国，在美国市场上思科要面对的对手就不是"手无寸铁"的华为，而是拥有大量网络技术专利和在处理知识产权诉讼方面积累有丰富经验的3COM了。

华为总裁任正非对这次与3COM的合作充满信心，“3COM的驰名品牌及其全球性经销渠道，对合资公司是直接和长远的贡献，”任正非说，”合资公司将大大加快华为新兴企业网络业务的全球化进程，这将允许我们在世界几乎每一个主要国家销售我们开发的产品。3COM和华为在业务上的贡献是互补性的，在产品线和地区销售代理渠道方面几乎不存在过剩或重叠问题。”

对于华为来说，华为3COM的重大意义在于它将成为华为国际化战略的重要一步。任正非这样评价双方合资的意义：“3COM的品牌和全球销售渠道给我们提供了迅速和长期的机会，合资公司加速了华为全球商业化的进程，使我们的产品几乎可以在所有重要国家销售。”

## 三、东方不亮西方亮

2003年12月18日，华为打响了其3G设备销售第一枪——成为香港移动运营商SUNDAY WCDMA商用网络的基础网络及业务平台的独家供应商；一周之后，世界500强之一的阿联酋电信（Etisalat）宣布，由华为技术有限公司独家承建的阿联酋电信WCDMA3G网络正式投入商用，华为公司作为独家供应商。

2005年4月，华为入选英国电信(BT)未来五年优先供应商，此次“中榜”让华为第一次站到了与爱立信、思科、西门子等七家一流供应商的同列

到2006年，华为公司在海外3G市场可谓硕果累累，华为在全球部署了35个UMTS/HSPA商用网络，应用于20多个国家和地区，如西班牙、巴西、荷兰、葡萄牙、波兰、马来西亚、阿联酋、巴基斯坦及中国香港等，并成功突破欧洲和日本的高端市场。华为WCDMA/HSPA已经跻身全球三强，成为Vodafone、FT、T-Mobile、西班牙电信、阿联酋电信的3G合作伙伴。

任正非曾说过，对于进入移动通信领域仅十年的华为而言，2G是解决温饱，3G才是未来。而在2003年的时候，人们还在想华为的3G之路还能走多长时间——那时候，华为在3G上的倾尽全力曾经招致过怀疑和不解，与此同时，UT斯达康在小灵通上一战成名，以及准确抓住小灵通商机的中兴通讯，更是映衬了华为在3G上豪赌的“可笑”。然而，两年之后，随着小灵通市场的饱和，由小灵通带来的收益迅速下滑，业界的论调也在发生微妙的改变，而小灵通明确显出颓势的2005年，曾经备受怀疑的3G却正在日益强盛。

早在1995年，华为就开始启动3G的关键技术研究，1998年则正式开始进行商用系统研发。华为3G经过十年研发，目前拥有超过3500名优秀的研发工程师，在美国研究所、瑞典研究所、俄罗斯研究所、印度研究所(CMM5级)，以及国内上海、北京、深圳总部等地进行着全球化同步研发，覆盖包括芯片设计在内的全面技术领域。“华为公司每年投入研发的比例超过年销售额的10%，其中超过1/3的研发经费用于3G研究。”按2004年华为全年销售总额462万元计算，华为2005年继续用于3G的投入还将达到15亿

元左右。有华为内部消息认为,华为近两年实现的利润约为30亿—40亿元,也就是说华为在3G上的投入达到其利润的35%。

十多年,50多亿的投入,华为在3G上投入的赌注确实很大。的确,对于在第一代移动通信毫无作为,2G时代才奋起直追的华为来说,3G是他们最直接的机会。用当年华为负责无线产品线的副总裁余承东的话说,这是华为唯一可以和世界著名厂家站在同一个起跑线上的机会!

经过国际竞争的考验,华为的3G产品具备了较高的成熟度。海外市场竞争极其激烈,众多大牌公司参与其中。华为在国际运营商的招标中表现出色,在技术指标方面总能名列前茅。在满足不同运营商差异化需求的过程中,华为提供个性化解决方案的能力也得到提高。

在海外3G市场开花结果这一事实的本身固然重要,但是通过建设3G网络积累经验、提升实力则具有更加深远的意义。海外市场的成功无疑给铁了心要吃下国内3G市场的华为更多底气,也让华为的3G产品着实镀了层真金。但是,华为始终不敢放松的仍然是国内市场,毕竟,全球最大的移动通信市场在中国。华为技术有限公司UMTS营销工程部杨峰义副总监认为,“国外3G商用网络的建设和运营经验的积累,对今后国内3G的商用做好了准备,如果国内开始建网,我们能够很快集中力量把国外的经验移植到国内3G的建设当中。”

根据业内人士的估计,中国一旦启动3G市场,其中光是建设网络设备的采购额就将达到2000亿元人民币。由3G拉动的半导体、电子元器件、材料、软件等一大批相关产业,将带动起24000亿的产值。中国3G市场的前景将会非常美好。

2007年,中国3G技术TD-SCDMA(简称TD)将在10个城市大举铺开,作为此轮扩大测试的主导运营商中国移动,其首期采购合同行将发出,有消息说,涉及金额可能超过150亿元。如此惊人的大单,意味着中国版3G真正进入倒计时。

真可谓“万事具备,只欠东风”,华为在3G上投入了十多年的心血,让华为在3G技术上走在世界的前列,与国内其它的设备商相比取得技术上的巨大优势。我们有理由相信,在中国这个大市场上,华为的3G会取得更大的成功。

# 第15章 一个改良主义者

## ——华为的组织变革

在管理上，我不是一个激进主义者，而是一个改良主义者，主张不断地管理进步。

——任正非

## 第一节 破除大企业病

在1996年以前，由于员工数量较少，华为公司部门分类较少，产品的研发种类也比较集中，组织结构比较简单，因此其一直采用的是在中小企业比较普遍的直线式管理结构。这种组织结构主要靠的是企业家的个人决策来拉动企业的发展，其优点就是：组织中责任与职权明确，便于企业领导比较容易和迅速地做出决定；权力集中，指挥统一；垂直联系，责任明确。这种权责分明、协调容易、快速反应的组织结构，在华为创业初期发挥了“船小好掉头”的灵活优势，让华为迅速地抓住发展机遇，把握住市场，迅速完成了其原始积累的任务，公司最高领导者的任正非也深刻地影响着华为这个企业，让华为透着一股子“土狼”味道。任正非认为，企业就是要发展一批狼。狼有三大特性，一是敏锐的嗅觉，二是不屈不挠、奋不顾身的进攻精神，三是群体奋斗。企业要扩张，必须有这三要素。

随着企业规模的逐渐的扩大，管理层级的增多，直线式管理结构开始无法满足企业的发展的需要。到1998年，华为的员工已经增长到8000人，但在结构上却还是采用以前的集中管理的模式，采取直线管理模式存在着缺乏横向联系、权力过于集中、对变化反应慢的缺点，使的公司的管理难度加大、效率低下。

从1998年起公司开始实施改革，开始划小经营单位，按照产品建立事业部制度，事业部是在企业宏观领导下，拥有完全的经营自主权，实行独立经营、独立核算的部门，既是受公司控制利润中心，具有利润生产和经营管理的职能，同时也是产品责任单位或市场责任单位，对产品设计、生产制造及销售活动负有统一领导的职能。

华为在《华为基本法》中明确指出：公司的基本组织结构将是一种二维结构：按战略性事业划分的事业部和按地区划分的地区公司。事业部在公司规定的经营范围内承担开发、生产、销售和用户服务的职责；

《华为基本法》还详细阐明:对象专业化原则是建立新事业部门的基本原则。事业部的划分原则可以是以下两种原则之一,即产品领域原则和工艺过程原则。按产品领域原则建立的事业部是扩张型事业部，按工艺过程原则建立的事业部是服务型事业部。扩张型事业部是利润中心,实行集中政策,分权经营。应在控制有效的原则下,使之具备开展独立经营所需的必要职能,既充分授权,又加强监督。对于具有相对独立的市场,经营已达到一定规模,相对独立运作更有利于扩张和强化最终成果责任的产品或业务领域,应及时选择更有利于它发展的组织形式。

在《华为基本法》中对华为公司的经营模式有如下概括:“我们的经营模式是,抓住机遇,靠研究开发的高投入获得产品技术和性能价格比的领先优势,通过大规模的席卷式的市场营销,在最短的时间里形成正反馈的良性循环,充分获取‘机会窗’的超额利润。不断优化成熟产品,驾驭市场上的价格竞争,扩大和巩固在战略市场上的主导地位。”

华为公司的经营模式决定了它的组织结构。《华为基本法》认为,公司的管理资源、研究资源、市场信息资源、财金资源以及公司人力资源等,都是公司的公共资源,按照职能专业化原则,实行集中管理,形成了华为公司组织结构的主体平台即按照职能划分部门的直线职能制。传统的直线职能制的优点就是通过专业化的部门分工将企业中同一类专家资源集中在一起,可以产生规模经济,最大限度地减少人员和设备的重复配置。但是,直线职能制的缺点也很明显,那就是各专业职能部门往往为了本部门的利益而损害了整体的利益。

由于华为公司的经营战略为:中短期的经营产品集中在通信产品领域,谋求在产品技术与质量上重点突破、系统领先,摆脱在低层次市场上角逐的被动局面,同时发展相关信息产品。这就决定了华为公司的组织结构是以直线职能制的主体平台为核心,以相关产品划分的事业部为辅的一种体制,这也就是说,华为公司在新产品开发,新市场的拓展,重大项目的实施方面,基本上是一种在直线职能制的主体平台上通过跨部门的项目小组的来运作的一种模式,这就在组织上形成了矩阵结构。

这样可以充分有效地利用公司内部有限的资源。同时通过以产品为主线将公司各职能部门衔接起来,使各部门管理者不得不对产品的利润负责,从而有效地克服了传统的直线职能制带来的各专业职能部门为了本部门的利益损害整体利益的弊端。

华为需要适应电信产业剧烈的变化，基本上每三个月就会发生一次大的技术创新。电信设备制造企业与其它行业的高科技企业一样,它所处的是一个不断发展变化的市场环境,客户的需求日新月异。同样,根据IT业的摩尔定律,IT技术每18个月刷新一次。如何在瞬息万变的市场中立于不败之地,这就需要企业拥有庞大的市场力量来跟踪、发掘客户需求,同时雄厚的研发力量根据市场反馈的需求信息迅速推出满足客户需求的产品。因此华为要建立起一个稳定而且易于调整的组织结构。

在任正非看来,人才、资金、技术都可以引进,实行“拿来主义”,而企业的组织管理只能依靠全体员工共同努力去学习消化先进的管理理念，并与自身的实践紧密结合起来,形成自己的有效的组织管理体系。华为在实践和学习过程中逐渐形成了自己独一无二的组织管理体系:灵活的矩阵管理结构。华为建立起的组织结构是由一个静态结构、一个动态结构和一个逆向求助系统组成。一旦出现具有战略意义的关键业务和新事业生长点,华为就会在组织上建立一个相应的明确的负责部门,这些部门是公司组织的基本构成要素。

目前,华为公司的基本组织结构是一种扁平的、分权化的、矩阵式的二维结构。公司按职能划分部门,以获得专业经济化。同时又按产品线实行横向划分,实现了职能部门对各自单位有行政上的管理权,各产品线对各单位有业务上领导权。行政平台、产品平台各司其职,当公司进行新产品开发、新市场开拓以及一些重大项目的实施,都是以产品线为主线在直线职能制的行政平台上通过跨部门调用公司内部资源组成项目小组的方式来运作。华为公司正是依靠这种项目组的运作方式,充分调动公司各种资源,在某一时间段、在某一产品上或在市场的某一区域获取技术、人员上的优势,取得了一个又一个的技术和市场突破。

随着企业的进一步发展,这种灵活的矩阵结构逐渐代替了早先的直线结构,给华为的组织架构带来了新的活力。可以看到,通过不断的摸索和实践,以事业部和地区公司共同构筑的华为的矩阵型组织结构在未来的日子里将会更加的完善和科学。

## 第二节 筹建地区公司

"通过建立利益共同体,达到巩固市场,拓展市场和占领市场之目的;利益关系代替买卖关系;以企业经营方式代替办事处直销方式;利用排他性,阻击竞争对手进入……"华为内部解释为何成立合资公司。

华为自1997年开始与铁通联合建立北方华为。收购原102厂建立四川华为,开启了华为国内市场战略的布局,此后华为通过收购、兼并邮电部下属通信设备厂、研究所在一些具有战略意义的省市于当地邮电、电信部门合作先后建立了10多家合资企业,其中包括:沈阳华为、山东华为、四川华为、天津华为、北京华为、成都华为、安徽华为、上海华为、黑龙江华为、云南华为和河南华为等合资公司。

华为的合资公司一般都是邮电系统或其直属单位,是华为打开市场的关键因素。因为在当时国内市场设备制造商中的四大巨头中,只有华为是民营企业背景,而其它的三家原来都是属于邮电、航天部等系统的科研部门,虽然电信部门随着我国的邮电体制改革逐渐实现了邮电分营、政企分开。但是在制造商和运营商之间还是存在着一定的利益关系。巨龙是由中国邮电工业总公司1996年正式成立的,而大唐的两个最大的股东分别是电信科学技术研究院和电信科学技术第十研究所,公司的发起人是邮电部电信科系技术研究院。中兴通讯的大股东中兴新通讯设备有限公司是由航天系统691厂、深圳广宇集团等共同筹资建立的。因此,华为在进入市场开始与其它的三家企业比就存在着劣势。

与地区的邮电部门的这种联姻是华为的一种本地化市场策略,成立这些合资公司对华为来说可谓意义重大,与当地的邮电局的联姻,无疑是把华为和这些部门的利益捆绑在一起,形成了利益共同体。同时也在华为的市场开拓和企业形象树立方面起了不可替代的重大作用。1997年华为负债20个亿,单单靠银行贷款无法解决发展资金的缺乏问题。解决华为发展资金不足的问题也是成立合资公司的动因之一。

2000年后,上海华为改制,成为华为市场部的真正意义上的华东分部。随后其他的合资公司也逐步改制,华为的合资公司演变成为地区公司。华为的地区公司是按地区划分的、全资或由总公司控股的、具有法人资格的子公司。地区公司在规定的区域市场和事业领域内,充分运用公司分派的资源和尽量调动公司的公共资源寻求发展,对利润承担全部责任。在地区公司负责的区域市扬,总公司及各事业部不与之进行相同事业的竞争。各事业部如有拓展业务的需要,可采取会同或支持地区公司的方式进行。

## 第三节 请进IBM老师

1997年底,任正非访问了美国休斯公司、IBM公司、贝尔实验室和惠普公司。在参观IBM时,任正非受到的触动最大。其间对IBM的产品开发模式、供应链管理模型等做了比较全面的了解,他决定向IBM学习。IBM详细介绍了自己的研发管理模式,让任正非印象最深的是,IBM这么大的企业虽然制度规范却也不失灵活, 对市场需求的响应速度很快。而华为虽然每年投入10%的销售收入进行研发,但是,研发的效率去很低,很多的产品研发没有什么市场价值, 产品的毛利润率很低, 人均效率也只有思科和IBM的1/3—1/6。另外,任正非希望华为能够“长治久安”,IBM80多年历史积累的经验与教训,特别是上个世纪90年代“死而复生”经历,是华为这样一家年轻企业非常值得学习和借鉴的。任正非在《我们向美国人民学习什么》中写道,“我们只有认真向这些大公司学习,才会使自己少走弯路,少交学费。IBM是付出数十亿美元直接代价总结出来的,他们经历的痛苦是人类的宝贵财富。”

1998年8月,华为与IBM的合作项目“IT策划与规划”正式启动,项目的主要内容是规划和设计华为未来3—5年需要开展的业务和所需的IT支持系统,其中包括集成产品开发(IPD)、集成供应链(ISC)、IT系统重整、财务四统一等8个项目。其中集成产品开发(IPD)和集成供应链(ISC)是重点,50名IBM咨询专家开始陆续进驻华为。

2003年上半年,数十位IBM专家撤离华为,业务变革项目暂告一个段落。此次业务流程变革历时5年,耗资约10亿元,涉及公司价值链的各个环节,是华为有史以来影响最为广泛、深远的一次管理变革。

在变革的前期阶段,变革推行的并不顺利。当时,华为的员工还沉浸在华为连续5年100%增长的喜悦和自满中,要转变员工的思想观念却不是一件很容易的事情。很多员工甚至高层都不认同IBM的这套体系。为了取得员工思想上的统一,这个时候,任正非利用公司内部的舆论进行宣传,“我们是要买一双美国鞋,不合脚,就削足适履”,任正非对干部的讲话更直接、更严厉,“不学习IPD,不理解IPD,不支持IPD的干部都给我下岗。”在这个施行变革的关键时刻,任正非等高层管理人员的高度关注,引起了员工的思想上的统一,为变革项目提供了有利保障。

IPD是IBM历时5年总结出来的一套管理模式,其优点主要在于变革产品的开发模式,缩短产品上市时间,降低费用,提升产品质量,最终能提高产品的赢利能力。IPD是关于产品开发(从产品概念产生到产品发布的全过程)的一种理念和方法,它强调以市场和客户需求作为产品开发的驱动力,在产品设计中就构建产品质量、成本、可制造性和可服务性等方面的优势。更为重要的是,IPD将产品开发作为一项投资进行管理。在产品开发的每一个阶段,都从商业的角度而不是从技术的角度进行评估,以确保产品投资回报的实现或尽可能减少投资失败所造成的损失。

在IPD流程里,人们参与另一种非实体的管理开发流程TDT(Technology Development Team)——技术开发团队,每个TDT的人员来自不同的部门,从市场到财务,从研发到服务支持,目标导向只有一条:满足市场需求并快速赢利。每一个产品都有一个TDT团队,技术开始团队由研发、市场、财务、采购、用户服务等各个部门员工组成,像一个创业型的小企业,从研发开始,对市场、利润等全程负责,共同协作完成一个产品从概念到上市的全过程。

“比方说,产品从一出来就要注意可维护性,技术支持人员随时配备。”一位华为研发人员说,“过去我们是没有技术支持的,研发人员随便写一些资料,现在都有专门的资料开发人员为我们做新产品的资料配备,没有做,我们就投诉。”他说,IPD强调的是产品开发第一天所有的人都参与进来,以保证产品功能、质量和长期的可维护性—这让市场成为技术的指针。

2000年,华为开始在公司进行试点,把无线业务部门作为第一个试点的对象,在IBM的顾问的指导下把华为的大容量移动交换机MSC6.0按照IPD流程进行研发, 经过10个月的时间,把整个研发的流程走了一遍,算是完成了首个IPD。2000年以后,大约70%的部门进行IPD试点。2003年,华为就开始把所有的新启动的产品项目按照IPD的流程运作。

IBM为华为做的集成供应链包括了采购、库存管理、生产制造,一直到产品交付与售后服务等所有的业务环节。ISC管理的原则是通过对供应链中的信息流、物流和资金流进行设计、规划和控制,保证实现供应链的两个关键目标:提高客户的满意度,降低供应链的总成本。ISC不仅仅是一种物质的供应链,而是集财务、信息和管理模式于一体,任正非曾经说:“集成供应链解决了,公司的管理问题基本上就全部解决了。”

据IBM顾问介绍,华为在重整供应链之前,其管理水平与业内其他公司相比存在较大的差距。华为的订单及时交货率只有50%,而国际上其他电信设备制造商的平均水平为94%;华为的库存周转率只有3.6次/年,而国际平均水平为9.4次/年;华为的订单履行周期长达20~25天,国际电信设备制造商平均水平为10天左右。重整供应链的目的就是为了设计和建立以客户为中心、成本最低的集成供应链,为华为早日成为世界级企业打下良好的基础。

华为的业务流程变革几乎覆盖其价值链的各个环节，但唯独没有涉及CRM,(市场管理)业务流程,主要有这样两个原因:一方面,市场营销是企业的生命线,如果出现问题,将对公司的业务收入产生灾难性后果。而且由于市场环境的差异性、复杂性,没有一套固定的、成熟的销售模式适用于的企业类型,所以涉及营销系统的组织与流程变革需要慎之又慎。另一方面,华为在2000年之前主要面对的还是国内市场,基本上还是关系营销模式,业务流程的作用相对来讲不十分明显。

华为的业务流程变革,采用的是先完成企业内部环节的变革,然后再向价值链的上游(供应商)和下游(客户)延伸的步骤。内部环节的变革也是先变革产品开发等价值链的间接环节,再变革供应链等直接环节。由此可以做出一个基本的推断:在优化、巩固前期变革成果的同时,发展电子商务,重整CRM业务流程将是华为未来变革的主要内容。

## 第四节 人力资源变革

1996年1月,华为发生了震惊整个业界的大事——市场部集体大辞职。当时,华为市场部所有正职干部,从市场部总裁到各个区域办事处主任,所有办事处主任以上的干部都要提交辞职报告,然后再竞聘上岗。这次大辞职解决了当时华为面临的问题:官职和工资的刚性。

2000年1月,任正非在"集体辞职"四周年纪念讲话中,对这个事件给予了高度的评价:"市场部集体大辞职,对构建公司今天和未来的影响是极其深刻的。任何一个民族,任何一个组织只要没有新陈代谢,生命就会停止。如果我们顾全每位功臣的历史,那么就会葬送公司的前途。如果没有市场部集体大辞职所带来对华为公司文化的影响,任何先进的管理,先进的体系在华为都无法生根。"华为的人力资源体系建设从1996年就开始掀开了帷幕。

华为从1997年开始与Haygroup(合益集团)合作进行人力资源管理变革。在Hay的帮助下,华为建立了以职位体系、薪酬体系、任职资格体系、绩效管理体系及员工素质模型。自1998年开始,Hay每年对华为人力资源管理制度的改进进行审计,找出存在的问题,交给华为解决。2005年开始,华为又与Hay合作,进行领导力培养、开发和领导力素质模型的建立,为公司面向全球发展培养领导者。

在华为引进的人力资源管理制度中,任职资格体系是很有特色的一个。华为的秘书从1994年的几十个增加到1997年500多人。华为招的秘书全是本科以上,硕士也不少见,这些高学历人才长期做文件收发、资料录入、会议召集等琐碎的工作会感觉到无聊枯燥。1997年4月,华为公司就与英国国家职业资格委员会(NVQ)合作,建立华为的秘书任职资格体系。

华为推行的这套任职资格体系对秘书的考评一共分五级,第一级就是会打字,会使用基本的办公软件等,第二级能够安排会议,当达到五级的时,也就是完全具备了

# 第16章 不创新才是最大的风险

## ——华为的自主创新

回顾华为十年的发展历程，我们体会到，没有创新，要在高科技行业中生存下去几乎是不可能的。在这个领域，没有喘气的机会，哪怕只落后一点点，就意味着逐渐死亡。

——任正非

江泽民曾经指出："创新是一个民族的灵魂，是一个国家兴旺发达的不竭动力"。而华为是少数以技术创新而闻名的中国企业。2000年，任正非在《创新是华为发展的不竭动力》一文中着重论述了创新的重要性，并且指出企业不创新才是最大的风险。华为的技术创新战略管理以及其强大的技术创新能力是促进华为在短时间内从无到有，从小到大，从弱到强，崛起为我国通信领域的大企业最根本因素。华为研究室墙上的标语写着：新产品在我们手中，质量在我们手中，企业美好的明天在我们手中，创造是生命活力的体现。

从2001年起，华为在技术研发上的投入年均超过30亿元。这样的投入水平，在全国绝无仅有。目前，华为在职的研发队伍人数13000多人，其中，1万余人在专门进行产品开发，1000多人则在专攻专利技术，主要的工作和职责就是负责专利输出、提交专利申请；另外的200多人，则专门负责提交可参与有关国际新标准制订的专利方案。"我们所有的研发中心，都将目标口号对准了专利。"据透露，自成立知识产权部门以来，截至2004年底，华为累计提交专利申请近6000件，其中1500多件获得了授权。

根据信息产业部的统计，第20届(2006年)电子信息百强企业专利申请量排名前10位的企业中，华为技术有限公司高居榜首，专利申请总量基本相当于后9家企业申请量之和，其次是中兴、联想、海尔、海信等4家企业，专利申请量都在500件以上。华为在技术创新上的不断努力已结出硕果。在第三代移动通信领域，华为累计投入60亿元研发费用，6000多名工程师，已经申请3G专利3000多项，其中WCDMA69件基础专利，占全球WCDMA基础专利的5%，华为的3G产品已经打入全球的一线市场。

### 第一节　华为的研发系统

华为研发系统主要包括以下几个部分：一、深圳总部的产品战略规划办、二、产品中央研究总部、三、产品中间试验部，它们分别承担产品的规划、开发、中间试验和大规模生产前的商品化过程。四、以上海、北京研究所为代表的国内研究所。五、以印度、美国为代表的国外研究所。

一、产品战略规划办是独立部门，拥有华为产品规划和独立审批权。课题规划全部是瞄准世界尖端技术，每个课题的研发总体规划做得很细，数据库资源共享，这使开发研究人员容易达到目标。项目立项过程是：公司内任何人都可以提出项目，拿出可行性报告，公司成立审批小组，除审查技术可行性外，重点审查产品的市场前景。确定项目组的组成人员，一般是从相关部门抽调，但项目负责人不一定是项目提出人。项目通过审查立项后，项目开发费按需拨付，项目组不管钱，所有研发所需条件都由公司提供。允许中途终止或撤销项目，项目组不负任何责任。

二、产品中央研究总部是华为产品研究开发的核心部门，任务是不断推出新产品、产品系列化和老产品不断优化。实行总监负责制，下设总部办公室及按产品大类分设的业务部，现有程控交换、传输(SDH)、多媒体、智能网、无线通信、数据通信、宽带通信、终端、电源、ASIC、硬件、ATM、基础研究、结构等业务部。这些业务部下共有大小100多个项目组，项目组实行目标管理，为加强对项目组的管理，中研总部成立了项目管理部和测试研究部，前者负责日常统计并对各项目进行跟踪控制，每一项目分阶段工作任务不断分解，具体到人，每周都有新的任务文件下达；后者负责对项目进行阶段测试和验收。对项目进行这两条线管理的目的是缩短发现与解决问题的周期，加速开发进程。

三、产品中间试验部负责新产品的试制和软、硬件测试。即把新开发出来的产品试验性地生产出若干批次，把转人大规模生产时会出现的问题暴露出来，然后设法解决，以保证大规模推向市场的产品质量是稳定可靠的。经中试不成功的项目要下马重新设计。

四、为了利用北京、上海、南京等地研究开发资源和区域优势，华为于1997—1998年在北京上地、上海槽河泾分别成立了两个研究所，2000年，两所研发人员分别达2000人和1000人。华为在两所进行事业部制试点，增大两所自主权，目前已初见成效，上海所成立不久就研究成功接人网技术

五、华为还在印度、美国、俄罗斯、瑞典等国家相继建立研发中心。这些海外研发中心，一方面关注、跟踪国际通信及相关技术发展、国际大公司通信器材生产及其研究，把国外先进技术、管理、市场信息传给国内，一方面是把国内科研成果与半成品拿到国外优化设计，然后再带回深圳生产。

## 第二节　华为研发技术优势

华为的技术优势是一种独具特点的“相对优势”①。可以把通信设备的研发分为三

①资料来源：尹强军.《华为技术有限公司国际化战略研究》.2005

个层次:第一层是最低层、最核心的技术开发,类似于英特尔的CPU、微软的操作系统、诺基亚与高通的核心芯片这类“独享技术”,国内没有一家企业掌握。华为1996年开始研究CDMA技术时发现,高通已将几乎听有核心技术用若干专利全面覆盖,华为根本无法绕过,即便绕过也就没有任何优势可言。

第二层是非核心ASIC(专用芯片)的开发。于是华为把技术优势定位于这个层次,这类芯片的特点是数量较大,技术难度相对较小,应用规模是判断是否值得开发的关键。只要产品能上规模,这种技术优势对降低成本的作用就非常明显。华为的基础研究部主要从事这方面的研究,每年都设计出几个主要芯片,再到德州仪器或摩托罗拉等公司进行国外加工,用来替代直接购买的芯片。华为自己设计的芯片在国外生产,成本约15美元以下;如果直接采购国外厂商的现成芯片,就要超过100美元左右。华为一年至少需要数百万片芯片,就会有上亿美元成本被节约出来。所以,华为ASIC芯片设计部门成立三年就有了300人,是当时国内最大的芯片设计公司,而现在已经要独立为“海思半导体”,准备面向外部市场。

第三个层次的研发是“板级开发”,即利用国内研发劳动力相对低廉的优势,花几倍的人力去降低整个电路板的成本, 比如华为有十几个人整天研究如何降低交换机用户板(窄带交换机上数量最大,是成本的主要构成部分)的成本,板子上任何一个器件的替换、任何一种可能的新设计都去尝试。因为每块板子只要降低一元钱,就会增加几千万元的利润。

华为的优势主要体现在第二、三两个层面。业内人士普遍认为,在第二个层面上,华为应该是国内做得最好的,是华为与国内对手的相对优势;在第三个层面上,国内许多企业都在下功夫,但华为做得相对要好,这都有赖于华为多年持续的高投入。当年华为常务副总裁郑宝用曾经总结说:“我们用产品的深度开发构筑了相对的成本优势。2001年,华为研发系统开始实施CMM管理,2003年1月经过8个月验证之后,华为印度研究所正式通过CMM五级国际认证,成为极少数取得CMM五级认证的企业之一。华为北京研究所、南京研究所也先后取得CMM四级认证。

因此,在最高端的产品方面,华为与国际对手相比基本没有优势,但在相对成熟的中低端,华为的确存在优势。目前华为是在用第二、三层的优势来弥补第一层的不足。不过,今后第二、三层面的优势也会减小,而继续发展的路径就要靠向更高的技术台阶发展,以及提升整个价值链运营环节的管理来控制成本。

此外, 应用层面的开发技术为华为带来了贴近客户的优势。目前, 华为有超过10000人的研发队伍,投入研发经费的70%用于当前客户需求的产品研发。这非常符合华为的商业模式—市场和客户驱动。这方面的大规模投入保证了华为在NGN,ADSL宽带、光网络和3G等领域中在全世界都处于同行中第一阵营(来自Gartner等第三方机构的数据)。这也是华为多年安身立命的根本。

对于自身总体的技术能力,华为常务副总裁洪天峰总结说:“在应用层面,华为的技术储备不输给国际大公司。但对于基础科学的研究,华为与拥有贝尔实验室的朗讯这样具备历史积累的巨头来说,差距非常大。”以华为目前的实力,当前的技术原则仍然是以客户需求驱动为先导，而不会也没有足够的能力做超前技术。但要想成为世界级的企业，华为终有一天会面对技术的终极考验——其技术积累的量变迟早要通过一次甚至多次质变的方式爆发。从日本和韩国的企业发展历程来看，它们从区域性企业成为世界级巨头，都经历了从“跟随战略”借势发展到引领潮流自己创造爆发条件的过程。

即便从短期来看，已有业内人士指出，华为近期的产品多来自于两三年前的技术积累。在通信市场未来格局未定，技术趋势变数增加的情况下，华为迫切需要更前瞻性的研究，以避免被国际竞争对手利用技术换代机会拉开距离。

## 第三节　全球化研发推动国际化战略

**表1：华为的研发机构分布**

| 主要研发机构 | 主要研究内容 |
| --- | --- |
| 印度班加罗尔 | 软交换技术、平台 |
| 美国达拉斯 | ASIC技术及CDMA算法 |
| 美国圣地亚哥 | 终端和芯片 |
| 瑞典斯德哥尔摩 | 基站架构和系统设计、射频和核心算法 |
| 俄罗斯莫斯科 | 算法及射频 |
| 中国上海 | 基站系统、终端、ASIC芯片 |
| 中国北京 | 核心网分组域、网关、终端 |

为了适应公司国际化战略的需要，华为制定施行了全球化研发策略。华为在国内和国外均成立了研发机构，华为已经在我国北京、上海、西安、成都和南京等城市设立研究所。其中，华为的中央软件部、上海研究所和南京研究所，均通过CMM5认证，这标志着华为在软件开发管理和质量控制等方面，已经达到了业界最高的水平。在国外，华为在美国、印度、瑞典和俄罗斯也先后设立了研发中心。华为每年有上千项技术专利，华为的全球同步研发战略使其受益匪浅。

以印度为例，1999年华为的印度研究所成立，华为印度研究所位于印度的加罗尔市，是世界有名的“硅谷”。众多著名IT企业都把实验室设立此地。在这里，华为员工能接触到在国内无法真正接触的先进技术。现在印度所成为华为海外最大的研发中心，有700多名员工，除了30多名来自国外以外，其他的员工都是印度员工，华为的这个印度研究所主要承担的是华为的核心软交换技术、平台产品的开发，主要包括下一代的网络解决方案、数据通信业务、网关、智能网、业务集成软件五大领域。

在印度研究所中方员工通过与印度员工的合作，促进了双方技术交流。华为的许多项目都是由华为中方的软件开发人员和印度软件开发人员共同承担的。中印双方的员工形成优势互补，因为中国员工在需求分析、系统构架设计以及电信专业领域有着非常丰富的经验和明显的优势，印度员工则在质量控制、流程和软件模块设计方面比较的在行。现在印度所的中国员工数量已经从刚建立时数百人减到目前到30多人，而回到国内的员工基本上都成为了业务骨干，承担研究部门的重要职位。2001年，华为印度研究所开始软件行业通过的CMM的评估，同年11月，印度通过了CMM4级认证，2003年又通过了最高的CMM5级认证，这标志着印度所的软件管理水平已经达到了世界级的水平。

华为印度研究所的成功在很大程度上依靠了印度当地的良好的软件环境，但我们也不得不佩服华为长远开放的眼光，华为选择的这条全球化研发的道路是很英明的。在印度研究所取得成功之后，华为在其他国家和地区也相继建立了研究所，复制印度研究所的模式，并且也取得了很大的成果。

华为在设立海外研究所的动因上，除去技术研发方面的考虑外，海外研究所在华为国际战略中也是重要的一环。华为海外研究所向国家大运营商展示了自己雄厚的技术实力、塑造了良好的企业形象、赢得了其他企业的信赖。并为华为与其它的一流企业展开合作奠定了基础，华为现在已经与TI、摩托罗拉、IBM、英特尔、AT&T、朗讯、ALTERA、SUN等世界一流企业广泛开展技术与市场方面的合作。与这些国际上一流企业的合作，使得华为的在国际上迅速被接纳，跻身于先进的国际通信设备提供商之一。华为目前已在35个国家或地区设立技术支援中心，在海外建立了18个国际备件中心，有40多个国家和地区的工程项目管理(PROJECTMANAGEMENT)的经验，这也为华为在国际化战略的顺利开展打下了技术支持。

另外，设立海外研发机构的“示范效应”有利于华为的产品在国家市场上销售。经过十年的努力，华为已经在SDH光传输、接入网、智能网、信令网、Internet接入服务器等领域均处于世界领先地位，密集波分复用DWDM、C&C08iNET综合网络平台、全系列路由器、移动通信等系统产品挤入了世界先进行列。在国际市场上，由于华为的产品技术领先而价格较其它国家同类产品低不少，因此华为的很多产品都已打入了国际市场，并受到了广泛的欢迎。在2002年5月13至17日的莫斯科通信展期间，华为TELLIN智能网系统再次获得独联体地区客户认可，中标俄罗斯下新城电信及阿塞拜疆巴库电信智能网项目。这是继连续中标土耳其、新加坡、马拉维等国工程后，华为TELLIN智能网系统再次在海外市场获得的重大突破。另外，华为A8010Expert多业务综合接入平台凭借其优越的产品性能、丰富的业务提供能力和长期稳定可靠的运行质量，再次在海外市场取得重大突破，统揽了巴西电信全国接入服务器项目，并成功进入美国、英国、日本等七个发达国家的IP电话市场。至此，华为已与海外的20多家电信运营商在智能网领域进行了成功的合作，产品在十多个国家获得规模商用。除却智能网，华为的光网络、视讯设备、GSM等产品也在海外市场颇受欢迎，这很大一部分要归功于其海外研发机构带来的良好“示范效应”。

最后，海外研发机构是促进华为建立国际品牌的积极因素之一。国际市场的竞争不仅仅是单凭技术先进与否，在很大程度上也是品牌的竞争。华为在海外研究机构能够为其带来良好声誉,以及华为在国际市场的积极宣传,华为渐渐的在国际市场上率先树立起了中国通信类制造企业品牌形象。例如,在泰国市场,华为从移动智能网切入,迅速取得客户对华为产品品牌的认同。此后,华为产品在泰国实现了从移动智能网、光网络、GSM到交换机和数据通信产品的全面进入。又如,在德国市场,华为通过与德国国家技术研究院、Siemens公司、CETECOM公司以及IPC协会等国际公司和国际组织的合作,其产品最终进入德国的广阔市场。由此可见,在品牌竞争时代,已经迈出国际化步子的华为显然不愿做陪衬,对于海外客户来说,认识华为似乎就是从其海外研发机构开始的。

## 第四节 利用“压强原则”实现技术突破

《华为基本法》第二十三条规定了华为的资源配置的原则:“我们坚持‘压强原则’,在成功关键因素和选定的战略生长点上,以超过主要竞争对手的强度配置资源,要么不做,要做,就极大地集中人力、物力和财力,实现重点突破。在资源的分配上,应努力消除资源合理配置与有效利用的障碍。我们认识到对人、财、物这三种关键资源的分配,首先是对优秀人才的分配。我们的方针是使最优秀的人拥有充分的职权和必要的资源去实现分派给他们的任务。”

在技术创新上的投入上华为也遵循着压强原则,任正非在讲话就曾提到了华为技术研发成功的关键,他说“在华为创业初期,除了智慧、热情、干劲,我们几乎一无所有。从创建到现在华为只做了一件事,专注于通信核心网络技术的研究与开发,始终不为其他机会所诱惑。敢于将鸡蛋放在一个篮子里,把活下去的希望全部集中到一点上。华为从创业一开始就把它的使命锁定在通信核心网络技术的研究与开发上。我们把代理销售取得的点滴利润几乎全部集中到研究小型交换机上,利用压强原则,形成局部的突破,逐渐取得技术的领先和利润空间的扩大。技术的领先带来了机会窗利润,我们再将积累的利润又投入到升级换代产品的研究开发中,如此周而复始,不断地改进和创新。今天尽管华为的实力大大地增强了,但我们仍然坚持压强原则,集中力量只投入核心网络的研发,从而形成自己的核心技术。使华为一步一步前进,逐步积累到今天的世界先进水平。”

“华为选择技术生存,意味着华为把所有资源投入到一个箩筐中,不会留给自己太多的退路。”在华为的技术研发的选择和投入上都遵循着压强原则,我们来回顾华为发展过程中最重要的两次技术研发选择。这两次选择对华为而言是历史性的,第一次是自主研发万门交换机,使华为真正走上自主研发道路;第二次是豪赌3G,使华为的技术跻身于国家的先进行列。

时间回到90年代初,靠2万元注册资本起家的华为通过代理香港HAX交换机并利用差价获得了原始资本积累后,因为国家限制信贷控制设备进口,代理业务“走到尽头”。摆在华为面前的,是极度的交换机稀缺和国内设备提供商的空白。对那些因国家信贷政策收缩造成资金链断裂的代理商来说，丧失代理产品的能力，更不会有勇气冒更多的资金风险自己研制交换机。华为则不同，从做代理商那天起，任正非就希望做出自己的产品，这种渴望成为华为涉足自有技术开发的源动力。在代理商阶段，华为曾不断对那些国外交换机技术开始研究。当HAX的工程师对已售出产品进行现场维护时，华为必派出自己工程师到现场。C&C08是华为第一个具有自主产权的产品，在C&C08上华为投入几乎全部的家当，付出了6000万到1亿元的代价。

"研发成功，我们都有发展，如果研发失败，我只有从楼上跳出去。"任正非最初的选择充满了悲壮。接下来一年时间里，华为用去全部"家当"投入C&C08研发，一位华为工程师回忆当时的情形"当时其他国内同类厂商看到华为推出JK1000后，开始做2000门交换机，只有华为将研发目标直接瞄准万门级设备。"在当时技术条件有限的情况下，更多的国内厂商宁愿选择跨越较低的技术门槛。这样做市场进人成本低，收益快。而华为直接选择开发万门交换机，把万门交换机作为自己以后的主要产品，对于当时的华为来说，万门交换机意味着长期的市场。为了与其他厂商的2000门交换机同步上市，华为加快了研发进程，集中公司大部分的人力、物力并最终研发成功。华为凭借C&C08在万门交换机市场上占据的领先者的地位，C&C08对华为的市场贡献延续至今。

华为在3G上投入了大量的资金，有华为内部消息认为，华为近两年实现的利润约为30亿—40亿元，也就是说华为在3G上的投入达到其利润的35%。当上世纪90年代中期，诺基亚看好GSM技术前景，并对此下了全部赌注，研发体系完全以GSM为中心，当GSM市场真正到来时，诺基亚大获成功。同样，华为对基于GSM的WCDMA技术方向深信不疑，甚至放弃了在UT斯达康、中兴通讯开始涉足小灵通之前就与日本京瓷公司进行的移动市话技术谈判。经过短暂的市场考察后，华为在俄罗斯、美国的研究所开始了对WCDMA从芯片到系统的全系列规划。据不完全统计，每次芯片规划并投人生产的费用都超过2000万元人民币，而华为仅芯片规划一项累计投人就超过40亿元人民币。

虽然在国内市场上3G标准一再推迟，但是华为已经在3G技术上取得非常大的优势。据业内人士的估计，中国一旦启动3G市场，其中光是建设网络设备的采购额就将达到2000亿元人民币。由3G拉动的半导体、电子元器件、材料、软件等一大批相关产业，将带动起2.4万亿的产值。中国3G市场的前景将会非常美好。在2007年中国3G技术TD-SCDMA（简称TD）将在10个城市大举铺开，作为此轮扩大测试的主导运营商中国移动，其首期采购合同行将发出，有消息说，涉及金额可能超过150亿元。

在国际市场上，华为3G产品取屡有斩获。2003年12月18日，华为打响了其3G设备销售第一枪——成为香港移动运营商SUNDAYWCDMA商用网络的基础网络及业务平台的独家供应商；一周之后，世界500强之一的阿联酋电信（Etisalat）宣布，由华为技术有限公司独家承建的阿联酋电信WCDMA3G网络正式投入商用，华为公司作为独家供应商。

2005年4月，华为入选英国电信（BT）未来五年优先供应商，此次"中榜"让华为第一次站到了与爱立信、思科、西门子等七家一流供应商的同列。到2006年,华为公司在海外3G市场可谓硕果累累,华为在全球部署了35个UMTS/HSPA商用网络,应用于20多个国家和地区,如西班牙、巴西、荷兰、葡萄牙、波兰、马来西亚、阿联酋、巴基斯坦及中国香港等,并成功突破欧洲和日本的高端市场。华为WCDMA/HSPA已经跻身全球三强,成为Vodafone、FT,T-Mobile、西班牙电信、阿联酋电信的3G合作伙伴。这成为华为加快国际化步伐的直接推动力。

这两次的技术研发的选择和投入都充分体现了华为的"压强原则",第一次选择可以说是利用"压强原则"突破国外的技术垄断,使华为真正的走上了自主创新之路。第二次选择是华为技术路线的另一个重大决定,华为认为2G是解决温饱,3G才是未来。华为在抉择研发GSM还是CDMA的时候本来可以选择两个一起研发,但是如果采取这种策略平均用力的话,华为可能在这两个技术上都无法达到领先的水平,毕竟华为在资金和技术的积累上还无法和其他的国际厂商相比。"集中优势兵力,打歼灭战"才是华为最优的选择,华为的这种坚持在技术上保证了领先的地位。

华为在研发上敢花钱是出了名的,华为每年在技术研发上的投入大约占销售额的10—15%,以此来保证华为在技术上形成的优势。华为在技术上这么大的投入一方面是因为在华为所处的电信设备行业,华为的起步晚、技术积累少。另一个方面是因为通信设备制造行业存在的有很大的利润空间。

然而,开发技术是一个艰难而且难以预知前景的过程。无论是巨额资本投资,还是现有科技和工程能力的大量储备,都不能保证取得成功。要想创造出商业上有发展前景的产品和服务。公司必须密切注视并且获得新知识,了解不断变化的市场趋势,并且迅速对顾客不断变化的需求做出反应。华为在密切关注技术发展趋势的前提下,利用压强原则在技术研发速度或者说自主创新速度上能紧跟客户的需求,满足客户价值。"压强原则"成为突破国外诸列强技术垄断,在市场竞争中成功突围的一大因素。

## 第五节　从拿来主义到自主创新

一项应用型基本专利从形成到产生价值大约需要7-10年。而理论型的技术专利即发明,一般需要二三十年左右,这对于年轻的中国技术型企业来说,通过开发原创核心技术来产生市场价值,实现企业发展有相当难度。

华为和很多中国企业一样在创业初期或者企业的成长期采取的是技术的"拿来主义",即是先引进国外的先进技术,然后实施跟随战略,对外国的产品或技术进行跟进模仿,最终走上自主研发的道路。因此对华为这样的一个民办企业来说既没有技术积累,又没有雄厚的资金支持,在初期就想在科技方面有所突破是不可能的。就算是韩国和日本的那些高科技企业,在创业初期也都选择跟随模仿到自主研发的路线。

华为的很多技术都是跟随策略的产物,但正是对这些付费技术的模仿和跟进,华为才逐渐的形成了自己的技术积累。随着企业的发展,跟随战略已经不在适用,企业需要自己的核心技术,因此走上自主创新之路才是最优的选择。《华为基本法》明确规定,华为在发展过程中必须广泛吸收世界电子信息领域的最新研究成果,虚心向国内外优秀企业学习,在独立自主的基础上,开放合作地发展领先的核心技术体系。

从创新模式上讲,华为是在国外技术基础上进行二次自主创新。它抓住世界通讯技术越来越依赖信息技术、集成电路技术的机会,掌握当今世界最先进的计算机软硬件和集成电路技术,并运用于通信领域,从而能在较短的时间内实现技术突围、缩小民族通信业和世界通信业的距离。

华为每年坚持投入销售收入的10%以上在研发上,主要做的是在西方公司的成果上进行了一些功能、特性上的改进和集成能力的提升,更多的是表现在工程设计、工程实现方面的技术进步。对于所缺少的核心技术,华为通过购买和支付专利许可费的方式,实现了产品的国际市场的市场准入,并在竞争的市场上逐步求得生存,这比绕开这些专利采取其他方法实现,成本要低得多。中国专利保护协会秘书长胡佐超在接受媒体采访时表示:"在专利战略上,很多中国企业要么没有意识,要么没有正确的意识,而华为通过核心专利购买取得一定市场优势,这种战略是正确的。"华为的这种创新模式是很值得借鉴的。

华为在过去的18年里每年坚持投入销售收入的10%以上在研发上,在自主研发的基础上华为拥有了很强的技术创新和改进能力,拥有了一批自主知识产权的技术。最近几年,在下一代网络(NGN)、3G全系列设备、光网络、ADSL宽带等领域,华为都有出色的表现。华为的技术实力已经达到了世界一流水平,不再是市场的跟随者,而是成为了市场的领导者。

在2004年度,国际咨询公司Dittberner的报告中,华为NGN(下一代网络)系统全球出货量已名列世界第一,NGN系统全球市场占有率18%,全球排名第一,交换接入设备全球出货量连续三年居第一。华为是全球少数实现3GWCDMA商用的厂商,已全面掌握WCDMA核心技术,成为全球少数提供全套商用系统的厂商之一。

"领先来自客户体验",华为NGN产品部部长张宏喜表示:"一直以来,华为公司注重和客户之间的双赢发展,始终坚持客户价值导向的经营原则,构筑'服务、质量、成本、快速响应客户需求'的优势,在NGN领域更好地服务于用户。"

应用技术上,华为早已具备了与世界同步甚至领先的能力。华为的常务副总裁说:"在应用技术的层面上,我们的技术储备不输于跨国公司。"

## 第六节 坚持以客户需求为导向

在华为2006年12月内刊《华为人》中,一篇名为《实事求是的科研方向与二十年的艰苦努力——在国家某大型项目论证会上的发言》的文章,尖锐地指出了华为在过去的18年中,没有一项原创性的产品发明。这篇文章正是出自华为总裁任正非的手笔,文中这样写道：

“华为公司作为一家高科技企业，从创业开始，就始终坚持市场的商业成功为导向，一切投资、一切管理的改进都紧紧围绕产品的市场商业成功，尤其摒弃的是脱离商业成功导向的、唯技术的创新。这种盲目自傲的创新，对于我们没有资金来源的公司来说无异自杀。每年研发投入七八十亿，已有1万多项专利申请。”。

华为认为仅仅为了创新而创新是没有任何意义的，一定要以客户的需求为导向进行创新活动。企业要发展就必须要有利润，而利润来源于客户，所以不管是产品的核心技术还是外表设计，以客户为导向是最根本的归属。只有满足用户的需求，实现技术商品化。

一些企业唯技术论，盲目创新投入大量的人力物力财力进行技术研发，最终却没有实现技术市场化，导致破产。而华为的技术创新就是以客户需求为导向的，客户需要什么他们就做什么。卖得出去的东西，或稍微抢先一点点市场的产品，才是客户的真正技术需求。

三星或LG等韩国手机企业发展初期也没有什么独创的核心技术。他们是通过引进国际先进技术，根据用户需求以漂亮的外观迅速打开了国际市场的同时，通过扶持手机设计室的变通办法造就了一个新兴领域的蓬勃发展，为韩国手机奠定了没有核心技术、却根深蒂固的技术基础。

这说明，一个企业或产业成功的关键不在于拥有多少绝对先进的核心技术，而在于拥有满足用户需求的技术。

任正非曾经说：“华为尚未成功，在国际刚有起色，华为在IT泡沫破灭后侥幸活下来，其实是我们当时的落后救了我们，落后让我们没能力盲目地追赶技术驱动的潮流。而现在西方公司已经调整过来，不再盲目地追求技术创新，而是转变为基于客户需求导向的创新，我们再落后就死无葬身之地。”

华为3G在国际上获得成功的一个原因就是基于客户需求的技术创新，始终聚焦客户的压力和挑战。华为的分布式基站就为了解决欧洲运营商所面临的选址难、工程耗费巨大的难题而在业界第一个开发出来的。

并且，在响应客户需求方面，华为以快速著称，在马来西亚全运会，当地的运营商希望在1周之内部署覆盖体育场馆的HSDPA网络，7天完成1个月的工作量，别的公司都认为是不可能完成的，华为不仅做了，并且做到了高质按时交付，就是这样一种精神，让我们在海外稳步发展。

华为始终坚持以客户利益最大化和优先快速满足客户需求的原则，依靠强大的研发力量和平台化战略，向客户提供质量好、服务好、综合运营成本低的解决方案，与客户共同创新、保护投资，双赢合作。华为的每一个产品尤其进入3G时代后，都非常关注产品的演进和升级，运营商关注投资的长期有效性，华为也同样关注。比如移动软交换，由于采用分布式架构，可以满足运营商由2G向3G甚至IMS的发展，实现平滑演进。而华为的UMTS新一代基站，每小区支持最高15个码字的HSDPA，并通过采用多载波技术，实现软件平滑扩容。

## 第七节 保护知识产权的先行者

2005年5月20日，曾在全国IT界引起广泛关注的深圳华为公司3名前员工窃取公司商业秘密案，终于尘埃落定。深圳市中级法院做出终审判决，维持深圳市南山区人民法院去年12月做出的一审有罪判决，3名高学历的IT界的科技精英，因侵犯商业秘密罪将分别在牢房里度过2到3年。涉案的被告人王志骏、刘宁、秦学军均为华为公司前员工，均为硕士。3被告人均曾任职硬件工程师并参与了华为公司光网络设备的研发，在职时分别与华为公司签订了《员工聘用协议书》和《员工保密合同书》。2001年8月至同年9月间，刘宁、秦学军、王志骏分别以个人求学、家庭等原因，先后申请辞职，离开了华为公司。他们在离开华为公司后，违背了自己和华为的协议，最终受到法律的惩罚。针对知识产权问题，2005年12月，任正非在《科技日报》上发表文章，大声疾呼"鼓励自主创新更须保护知识产权"的问题："我认为必须把知识产权作为自己国家发展所必需的国家战略来推行。"

华为虽然经历了知识产权案，但是华为对知识产权还是设置层层的保护，形成了严格的制度。华为在知识产权的认识上一直远远的超出了绝大多数的中国企业，但是中国现在知识产权意思淡薄的现状并不是一朝一夕能改变的。

华为从人才的挑选和培养上就开始采取措施，注重聘用高素质的专业知识产权人才。[①]对专职于知识产权管理的人员，除了必须熟悉相关法津外，从事专利工作的还要有理工科背景，从事无形资产管理的要精通经济和计算机网络，从事诉讼和非诉讼法律事务的要求精通通信技术，而专职于科技情报的对检索手段、通信技术、计算机有较高要求。在工作中，华为的知识产权工作者不仅经常参加国内外组织的各种研讨会和培训，而且经常组织内部学习，了解公司和竞争对手在通信技术方面的最新发展状态。华为现有十多名员工专职于知识产权工作，成为知识产权工作的中坚力量，对公司知识产权管理工作起到了很大的作用。

在知识产权管理的组织结构方面，华为不仅在知识产权部设有专门的专利、商标、保密、科技情报、合同评审、对外合作、诉讼事务等管理部门，而且与技术开发部、总体技术办、流程管理处、安全管理部等联合成立领导小组、建立联系制度，以便加强和技术人员以及其他管理人员之间的联系，了解各个开发项目的进展、开发人员的要求等，使知识产权工作深入到全公司的每个部门、每个员工。为了规范管理制度，1995年，华为制定了《华为知识产权管理办法》，对智力成果、专利、职务发明、技术秘密等概念进行了界定。对知识产权管理的组织机构、专利的申请与保护、商标的命名与注册、计算机软件的保护、非专利技术及商业秘密的保护，知识产权许可贸易、无形资产的评估、奖惩制度进行了详细规定。同年还制定了《华为公司科研成果奖励条例（试行）》、《关于接触尖端技术、商业秘密、管理核心机密的有关人员的管理规定（试行）》

①重视知识产权、发展民族企业–深圳市华为技术有限公司知识产权管理经验[J].科技与法律，1999

等文件。

华为认为企业知识产权管理不仅是少教专职人员的工作，更需要全体员工的积极参与和配合。因此、充分调动员工的积极主动性和自觉性至关重要。华为公司非常重视对员工的奖励，1995年制定的《华为公司科研成绩奖励条例》明确规定了专利申请奖、初审合格奖、专利授权奖。对专利实施取得巨大经济效益的，可以不定期获得专利实施奖，这些奖励是分阶段发放的，即专利申请进行到了什么阶段，公司就发放哪一阶段的奖励，而不必等到授权后才奖励。一项发明专利授权下来，发明人可以从公司获得几千元的奖励；另外，专利、保密工作做得比较好的部门和个人还可以获得专利荣誉奖和保密荣誉奖，这些措施都有效地推动了专利和保密制度的实施和开展。为了完善专利奖励制度，调动员工专利申请、专利利用的积极性，华为又制定了《专利创新鼓励办法》，除了规定各种奖励外，还将专利工作和员工的绩效考评联系起来，与员工的工资直接挂钩。

在重视奖励的同时，华为还建立起完善的责任体系，将员工的积极主动性和责任感结合起来，共同促进知识产权工作。公司各部门负责人是知识产权工作的当然责任人，具体到单项技术或产品，相关项目经理或产品经理也是该项目的责任人。如果在知识产权工作中出现重大事故，例如保密没做好、该申请专利的技术没有申报、侵犯别人的知识产权等，给公司造成重大损失的，将承担相应的责任。

华为在新员工入职时就进行培训，加强知识产权宣传，提高员工知识产权意识。华为的所有新员工在上岗之前的半个月培训中，一个重要的内容就是知识产权保护，特别是保密和专利知识。针对不同的需要，还经常对研究开发人员和管理人员进行专题讲座。在具体的工作中，还对单个员工进行知识产权知识讲解，例如，在专利挖掘时，详细介绍专利制度的作用、专利与商业秘密的区别和联系及各自优缺点；专利申请过程中，详细讲解专利申请文件的内容和专利法对专利文件的要求；专利利用时，介绍情报检索、技术转让、许可贸易、专利的失效、专利侵权的确定、防止侵权的策略等。另外，还充分利用网络资源，在公司内部网上不定期地发布一些知识产权方面的信息。

由于公司产品开发数量众多，如果没有很好的流程管理，仅凭知识产权部的几个人收集信息，是不可能对公司的研究开发状态有充分的了解。而有没有新产品开发、需不需要设计新的商标、产品的市场范围有多大、开发进行到了什么阶段、是否有情报需求、需要保密的资料有哪些、哪些技术可以申请专利、有没有侵犯知识产权的可能等等，所有这些问题，对于知识产权管理者来说，是非常有必要了解和掌握的。

华为为了解决这些问题，在公司规范化管理中和制定IS09000各种流程时，华为把知识产权管理环节加人进去，在不同的阶段，有不同的侧重点，使得整个知识产权工作渗透到研究、开发、生产、销售、服务等全过程，一方面确定知识产权保护网，另一方面加强知识产权的利用，防止侵权。

华为的知识产权工作人员每年都要参加专利局或其它机构组织的培训，还经常和其它企业进行经验交流。除此之外，针对工作过程中出现的问题，邀请一些知名律师、专利审查员、专利商标代理人到公司作专题讲座。

在信息方面,更是充分利用信息机构的优势,为公司研究开发提供便利。例如,在专利文献的利用上,从专利局订购专利索引光盘、专利说明书摘要光盘,内容包括中国、美国、欧洲专利局和PCT的专利申请;还通过因特网在美国专利商标局及其它的网址上进行检索;在建议、标准、论文方面,经常委托国内的专门信息机构进行检索或获得全文。

# 第17章 慷慨换人心

## ——华为的分配机制

我们实行员工持股制度。一方面,普惠认同华为的模范员工,结成公司与员工的利益与命运共同体。另一方面,将不断地使最有责任心与才能的人进入公司的中坚层。

——《华为基本法》

## 第一节 高工资、高福利的薪酬体系

通过科学的薪酬设计建立适应现代企业制度和市场竞争要求的新型薪酬管理体系,是"以人为本"的现代企业管理制度的重要组成部分,也是现代企业员工激励的主要手段。在现代企业人力资源管理中,建立公平合理的有竞争力的薪酬体系,充分发挥薪酬体系的激励作用,是一项非常重要的工作。

员工在组织中工作所得到的薪酬包括企业支付给员工的工资及其他形式的奖励,为了提高组织的竞争优势,员工的薪酬管理越来越强调激励效果。在华为有"三高",即高效率、高压力、高工资。在华为,任正非认为高工资是第一推动力,重赏之下必有勇夫。在同行业界内,华为的工资并不是最高的,华为的工资是业界最佳的工资报酬水平的80%。

华为建立价值分配体系的核心,是其倡导的与考核评价体系相对应的基于能力主义的"职能工资制度"。并在内部依据个人承担的责任,所具有的能力和贡献大小,充分拉开工资收入差距。职能工资制的实行,使各类人员的工资待遇与其责任、能力和贡献挂钩,避免将所有员工都朝"官位"一条道上挤的倾向。员工可以在不同领域根据自己的特点去选择其适合的发展方向,职能工资制还为公司内部人才流动提供了条件。

《华为基本法》的中指出"我们不会牺牲公司的长期利益去满足员工短期利益分配的最大化,但是公司保证在经济景气时期与事业发展良好阶段,员工的人均年收入高于区域行业相应的最高水平。"高工资保证了华为能够吸引到最优秀的人才,也防止了别的企业到华为挖墙脚。在华为很多的高层员工都是千万富翁或百万富翁,据有关研究者估算,个人财富总额过千万的员工数大约在百人以上,过百万的员工数则达千人之多，华为在中国创造了很多的财富神话。

在实行高工资的政策下，华为还实行有差别的动态福利保险制度，解决好长期报酬政策与短期报酬政策之间的矛盾，防止企业所需要的优秀人才的流失以及人员沉淀。在华为，安全退休金等福利的分配依据工作态度的考评结果；医疗保险按贡献大小，对高级管理和资深专业人员与一般员工实行差别待遇，高级管理和资深专业人员除享受医疗保险外，还享受医疗保健等健康待遇。

华为薪酬体系的构成包括以下几个方面：[①]

## 一、基本工资

华为的基本工资的确定主要看员工的职位、能力和绩效，学历和工作年限等其它的因素影响比较小，华为的薪酬方案体现了三要素评估，即知识能力看投入、解决问题看做事、应负责任看产出。经过三要素评估后，计算每个职位岗位价值，并按照岗位价值的大小排序制成职位系列表，对于平行职位实行薪酬相等制度，职位重叠的就合，这样有效地解决了企业内部的分配不公问题。

华为的管理职位划分为工程师、项目经理、部门经理，总监、公司总裁、常务副总裁、总裁。部门的不同工资水平也不一样，在研发的业务层面的产品线经理要比中试部的同等级别的经理收入高出一些。

华为的基本工资起薪是分应届生和非应届生，华为应届本科起薪是税前5000~5500元，硕士生税前6500~6500元，博士7000~8000元。非应届生的起薪一般比应届生的高一些，一般都高出20%，实行协议工资制。员工进入3个月左右一般加薪一次，加薪主要依据部门、个人绩效、公司的盈利情况。一般研发和市场人员工资涨幅较大。各部门秘书、一些总部事物部门等涨幅小，其它部门算中等。加薪的原则是向研发和市场倾斜，向一线倾斜。

## 二、奖金

华为员工的奖金计划与员工业绩密切相关。员工奖金支付根据员工个人季度工作所负的责任、工作绩效及主要完成项目的情况而定，同时也会考虑总薪酬的情况。根据薪酬政策，每年对薪酬计划进行审查和修改，以保证该项计划能在市场竞争和成本方面保持平衡。在华为，奖金的数量占到所有报酬的1/4，华为公司每年7，8月份都会进行大规模的“发红包”的活动，那时公司的各个部门的领导都开始出动，为自己部门的员工发奖金。华为发红包的形式也很艺术，在给员工发奖金的时候同时会给年轻的员工一份特殊的“礼物”，在发奖金的时候同时主管会指出自己直属员工的一个缺点，并提出改进要求。一般员工年终奖金1万~3万元左右。一般来说市场部门和研发部门

---

① http://biz.163.com/special/j/jjhuaweixc.html

员工奖金最高，秘书、生产部门员工奖金较少。

## 三、补贴

华为的补贴分为交通补贴和出差补贴。

交通补贴除去深圳总部员工享有外，其他国内分公司的员工不能享有这项补贴。主要是因为深圳的员工居所离总部所在地很远。刚开始，华为在后勤配有专门的员工巴士，后来实行市场化经营后，华为将补贴直接发到员工的工资卡里面，员工可以直接用这笔钱购买班车票，还可以在公司食堂就餐及在公司小卖部购物，但是这笔钱是不允许取现的。在每年年底工资卡里的钱高于一定数额或离职时可以一次取现，要收取20%个税。

出差补贴分国内出差补贴和国外出差补贴两个部分，标准也各不相同。主要根据员工的职位和出差所在地的环境、条件来计算。国内短期出差补贴为100元/天左右，国内常驻机构补贴按地区艰苦程度不同分为几档：30元/天（北京、上海等）、50元/天（一般省份）、70元/天（青海、新疆、西藏等）。员工的交通费、住宿费、通信费采取实报实销。

华为规定：在国外连续工作三个月的员工可以享受海外出差补贴，标准为50美元/天，香港为300港元/天。常驻海外的员工，根据当地的情况补贴也分为几个档次，一般是越艰苦、越危险的地区和国家高一些。

## 四、加班费

标准按员工的基本月工资除以月法定工作日。

## 五、内部股票分红

华为规定：新员工在入职满一年后，可以拥有华为的内部职工股，股票是按每股一元向公司购买的，不得转让，离职时必须卖给公司。华为的股票分红是相当客观的，股金分红最高时候达到70%。

## 六、补充保险

在华为也被称为“安全退休金”，从1996年开始华为每年发给员工相当于基本工资15%的补充保险，每三年一次打到员工的银行账户上。离职时可以一次性取走。在1996年以前进入华为的员工，按照标准进行补发，如1993年进入公司的员工，可以再获得三年的退休金补偿。

## 七、其他福利

应届毕业生报到时的路费和行李托运费等可以享受实报实销：从学校所在地到深圳的单程火车硬卧车票、市内交通费(不超过100元)、行李托运费(不超过200元)、体检费(不超过150元)。上述费用所有票据在报到后的新员工培训期间统一收取、报销,并在报到的当月随工资发放。新员工正式上岗前的内部培训期间,工资、福利照发不误。新员工的工资开支,长年设置的负责培训的一批员工、干部的费用开支,各种培训费用支出、培训场所的建设、维护等等都是大笔开支,把一名刚出校门的大学生培养成可以在市场、研发上独当一面的成熟员工,华为投入了大量资金。

# 第二节 股权激励结成利益共同体

华为从1992年开始就制定并实施了内部员工持股计划，这不仅开中国一代企业内部管理机制之先河,更大大调动了员工积极性,推动了企业超常规发展。有人对此评价:“奖励股权是任正非调教手下一群凶猛的血性土狼迅速攻占市场的动力加油站,甚至更成为任正非将各地县市级以上电信管理局拉入己方阵营,顺利打开当地市场通道的必杀之技,而后者也曾长期为竞争对手所垢病。”在华为资金匮乏甚至出现经营困境的时候,员工持股调动了“土狼”们不折不扣的韧劲,也让各地电信雇员乐意早早付款,使得华为走过了最脆弱的阶段。

近10多年发展,华为的股权激励形势也发生了不小的改变。从刚开始的全员持股发展到现在的“虚拟”股票期权,华为一直在摸索适合企业发展阶段的股权激励模式。

## 一、独特的员工持股制度

员工持股计划(ESOP)是通过一定的方式让公司员工持有一定比例的企业股份,从而成为企业的所有者并分享企业的剩余索取权的一种制度安排。员工持股由美国经济学家路易·凯尔索于1961年提出。推行员工持股制度,有利于构筑全新的利益共同体,与企业资产形成利益和风险纽带,这种利润分享、风险共担的新分配关系,将真正唤起员工的风险意识,把员工的切身利益同企业发展连在一起。员工持股制度使员工具备了所有者身份,将提高员工对企业资产运营的关切度,企业的兴衰发展与员工息息相关,可以调动员工的积极性,使员工对企业运营负起监督职责,从而激发职工的积极性。它是一种捆绑式、利益互享式的薪酬体制。

目前,美国政府已经颁布了25个联邦法令鼓励员工持股,有一半以上的州为了鼓励员工持股进行了立法。全美实施员工持股的企业由1974年的300多家增加到目前的15000多家,包括90%以上的上市公司和排名世界500强的大企业;持股员工已达2000

多万，占美国劳工数的8%，资产总值超过3000亿美元。

员工持股已是国际趋势。上世纪90年代末，英国约有1750家公司的200万员工参加了政府批准的员工持股计划。法国工业部门企业员工持股率超过50%，金融业中有的企业已达90%以上。德国把实施员工持股作为吸引员工参与管理、挽留人才、促进企业发展的一项基本制度。日本绝大多数的上市公司实行了员工持股。就是在新加坡、泰国、西班牙等发展中国家，员工持股也十分流行。

我国实行员工持股的企业不是很多，而且实行股权激励的对象也一般是高层管理者，而非一般性的员工。在这些企业中华为算是比较另类的了，而华为实现的全员持股计划和国外盛行的员工持股计划也不是同一个模式。华为实现员工持股的初衷是为了解决发展资金不足的问题。华为员工持股制度始于1990年，当时，华为刚刚成立三年，资金相当紧张，而民营企业融资又非常困难。因此，华为开始实行员工持股，可以通过内部集资方式，解决企业发展的资金问题。在当时的股权管理规定中，将其明确为员工集资行为，当时参股的价格为每股10元，以税后利润的15%作为股权分红。

随着公司效益的提升和资金来源问题的逐步解决，员工持股制度在担负内部融资任务的同时，也演变成了一种重要的奖励分配制度，它与工资、年度奖金、安全退休金等一起，共同构成了华为的薪酬体系，而员工持股的股价也改为了1元/股。华为员工以1元/股的价格购买公司股票，由此给华为的股权分配带来了很大好处。其一，员工每年分红所得的计算非常简单，不必考虑购买股票的具体时间，只需要考虑个人所持有的全部股票数量和上一年度的股权回报率；其二，对新员工，公司既不需要增资扩股，也不需要制定原有股票的稀释规则，只要拿出每年净资产的增量，对新老员工进行股权分配即可；其三，从员工所享有的权益方面来看，持股员工享有的主要权利只有股票分红权和员工离开公司时按1元/股价格的退股权，不享受股票增值的利益。

1992年6月，华为获准在公司发行内部股票，实行内部员工持股之后，股份合作制改革促进华为实行职工全员持股制度。华为的员工持股还包括华为与各地邮电部门联合建立的27个合资公司，“通过建立利益共同体，达到巩固市场，拓展市场和占领市场之目的”，这些合资公司大量吸纳邮电系统员工入股，缓解了资金匮乏的矛盾，起初放在一个虚设的新技术公司工会名下，后与员工股份放在一起，1999年后增扩2.5亿–3亿股。在总股本中，华为员工占50%以上，合资公司员工不到50%，自然人占0.01%。

1994年开始，华为每年的销售额几乎以翻番的速度增长，员工的股权回报率最高时达到100%，即使在发展速度放缓的2002年，员工的股权回报仍然维持在20%左右。全员持股，使得员工对公司的责任感和忠诚度得到提升，在企业运作的各个环节中，员工都会考虑尽量节省开支并创造利润，他们知道，在华为获得的每一分钱的利润中，都包含了自己个人的一部分。华为实现的内部股权制度对吸引人才的作用是非常明显的。过去华为有种“1+1+1”的说法，即员工的收入中，工资、奖金、股票分红的收入比例是相当的。而其中股票是当员工进入公司一年以后，依据员工的职位、季度绩效、任职资格状况等因素来进行派发。

1997年，为了规范股份公司内部职工持股制度深圳市发布了《深圳市国有企业内部员工持股试点暂行规定》,华为又按规定调整,不再发行股票,在企业内部持股,以股权形式出现。1997年参与持股的员工人数为987人。

华为员工在进入公司满一年期限后,员工持股份额根据"才能、责任、贡献、工作态度、风险承诺"因素的考核来决定。华为股权分配的宗旨是:

1.共同持股,共担责任与风险,结成企业与员工的利益与命运共同体。

2.通过股权结构的合理调整和配股倾斜,形成企业的核心层、中坚层。

3.在内部契约的基础上形成股权的动态分配——企业持续发展的动力机制,并使人力资本不断增值。

4.普惠认同华为的模范员工,培养主人翁意识。

5.激励导向——吸纳优秀人才。

员工持股并不采取让员工现金入股的方式,华为员工购买股票的资金来源一部分是自己的年终奖金,奖金不发到个人,自愿参股,通过配股兑现,一年发一次红利,自动滚入本金。新员工的年度奖金还不够派发的股票额,公司会贷款给员工,采取逐步偿还,而员工也是很乐意于这种贷款,因为,分红的比例历年以来都保持在70%的高位。华为内部股的股本结构为:30%优秀员工集体控股,40%的骨干员工有份量的控股,10%-20%低级员工或新员工适当参股。

1997年,华为公司第一届股东大会审议通过了《深圳市华为技术有限责任公司员工持股规定》和《深圳市华为技术有限公司员工持股实施方案》,持股的员工与公司相应地签订了《股权托管协议》和《认缴资本协议》,规定了员工享有股份收益权,工会不享有股东的收益权,但可以代表员工行使股东的代表权,除非员工书面授权,工会不能行使员工股票的其他任何权力。

1997年,华为在深圳工商部门备案的《深圳市华为技术有限公司员工持股规定》有关规定如下。持股原则:"入股自愿,股权平等,收益共享,风险共担"。关于回购价:回购价=购买价(1+X%月),其中X指公司董事会确定的利润率;月为本年变退股时的实际持有月份。

在1997年修改的员工持股规定中,明确其目的是将员工利益与企业长期利益结合在一起,增强员工对公司的归属感、长远发展的关切度和管理的参与度,形成具有竞争和激励效应的科学的分配制度。

多年来,期权成为华为公司凝聚员工的法宝之一,任正非曾在推行期权的中高层讲话上说:"你们的利益和我是一致的。"在华为业绩高速飙升的1998-2000年,华为的股票激励机制魅力无穷,尤其是2000年,公司销售额从1999年的120亿跃至220亿,近乎一倍!全员持股激发的热情也在当年到了登峰造极的高度,当年分红高达70%。"坚持人力资本的增值大于财务资本的增值",这是任正非的重要理念。

内部员工持股每年相当高的股票分红对员工来说是一种很强的激励,员工持股的激励效应在华为发展的初期发挥了金色手铐的作用,把员工和公司紧紧地捆绑在一起,形成了"一荣俱荣,一损俱损"的利益关系,华为员工的工作热情也被彻底的激发,适应了华为当时高速发展的需要,缓解了发展中资金匮乏的问题。但是在华为进人平稳发展阶段时候，内部员工持股的制度也暴露出了自身的缺点，华为的股权结构逐渐演变得错综复杂，华为的内部员工持股开始向股权进行演化，期权的市场化程度更高，操作的透明度更高，也更加的灵活，更趋向权益的体现。这是一种自然的演变，另外也可以说，期权改革也为华为未来上市做了准备。

## 二、虚拟股票期权

虚拟股票期权是美国20世纪90年代发展起来的一种新型的期权激励手段。其含义是，企业给予高级管理人员一定数量的虚拟股票，对于这些虚拟股票，高级管理人员没有所有权，但是享有股票价格升值带来的收益，此时的收入即未来股价与当前股价的差价，并享有分红权。在持有人实现既定目标的条件下，企业在支付持有人收益时，既可以支付在金额上相当于持有人持有股票市值的现金，也可以支付等值的股票，还可以支付等值的股票与现金的组合。如果股价下跌，管理者将得不到收益。虚拟股票期权的出现有效地解决了非公开上市的企业通过股票的增值手段来达到激励雇员的效果。

虚拟股票期权的"虚拟"含义：受赠人所获的虚拟股票并非真正意义上的股票，仅在账面上体现虚拟股票的赠予数量及行权价格，并且在行权时，内部市场价格也仅反映在账面上；受赠人直接获得由内部市场价高出行权价所体现的奖金部分，不用参与类似于股票期权在股票二级市场上的交易活动；虚拟股票期权的基本构成要素和计划方案仅在企业内部确定，股票的二级市场状况仅作为参考，没有直接的关系，这要根据具体的实施方案而定。

2001年，深圳市出台了《深圳市公司内部员工持股规定》，华为意识到以前那种股权安排的潜在风险，此外，在公司管理变革的过程中，股权制度的不规范，也是制约其与国际管理机制接轨的一大障碍。从2001年开始，华为改变了过去以一元一股计价的"全员持股"的激励办法，此后的四年里，华为持股员工每年"高分红"的历史已经不再存在。在一元一股时代，华为员工每年从公司享受的固定分红高达每股0.7元，投资回报率高达70%；华为2002年公布当年股票的执行价是每股净资产2.62元，2003年为2.74元，据华为员工说，2002-2004年华为内部股升值的空间并不太大。

2001年底，在总裁任正非的强力推行下，华为公司开始实行期权改革，即新员工不再派发长期不变一元一股的股票，而老员工的股票也逐渐转化为期股，即所谓的"虚拟受限股"。对公司的股权制度进行调整变革，仿效西方国家的做法，开始用规范的虚拟股票期权来取代原来实行的内部股权。

期权的获得是不需要购买的，只要工作满一年的员工都可以获得相应数量。华为公司开始降低股票的分红，而实行溢价。员工从期权中获得的收益的大头不再是分红，而是公司净资产的增值部分。2001年，华为内部股票分红由以前的70%多降至40%。当年的股价按净资产价格计，由以前的每股1元涨为2元多。期权比股票的方式更为合理，华为规定根据公司的评价体系，员工获得一定额度的期权，期权的行使期限为4年，每年可兑现1/4，价格是最新的每股净资产价格。即假设某人在2001年获得100万股，当年股价为1元/每股，2002年，员工可以选择逐年兑现差价（假设2002年股价上升为2元，则可获利25万）、以1元/每股的价格购买股票、留滞以后兑现、放弃等四种方式行使期权。

华为员工评价说，从原来固定的股票分红向“虚拟受限股”的改革是华为分配机制从“普惠”原则向“重点激励”的转变，下调应届毕业生底薪即是此种转变的反映。而去年，华为内部以运动的形式号召公司中层以上员工自愿提交“降薪申请”，也让员工感到了公司此次的明显的变化。

2003年，华为又动用了几十亿的未分配股权，再次给予80%以上的员工股票购买权，超过1.6万人，共10亿股，以每股2.74元的价格向核心骨干员工发售。员工出15%，其余由公司担保以个人名义向银行贷款。目前，中层以上员工大约有200万以上股权，高层员工持股大约是千万元左右了。其主要目的有两个：一是向银行申请股权抵押的贷款额度，缓解华为目前由于3G市场推迟所带来的资金紧张问题。二是将股权向新的骨干核心层倾斜。通过三年的锁定期，稳定核心员工队伍，共同度过这段困难时期，将来通过净资产增值、股权分红等方式，将利益分配给员工。这样，既可以有效降低华为的资产负债率，又可以让员工一起承担部分经营风险。

根据2005年华为公司经营状况，目前华为每股净资产价值为3.96元，华为2005年的内部股票分红计划初步定为每股分红1.05~1.1元，也就是说，员工在华为的投资回报率超过了25%。

# 第18章 人才圈地运动

## ——华为的人才策略

人才是企业的财富，技术是企业的财富，市场资源是企业的财富……而最大的财富是对人的能力的管理，这才是真正的财富。

——任正非

## 第一节 华为的人才招聘

人才直接关系到企业是否获得竞争优势。在所有构成企业竞争优势的要素中，人的因素是最重要的，是企业发展壮大的"第一要素"。企业的人才招聘和选拔工作是人力资源管理的重中之重，直接决定企业的人力资源的质和量。人才招聘工作关系到企业在公众心目中的形象，因此，做好人员的招聘工作，是企业获得足够的合格优秀人才，争取竞争优势的根本途径和必由之路。华为依靠着自己的宗旨和文化，成就与机会以及政策和待遇，吸引和招揽一流的人才，为公司的持续发展积累了足够的人力资本。

### 一、校园揽才

1992—1996年，华为的C&C08万门交换机研制成功，在中国的农村市场上一举打开销路，华为也取得了历史性的成功，企业的规模也逐渐扩大，华为进入快速扩张期，华为对员工的需求开始剧烈增加。在人才市场的招聘无法满足华为对人才的巨大需求，经过研究华为认为大学生是最具有发展潜力的人才，于是华为开始走进校园，从校园招聘企业所急需的技术人才，华为很多的员工是从大学一毕业就进入了华为。

开始，华为在高校人才招聘上采取"包揽"战术。1998年，华为一次性从全国招聘了800多名毕业生，这是华为第一次大规模招聘毕业生。传言华为曾经对重庆邮电学院的毕业生全部一起招聘，1998年，华为与中兴通讯在清华大学展开了一场惊心动魄的人才争夺战，华为最终胜出。1999年，一次性招聘2000名大学毕业生。到2000年，总共招聘了4000名毕业生。2001年，华为逐个到全国著名高校招聘最优秀学生。据说，当时华为口出狂言:“工科硕士研究生全要,本科的前十名也全要。”此次,一下子合同招聘了7000多人,最后实际招聘了5000多人。借助这次全国最大规模的招聘,华为声名鹊起,被媒体誉为“万人招聘”。

华为的校园招聘分为下面四个步骤①

校园招聘第一步:校园推介会

每年的11-12月份,华为都要在全国高校密集的城市举行推介会。推介会是华为和学校连手的结果,由于现在就业形势严峻,而且华为又是可以在毕业生中呼风唤雨的企业,学校愿意为华为提供一个舞台。而华为为了招到优秀的毕业生则费尽了脑子,想在第一时间进入名牌高校,巴不得把优秀的人才都网罗在华为的旗下。推介会上也是很有讲究的,一般的流程是先介绍华为的基本情况,包括产品、公司现状、企业文化等。

然后是安排一两个华为近年招聘的新员工对参加招聘会的人进行有关自己在华为如何成长的演说,演讲者口若悬河很有煽动性。最后就是接收简历了。在推介会上,细心的华为人会给参加推介会的毕业生提供一瓶矿泉水,让人觉得华为是一个非常优秀而且富有人情味的公司。

校园招聘第二步:笔试

面试在华为校园招聘中的环节分量最大。一般来说,华为的招聘人员在收来的简历中选取一些符合公司要求的毕业生,并通知他们来笔试。笔试主要是专业知识和个人素质测试。目的是考察应聘者的对基本专业知识的掌握程度和应聘者的个人素质,包括智商、情商、个人素养等。试题早在华为招聘大军出发前就已经准备好了。试卷的设计是华为人力资源部组织专业人员设计的。复试只要按照一定的流程做就可以保证万无一失。

校园招聘第三步:面试

经过笔试的选拔,华为会通知笔试成绩不错的毕业生来参加面试。面试的主要目的是确认应聘对象的能力是否与公司的要求相符。面试的内容涉及专业知识、个人的知识面和个人素质。

作为一个应聘华为公司市场部的毕业生,面试的主要内容就会涉及到该生对营销理论的掌握程度、个人心态、基本的业务素质。华为希望挑选一个有理想能吃苦,能够尊重别人且能自重,谦虚能容纳别人的人加入他们的团队。

面试会有好多次,因为一个面试官不可能对应聘者进行完全的了解。对于销售人员的面试来说,一般开始的时候面试的是专业知识方面的,面试官也是华为招聘大军中的市场部抽调过来的人。接下来的面试是有关个人素质方面的,面试官主要是人力资源部的专家。最后环节的面试官是市场部里的中高层人员,他们拥有最终的决定权。整个面试过程要持续2-5天,有的可能更长。应聘者需要有耐心,还要做好充分的准备。

---

①http://info.china.alibaba.com/news/detail/v9-d5551109.html

校园招聘第四步:公司考察和宴会

面试合格的应聘者会被招聘人员组织参观华为在本地的公司，或者被邀请到一家星级饭店洽谈。在此过程中,应聘者可以更加深入地了解华为,而华为也希望自己得到优秀毕业生们的认可。从而吸引那些优秀的学子加盟华为。这个环节一个必演节目就是现场签协议。华为要在竞争对手招聘之前就要把人才圈到自己的怀里,不给竞争对手任何喘息的机会。闯过以上四关的毕业生,只要不发生什么意外,他们就能在毕业之后带上毕业证、学位证、派遣证到华为公司报到。

## 二、华为的选人原则

华为选人,主要有四个方面:一、能否及时找到所需人员满足企业需要。二、是否能以最少的投入招到合适的人才。三、是否能适合公司和岗位的要求。四、试用期的离职性的大小。

根据这四个方面,华为形成了一套自己的选择人才的原则。

一、合适的才是最好的。在华为看来最优秀的人才,不一定是最好的员工。而合适的人才,才能成为最好的。所谓“合适”主要是从“软”和“硬”两个角度来衡量,“软”是指要认同华为的企业文化,主要从应聘者的个人态度、个性、喜好、兴趣等方面来考查。“硬”是指要满足岗位的要求,主要从应聘者学历、年龄,技能等来考查。经过这样挑选出来的员工,他对企业价值认同会更强烈,忠诚度也就更高,才能更好地在岗位上工作,也避免了单方面注重员工的学历和能力,造成人力资源浪费和流动性过大等问题。

二、潜力重于经验。绝大多数的企业在招聘员工的时候都特别的注重应聘者的工作经验,在招聘简章中都有明确的要求,底层岗位一般要求1-2年经验,中层岗位要求3-5年经验,高层10年以上。但是华为在招聘和录用员工时最注重员工的素质、潜能、品格、学历,最后才是经验。华为认为:人才的发展潜力是最重要的,要求一名员工加盟我们的团队首先要看他的成长潜力。不唯学历、不唯经验,只唯发展潜力。我们认为一个可发展的人才更重于一个客户或一项技术，宁愿牺牲一个客户或一项技术换一个人才的成长。因为,一个有创造性的人才可以为公司带来更多的客户。华为副总裁胡红卫就是一个华为在用人上不唯经验、注重潜力的经典诠释。胡红卫1991年从中国科技大学毕业进入华为,虽然专业不对口,但并没有阻碍胡红卫的发展,他从基层干起,参与了C&C08的研发,在四年内一路从产品试制段长、计划调度科长、仓库部主任、生产部经理提拔到副总裁。

三、坚持严格程序。华为的招聘工作从制订人员招聘计划到员工被录用正式上岗,分为准备、实施、试用三个阶段,每个阶段都规定详细的内容;公司要求人力资源开发与管理部门按程序步骤进行招聘工作,在招聘过程中,如果缺少其中任何一个环节,都将终止对应聘人员的招聘工作,杜绝了营私舞弊行为。在招聘过程中重点放在公司人力资源预测上，它是根据公司预定的企业发展目标、规模和环境对公司的要求，来预测企业在一定时期内所需人力资源情况。再根据预测及公司内部人员流动情况，对需要补充人员在思想、文化、体质、技能等方面的要求制订出具体的计划，这样就能使招聘工作有据可依，有据可查，使招聘工作开展得有条不紊、井然有序。德才并举，是公司招聘人员的基本要求。

在面试过程中，公司特别强调政审工作。对应聘人员的档案仔细阅读，认真审核。招聘人员要写出应聘人员的政治审查报告，只要应聘人员给招聘人员留有不可靠的印象或感觉，都将失去到该公司就业的机会。

四、招聘员工以创新人才为主。华为注重选拢、招聘创新型人才，以优厚待遇吸引优秀科技人员加盐。获取对技术创新极为重要的人才资源。

## 三、国际化人才储备

经历国内市场的多年练兵后，华为已开始全面涉足国际市场，在“技术为王”的通信领域与有着近百年历史和丰厚积累的国际巨头展开了激烈的竞争，并且取得了不俗的战绩。

2005年，华为无线终端产品销售逆市而上，先后突破亚太、西欧、中东市场，其中UMTS/HSDPA终端已突破Vodafone等全球一流运营商，呈现快速增长的良好势头。在西欧这个全球经济最发达的顶级市场中，华为成功地跻身于英国电信、法国电信、德国电信、荷兰的KPN等全球顶级通信运营商的供货商行列。

华为在国际市场上要取得更大的成就，就需要大批国际水平的高级人才。从2005年底开始华为的招聘模式开始和以前的招聘模式有了较大的改变，主要是为其全球化的业务发展来招聘人才。

2005年9月，华为在成都举行“华为技术有限公司裁决类专场招聘会”，招聘的员工主要集中在财务总监、国际税务经理、高级项目财务经理、海外会计、高级融资经理、资金计划高级分析师等中高层面的财经人才，工作地点主要是在海外和深圳总部。

此后，华为对财经，管理、外语等文科人才的人才需求也显著增加，其对一些小语种国家的外籍人才也开始进行招收，这些人才在经统一的培训后大部分都将派往华为在世界各地的办事处，这也是华为在实现跨国化、向世界级公司努力过程中的一个显著标志。

2006年10月4日，前英国电信集团技术官MickReeve将加盟华为，担任战略顾问一职。MickReeve自5月于英国电信退休，MickReeve即将代表中国华为参加在巴黎举行的欧洲宽带论坛。

在网络架构以及运营支撑系统领域极具经验，他在ITU及电信管理论坛等组织的标准化工作方面做出过重要贡献。预示华为开始大量吸纳高端国际人才。

## 第二节　华为的员工培训

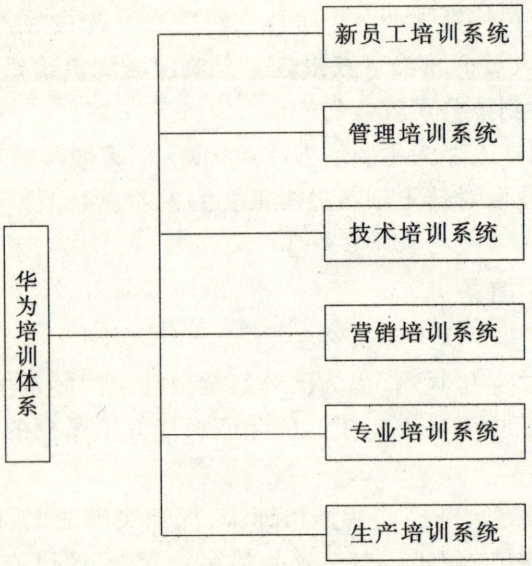


**图1　华为员工培训体系**

为了实现公司和员工共同成长的目标,华为非常注意培养人才,开发员工潜力。华为人才的培养遵循“干什么,学什么;缺什么,补什么”的原则,主要采取两种方式:一是公司内部的教育培训。在公司的培训中心进行,从经营能力开发、科技能力开发、通才能力开发等多方面进行。二是产学结合。一方面深圳大学负责公司员工的培训,帮助公司解决实际问题,强调员工潜力的开发;另一方面,每年赞助深圳大学一定数额的经费支持科研课题的研究,公司与深圳大学紧密地联系在一起实现互惠互利。公司接受教育和培训的人员主要来自两方面:一方面是新员工,在进入公司之前参加入职培训。另一方面是公司从整体利益出发,进行必要的集体培训和个体培训。这种强调个体行为开发与群体行为开发并重的做法,是公司人力资源开发的又一大特色。

### 一、多层次的培训体系

在《1999年华为公司市场部新员工满意状况调查分析报告》中关于员工目前最关心的问题一项调查的结果,排在第一位的是在岗培训的充分度,对收入的关心排在第四位,这充分证明了在华为机制的牵引下,员工更关心的是如何提高自身工作能力,因为在华为公司,一个人工作能力的高低决定了它的收入高低。华为为人才的发展提供了一个广阔的舞台,也提供了很多继续学习和提高的机会。

华为已经形成了自己的培训体系,包括新员工培训系统、管理培训系统、技术培训系统、营销培训系统、专业培训系统、生产培训系统。华为培训有一流的教师队伍、一流的技术、一流的教学培训设备，拥有专业和兼职培训教师1000多名。在深圳，华为有自己的培训学校和培训中心，占地13万平方米，拥有阶梯教教室、多媒体教室在内的各类教室110余间，能同时实施2000人的培训。

华为员工培训的方式多种多样：课堂教学、案例教学、上级操作、工程维护实习和挽留教学等多种教学形式，使培训更加生动、灵活。此外，华为还有基于互联网和电视网络的远程培训，通过这些形式华为可以为分布在全世界各个地方的华为人进行培训。

华为的培训成为一种习惯。培训不再是新员工入职或出现问题后的救火，培训是业务员掌握技能的手段，培训是业务员胜任营销工作的必须，培训是企业提高业务员受雇能力的责任。而且培训系统化，华为有专门培训岗位和培训师，培训有计划。培训不再是拾漏补缺，不再是临时的安排，培训是按照计划有条不紊地开展；另一方面，组织建立内部培训师队伍，并拥有外部智力支持机构和培训师队伍。

华为认为培训成为一种投资，大多企业把培训当成本费用。而且，绝大部分企业没有培训费用，更不用说预算，预算是培训有保障进行的前提。在华为，培训不再是费用，而成为企业寻求发展的一笔投资，每一年的培训投资高达数亿元。

为了保证培训的效果，华为有严格考核评估制度。绝大部分企业在讲师培训结束后，既不考试，也不评估。华为十分重视培训效果的检视、考核和评估。新员工在进人华为公司前进行系统培训，培训后要进行严格的任职资格考试，只有通过考试的业务员才会被录用。另外，培训的结果与晋升、加薪相挂钩，纳人组织考评体系。

## 二、新员工入职培训

新员工入职后，首先要在华为大学进行入职培训。培训过程跨时之长、内容之丰富、考评之严格，对于毕业生来说这样的经历是炼狱，这样的培训又称“魔鬼培训”。主要包括军事训练、企业文化，车间实习、技术培训和营销理论、市场演习等三个部分。

新员工入职，就有了自己的工号。如果你的号码为“17450”，代表你是17450个进入华为的员工，你的邮箱和培训编号都是这个号码。同时，你拥有了自己的培训档案，因为华为员工在不同阶段会接受不同的培训。档案是培训内容、考试结果、教官评语和培训状态的一个完整的记录，正式入职后你的主管首先看到的就是你的入职培训成绩。宣扬民族主义情怀，“打败跨国公司，进入世界500强，为民族工业争光”是华为入职培训的主旋律；在培训方法上，华为从生产、市场和管理一线抽派员工与新人进行近距离交流，而且采用案例教学，这样不但保证了课程的生动性，而且让培训永远不与现实脱节；华为在新员工培训中穿插热情洋溢的高层演讲。据华为员工回忆，总裁任正非的每次演讲都会让大家热血沸腾。

军事训练其主要目的是改变新员工的精神面貌，让员工学习不仅达到了强身健体的作用。而且大家还普遍有以下几点感受，第一，组织性、纪律性和集体主义意识明显增强;第二,增强了工作责任心,公司领导对军训工作严肃认真的态度,来自中央警卫团的教官们高度的责任心和高标准的要求深深影响着每个新员工,必将激励着大家在自己的工作岗位上养成严谨的工作作风;第三,不怕吃苦迎难而上的精神。

企业文化培训主要让员工了解华为,接受并融入华为的价值观。通过这样的培训,让新进的员工完全抛弃自己原有的概念与模式,而注入了华为的理念。在正式加入华为前,新入职的员工需要参加20天的公司文化培训。任正非在《至新员工书》中写道:"实践改造了也造就了一代华为人。您想做专家吗?一律从基层做起,这个理念已经在公司深入人心。进入公司一周以后,博士、硕士、学士以及在原工作单位取得的地位均消失,一切凭实际能力与责任心定位,对您个人的评价以及应得到的回报主要取决于您实干中体现出来的贡献度。"

车间实习和技术培训对于营销人员来说这个阶段可以帮助他们了解华为产品与开发技术,包括产品的种类、性能、开发技术的特点等,让销售人员对未来要销售的产品有了深入的了解。

营销理论和市场演习,是由于华为的新员工中想成为营销人员的人不一定是营销专业的毕业生,所以对于营销理论并不了解。营销理论与知识的培训是必须的。营销理论知识培训包括消费者行为理论、市场心理学、定位理论、整合营销传播、品牌形象理论等。

理论需要与实践相结合,在理论知识培训结束后,华为还要给新员工搞一次实战演习,主要内容是让员工在深圳的繁华路段以高价卖一些生活用品。而且规定商品的销售价格必须比公司的规定的价格高,不得降价。

### 三、全员导师制

在新员工正式上岗后,为了帮助新员工迅速的适应工作岗位,减轻员工对新岗位的恐慌感。华为推行全员导师制,别小看了这个"导师"的作用,由于华为公司内部岗位变动很频繁,即使是公司的老员工,不知道哪一天就把你调到别的岗位上去。有个"导师"在身边指导,凡事就容易得多,比如到市场部的新员工,连发票报销的标准以及报销的方式都不知道,更别说拜访客户,制作配置、报价之类,这时候华为的"导师"就显得很重要了。华为的导师制包括了很多的内容,从思想、技术到业务能力等各个方面。

在华为大部分员工都是年轻人,所以新老员工的年龄差距并不大,也就很容易融合在一起。新员工能迅速进入岗位角色,融入华为这个大家庭里。

在技术上,华为的导师不会对学生有所保留,以防学生以后超越自己,阻碍自己的发展。华为内部的员工流动很大,所以导师基本上不用担心学生取代了自己。

在华为导师不是无偿的,如果做的好可以得到"优秀导师"的称号。对导师,华为都会给予一定的物质奖励,每月给导师300元的补助,如果获得"优秀导师奖",还可以另外得到500元。

## 四、非核心培训外包

对非核心培训业务外包，首先有利于降低成本，对企业来说，从供应商那里获得人力资源方面的高质量的服务，比企业自身拥有庞大繁杂的培训队伍更能节省成本。对非核心培训业务外包，还可以提高人事管理的层次，提升人力资源管理的核心竞争力。

华为要保持在技术研发方面的优势，需要将非核心环节外包给合作伙伴，才能实现利益的最大化，才能保证在技术领域的持续投入。华为所服务的领域的特性是专业性与高技术性，这些特性决定了它的服务成本居高不下，在前几年通信产品利润率高达1000%甚至还要高的市场环境下，这方面的成本无需考虑，但是现在市场发生了变化，通信产品的利润率平均下降到了70%—80%左右，研发成本和市场的开拓成本难以在短时间降低，如何削减其他方面的运营成本，当然成为华为所面临的首要问题。

在1998年，任正非就提出："后勤工作将逐步走向社会化，减少公司管理的压力。"后勤工作包括员工的吃、住、培训等相关领域。

1999年底，华为公司就开始与其他单位进行合作，实行人力资源外包战略。华为把自己的产品的安装、调试、维护、检修等工作都外包给其他的公司。到2003年底，与华为有外包业务往来的公司约有200多家，这些合作单位大多是通信工程公司，它们是唇齿相依的华为价值链上重要的一环，大多时候是以华为的紧密合作单位面目出现，一部分是与华为关系比较好的当地电信部门的三产，另一些是华为员工内部创业的公司，他们熟悉华为的产品特性，也经历过华为的企业文化熏陶，深得总部的信任。

一位华为的中层曾说："这些合作公司发展很快，数量特别多。1999年底才出现第一家合作单位，可是到了2001年底就已发展到了150多家。从几十人到400来人不等，由于专业性要求相当高，以前，他们的新员工培训，一般都是由华为来负责。如果一家合资单位每年新进20人，就应该是4000人左右的培训规模。事实上，加上用户培训，这个数目肯定只小不大，培训费用，加上交通费、住宿费，每人平均要1万元左右，这是一不小的费用。"

2003年春节前，华为启动了最为核心的培训外包计划，开始逐步将一些非核心技术的培训委托给社会上的一些专业机构。华为的培训部门将旗下合作单位的人员培训和用户培训分包出去主要基于两点考虑：一方面，合作单位每年都有几千人的培训量，而且这个量还会不断增长；另一方面，由专门的公司来做华为产品培训，对华为产品的推广，社会的认知，包括人员招聘，都会很有好处。

和君创业高级副总裁，中国人民大学劳动人事学院的文跃然教授说："只做设备供应商，永远不进入服务业，并不意味着华为不重视服务业，更不意味对客户利益的忽视，它是我所见过的最重视战略合作伙伴的公司，通过技术支持，提高其服务能力，把合资伙伴紧紧团结在周围，不断分包它的核心业务，这也是增强它本身核心竞争力一条有效途径。"

## 第三节　华为的员工管理

### 一、注重实干,鼓励荐才

在华为80%员工具有本科以上的学历,华为喜欢提拔高学历的人才,但更重视有实际才干的人才。华为不考理论,注重实际作业能力,干什么,考什么,因此有学历是优势,没学历也不用自卑。这种考核机制逼着所有的人都得奋力划船,争取进步。在不惟学历,注重实际才干的思想下,华为很多的人才都是破格提拔起来的,华为历史上的传奇人物李一男,19岁进入华为,只工作了七天,就被任命为高级工程师。1996年,年仅26岁的他就被任命为华为的常务副总裁兼中央研究部的总裁。领导500多人的中央研究部主任,以前就是一位年龄只有25岁的华中理工大学毕业生,“年龄小,压不垮,有了毛病,找来提醒提醒就改了”任正非这样评价他。

为了获得更多的优秀人才,在华为每位员工都有向公司推荐优秀人才的责任,但是华为不提倡中层以上的干部向公司推荐大学本科以下学历的人才。中层以上干部如果坚持推荐低学历人才,必须承担连带责任。凡被推荐来的低学历人员,报酬给予最低标准,试用期三个月后,经过经营团队讨论通过才可留用,以后每年至少考核一次,如果其成长性跟不上公司的发展即可辞退。

### 二、干部的六条标准

华为的一大批优秀的认同企业价值观和企业文化的干部是实现华为平稳快速发展的重要保障。为了确保提拔的干部能够成为一名合格干部,对于干部的选拔和任用华为形成了自己的一套标准,其中任正非在《干部的个人品德、素质是企业进步的最重要的要素》一文中重点论述了华为干部的六条任用和评定标准。

(1)各级干部都必须努力培养超越自己的接班人,这是我们事业源源不断发展的动力。没有前人为后人铺路,就没有人才辈出。只有人才辈出,继往开来,才会有事业的兴旺发达。

(2)要有强烈的进取精神与敬业精神,没有干劲的人不能进入高层。不仅仅是个人的进取精神,而是使所领导的这个群体的进取与敬业精神。没有敬业精神的高级干部要调整职位。华为公司永远要充满活力,永远不允许有自满自足的情绪在公司游荡。

(3)各级领导干部不但要学会做人,也要学会做事,踏踏实实地做事,认认真真地做事。那种只说不做,或只会做表面文章的人,只会进行原则管理从不贴近事件的人,不能得到提拔和重用。各级干部都要亲自动手做具体事。

(4)高中级干部要提高自身的修养,学习领导的艺术和良好的工作作风。我们要把批评与自我批评的工作作风,从高层一直传递到最基层去。我们要在公司内部允许对自己的上级,对自己的部下进行批评,否则人人都顾及影响,都做"好人",企业管理的进步就无从说起。团结、沟通是我们工作的永恒主题。任何一个干部,不仅要团结与自己意见一致的人,也要团结那些与自己意见不一致的人,做不到这一点就谈不上接班人,就永远不会得到提拔。

(5)任何一个干部都要清清白白做人,认认真真做事,做员工学习的榜样。不仅要严格要求自己,也要严格要求部属。只有一个群体具有高水平,才表明你这个干部的高水平。我们要持之以恒地在高中级干部中贯彻坚持原则,反对贪污,反对浪费,反对盗窃,反对假公济私,反对任人唯亲。

(6)在华为当干部要理解为一种责任,一种牺牲了个人欢愉的选择,一种要做出更多奉献的机会。每一个干部都要有远大的目光,开阔的胸怀,要在思想上艰苦奋斗,永不享受特权,与全体员工同甘共苦。我们考核干部要看他担当的社会责任(狭义),是否有利于公司的整体利益,是否促进部门的管理进步。做华为的干部就不能满足于个人成就欲,任何未经社会责任改造的人,不能成为高中级干部。

除去上面的六条标准,在华为还有一个选拔干部的原则:凡是没有基层管理经验,没有当过工人的,没有当过基层秘书和普通业务员的,一律不能提拔到管理层,哪怕是博士也不行。学历再高,如果没有实践经历,也不可能成为一个合格的管理者。

## 三、三优先、三鼓励

华为把引进外国先进的人力资源体系于中国实际相结合,在对干部的使用和管理方面形成了一套自己特色的办法

在干部政策导向方面,华为提出"三优先、三鼓励"的政策。

"三优先"是:优先从优秀团队中选拔干部,出成绩的团队要出干部,连续不能实现管理目标的主管要免职,免职的部门副职不能提为正职;优先选拔责任结果好、在一线和海外艰苦地区工作的员工进入干部后备队伍培养,华为大学的第一期就办在尼日利亚;优先选拔责任结果好、有自我批判精神、有领袖风范的干部担任各级一把手。

"三鼓励"是:鼓励机关干部到一线特别是海外一线和海外艰苦地区工作,奖励向一线倾斜,奖励大幅度向海外艰苦地区倾斜;鼓励专家性人才进入技术和业务专家职业发展通道;鼓励干部向国际化、职业化转变。所有干部都要填表表示自愿申请到海外最艰苦的地区工作,否则不管你是多么优秀的人才均不招聘。

华为的干部任职标准,从品德、素质、行为、技能、绩效到经验,各个方面都有明确的要求。在华为有两条通道,一是向管理者走,一是向技术专家走,同等任职的管理者和技术专家能享受同等待遇。华为否定以实现员工个人价值为目的的自由文化,员工

在华为改变命运的道路只有两条，一是努力奋斗，二是做出优良的贡献。华为给员工的报酬是以其贡献的大小和任职能力为依据，不会为员工的学历、工龄和职称及内部“公关”做得好支付任何报酬。认知不能作为任职的要素，必须要看态度、要看贡献、要看潜力。干部培养选拔的原则，一是要认同华为的核心价值观，二是具有自我批判的能力。

在国际化的发展过程中，华为提倡在“上甘岭”培养各级干部，要把具有领袖风范、高素质和团队感召力的员工，把目标方向清晰、管理结构良好的员工选拔到公司干部队伍中来。同时，华为在制度上关心女干部的培养和成长，对每一级干部的培养都考虑女干部的比例。

## 四、三权分立的干部选拔机制

在对干部的选拔方面，华为坚持干部末位淘汰制度。建立良性的新陈代谢机制，坚持引进一批批优秀员工，形成源源不断的干部后备资源；开放中高层岗位，引进具有国际化运作经验的高级人才，加快干部队伍国际化进程。

在干部选拔程序方面，华为不搞民主推荐，不搞竞争上岗，而是以成熟的制度来选拔干部。这个成熟的制度包括职位体系、任职资格体系、绩效考核体系、干部的选拔和培养原则、干部的选拔和任用程序、干部的考核。首先，根据任职职位的要求与任职资格标准进行认证，认证的重点是员工的品德、素质和责任结果完成情况。认证后还要进行360度的考察，即在主管、下属和周边全面评价干部的任职情况。考察干部后还要进行任前公示，使干部处于员工监督之下，每次任命都要公示半个月，半个月内全体员工都可以提意见。华为在每个干部任命之后还有个适应期，安排导师。适应期结束后，导师和相关部门认为合格了才会转正。

华为的干部选拔机制是一个三权分立的机制。业务部门有提名权，人力资源体系有评议权，党委有否决权。干部考核机制有三个方面，一是责任结果导向、关键事件个人行为的评价考核机制；二是基于公司战略分层分级述职，即PBC（个人绩效承诺）承诺和末位淘汰的绩效管理机制；三是基于各级职位按任职资格标准认证的技术、业务专家晋升机制。走专业线的就是技术专家、业务专家，他们可以各种职位标准来申请，认证通过了就能够上去。华为在干部考核过程中不完全重视绩效，因为绩效只能证明你可能不会被被淘汰，不能证明你可以被提拔。关键要看个人行为考核，要综合各种要素来考虑。

## 五、岗位轮换，锻炼人才

岗位轮换是让员工轮换担任若干种不同工作从而达到考察员工的适应性和开发员工多种能力、进行在职训练、培养主管等目的。通过岗位轮换可以为企业培养能够独当一面的复合型人才，还能增进各个部门之间的联系，加强部门间的合作，打破部门横向间的隔阂和界限,有助于职工认识本职工作与其他部门工作的关联,从而全面理解各类工作的意义。

为了在人力资源管理中引入竞争机制、培养人才,华为在用人上坚持轮岗制度,促进人才的合理流动,通过岗位轮换实现人力资源的合理配置和激活潜力。在华为有两种轮岗。一是业务轮换,研发人员去做中试、生产、营销,让他确实了解客户的需求。为了加强对客户需求动向的把握,更充分理解客户的需求,华为每年都要派一些研发人员去做市场,让之前一直在实验室里开发的研发干部到市场前线去,让他们接触客户,再从市场上撤回去搞研发。这样就促进了研发人员对市场需求的把握,也对产品的可维修、可操作性上有了更直接的体会。另外一个是年岗位轮换,即对中高层的干部职务进行调换,任正非主张:"没有周边部门经验的人,不能担任部门正职主管。",鼓励中层管理者多积累经验,促进了人才的成长,也促进了部门之间的合作。

在华为,大多数人都有过大范围的岗位轮换,一般每一到两年,员工的工作就会调动一次。基层员工稍微稳定一点,中高层的轮换就像"走马灯"一样。这种轮换包括了平级、晋升和降级,在华为降级是很正常的事情,很多人都从副总裁直接降为办事处主任,虽然华为的人事变动比较的频繁,但从来没有出过什么大的乱子,因为华为有一套健全的机制做保障。

当然,华为的岗位轮换不是随意的轮换。特别对基层员工,华为实行相对固定的政策,提倡"干一行爱一行,干一行专一行"。基层员工岗位轮换之前都会进行严格的审查和批准。为了防止基层员工随意岗位轮换,华为规定:那些已经轮换的和以后还要轮换的基层员工,只要无法达到新岗位的使用标准,而原工作岗位已由合格员工顶替的,建议各部门先劝退,各部门不能在自己的流程中有多余的冗积和沉淀。

华为的副总裁毛生江在华为的职业发展历程就很有代表性。1992年参加开发部08A型机项目组,12月任项目组经理;1993年5月任开发部副经理、副总工程师;1993年11月任生产总部总经理;1995年11月调任市场部代总裁;1996年5月,任终端事业部总经理;1997年1月任"华为通信"副总裁;1998年7月调任山东代表处代表、山东华为总经理;2000年1月18日,任命为公司执行副总裁;2000—2002年底,主管国际营销部人力资源公司副总裁; 在八年中毛生江的职位变动了八次, 其中经历了数次的大起大落。

## 六、绩效考核,注重改进

华为的考核目的是指出员工存在的不足,帮助员工进步。在华为看来员工的考核评价永远不是目的,考核仅仅是一种手段而已,考评是要成为员工发展的牵引力,考评是形成一种制度化的无形和有形激励,在公司内部建立人才竞争和淘汰机制。华为的考核体系目的并不是量人和选人,考核在华为是一个管理过程。华为的考核目标是通过这个管理过程,传达给员工自己的核心价值,让员工能够直观地对比、学习看到自己的不足,进而明确自己的努力方向,华为的考核更注重员工的长期进步,注重改进。

《华为公司基本法》中规定，员工和干部的考评，是按明确的目标和要求，对每个员工和干部的工作绩效、工作态度与工作能力等一系列考核与评价。工作绩效的考评侧重在绩效的改进上，宜细不宜粗；工作态度和工作能力的考评侧重在长期表现上，宜粗不宜细。考评结果要建立记录，考评要素随公司不同时期的成长要求应有所侧重。在各层上下级主管之间要建立定期述职制度。各级主管与下属之间都必须实现良好的沟通，以加强相互的理解和信任。沟通将列入对各级主管的考评。并以此作为华为公司的基本考核方式。华为公司的绩效考核强调以责任结果为价值导向，力图建立一种自我激励、自我管理、自我约束的机制。通过管理者与员工之间持续不断地设立目标、辅导、评价、反馈，实现绩效改进和员工能力的提升。

华为在1997年建立的人力资源管理体系，包括了职位体系、薪酬体系、任职资格体系、绩效管理体系及员工素质模型。在绩效考核体系中，华为采取了以平衡计分卡为主要的绩效考核工具，主要从客户、财务、内部流程及学习和成长四个角度，综合公司级、部门级、员工级的绩效三个部分，来考察员工的表现。

平衡记分卡的核心思想是通过财务、客户、内部流程及在学习和成长四个方面相互驱动的因果关系来实现华为的战略目标。平衡记分卡关键在于平衡：关于短期目标和长期目标的平衡；收益增长目标和潜力目标的平衡；财务目标与非财务目标的平衡；产出目标和绩效驱动因素的平衡及外部市场目标和内部关键过程绩效的平衡。华为从战略到指标体系到每一个人的PBC指标，都经过评分记分卡来达到长短、财务、非财务等各个方面的平衡。

华为考核注重对员工个人进行考核的时候也要考虑到其对团队的贡献，为了加强团队的合作和凝聚力，还统筹考虑了团队绩效和个人绩效的两者之间的联系。假如员工所在的团队如果在团队考核中得的考评等级较低，那么该员工的绩效考评等级也会受到牵连。很好的平衡了二者之间的关系，既避免了团队成员搭便车现象，也加强了团队协作和凝聚力。

在华为采取季度考核的方式，每年的年初，每位员工都需要制订绩效目标，然后根据这个目标由直接主管对他进行不定期的辅导、调整，考察目标完成的情况和存在的问题，在年中六七月时作回顾和反馈，最后才是年底的评估考核，并把绩效结果和激励机制相挂钩。同时在绩效考核中，采取纵向比较为主，横向比较为辅。注重上下级之间的交流，对考核结果的处理，华为将激励机制和员工个人能力发展计划结合在一起，对员工进行绩效辅导，针对员工在工作中的缺陷制定绩效改进计划。对于绩效无法达到岗位要求的员工，华为会对该员工进行下岗培训，首先分析出员工欠缺的地方，制定培训需求，从而帮助员工提高和进步。

## 七、研发人员管理

技术创新是企业的生命之源与市场竞争的制胜法宝，从事技术创新活动的人才群体将成为企业发展的关键因素。要应对加入WTO和国际各大企业集团对我国技术人才的争夺,提高企业自身技术创新能力,就必须对企业这类人力资源采用新的管理模式和有效的激励机制。

研发人员是指掌握和运用最新知识从事高新技术研究,以及高新技术产品开发、技术创新等工作的一类知识型员工,在华为2.4万名员工中,研发人员超过1万人,研发人员超过员工总数的40%。随着华为国际化战略的实施,近两年来华为在国际市场所占的份额越来越大,这也引发了华为对研发人员的需求越来越大。在华为,研发人员的地位是最高的,但这并不是说研发人员在公司内部拥有特权。在华为引进了IBM的IPD流程之后,华为对研发人员的管理也随之改变。以前华为对研发人员实行弹性工作制,这也是由于研发工作的性质决定的。现在华为开始收紧研发人员弹性工作制。研发部门员工和其他部门的员工相比,研发人员现在每天最多可以晚一个小时打卡,且每周的总工作时间不能少于标准的40个小时。这主要是因为随着公司规模的扩大,技术的复杂性的增加,在项目开发过程中需要研发人员通力合作,单个员工很难独立完成工作。因此,华为加大了对研发的细节管理,保障研发的顺利进行。

华为对研发人员的要求非常高,这与华为的企业文化息息相关。华为要求研发人员要对研究成果负责任转变为对产品负责任。任正非为了让研发人员牢记"从对科研成果负责转变为对产品负责",曾为中研部颁发呆滞物料奖,主要是为了反对研发浪费。

华为给核心研发人员的酬劳非常高,华为研发人员离职率也非常低,一直控制在5%以下。一个刚毕业的研发类应届研究生到华为每月薪水5000元左右。如果能够成为技术专家级别工资就更高了,再加上内部的股票期权,总收入能比其它部门员工高出不少,即便在行业内也非常有竞争力。有一个摩托罗拉员工说:"摩托罗拉亚挖走华为的人很难,可华为要挖我们的人就容易多了。"此外,华为每个季度都会对研发团队或个人进行评选,在产品上取得重大突破、改进或创新的团队或个人,都有机会获得巨额的奖金。华为为研发人员提供了发挥才能的舞台,发展机会也非常多,当然在华为研发人才也承担了巨大的压力,很多承受不了华为工作压力的人会自己离开或被淘汰。

在研发人员的选拔上,华为建立研发人员素质模型并应用到招聘中。华为认为研发要选择优秀的人,其它岗位要选择最合适的人。研发人员素质模型主要从思维能力、成就导向、团队合作、学习能力、坚韧性、主动性这六个方面来考察应聘者成为优秀研发人才可能性的大小。研发人员素质模型给出了这六个素质的具体定义。

在研发人员的考核上,华为采取季度考核的方式,华为采用KPI、团队贡献、改进三个要素对研发人员进行绩效考核。华为认为,研发人员的团队贡献、个人发展与业绩目标完成同等重要,强调考核不能只看过去的指标,而是要关注该员工与过去相比哪些方面取得了进步、对团队贡献程度如何。华为与国家劳动部合作建立了一个技术资格认证体系,确认员工在技术线上的成长与发展,分为六个级别,每年进行一次。这种认证既是对员工在公司的表现、基本技能和对流程执行程度的肯定,也是对其经验及阅历的认可。华为认为,在技术部门建立正规的技术升迁途径,承认研发人员并给予不低于一般管理者的报酬,只有这样才能真正有效地解决他们的职业通道问题。

在注重考核的同时,还加强了对员工的培训,利用华为的完善的培训体系,对员工从刚入公司开始就接受培训。新员工刚进入公司先要接受二—三周的引导培训后,接下来是一周的专业培训,如软件开发应注意哪些问题、如何与身边同事配合等,然后才接受部门培训。这种培训都由每个产品线的HR部门组织开发课程的形式进行,很少使用外部资源。华为注重对研发人员的专业提升,鼓励员工要干一行爱一行。在专业技术上精益求精,在自己所属的专业领域都成为行内的专家。华为不鼓励内部流动,尤其是跨职类的流动。不过,只要制度允许,其他部门愿要,本部门愿放,华为也不反对内部轮调。

华为通过对研发人员科学管理,形成了一支稳定、团结、战斗能力强的研发人才队伍。华为能够实现稳定快速的增长,与华为的科技创新战略是离不开的。同样,华为有效的激励研发人员,保障研发队伍的稳定性是华为能持续发展的最大保障。

(八)基层员工评价体系

1997年,华为引进HAY的岗位评估体系并结合自己的实际建立了一套基层员工评价体系,该评价体系以责任结果为导向,采用以业绩考核为主、技能考核为辅的岗位等级考核办法,建立一支稳定的基层员工队伍。

华为基层员工价值评价体系适合公司生产及行政服务系统中HAY岗位评估15级以下的所有岗位,具体分成操作岗位、技术支持岗位和基层管理人员三类。①

对于基层员工岗位,华为公司采用岗位族管理模式,就是将工作内容和技能要求相近的岗位划在一起,建立岗位族;按技能的差异性在岗位族内划分不同的岗位;根据不同岗位的具体作业产品划分岗位分项。岗位划分原则和岗位族管理是员工价值评价管理可操作性的基础。生产系统共分成装配、调测、设备操作、物料、检验、基层管理六个族34个岗位;行政服务系统共分成保安、服务、物业、司机、事务、基层行政管理六个族23个岗位。

操作类基层员工管理

岗位内等级的划分遵循上岗——能手——资深的分级原则。具体为:一级是按岗位应知应会标准和业绩标准考核达到上岗要求;二级是按业绩取证形式考核其是否达到业务能手要求;三级是按业绩累积标准考核其是否达到岗位内资深的要求。对达到岗位三级要求的,可以继续在业绩累积上攀升达到4—8级更高的标准。其中,对简单操作类岗位只设一级应会考核,其他各级按业绩考核确定其等级晋升,对复杂技能岗位可考虑设一、三级应会考核,其他各级只考核业绩。

岗位等级考核要素分业绩、应知、应会三项。其中,业绩考核是决定岗位等级的主要条件,是贯彻责任结果导向制的具体化。业绩考核要素包括:作业效率、作业品质、改善成果等内容。应知考核分通用应知和岗位族应知两部分,通用应知按系统划分,针

---

① 齐文娥.华为基层员工价值评价体系解析.[J] 职业时空,2006

对不同的工作要求考核相关的通用知识；岗位族应知针对不同的技能操作要求，考核相应的技术知识。

技术、支持基层管理

岗位内等级的划分遵从公司任职资格管理的原则方法。对技术支持类岗位按称职——专业——精深的层次，分成七—八个等级；对基层管理类岗位，从相应作业岗位三级以上人员中选拔或竞聘，故只设置四个等级，以体现双重层级制管理的原则。

岗位的等级考核，遵从以目标和绩效改进为依据，按绩效改进给予评价的目标/绩效管理原则。考核要素按客户导向、输出驱动的原则，建立面向客户、流程的KPI，并按WCM绩效的作业及时性、品质、成本三项主要性能进行具体的指标设置。

相对于我国绝大多数企业来说，华为公司的基层员工评价体系则显得更为细致、规范和有效。这个评价体系充分体现了华为分配价值理念中的“不让雷锋吃亏”理念，它旨在激励员工在一个岗位上长期工作，不断钻研业务，提高业务水平，从而建立起一支稳定、高效的业务骨干队伍，为整个公司的持续发展奠定基础。

# 第19章 从土狼到狮子

## ——华为的营销策略

战略市场的争夺和具有巨大潜力的市场的开发，是市场营销的重点。我们既要抓住新兴产品市场的快速渗透和扩展，也要奋力推进成熟产品在传统市场与新兴市场上的扩张，形成绝对优势的市场地位。

——《华为基本法》

《IT经理世界》将通信制造业的三类企业比喻为三种动物：狮子——跨国公司；豹子——跨国公司在中国的合资企业；土狼——地道的中国本土企业。而将华为看成中国最杰出的土狼。随着企业规模的扩大、国际化战略的实施，华为正在完成着的从土狼到狮子的转变。

## 第一节 国内市场策略

《华为基本法》上将华为的经营模式总结为："我们的经营模式是，抓住机遇，靠研究开发的高投入获得产品技术和性能价格比的领先优势，通过大规模的席卷式的市场营销，在最短的时间里形成正反馈的良性循环，充分获取'机会窗'的超额利润。不断优化成熟产品，驾驭市场上的价格竞争，扩大和巩固在战略市场上的主导地位。我们将按照这一经营模式的要求建立我们的组织结构和人才队伍，不断提高公司的整体运作能力。"

### 一、农村包围城市

最初创业时，华为民营企业的身份，没有什么政府背景，很难获得政府的关注，华为在发展初期在行业里也没有什么名气，为了打开市场生存下去，为了求得发展，华为和当时很多中国企业一样，选择走"农村包围城市"的道路：首先从农话市场切入。由于中国农村市场线路条件很差、利润率低，国外的大跨国公司基本上集中在大的城市中，在城市之间开始进行较量市场定位也就忽略了较为偏远的农村。由于精力有限和农村市场的收益较小，这些跨国公司在拓展农村市场方面基本上没有什么大的动作，从而也给国内通信设备厂商一丝生存的空间。而且跨国公司往往不把农村市场这种“鸡肋”放在眼里，但是农村市场却比外国大公司想象得要有前途。以低端市场为目标几乎是所有的中国通信设备制造业或是代理商的选择。然而华为在那段时间里，正是靠抢占农村市场成长起来，并以很快的速度蚕食跨国公司盘踞的国内高端市场。

华为在农村市场上一路领先，成为农村市场上表现最突出、市场份额最大的公司。华为的销售员全部深入到县级和乡镇市场，1992年前后，华为孙亚芳、纪平、江西生接手市场部，地毯式的强力推广产品，每个县城都是占领的目标；同时坚定地反对内部的腐败。在农村市场上，华为一路高歌。在农话市场上，华为为了在整体实力和技术不如对手的情况下和跨国公司抗衡，华为在市场上采取人海战术。华为对手一般在每个省市只派三到四个人留守，即使是国内厂商在县区一般也只有一个人，而华为和对手形成鲜明对比，在同一县城往往有七八个华为的销售人员。爱立信当时只有三四个人负责黑龙江的本地网市场，华为却派出200多人常年驻守，即使县级城市，华为也会驻扎二三十人。只要客户一声召唤，无论大事小事，华为都会立马就到。

华为凭着自己为客户服务的理念，能够快速出现在第一现场，为客户解除困难，使得华为和客户建立了良好的关系。华为的产品也开始逐渐被大家所认可和接受。2000年春节，黑龙江的一个本地网交换机中断，网上运行着多种机型，不知道问题出在哪个厂家的设备上。华为的技术人员在一天内从深圳赶到黑龙江，发现问题不在华为。偏偏出问题的厂商迟迟没有回应，华为将自己的接入网改接到另一路由，通话恢复了。

“胜则举杯相庆，败则拼死相救”是华为的市场工作原则，华为在农村市场上稳住阵脚后，开始向城市进军，渐次进攻到市级、省级，直到国家级的骨干网市场。华为公司利用多年的基础建立起一个遍及全国各省市、以30个大中城市为中心的销售与技术服务网，稳定的机型和对用户较优良的服务使公司赢得了一批稳定、忠实的客户。后来任正非谈到：“七年的发展道路，我们认识到我们没有市场，只能靠技术先进、质量可靠、服务周到去争取市场。创建初期，我们的产品质量不好，是靠遍布在全国的33个维修点及时的售后服务来弥补。”

1995年是华为发展中最具有纪念意义的一年，华为在技术研发上巨额的投入终于有了回报。随着C&C08万门交换机的研发成功，华为市场上也开始有了转机。1995年，华为把大批高素质人才投入到了营销一线实现“技术市场化、市场技术化”的策略。号召广大高素质员工到市场前线去。

在程控交换机市场，这个时期是华为的天下。1995年的时候，全国150多家交换机生产企业，全年只生产360万线。1996年，信息产业部、邮电部在北京举行全国交换机产品订货会。从办事处主任到高层领导华为抽调400多人，专门在会上服务40个参会的各省市相关领导。结果，在品牌不如外国巨头，技术也不及竞争对手成熟的情况下，华为硬是抢去了大批的订单。1998年，北京召开19省市GSM交换机展览订货会，华为从全国召集500多人，租赁全会场最好摊位展示自己的产品。在此次展销会上，华为大获成功。华为、爱立信一共获得280万线的订单，相当于整个订货会上的1/3。从此，华为慢慢成为了中国移动电信的最大客户。

1998年，华为成长为程控交换机市场的老大，全年总共销售933万线，上海贝尔排在第二，销售780万线。目前，在国内市场上，华为的产品已占有相当的份额，如交换机市场占有率为20%，接入网市场份额为70%，ETS市场份额为72%，华为逐渐完成了从农村到城市的转移，在国内市场上开始和跨国公司并驾齐驱。

## 二、低价格策略

压低价格是华为在发展起步阶段市场营销中常用的手段之一，华为深谙价格战是一把双刃剑，因此在价格武器的使用上华为是有选择的使用，华为采取低价格策略的原则是：当产品、客户关系、品牌与对手无明显差异，且自己的市场能力比对手弱；为了降低竞争对手利润率或者阻止市场新进入者；为了集中资源，把有限财力投向有价值市场，即"有所为有所不为"；技术上有重大创新或变革，不惜以自我淘汰方式强迫产业进步。

在已经确立优势的市场上，华为要做到巩固市场，防止竞争者进入，把这个已有的收益市场封闭起来，设置高的进入价格壁垒。运用的主要手段是：主动发现并弥补细分市场，满足客户的特殊需求；主动创新提高技术和服务，以提高用户满意度；阻止新竞争者进入；利用产品组合优势封杀对手的进攻机会；主动让利降价，不在价格上给对手以可乘之机；同时在客户关系和服务上提高。目的是不断将市场份额转化为销售额，同时将市场慢慢延伸扩大。

在对手占有优势的细分市场上，华为会采取各种积极手段来争取客户，主动发动进攻，时常使用价格战，目的是打压对手的利润和市场份额，阻挠其市场进展，逐步挤占对手的市场空间，最后达到成为市场领导者的目的。在国内的大型交换机市场上，华为在推出C&C08万门交换机之后，就确立了主要对手是上海贝尔。1999年华为进入四川时，上海贝尔在四川的市场份额是90%。刚开始，华为仍然绝口不提销售，主动将自己的接入网免费给客户使用，借此在四川各本地网都布上了点。而对手忽略了华为的这个小动作。随后，华为又将接入网的新增点抢了过来，逐渐把点连成了面。网上运行的华为设备数量有了突破性进展后，华为又伺机将接入网的优势顺理成章地延伸到了交换机，最后将华为的交换机变成和上海贝尔交换机并存的第二种制式，跻身主流机型。现在，华为已占四川新增市场70%的份额。

只要能拿到定单，鼓励销售人员可以使用一切合法的非正常竞争手段。如在向中国电信销售某一设备时，竞争对手承诺购买70万元的设备后赠送价值50万元的附加设备。华为的反应是：所有设备免费。目的就意图垄断了该地区5年时间的市场，赚取这5年的服务维护与支持费用。这是一种两败俱伤的竞争手段，华为销售人员却不这样认为："这传递给我们这些一线销售人员一个非常明显的信号：公司支持销售人员不惜一切成本参与市场竞争。我们总能感受到公司强大的力量在支持我们，使我们在面对上海贝尔和中兴通讯等这些同行时,显得更为自信。”

华为把价格武器应用的很巧妙,有时候用价格战来压低对手利润,大伤对手的元气,而自己却不伤筋骨。1997年,华为在煤炭系统拥有90%以上的市场占有率。当年,一家经济效益很差的矿务局引入了华为等三家企业,对矿务局全网改造进行投标,付款方式是以煤易货。华为经过调查认为:客户对付款没有诚意,只是希望找几个厂家压价;华为在该项目中客户关系方面无优势;竞争对手急于在煤炭行业树立样板点,因此对该项目势在必得,价格战在所难免。

华为决定放弃,但并没有退出,而是继续参与报价。第二回合后,对手的报价已降到了300元/线以下。尽管华为的目录价高达1300元/线,其客户经理却报出了270元/线的价格,并针对竞争对手的技术弱点,设置了“陷阱”。不出所料,竞争对手纷纷报出230元/线的价格,算上以煤易货的费用,最终不到200元/线,还不得已附加了很多额外服务承诺。用户最终选择其中的一家进行全网改造。三个月后,设备如期到货,但用户的预付款仍无着落,厂商坚持不肯开箱装机,双方矛盾激化。这是华为在市场潜力小,商务、技术和市场不占优势的情况下,降低竞争对手利润、利用价格武器打击对手的经典案例。

但是随着竞争的加剧,使得整个行业的利润空间急剧的下跌。华为的不计成本,低价格的营销策略,开始凸显劣势。通信业权威媒体LightReading报道,有迹象表明,目前中国两大电信设备经销商华为和中兴正在承受着来自财务及竞争方面的空前巨大的压力。从长远来看,这将影响到它们未来的发展,而从近期来看,这两家公司获取的净利润都将会降低。有业内专家认为,不论在中国本土市场抑或是海外市场上,华为与国内对手中兴所发起的是一种“自杀式价格战”,它们自身的利益也将会受到影响。

2004年,华为的营运利润率为18%,而2005年下降到了14%;而中兴的营运利润率仅约为8%。考虑到价格战存在的致命伤,华为价格武器的应用上已经越来越少。华为市场人士说,价格战已经不是华为逢战必用的杀手锏。任正非不久前曾说:“在海外市场拓展上,我们强调不打价格战,要与友商共存双赢,不扰乱市场,以免西方公司群起而攻之。我们要通过自己的努力,通过提供高质量的产品和优质的服务来获取客户认可,不能由于我们的一点点销售损害了整个行业的利润,我们决不能做市场规则的破坏者。”

## 三、纵横式营销网络

《华为基本法》第三十一条:“营销系统的构架是按对象建立销售系统,按产品建立行销系统,形成矩阵覆盖的营销网络。”为了配合自己的市场营销战略,华为公司形成了一套独具特色的营销网络组织,即产品线和客户线相结合、纵横式的营销网络组织。在某一特定的区域,华为安排了两种类型的人员与顾客保持着非常密切的联系:一种是关系性,即进行公关活动的客户代表;另一种是技术性,即精通特定产品技术性能的产品人员。按照华为公司的比喻,前者是在松土施肥,后者是播散种子。①

具体实施过程,公司的客户人员与技术人员具有非常紧密的合作关系。一个地区的客户代表主要是收集区域范围内客户的信息,建立与客户开展合作的渠道,有针对性地进行项目或产品的引导。一个区域的客户代表相对比较固定,通过客户代表的活动,客户能够认识到华为公司的整体形象。而产品人员相对流动性较强,他的主要职责是进行产品的技术发布,向客户进行技术推广和交流,介绍产品的技术特点、业务性能和网上应用等,解答客户提出的技术问题,使客户能够对华为公司的产品有更深入和更全面的认识。这样,客户代表和产品人员各司其职,通过各自的引导,共同促进合同意向的达成。这两类人员虽然分工不同,但其总体的营销目标是一致的:公司在下达营销目标时是通过产品和区域两条线同时下达的, 营销目标既要在区域上进行分配,又要在产品上进行分配,区域加总之和与产品加总之和是相同的。这样就从根本上保证了客户代表和产品人员努力方向的一致性。

## 四、办事处非本地化

华为的销售基本上是通过设在当地的办事处, 华为也先后在全国成立了33个办事处。在华为的营销组织体系中,办事处充当了桥头堡的角色。办事处的成立得以近距离地接触客户,有利于建立良好的客户关系,对客户的需求反应速度快。为了杜绝销售人员的腐败现象,华为的销售队伍实行严格的回避政策。

在办事处营销人员的配置方面,在大多数公司还在采用本地化营销政策的时候,华为决定实行非本地化政策。本地人不得任办事处正职,办事处只允许5%~10%是本地人, 一般销售人员定期在各办事处轮岗。这样有效遏制了独霸一地客户资源的现象,又把一线员工的精力引导到长期客户资源的经营上。

为了保证一线员工的工作激情和活力, 在华为的销售人员当中有很多都是刚出校门的学生,而这些“初生牛犊”往往比有销售经验和丰富人生经历的人做得更成功。当年招聘来的新员工,原则上不能被派回原籍或母校所在地拓展市场的。而且营销人员经常在全国各地调动, 平均不到一年就会调动一次。一线销售人员通常以三年为限,也许还没等到三年,销售人员就已离开这个岗位,但要是期限满了,就是想接着干也不行。

华为员工在公司的岗位之间的流动性很大, 华为公司要在公司与客户之间立建长期合作伙伴关系, 华为的员工流动保证了华为的客户资源不会成为员工个人的资源, 避免了公司的客户关系会随着员工的离岗而松懈。华为在客户中有很高的认可度, 由于客户认可的是华为品牌, 因而继任者较为容易的与客户继续保持良好的关系。非本地化政策是华为公司的独特销售政策, 并被事实证明是一个十分有效的做法。那些起初采用本地化营销政策的公司也渐渐地改为非本地化政策。华为公司的这一政策十分有助于建立公司产品的品牌形象,时至今日,华为公司与国内竞争对手相

---

① 吴晓云,付临芳,祝晖.华为公司的营销“圣经”[J].西安邮电学院学报,2002

比,在绝大多数产品领域中都已确立了高质高价的形象。

## 五、普遍客户关系

企业的核心竞争力到底是什么,知名的品牌?雄厚的资金?技术的创新和新产品的开发?优秀的人才?还是良好的社会和人际关系?这些因素对于一个企业来说,都是非常重要的,但很多企业忽视了一个至关重要的因素—客户。

2002年12月18日,在首届CEO国际合作论坛暨中国CEO俱乐部揭牌仪式上,美国CEO俱乐部主席、创始人曼库索博士非常简洁地道出了企业的核心竞争力,那就是"客户、客户、客户!"。中国海尔集团CEO张瑞敏这样解读核心竞争力:"企业的核心竞争力是什么?很多人说是核心技术和核心产品,但我想没那么复杂,企业的核心竞争力就是企业拥有客户资源的多少,谁拥有客户资源,谁的核心竞争力就强。"客户对于企业来说,至关重要。因为一个企业的产品不管技术含量多高,品质多么优秀,只有在客户购买你的产品之后你的公司才算真正成功。不管企业建有多好的管理制度、多好的管理团队,关键还是要取得客户的满意。能够运作市场,让客户满意的企业才是真正成功的企业。

许多企业认为,公司的大客户才是根本,只有管好了大客户,企业才能保证销量。因此,在客户管理的过程中,大客户得到了重点的关注,而小客户具有种种的特点让公司的营销经理们觉得无利可图,通常处于自发管理或被动管理的状态。片面强调大客户的重要性,而忽视了小客户的发展潜力,这是典型的"短视行为"。小客户的确是小,但是小客户为数众多,也是企业的重要资源,而且小客户中有很多的有发展潜质的优质小客户,与小客户关系处理不当对企业来说是一种营销策略上的失误,有远见的公司都很重视小客户。不论大小客户一视同仁,华为就是这样做的。

华为的客户关系经营上有自己独特的一套,华为强调的是建立"普遍客户"关系。所谓"普遍客户",顾名思义,是相对于"重点客户"而言。华为提出的这个普遍客户,旨在告诉自己的所有员工:客户不分大小、职务不分高低,只要是和产品的销售有关的人员,全面攻克。任正非强调:任何一个不起眼的细节和一个不起眼的角色都有可能决定在一个项目中华为的去留。所以在处理客户关系的时候,必须一视同仁,不能轻视订单量小的客户,不能只重复地接触个别的高层领导,对于其他的一些中层领导甚至是普通员工都要重视。

很多人认为任正非很难接近,他很少接受记者的采访,很多的官员和企业家想拜访他,也大都被回绝。但是假如是华为的客户想见任正非是却不是一件难事,任正非自己也说:"我不是不见人,我从来都是见客户的,最小的客户我都见。"这充分体现了任正非普遍客户的理念。

华为把普遍客户关系看成企业的差异化竞争的优势, 在市场体系要重视客户关系的建立,要有长远眼光。在华为的一次市场例会讲话上,任正非对员工们强调:"我一再告诫大家,要重视普遍客户关系,这也是我们的一个竞争优势。普遍客户关系这个问题，是对所有部门的要求。坚持普遍客户原则就是见谁都好，不要认为对方仅是局方的一个运维工程师就不作维护、介绍产品，这也是一票呀。”

华为要求每一个客户经理，产品经理每周要与客户保持不少于五次的沟通的制度，当然，还要注意有效提高沟通的质量。而且强调，一定要加强普遍的客户沟通，要把普遍沟通的制度建立起来，如果沟通的不好或者沟通不够，就降职、降薪。沟通做不了的员工要慢慢淘汰掉。华为不但要求一线销售员工和客户经理要和客户建立和保持好关系，而且对于华为的研发总裁也要每周会见几次客户，坚持与客户进行交流，倾听客户的意见。

华为在全国范围建立了200多个地区经营部，主要负责和各地区的客户进行沟通，争取拿到采购合同。2000年，邮政和电信分拆，县级的电信设备采购权被收回到市级电信主管部门。因此，华为就有人提出要撤销地区经营部的设置，因为这样做华为可以节省很大一笔开支。但任正非却力排众议，坚决地要保留地区经营部的设置。他的理由是：“我们每层每级都贴近客户，分担客户的忧愁，客户就给了我们一票。这一票，那一票，加起来就好多票，最后，即使最关键的一票没投也没有多大影响。当然，我们最关键的一票同样也要搞好关系。这就是我们与小公司的区别，做法是不一样的。”

## 六、成立合资公司，利益共享

华为的这个市场策略一直深受同行其他企业的诟病，仅仅从开拓市场的策略来说，我们不得不承认华为和地方各邮电部门合作成立地区公司是一个非常高明的策略。1997年，华为首次提出要与地方合作建立地区公司，目标是：“合资公司要办30个，如果华为在海外上市，合资企业也要在海外上市”。并专门成立了合资合作部，专门负责合资公司事宜。

华为自1997年开始与铁通联合建立北方华为、收购原102厂建立四川华为，开启了华为国内市场战略的布局，此后华为通过收购、兼并邮电部下属通信设备厂、研究所，在一些具有战略意义的省市与当地邮电、电信部门合作先后建立了10多家合资企业，其中包括：沈阳华为、山东华为、四川华为、天津华为、北京华为、成都华为、安徽华为、上海华为、黑龙江华为、云南华为和河南华为等合资公司。地区公司是按地区划分的全资或由总公司控股的具有法人资格的子公司。地区公司在规定的区域市场和事业领域内，充分运用公司分派的资源和尽量调动公司的公共资源寻求发展，对利润承担全部责任。在地区公司负责的区域市场中，总公司及各事业部不与之进行相同事业的竞争。各事业部如有拓展业务的需要，可采取会同或支持地区公司的方式进行。

华为与各地区成立的合资公司具有很大的市场战略意义，使得华为一下子打开了各地区的市场，四川华为成立后，华为在四川省的销售额从1996年的4000多万元增长到1997年的2亿多，到1998年增长到4亿元，销售额实现翻番。华为的合资公司使得华为和电信局成了“一家人”，某电信局的话很有代表性：“既然是合资伙伴，就是一家人了，我们拆4万线的1240设备装华为的C&C08！”。

与各地电信部门结成利益共同体,华为也能利用合资公司合作方的资源。另外,华为合资公司有助于华为回收货款,凡是有合资地区的地区公司的货款回收的都很顺利,很少发生拖欠货款的事件。回款率也非常高,华为的合资公司回款率平均达到95%以上。

合资公司是华为的一个独特的市场策略,在华为的市场开拓中发挥了重大的作用,对华为的企业形象、品牌的树立也功不可没。2002年,上海华为改制,成为华为市场部的真正意义上的华东分部。随后其他的合资公司也逐步改制,华为的合资公司演变成为地区公司,华为合资公司也完成历史使命,不再存在。

## 七、关注顾客需求,提供解决方案

要想在市场竞争中制胜,单凭雄厚的技术实力是不够的,还要有良好的服务。这里的服务不仅仅是指售后服务,而是指要为客户提供能满足客户需要、解决客户难题、为客户创造价值的服务,包括为客户提供有效的问题解决方案。华为认为,电信竞争的实质是业务的竞争,而业务竞争的实质是为最终用户提供客户化、行业化的解决方案。制造商的工作重点应该聚焦在如何满足运营商对经营的需求、帮助运营商建设有"价值"的网络上面。华为公司密切关注客户的需求,和客户进行了良好合作,并以更具个性化客户化和差异化竞争优势的产品、解决方案服务客户。高水平的服务能力是华为的竞争优势。

"关注客户需求"是华为的代表性口号,但它绝不是口头上的。华为公司经常进行例行的客户满意度调查。以其用户培训中心为例,每一次客户培训后,华为都对学员进行问卷调查,征求意见。用户对所参加的培训提出了很多意见和建议,或尖锐,或委婉,有的时候更是让他们无以应对,感到尴尬。但正是用户的心声,使华为看到了用户的殷殷期望和改进的方向。现在,华为用户培训中心经过多年的发展,已成为业界的重要培训机构,其中一个主要动力就是用户的意见和指导,促使华为用户培训中心不断改革和进步。

目前华为用户培训中心在众多方面都走在了同行的前列,表现在:拥有一批专职的、富有经验的资深教师担负起了培训中心核心业务的建设,不断搜集、研究用户需求及业界培训的成功经验,建设有效的培训体系与课程体系;随着IPD的理顺,目前大部分IPD产品培训中心都派有专职人员跟进,在产品的研发阶段就进行培训体系的设计与教学文件的开发,将培训作为一个特殊的产品来开发研究;课程具备良好的可移植性,为培训社会化创造了条件,使培训效果从根本上得到保障;上机练习与故障处理课程的比例合理,提高了培训针对性与实战性;在多媒体课程的开发投入上走在业界前面,优化了教学方式,提高了培训效果与培训效率。

华为用户培训总部位于深圳,在南美、独联体、南非、中东、北非和东南亚五个地区建设了海外培训分部,在北京、上海、杭州、昆明等地建立了15个国内授权培训分部;培训总部有116名经验丰富的教师及20人的课程开发队伍,可同时容纳800多名学员接受运维训练；至2001年底，已有40多个国家和地区的34408名学员在培训总部及分部接受了培训，这样的成绩是业界少有的。

从用户培训这一点就可以看出，华为对客户的关注非常具体、细致。这种做法，使华为在业界总能够比别人离客户的需求更近一点、改进更快一点，而客户得到的服务总是更多的满意。

下面是华为的一个成功的销售案例①，从案例中我们可以看出，华为在营销过程中始终是从为客户服务，解决客户的难题出发，最终打动客户，促使客户选择了华为的产品。

2001年3月初，国内第五大电信运营商中国铁通挂牌成立。铁通要想参与其它电信运营商竞争，就必须进行电信本地网的建设，而铁通在这方面的基础完全是空白。所以铁通本地网建设项目"铁通一号工程"成为铁通成立后的第一个重大项目。由于电信行业的特点，对设备供应商来讲，这不只是一个单纯的销售项目，而且直接影响到其将来市场战略格局的划分，各个厂家无不倍加重视。

"铁通一号工程"分为两期进行，一期项目是各个省会城市本地网建设，作为一个城市的本地网，一般情况下只可能使用一种机型，而且省会城市的设备选型情况会直接影响到以后其它城市的设备选型，所以一期项目的重要性非同寻常。本人受命与另外两个同事组成项目组负责J省"铁通一号工程"项目，本人负责客户关系平台的建立和项目协调，另外两位同事负责技术推广工作。

"铁通一号工程"由铁通总部对国内三个知名厂家进行招标，但各省分公司有权自己选择机型。除华为公司以外，另外两个厂家分别为B公司和Z公司。

接到任务后最重要的事是做深入的调查研究。一方面了解J省铁通内部的组织结构和决策链以及关键人物的个人背景与彼此之间的关系。另一方面，了解相关各厂家与J省铁通交往的历史和现有设备使用情况。并根据了解的情况对项目进行了SWOT分析。

根据了解，华为公司的设备在J省铁通以往只有少量的应用，客户的反映一般。优势在于设备功能比较强，有一定的品牌优势；劣势在于价格相对较贵，而且客户关系十分薄弱，平时与客户几乎没有交往，甚至不知道客户的工作地点在哪里。而B公司在J省铁通已有八千门的交换机在网上使用，由于设备比较陈旧，功能较差而且运行不很稳定。但该公司与J省铁通有长期的交往，关系密切。而且当时铁道部持有B公司的股份，所以B公司有来自铁通上层的支持，在与客户关系上占有明显的优势。Z公司设备性能与华为公司不相上下，优势在于其设备价格低、市场策略灵活，但该公司产品在J省铁通从没有过应用，同样没有客户关系基础。综合以上情况，我们认为相比之下B公司对我们的威胁更大，是主要竞争对手。

作为销售人员应该清楚地知道，通常情况下客户最不信任的人就是销售人员，如何取得客户的信任是进行销售的第一步。要想取得客户的信任，关键是要让客户感受

①资料来源：中国营销网《一个关于华为的经典成功销售案例》http://www.b770.com/ld/ld_559_1.html 2007-4-26

到你为客户服务的良好态度，就要处处为客户着想，站在客户的立场上去看待问题，帮助客户去解决问题。在与客户交往的过程中，我特别注意的就是设身处地的为客户着想，在为客户提出任何意见和建议时，都要告诉客户这样做对他的好处。铁通的市场人员都是技术维护出身，没有丝毫的市场经验和意识，我就利用我在这方面的优势，和他们探讨铁通未来如何经营，主动为他们上销售技巧课，并且以他们的客户经理的名义，为他们拓展重要的客户，使客户非常高兴和满意。在客户要进行网络规划设计时，我们就主动和他们一起连续几天干到深夜。当发现他们的建设思路存在问题的时候，就主动为他们写了一篇铁通市场分析报告，为客户做市场的SWOT分析并提醒他们在电信网建设中应注意的问题等等。我们不仅做到了客户期望厂家要做的工作，而且还做了许多超出客户期望值的事情。当你为客户做了这么多工作，而你的竞争对手却没做到时，客户对不同的销售人员和厂家的态度就可想而知了。

"铁通一号工程"一期项目时间非常紧迫，从开始运作到最后的投标日期只有不到三个月的时间，在这种情况下，如果按照通常的方式先拉近客户感情再打入产品的话，时间上是不允许的，而且在短时间内客户关系上也很难超越B公司。所以，只有抓住客户的主要需求，迅速切入。通过与客户的初次交往，我们发现面对的客户有强烈的危机感。铁通初建，他们不仅是没有设备，没有市场，更没有电信运营的经验，对未来的发展感到困惑和茫然。在这种情况下，人人考虑的都是铁通如何生存，而无暇考虑个人利益。用马斯洛的人的需求的层次理论进行分析，客户的需求应该在高于生理(物质)需求的安全需求的层次上，把握住这一点，就确定了我们市场关系的切入点。本人有着十几年在电信行业的工作经验，对电信的建设和运营有比较深入的了解，而这正是客户所缺乏和急切想知道的。于是在与客户交往的时候，不是一味地去宣传公司的产品优越性，而是和客户畅谈电信运营商的建设和经营之道，这些对客户非常有吸引力。所以客户非常乐于与我进行交流，这样使客户关系迅速地建立起来。同时，也把握住了客户的本地网建设的建设思路。

虽然客户关系迅速地建立起来，在产品问题上并没有得到客户的完全认可。客户长期使用B公司的交换设备，对此设备的操作和维护都比较熟悉和了解，虽然不是十分满意，但客户并不打算引进新的机型。客户对华为公司设备的认识也仅仅是对公司品牌的认可和对原来使用的少量设备形成的印象而已。所以客户再三表示说："听说你们公司交换机的模块功能比较强，所以这部分我们想用你们公司的，但汇接局我们还是要用B公司的，因为我们原来就用他们的设备，对它比较了解。"这对我们来说是个非常严重的问题。因为了解电信行业的人都十分清楚，如果在电信本地网中不能占据汇接局这一战略制高点的话，你只能充当一个配角，随时都有可能被挤出本地网。但在这种情况下，靠强力的推销是不起作用的。此时我们没有急躁，而是冷静地通过寻问来使客户发现问题，寻找机会，引导客户。我们有意识地寻问客户B公司设备的使用情况，终于在客户陈述的情况中我们发现了机会。客户说他们使用的B公司八千门交换设备不具备局间计费功能(事实上B公司的新设备未必存在此问题)，所以与中国电信间的结算只能完全由中国电信说了算，估计每个月损失十几万元。于是我们进一步寻问客户:“如果八千门的交换机一个月损失十几万的话，那么将来铁通发展到几十万门、几百万门的时候将会怎么样呢?”一句话顿时使客户感到了问题的严重性。同时,我们在技术交流当中除介绍本公司交换设备的一般功能外,着重介绍了它的局间计费功能和由此能为客户带来的经济利益。这样就使客户完全动摇了对B公司交换设备的信心,而完全信赖了华为公司的交换设备。最终,一期项目的三万七千门交换设备被华为公司尽收囊中,并为下一步拓展市场打下了良好的基础。

一期项目刚刚尘埃落定,二期项目随之而来,J省内五个城市本地网交换设备建设项目。省会城市由于一期项目被我们全部得到,所以二期扩容已非华为公司莫属。J省经济发达,市场潜力很大。但由于客户在当时看不到未来的市场空间,对市场前景缺乏信心,所以另外四个城市的交换机建设总量只有二万六千五百门。这样小的建设量不仅根本不能满足客户的市场发展需要，而且不足以使的华为公司交换设备占据市场的主导地位。同时,将价格昂贵的主控设备分摊到这么少的用户线上,会使平均价格变得极高,客户不可能接受。这种情况下必须想办法扩大客户的建设量。恰好此时,为了帮助其它办事处建立市场关系,我为S市铁通进行了一次市场培训。回来后,我借机把S市铁通在本地网建设上大胆做法“介绍”给客户,从侧面对客户施加影响。同时亲自为客户拓展了几个重要顾客,树立起客户对市场前景的信心。此时铁通总部也对J省铁通提出了扩大建设量的要求。在内外因素的共同影响下,客户把建设量逐步扩大到了三十几万门,一跃成为全国铁通各分公司建设量之首,使我们有了更大的市场空间。

B公司和Z公司在一期项目失利后,在二期项目中都加强了市场工作的力度,使市场竞争更加白热化。各个公司的产品都有其特点,厂家为客户提出的解决方案都是要最大程度的发挥自身优势。厂家中:B公司的本地网设计为汇接局下带若干个需要有人值守的端局,华为公司的设计则是汇接局下带若干个不需要人员值守的模块。如何把客户的思路引导到我们的轨道上来呢?在与客户的交流中,我们从电信经营的角度与客户探讨如何才能减员增效;如何才能及时灵活地拓展市场。这些问题都引起了客户的共鸣,而这些也正是能够充分发挥华为公司设备优势的地方。客户接受了我门的经营思想,其建设思路也就纳入了华为公司的轨道,并且由我们帮助客户做本地网设计,这样客户的购买意向也就必然倾向于华为公司的产品了。

虽然客户对华为公司的交换设备有了高度的认可，但华为公司的交换设备价格在三个厂家中是最高的。如果客户全部选用的话,要多花四五百万元,对资金十分紧张的客户来说是个不可忽视的问题。而且竞争对手为了争夺市场,纷纷向客户许诺给予更多的优惠条件,使客户在给华为公司多大的市场份额问题上产生疑虑。在此情况下,我们在交流中充分阐述华为公司交换设备的优势所在,强调产品功能为客户带来的长期利益,帮助客户从投入产出的角度算一笔账,使客户明白,虽然前期投入大一些,但得到的回报则是长期的,这样的投入是值得的。通过此方法,克服了华为公司在价格方面的缺点问题,客户表示愿意尽可能多地选用华为公司的交换设备。

随着投标的日期一天天临近,厂家间的竞争更加激烈。竞争对手不仅各自抛出更优惠的条件，而且通过高层关系向客户施加影响，而这正是我们的劣势所在。在此情况下，要想百分之百地占有市场是不可能的，为了尽可能多地占有市场，我们适时提出了华为公司的优惠条件：如果客户购买华为公司交换设备超过二十四万门的话，华为公司将免费赠送八千门的交换机设备。其中我们还特别声明，这八千门的交换设备是可以等价转换成华为公司的其它通信产品的。此时，我们考虑的不仅二期项目的市场占有率问题，而且为下一步传输设备进入J省铁通埋下了伏笔。因为，我们估计到客户订购的三十几万门的交换设备大概需要两年才能消化掉，另外是否再多八千门的交换设备对客户并不十分重要。但可以预见的则是，交换设备间的传输问题将马上成为客户的迫切问题。由于我们提供了这样的优惠承诺，使客户更加坚定了使用华为公司交换设备的决心。在二期项目招标中，客户顶住了来自各方面的压力，订购华为公司交换机设备近二十九万门，金额约1亿元人民币，更重要的是几个本地网的汇接局全部使用了华为公司的128模设备，而B公司和Z公司只各自得到一个县的端局。“铁通一号工程”由此结束，华为公司交换设备在J省铁通本地网上已占据了绝对的主导地位。

在拿下了J省铁通交换设备项目后，公司其它产品部门也都想利用这个市场关系平台，销售自己的产品，如通信电源、配线架等。在与客户交流之后，我决定放弃在销售这些产品上的努力。因为，大客户销售的特点之一是集体决策，作为销售人员要想得到一个决策群中的所有人的支持几乎是不可能的，反对意见存在是必然的。在“铁通一号工程”中，交换设备作为本地网核心产品，其好坏直接关系到客户集体利益和决策者个人利益。所以，决策者在选择使用华为公司交换设备时能顶得住来自上级压力和内部的反对意见。但如果要使决策者全部使用一家公司的产品，他将承受反对者舆论的压力，有可能对自身造成伤害。况且，像电源、配线架之类的产品，质量问题对客户直接的影响相对比较小，决策者则可以通过购买上级领导推荐的产品，给上级面子还领导人情。但此时我们则把下一个重要的产品销售目标放在了传输设备上。

在销售过程中，抓住客户最迫切关心的问题也就是抓住了重点。交换设备和传输设备作为本地网建设的基础对设备生产厂家而言其销售同等重要，哪个都是不能放弃的。但在销售过程中要抓住重点，把握节奏。在“铁通一号工程”项目过程中，我们没有为了展示公司的“实力”把公司的各种产品统统介绍一番，当时只重点针对客户当时最关心的交换设备进行交流和介绍。而在得知“铁通一号工程”二期项目被我们拿下之后，当客户马上面临传输问题的时候，我们则提前一步提醒客户该考虑传输设备问题了，才开始对传输产品进行介绍。此时客户已经拓展了一些用户，对传输设备的需要已经迫在眉睫，但由于铁通百业待兴，资金非常紧张，再拿出一笔钱来购买传输设备是很困难的。我们不失时机地向客户建议，把原来向客户承诺赠送的八千门交换设备等价转换成传输设备，客户非常高兴地接受了我们的建议。紧接着我们又从提高客户经济收益的角度出发，向客户推荐华为公司的智能网产品。在本人离开这个项目组，离开华为的时候，传输设备已经顺利地“送”进了客户的本地网，抢占了市场先机，智能网项目也已经提上了客户的日程。

取得如此的销售业绩，而我们付出的销售费用仅仅几千元而已。在整个销售过程中，既没有给客户送厚礼，也没有请客户吃大餐。能够得到客户的认可是因为我给予了客户更需要的东西，那就是帮助他们获得事业上的成功。

从上述华为员工讲述的成功案例中我们可以看出只有急客户之所急，想客户之所想，真正满足客户的需求，才能真正掌握了销售的精髓所在。而华为在这方面为很多企业做出了榜样。华为认为，没有对客户需求最实际的了解，没有精益求精、全心全意为客户服务的精神和与之相对应的服务能力，是不可能通过服务造福于客户的。华为并没有停留在一单合同、一项工程上，而是把服务细化、深化，从客户的现状和发展需求出发，真正为客户着想。以此方式，长期以来，华为公司通过在服务、质量、综合成本等方面的优势，建立了与运营商客户高水平合作、共同成长的基础。

## 第二节　海外营销之道

2004年，在“中国高科技企业全球化战略研讨会”上，华为高级副总裁徐直军第一次向外界袒露华为公司在近十年来在整个全球化过程中的曲折、艰辛、经验和体会。

### 一、海外市场三步走

华为公司副总徐直军把华为的海外市场拓展总结成三个阶段。①

第一阶段(1996年-1999年)：屡败屡战到零的突破。

1996年，年轻的华为确定了全球化战略。但是对于华为来说，除中国外，全球所有的国家和客户，所有的文化和环境，一切都是陌生的。当时华为公司绝大多数员工都很年轻，平均年龄是二十七八岁，基本上家庭条件也不是很好，没有出过国，国外什么样子基本上不清楚。更为不利的是，当时世界上的许多国家对中国并不了解。在这种情况下，华为走出国门时主要选择南斯拉夫、俄罗斯、巴西、南非、埃塞俄比亚这些国家。但是在抵达这些国家下了飞机以后也仅仅知道中国使馆在哪里，而客户在哪里根本无从谈起。每到一个国家，华为的销售人员首先得花半年的时间解决生存问题，即解决怎么生活的问题，然后再慢慢摸清客户在哪里。在这段时间里，相当多的营销人员在半年以上基本没有见到客户，即使知道客户的人在哪里，但是很难见到客户。

1996年，徐直军被派往俄罗斯开拓市场，但是在俄罗斯待了两周时间，根本就没有见到客户，只见到有可能成为合作伙伴的公司以及边缘的做支撑的机构。徐直军至今很清楚地记得当时他见俄罗斯负责软件部门领导人时的情形，听说中国公司能够做交换机，俄罗斯人根本就不信，他们第一句话就说，俄罗斯根本不会用任何新的交

①资料来源：刘启诚《十年艰辛证明自己实力 华为总结全球化》www.it.sohu.com/20040817/n221575380.shtml 2004-08-17 11:37

换机，所以不可能和华为合作。当时徐直军带了交换机的两块电路板和自己设计的芯片，当他把电路板和芯片掏出来摆到他们面前，看到中国的技术水平大大超出他们的预期和俄罗斯的水平时，这些俄国人震惊了。他们坐了下来，徐直军打开投影仪开始介绍产品，听完整个介绍以后，俄国人对华为的产品有了兴趣，后来华为进一步和这些机构联系，最终将华为的交换机卖到了俄罗斯。

当时为了见到客户，让客户认识华为，华为的销售人员采用了一个很“累”的方法，就是做标书，然后把标书送或者寄给客户。“当时最让我们兴奋的就是能够见到客户。其实我们心里也清楚，这些标书送过去不可能中标，因为我们连客户的面都没见过。但是，我们当时希望，标书发过去以后，客户会读我们的标书，通过读我们的标书可能会了解华为，了解华为的产品，这样我们再和他们接触的时候，他们会对华为有一个基本的印象。”徐直军说。事实上后来证明，这种方法是很有效的。

1999年8月，坚持不懈的华为终于迎来了国际市场上零的突破，而且还是个双喜临门——华为在也门和老挝正式中标。

第二阶段(1999年—2001年)：让客户认识华为

突破之后的华为，加大了国际市场的开拓力度。当时只要哪一个国家人口多，华为就派人去做市场，以为这些国家会有很大的通信需求。但是后来发现，相当多的国家对中国的了解大多仅仅停留在张艺谋所拍的电影上，在他们眼里，中国就是在《红高粱》、《菊豆》、《大红灯笼高高挂》等电影中的形象，许多国家还认为中国人依然留着一根长辫子。所以，在客户对中国是这样的定位的情况下，华为公司要把上千万或者几百万的设备卖给他们比登天还难。

无奈之下，华为采取了一个最原始、最简单的办法，就是请客户来中国参观，考察中国，考察华为，将中国经过20年改革开放取得的辉煌成就展现给他们，让他们知道中国已发生了翻天覆地的变化，知道中国这些年高科技的进展，知道华为的情况。当时华为制定一个“新丝绸之路”计划，就是请客户沿着这样的一条路线参观中国：从北京入境，之后到上海、深圳，然后从香港出境，或者从香港入境，到深圳、上海，再到北京出境。华为大量的邀请客人走这条路线，看中国的改革开放的成就，看华为公司，看华为公司的产品在这些城市的运营情况，以此加深对华为的了解。后来，华为又扩大了宣传办法，自己印了《华为在中国》、《华为在全球》两本画册，内容是中国的一些风景名胜、古迹建筑和华为产品的应用的情况。华为将画册大量发到各个国家，让许多客户通过活生生的画册来了解中国，了解华为。此外，为了让客户更加深刻地了解华为，华为就到全球去参加各种展览会。在2002年的香港展览会上，华为邀请1500多个客户考察香港。

通过这些活动，客户开始真正地了解华为，在合作方面就不存在思想上的障碍或者排斥心理了。经过1999年到2001年的艰苦努力，华为在国际市场的销售慢慢地拓开了。在各个国家，华为派出来的人基本上生存下来，各地机构也建立了起来。

第三阶段(2001年—2004)：竞争在两条战线

华为在国际市场已是名声鹊起。除了欧美市场之外，华为的产品几乎是遍地开花。华为在这个时候开始将目光转向了欧美市场,因为这不仅是一块成熟的市场,占全球市场的份额比较大,而且也是各大通信巨头们的传统势力范围。然而就在华为开辟这块市场的同时,一些跨国公司开始行动了。原来根本不把华为看在眼里的这些巨头们,慢慢地感觉到华为将给他们带来威胁。相当多的竞争对手出于竞争的需要,对华为公司进行一些战略上的遏制和经济上的遏制,来压制华为公司在各国市场的发展。思科控诉华为一案就是在这样的背景下发生的。

从2004年,华为在欧美市场开始逐渐打开市场,2004年,从荷兰移动电话运营商Telfort拿下的大单价值2亿—4亿欧元。2005年,华为挤进英国电信21世纪网络供货商短名单,中国通信设备商第一次迈进了全球电信业顶级富豪俱乐部的门槛。同年,与全球最大的移动通信运营商英国沃达丰正式签署全球采购框架协议,参与沃达丰的移动网络建设。2005年,海外销售额达48亿美元,占公司总销售额的58%。在欧洲这个全球经济最发达的顶级市场中.华为成功地跻身于英国电信、法国电信、德国电信、荷兰的KPN等全球顶级通信运营商的供货商行列。2006年华为全年销售收入达到656亿人民币,海外销售额所占比例突破65%。

## 二、再走农村包围城市路线

任正非意识到依靠区域市场生存的电信设备商无法立足于未来市场,所有的电信设备商都必须是国际标准化的。任正非说:“我们的队伍太年轻,而且又生长在我们顺利发展的时期,抗风险意识与驾驭危机的能力都较弱,经不起打击,不趁着短暂的领先,尽快抢占一些市场,加大投入来巩固和延长我们的先进,否则一点点领先的优势都会稍纵即逝,不努力,就会徒伤悲。我们应在该出击时就出击,现在还不十分危险,若三至五年之内建立不起国际化的队伍,那么中国市场一旦饱和,我们将坐以待毙!”于是,他对当时的华为下达了命令:走出去,活下去!

1996年,华为开始了海外市场拓展之路。华为在海外市场上沿用的是开拓国内市场上采用的“农村包围城市”的策略,在海外市场的拓展上,华为首先选择进军发展中国家,然后再逐步的进入发达国家市场。

1996年,华为为和记电信提供了以窄带交换机为核心的商业网产品,从中积累了不少和国际企业合作的经验,为迈向海外市场进行了一次练兵。此后华为的眼光盯在了发展中国家,1996年下半年,当华为在准备进军国际市场时,选择哪个市场作为切入口时,华为决策层却无法形成统一的意见。最终他们决定“采取集中优势兵力,制胜薄弱环节”的策略。即首先从电信发展较薄弱的国家着手,步步为营逐步发展,最后进入发达国家。

1996年,现任华为公司高级副总裁的徐直军被派往俄罗斯开拓市场,俄罗斯人根本就不信,中国公司能够做交换机,当他把电路板和芯片掏出来摆到他们面前,看到中国的技术水平大大超出他们的预期和俄罗斯的水平时,这些俄国人震惊了。最终将华为的交换机卖到了俄罗斯。

1997年4月，华为与俄罗斯成立合营公司。华为开始在俄罗斯市场上找商家的时候到处碰壁，加上华为的名声几乎为零，华为似乎很难撼动其他像爱立信和西门子这样的国际电信巨头。

1997年的俄罗斯经济陷于低谷，而且迟迟看不到复苏的迹象，卢布贬值一泻千里。对当时俄罗斯的情况，任正非这样写到："俄罗斯有着巨大的天然资源，有世界上最广阔的土地与森林，世界第一位的黄金、钻石矿，世界首屈一指的石油储藏，世界受教育程度最高的国家，宇航一直走在世界前面……但现在却经济困难得一年、半年发不出工资，军队的基本生活维持不下去，物价飞涨，确实碰到了十分严重的经济状况。"

由于俄罗斯的经济不景气，NEC、西门子、阿尔卡特等国际巨头纷纷溃逃般地从俄撤资。这一市场的主角空缺却给了华为千载难逢发展的好机会。在接下来整整三年的时间里，华为几乎没有拿到一单生意，在有着漫长冬天的俄罗斯华为人耐心地等待着，虽然等待的日子显得很漫长，俄罗斯的冬天也格外的寒冷，华为人还是坚持着没有放弃。

华为从俄罗斯国家电信局获得第一张订单仅有12美元。但华为坚持不懈地拜访运营商管理层，经过三年艰辛的"冰雪之旅"，终于与客户建立了互信，形成了主要的客户群。当普京全面整顿宏观经济，俄罗斯经济出现"回暖"之际，华为终于赶上了俄政府新一轮采购计划的头班车。2000年华为斩获了乌拉尔电信交换机和莫斯科MTS移动网络两大项目，拉开了俄罗斯市场规模销售的大幕。2001年，华为与俄罗斯国家电信部门签署了上千万美元的GSM设备供应合同。2002年底，华为又取得了3797公里的超长距离320G的从圣彼德堡到莫斯科国家光传输干线(DWDM系统)的订单。

现在华为已经成为在俄罗斯投资最大的中国公司，每年数亿美元的销售额也曾使俄罗斯地区连续多年位居华为海外地区收入之冠。在俄罗斯宽带市场上，华为已经取得超过50%的市场份额。而在GSM、CDMA450和光传输领域，华为更是后来居上。华为在中东、北非、南非、拉美、北美、亚太和欧洲等地的成功，几乎都是俄罗斯市场经验的翻版。

2000年，华为大举进入亚洲市场，先后在印度、印尼、泰国、孟加拉、柬埔寨、尼泊尔、新加坡、马来西亚、阿联酋等国打开市场，成为亚洲最主要的GSM/CDMA系统供应商。

从2001年开始，通过与欧洲知名代理商合作，华为终于开始对发达国家市场有所动作，其生意先后做到了德国、英国、法国、葡萄牙等国家。经过多年的努力，华为终于获得了欧洲主流运营商的认可和市场的回报。

## 三、广泛国际合作路线

任正非认为"只有破除狭隘的民族自尊心才是国际化，只有破除了狭隘的华为自豪感才是职业化，只有破除了狭隘的品牌意识才是成熟化"。因此，华为在进一步拓展国际市场时，再考虑是以自有品牌进行销售还是以贴牌方式进行拓展时，考虑到建立品牌是一个长期过程，因此华为就开始与其他国际企业寻求合作，特别是在发达国家市场上，华为不断的以各种方式与国际的厂商合作，来打开国际的市场。

华为目前的合作战略已经从浅到深有了很多层次：比如捆绑销售(与摩托罗拉合作)；OEM合作，如目前日本京瓷既是华为小灵通终端产品的OEM制造厂商之一，而NEC又通过贴牌帮助华为在日本市场销售数据通信产品。另外直接合资也逐渐开始：如西门子既与华为在中国成立了针对中国市场的TD-SCDMA合资公司，同时也在欧洲帮助华为销售其数据通信产品。

在2000年以前，华为在国际市场上受到跨国公司的强势压制，想要和别人合作，却根本没有人理睬。华为与摩托罗拉的第一次谈判就不是很顺利。但是，随着几次接触下来，摩托罗拉发现华为的真正技术实力才决定和华为展开合作。由于在无线通信领域，摩托罗拉强劲的基站系统和薄弱的交换系统正好与华为形成互补，双方后来在这方面进行了捆绑销售。

华为始终没有放弃寻求合作，华为为了长远的发展目的，为了促成合作，一般采取“让利”伙伴的做法。2000年，华为开出了极具“诱惑力”的价格，与朗讯洽谈以OEM方式提供中低端光网络设备，在全球范围进行销售，希望将华为的成本优势与朗讯的国际品牌优势结合，通过暂时放弃国际品牌的代工模式，让自己的核心产品迅速走出国门。但朗讯当时身处困境，另一方面朗讯对华为很有戒心，谈判最终没有达成。

但是合作已经成为电信产业上不可逆转的主流，任何一家企业都不可能仅靠自己实力来解决所有的技术问题。基于以上的形势，2001年任正非提出了“以合作联盟等方式，改变全球市场竞争格局”的战略联盟。从2003年开始，华为与国际大公司的合作开始普遍展开，来自欧美的一些企业开始主动上门找到华为，商讨OEM等各种合作方式。

2003年3月，华为与美国3COM公司成立合资公司。华为利用3COM的技术，3COM则利用华为在国内的销售渠道。3COM拥有广泛的渠道和在欧美的知名度，能够为华为在国际市场的竞争提供便利条件。华为打算在全球企业网市场上与华为3COM并行展开业务，华为已经把除了面向运营商的核心路由器以外的全部路由器、交换机产品线，以及其中的知识产权和其他数据通信业务悉数注入合资公司。因此，在国际市场上，华为和华为3COM将可以在各自专注的领域内互为代理销售对方的产品。或者由华为直接OEM华为3COM的产品。最后，3COM带给了合资公司国际化的管理方式。包括合资公司的财务体系、渠道管理和法律平台。为华为提供更符合国际市场的思路。

在2003年8月29日“2003TD-SCDMA国际峰会”上华为与西门子宣布共同出资1亿美元组建合资公司。华为公司和西门子将分别占51%和49%的股份。西门子将提供大部分TD-SCDMA系统的设备和技术，华为则提供场地和部分技术支持。此次合资将意味着TDD(TD-SCDMA技术基础)核心技术全部在国内开发。

2005年11月14日，华为宣布，公司与西班牙电信运营商Telefónica在马德里的首相府正式签署协议，Telefónica选择华为作为其在3G和宽带领域进行业务创新的战略性合作伙伴,同时双方还将携手拓展拉美地区市场。

携手国际上的其他企业共同开拓市场、走国际合作路线已经成为华为海外市场拓展的重要手段。这也是任正非学习拉宾的"以土地换和平"的思想的体现,任正非曾经讲过:"我是拉宾的学生,我们一定要互补、互助,共同生存。我这是就崇敬拉宾来比喻与竞争对手的长期战略。"在这个思想的指导下,华为现在已经与摩托罗拉、英特尔、AT&T、ALTERA、SUN、微软等世界一流企业广泛开展技术与市场方面的合作。通过这些合作,华为逐渐被西方发达国家的用户所认可和接受,成功地打开了国际市场。

## 四、实力制胜

要在国际市场上获得成功单凭利益驱动很难获得成功,在发达国家市场上更是如此。由于著名的电信运营商在设备上的要求非常苛刻,要打动这些大客户,没有雄厚的实力和过硬的技术是不可能的。因此,华为在国际市场上的成功在某种程度上可以说是实力制胜。

华为现在已成为欧洲大型电信运营商最受欢迎的设备厂商之一,与爱立信、阿尔卡特等业界巨头一样,同英国电信、法国电信等这些大型电信运营商们携手合作。没有人再认为这个来自中国的通信设备制造商是个新手或者是跟随者。对于大型电信运营商来说,华为是一个优秀的合作伙伴,对于竞争对手来说,它是一个强有力的竞争者。

2004年12月8日荷兰移动运营商Telfort与华为签署WCDMA3G项目。Telfort是荷兰第三大移动运营商,成立于1996年,原为BT和荷兰铁路合资建立,1998年开始经营GSM网络2000年获得WCDMA3G牌照,现有用户250万。对于华为来说,签署这样的一个合同,不仅是其3G海外市场拓展进程中的一个里程碑,而且对于华为整个欧洲的开拓也有着重要意义。因为这一项目的签订,不但意味着中国基于WCDMA制式设备对GSM、WCDMA发源地欧洲的突破,而且更预示着华为在欧洲开始突破大电信运营商的阵地。如果说Telfort的突破还只是一个进军欧洲主流运营商的前奏的话,那么英国电信(BT)宣布华为进人其"2l世纪网络"短名单则完全表明,华为已真正成为欧洲一流运营商的合作伙伴。

英国电信(BT)是全球主要电信运营商之一。根据BT此前披露的信息,"21世纪网络"是一项规模极为庞大的网络升级换代工程,在技术领域几乎涵盖了所有的下一代电信网络传输技术的使用。有专家预测,该网络的建设和实施将使该公司的网络具有相当大的商业竞争力,并且能够为用户提供21世纪更新、更有效的商业电信服务。按照计划,BT将在未来的五年中投资大约100亿英镑(约合190亿美元)来建设"21世纪网络",由此带来的巨额采购业务被认为是世界电信有史以来最大的单宗采购项目。

为了给"21世纪网络"工程寻找可靠的设备供应商,英国电信在过去两年里同世界各地的300多家电信设备制造商进行了反复的谈判和沟通,从技术创新、管理水平、服务质量、企业文化等方面对这些公司进行了严格考察和认证。这次认证被公认是一次世界级的电信企业综合实力大检验。从2002年开始,英国电信对华为进行了为期两年多的认证,完全符合条件之后,华为才进入了"符合资格的供应商短名单"中。最后,英国电信优中选优,确定了八家设备优先供应商,华为公司成为入围的惟一中国厂商。值得一提的是,在BT供应名录中所涉及的接入、城域、核心网、互联网结点和光传输五大领域,其他七个供应商大多只涉足其中一个领域,而华为在接入和光传输两个领域各占一席,显示出强劲实力。

# 第20章 华为也有《基本法》

## ——华为的企业文化

基本法是我们企业文化的精髓，是公司上下形成最佳合力的基础。

——任正非

21世纪，文化管理成为企业管理一个重要内容，企业文化建设将成为企业的核心竞争力形成的重要因素。企业只有形成了自己的文化，才能使企业具有发展活力，才能更好的获得生存、发展和壮大，为全社会服务。追求成功的企业，想要具有良好的、持续的发展，就要为员工创造良好的发展环境、能够充分激励员工，形成强大的凝聚力把员工凝聚在企业周围，建立共同的价值观念、企业愿景，企业文化强化员工的使命感和责任感，使员工发展目标和企业发展目标有一致性，把个人的行为统一于企业行为的共同方向上，从而凝结成推动企业发展的巨大动力，也就是说企业成功依赖于优秀的企业文化。

华为的企业文化是华为取得成功的重要保障，华为总结出的《华为基本法》是华为企业文化核心部分。虽然《华为基本法》并不是第一部讲企业文化的纲领文件，但很多人还是将《华为基本法》看成是中国企业管理上的一个里程碑。在曾经参与《华为基本法》制定的人大教授彭剑锋看来，《华为基本法》最大的意义就在于它是中国民营企业第一次面向未来做全面的思考，第一次考虑如何才能成为一家基业长青的企业。

### 第一节　华为立法

在《华为基本法》刚出台的时候，任正非在一次市场前线的讲话中强调了基本法的重要性，号召员工和干部学习基本法。在这次汇报会上任正非说：公司的基本法归纳了过去八年的经验，也是规划公司未来十年发展的纲领性的文件，每一个高中级干部必须认真学习，结合自己的工作写出心得体会，教育自己和教育别人。一定要认真去自学。任何一个想进步的基层干部与员工，都必须积极地去学习、领会，基本法是我们企业文化的精髓，是公司上下形成最佳合力的基础。

1995年以后华为逐渐取得市场上的成功，企业进入迅速膨胀期。随着企业的发展，华为也出现了很多的新问题，华为在内部发起了“华为兴亡，我的责任”的企业文化讨论，宣传部还组织了几场辩论会。但一番讨论下来，人们发现，原来任正非宣扬的观点并没有得到很多人的赞同。平时埋头工作的员工根本不知道总裁在想什么，这件事情对任正非的触动很大。

同年，华为成立了工资改革小组，希望重新设计工资分配方案，但也遇到了极大的困难。因为在华为创业之初，每位员工的工资和股票都是由任正非一个人说了算的。华为在这时还没有确定一个大家认同的价值分配原则，而现实的情况是华为不能再按照过去的办法继续下去，到底怎样设计薪酬体系，什么能成为员工工资的依据？改革小组在这个问题面前显一筹莫展。

1996年，华为又发生了另外一件震惊整个业界的大事，市场部集体大辞职，开始这件事情被很多的外界认为华为只不过是在"做秀"。任正非策划这次事件用意是要在华为建立一种新的用人机制。但是一个新的问题又产生了，华为在这个时候还没出台任职资格体系，到底什么是华为的用人标准呢？为华为初期的成长做出重大贡献的那些老员工又该去向何方呢？

出现的一个一个的现实的问题摆在了任正非的面前，这些问题牵出了华为很多深层次的矛盾。任正非开始思考要对华为进行系统的总结，希望能找出一些规律性的东西，建立一个能牵引企业发展，在企业发展中起主导作用的纲领性的文件。

这个模糊的想法一开始是交给总裁办去做，总裁办把华为的主要文件，比如薪酬制度等放在一个夹子里再加一个封面，贴上一个条上面写着《华为基本法》然后交到任正非面前。但任正非说："这不是我要的基本法。"总裁办主任问道："那你要什么基本法？"任正非回答说："我要知道还用你来做吗？我自己就干了。"但是任正非心里清楚基本法不是一个规章制度的简单的分类和汇总，而是对华为成功经验的升华和提炼。于是，华为经过讨论把这个重任交给了人大的教授们。

1996年3月，黄卫伟、彭剑锋、包政、吴春波、杨杜、孙健敏的六人《华为基本法》起草小组正式成立。不过，刚开始时，人大的教授们也不知道是个什么样的法。通过和任正非的交流，他们首先确定了要解决的三问题，即华为过去为什么可以成功；促使华为创业成功的因素能否让华为继续成功；华为要想取得更大成功还需要什么。

带着这些问题，《华为基本法》的起草者们开始在华为展开调研。他们的办公室就设在任正非的隔壁，任正非只要有时间，就走过来和他们一起讨论，逐字逐句推敲每一个词语。每个月，华为的高层都会牺牲两个周末的上午休息时间来参与讨论。有时候甚至停工停产，全公司员工开会讨论。

1998年3月26日，在深圳明华中心的二楼会议室，起草者们拿出了《华为基本法》的第八稿，所有华为的高层都参与了此次评审会。在基本法的第一条"关于永不进人信息服务业的规定"就引起了激烈的争论。面对其他人的质疑，任正非仍然坚持。他的初衷是希望华为不要过早陷人多元化之潭："破釜沉舟把危机意识和压力传递给每一个员工，使内部机制永远处于激活状态。"

经过再次讨论和修订，当年10月，《华为基本法》最终定稿，而名字则是受《香港特区基本法》的启发。《华为基本法》具有一个企业宪法的大致形态，它规定了华为基本组织目标和管理原则，是所有制度的起源。

在《华为基本法》出台的同时，起草者们同时还拿出了28个子基本法，包括委员会管理法、虚拟利润法、安全退休金法以及人力资源制度等，这些子基本法，仍然不是具体的操作制度规定，而是对企业各个组织单位的设计原则进行细分定位。它们没有惩罚和纠错的内容，关于企业运行底线的规定则由各种各样的制度和规章来实现。

任正非后来总结道：华为走过的十年是曲折崎岖的十年，教训多于经验，在失败中探寻到前进的微光，不屈不挠地、艰难困苦地走过了第一次创业的历史阶段。这些宝贵的失败教训与不可以完全放大的经验，都是第二次创业宝贵的精神食粮。当我们第二次创业，走向规模化经营的时候，面对的是国际强手，他们又有许多十分宝贵的经营思想与理论，可以供我们参考。如何将我们十年的宝贵而痛苦的积累与探索，在吸收业界最佳的思想与方法后，再提升一步，成为指导我们前进的理论，以避免陷入经验主义，这是我们制定公司基本法的基本立场。

## 第二节　核心价值观

企业文化的核心是价值观念，价值观为企业职工提供了一种共同意识，以及日常行为的指导方针。企业文化通过以价值观为核心的文化意识观念，说服、感染、诱导、约束企业成员，用一种共同的价值观把全体职工凝聚在一起，最大限度地调动职工的积极性和创造性，不断提高企业的经济效益，促进生产力的发展，企业文化价值观是企业员工追求与理念的集中表现。一个强大的企业不一定有很深厚的文化，只有当企业文化价值观渗透到员工内心，形成企业内部的伦理和一种企业内部大多数职工所共识的观念，员工真正明白企业追求的价值标准，才能自觉维护企业的利益，更加积极地投入到工作中，真正做到自觉、自律、自学、自新，企业才能形成鲜明的，具有深远影响力的企业文化。

华为基本法开篇就从七个方面提出了华为的核心价值观：

第一条：(追求) 华为的追求是在电子信息领域实现顾客的梦想，并依靠点点滴滴、锲而不舍的艰苦追求，使我们成为世界级领先企业。

为了使华为成为世界一流的设备供应商，我们将永不进入信息服务业。通过无依赖的市场压力传递，使内部机制永远处于激活状态。

第二条：(员工)认真负责和管理有效的员工是华为最大的财富。尊重知识、尊重个性、集体奋斗和不迁就有功的员工，是我们事业可持续成长的内在要求。

第三条：(技术)广泛吸收世界电子信息领域的最新研究成果，虚心向国内外优秀企业学习，在独立自主的基础上，开放合作地发展领先的核心技术体系，用我们卓越的产品自立于世界通信列强之林。

第四条：(精神)爱祖国、爱人民、爱事业和爱生活是我们凝聚力的源泉。责任意识、创新精神、敬业精神与团结合作精神是我们企业文化的精髓。实事求是是我们行为的准则。

第五条：(利益)华为主张在顾客、员工与合作者之间结成利益共同体。努力探索按生产要素分配的内部动力机制。我们决不让雷锋吃亏，奉献者定当得到合理的回报。

第六条：(文化)资源是会枯竭的，唯有文化才会生生不息。一切工业产品都是人类智慧创造的。华为没有可以依存的自然资源，唯有在人的头脑中挖掘出大油田、大森林、大煤矿……精神是可以转化成物质的，物质文明有利于巩固精神文明。我们坚持以精神文明促进物质文明的方针。

这里的文化，不仅仅包含知识、技术、管理、情操……也包含了一切促进生产力发展的无形因素。

第七条：(社会责任)华为以产业报国和科教兴国为己任，以公司的发展为所在社区做出贡献。为伟大祖国的繁荣昌盛，为中华民族的振兴，为自己和家人的幸福而不懈努力。

纵观世界上成功的企业，莫不与其优秀的企业文化息息相关，一项对世界500强企业的调查表明，这些成功企业之所以成绩卓越，关键是具有优秀的企业文化。他们超强的技术创新、体制创新和管理能力创新都植根于优秀企业文化沃土中，而企业文化核心价值观的选择是他们长盛不衰的根本原因。企业文化的导向作用就是把员工引导到企业精神、企业理念上来，扎根于员工心中，形成共识，变成信念，自觉地把自身利益和企业利益联系起来。只有企业的员工感到自己的目标、理想和价值观通过企业的活动可以得到实现时，他才愿意为企业付出尽可能大的努力，这就表现为价值观认同和公平感会促使人们进行持续的创新。

没有什么比缺乏价值观认同更能打消人的自觉性、热情和创造力的了。价值观的认同与创造力之间有直接的联系，当企业的利益相关者对企业文化产生认同时，他们的创造力开始生成，当认同感增强时，创造力和积极性也会增加。当企业内的认同感低于一定限度，如员工对企业所提倡的价值观的认同低于一定限度时，员工就停止了主动创造。

任正非非常注重华为的核心价值观向管理层员工的传递，并且在华为多次组织干部学习《华为基本法》，要求干部必须认真学习基本法，要领会其精神实质，掌握其思想方法。并在《由必然王国到自由王国》一文中专门论述了学习企业核心价值观重要性。任正非认为："一个企业能长治久安的关键，是它的核心价值观被接班人确认。接班人又具有自我批判的能力。《华为公司基本法》已阐明了我们的核心价值观，我们的数千员工现时认同它，并努力去实践它，实践中把自己造就成各级干部的接班人，这就是希望，这就是曙光。"

在华为的接班人条件上，任正非也认为认同华为的核心价值观是最重要的前提之一，在《华为的红旗到底能打多久》的文章中任正非指出："一个企业怎样才能长治久安，这是古往今来最大的一个问题，包括华为的旗帜还能打多久，不仅社会友好人士关心，也是我们十分关心并研究的问题。华为在研究这个问题时，主要研究了推动华为前进的主要动力是什么，怎么使这些动力能长期稳定运行，而又不断自我优化。

大家越来越明白，促使核动力、油动力、煤动力、电动力、沼气动力……一同努力的源是企业的核心价值观。这些核心价值观要被接班人所确认，同时接班人要有自我批判能力。接班人是用核心价值观约束、塑造出来的，这样才能使企业长治久安。接班人是广义的，不是高层领导下台就产生个接班人。而是每时每刻都在发生的过程，每件事、每个岗位、每条流程都有这种交替行为。改进、改良、不断优化的行为。我们要使各个岗位都有接班人，接班人都要承认这个核心价值观。

## 第三节 狼性文化

在日益完善的市场经济环境中，作为竞争主体的企业要生存，就必须用发展的事实，解决前进中不可回避也不应该回避的攻坚难题。企业如逆水行舟，不进则退。丛林残酷搏杀的生存，最终结果是富有进取性的“狼”胜出，因为“狼”的生存理念顺应了丛林竞争法则。胜者的背后，其实是“狼性”思维文化的胜利。

在企业运营中，企业只有通过严密高效的协调合作才能快速响应客户需求，才能够适应市场需要的多变性。在一个群雄逐鹿、竞争激烈的行业中，只有那些强调了团队合作精神，能够迅速组成队伍服务顾客，采用现代化的管理手段的企业才能更容易获得成功，在这样的组织中，团队每个成员都很清楚个人和团队的共同目标，都能非常明确自己在团队中所扮演的角色和起到的作用，在各自的专业领域保持高度的敏感和前瞻思考，分工合作，相互照应，以快速敏捷的运作有效地发挥角色所赋予的最大潜能，从而推动整个企业系统的快速和高效运转——这种我们称之为“狼性文化”的精髓将成为在市场中超越竞争对手的重要利器。

自创立以来，华为以令人吃惊的速度成长为中国通信行业领头羊，华为的群狼们正在世界范围内扩张自己的领土。2005年2月，美国最大的专业电信行业媒体LightReading下属调研公司调查表明，在2005年的整体排名中，华为知名度已经从2003年秋的第18名一跃而到第8名，成为电信行业中设备买方市场中知名度提升最快的公司。

华为一直以来就被认为是中国最具有狼性的企业之一，而外界对华为企业文化最著名定义为——狼性文化。在华为的早期创业阶段的国内市场的开发上采取的策略是人海战术、低价格进攻、利益均沾原则、客户关系以及服务客户的等策略；在进入美国市场初期，华为在面对思科这个对手的时候，采用以低于对手30%的价格进行竞争。在美国媒体上刊登的广告具有强烈针对性和暗示意味“它们惟一的不同就是价格”，在其中就透着一股子狼性。狼性文化要求企业从管理层到各个团队成员保持对市场发展和客户需要的高度敏感，保持对市场变化的快速反应和极强的行动能力，保持强大而坚定的信念并且在运转过程中表现出高效的团队协同作战能力。

任正非曾经说：“企业就是要发展一批狼，狼有三大特性：一是敏锐的嗅觉；二是不屈不挠、奋不顾身的进攻精神；三是群体奋斗。企业要扩张，必须有这三要素。”在对队伍和文化建设上华为也强调如是。

但是在华为内部，去很少提到狼性文化，任正非对狼性文化第一次，也是惟一的一次系统阐述，是上世纪90年代初期，在任正非与美国某著名咨询公司女高管的一次会谈。人大教授吴春波回忆说："那天整个是谈动物。任总说跨国公司是大象，华为是老鼠。华为打不过大象，但是要有狼的精神，要有敏锐的嗅觉、强烈的竞争意识、团队合作和牺牲精神。"

在华为大约2.4万员工中，大多数都是高素质的大学毕业生，华为需要依赖一种精神把这样的一个巨大而高素质的团队团结起来，而且使企业充满活力。华为找到的因素就是团队合作精神。

在新大学生入职培训的时候，华为就很注意培养员工的团队精神和合作意识。任正非在《致新员工书》中是这样写的："华为的企业文化是建立在国家优良传统文化基础上的企业文化，这个企业文化黏合全体员工团结合作，走群体奋斗的道路。有了这个平台，你的聪明才智方能很好发挥，并有所成就。没有责任心，不善于合作，不能群体奋斗的人，等于丧失了在华为进步的机会。"

"胜则举杯相庆，败则拼死相救"的市场工作原则是华为团队合作精神的一大体现。团队精神是在华为营销团队的建设方面一直重点强调的，虽然这种精神显得有些抽象，在实际中也很容易流于形式，但是华为以企业文化凝聚功能形成一种保障机制来加强员工之间的合作意识。

其他企业的营销人员有一段关于对华为这个对手的评价很好的说明了华为是依靠整个团队来进行市场竞争："他们的营销能力很难超越。人们刚开始会觉得华为人的素质比较高，但对手们换了一批素质同样很高的人，发现还是很难战胜。最后大家明白过来，与他们过招的，远不止是前沿阵地上的几个冲锋队员，这些人的背后是一个强大的后援团队，他们有的负责技术方案设计，有的负责外围关系拓展，有的甚至已经打入了竞争对手内部。一旦前方需要，马上就会有人来增援。华为通过这种看似不很高明的"群狼"战术，将各国列强苦心圈好的领地搅得七零八落，并采用蚕食策略，从一个区域市场、一个产品入手，逐渐将他们逐出中国市场。"

华为的管理模式是矩阵式管理模式，矩阵式管理要求企业内部的各个职能部门相互配合，通过互助网络，任何问题都能做出迅速的反应。这种管理模式的优点就是能对客户的需求能够快速的形成一个团队来服务顾客，而华为销售人员在相互配合方面效率之高让客户惊叹，让对手胆寒，因为华为从签合同到实际供货只要四天的时间。

华为接待客户的能力和效率令以效率而著称的日本人都不得不佩服，认为华为的接待水平是世界一流的。华为的客户关系在华为被总结为，一五一工程，即是：一支队伍、五个手段、一个资料库。其中五个手段是参观公司、参观样板店、现场会、技术交流、管理和经营研究。对客户的服务在华为是一个系统，华为几乎所有部门都会参与进来，假设没有团队精神不可想象一个完整的客户服务流程能够顺利完成。

## 第四节 垫子文化

2006年7月21日，华为公司内部刊物《华为人》报（第178期）头版头条上刊登了题为《天道酬勤》的专稿。在文章中探讨了华为为什么能活到今天，华为将来靠什么活下去的问题。同时文章中还提到了华为"垫子文化"产生起源，文中这样写道："创业初期，我们的研发部从五六个开发人员开始，在没有资源、没有条件的情况下，秉承60年代'两弹一星'艰苦奋斗的精神，以忘我工作、拼搏奉献的老一辈科技工作者为榜样，大家以勤补拙，刻苦攻关，夜以继日地钻研技术方案，开发、验证、测试产品设备……没有假日和周末，更没有白天和夜晚，累了就在垫子上睡一觉，醒来接着干，这就是华为"垫子文化"的起源。虽然今天垫子已只是用来午休，但创业初期形成的'垫子文化'记载的老一代华为人的奋斗和拼搏，是我们需要传承的宝贵的精神财富。"

华为的垫子是华为第一代人的艰苦创业的最好的见证，是一种艰苦奋斗的文化。华为从成立到今天成为世界级的IT通信设备提供商，在这期间华为人付出了多大的心血，恐怕只有华为人自己知道，靠一批批华为人无私奉献、艰苦奋斗才成就了华为的今天。艰苦奋斗的精神是华为能走到今天的最大的保证。

华为的一位老员工在看到这篇文章后，写了一篇文章，回忆了当年华为创业时期的艰辛，让我们一起来看一下当时的华为人是如何艰苦创业的。①

"16年前即1991年，华为组装的小型程控电话交换机BH01，已不能满足客户的需求。华为代理的进口的HAX系列程控交换机也供不上货。公司决定，集中全部资金和人力，破釜沉舟，几个月内开发和生产出华为品牌的新型用户程控交换机。

华为于1991年9月租下了深圳宝安县蚝业村工业大厦三楼，50多名华为人开始了艰险的创业之路。一层楼分隔为单板、电源、总测、准备四个工段，库房、厨房也设在同层楼。十几张床挨着墙边一溜排开，床不够，用泡沫板上加床垫代替。在工段上班，包括开发人员，累了就趴在桌上，或在地上找张泡沫板、纸板，席地而卧，睡一下，醒来接着干，包括公司领导来也是这样。整层楼没有空调，只有吊扇，高温下作业，经常是汗流满面。每天加班到很晚，熄灯就睡。四周老化测试的机架，设备上一闪一闪的信号灯，高频电流的振荡声，伴随着枕戈待旦的华为人进入梦乡。

有时睡到半夜，突然来车到货，大家都立即起来，不论是很重的蓄电池，还是机柜，卸完再睡。大多数人以此为家，领料、焊接、组装、调试、质检、包装、吃饭、上厕所，一直到睡觉都在这一层楼上。除了到外协厂及公司总部，不少人一连几天都没下过楼，有时候连外面天晴天阴，有没有下雨都不知道。

没有包装工段，也没有搬运及包装临时工，设备测好后，临时叫上在场的几个人，不分工人、工段长或是经理，也不分大专、本科还是硕士、博士，一起包纸箱，装入木箱

---

①资料来源：华为内刊：1991 年华为人吃喝拉撒都在一层楼 http://it.sohu.com/20060901/n245116246.shtml

再订上边角铁，然后四五个人一起抬起机柜箱，装车发货。大家开玩笑都自称为“乡民”，经理就叫“乡长”。市场部招聘的新员工，一般都要先到总测工段实习，即先当“乡民”，经过培训后，才派出去。美国有著名的“西点军校”，我们自豪地称这是进华为的“西乡军校”。

当“乡民”就要参加包装发货。记得一名新来的硕士生，第一天上班就打包，不会干，一上来就被铁皮将手指划破，血竟喷到了旁边的墙上，幸好早准备有止血胶布，包上再接着干。

当时华为工资并不高，不论文凭高低，月工资仅几百元。也没有什么补贴，更不计加班费。即使这样，1991年的华为依然现金流非常紧张，到处借贷困难，到账的订货合同预付款，都全部投入到生产和开发。产品出不来，全国各地已经预定华为交换机的催货电话、电报、传真不断，我们都感到前所未有的压力，不成功，后果不堪设想。公司领导几乎每天都来检查生产及开发的进度，询问原材料到货情况，或开会研究面临的困难与分工。遇到吃饭时间，公司领导就在大排档同大家聚餐，按华为不成文的规矩，同桌吃饭，由其中职位最高的领导个人付款请大家吃饭。回忆那段岁月，虽然环境艰难，但是大家干得很开心，对未来充满信心，个个都怀着勇往直前的干劲儿。

开发项目组只有五六个人员，不仅负责硬件像电路板、话务台的设计制作，还要负责全部软件程序的编写与调试。关键时刻，从白天到晚上不断地编写软件，调试、修改、再调试。记得有位工程师，负责改写软件和测试全机性能。他累了就抽支烟或闭一下眼，病了也一边吃药一边不停地干。当项目成功，机器出厂，他又到上海指导安装开通，累得眼角膜脱落，不得不住院手术，才保住了视力。

当时没有任何自动测试设备，外加工焊接的电路板，成千上万的焊点都是品质部的员工用放大镜一个一个地目测检查有没有虚焊、漏焊、连焊。交换机的性能检验是总测工段的工程师用话机一项一项地测试。遇到大话务量测试，往往要将全厂的人都叫到一起，60多部话机，一人两部话机，同时拿起话筒试。天天看测试结果，天天晚上开会讨论攻关。

1991年12月，我们终于通过了全部的基本功能测试，高温及链路老化测试整机性能稳定，电话打出接入畅通、音质良好。公司决定正式宣布出厂8台，产值100万元。首批BH-03(24/224)3台于1991年12月2日包装发货出厂。

1991年12月31日晚，公司在蚝业村工业大楼三楼开了一个庆功会。全部员工聚集“乡下”，隆重庆祝第一个有华为知识产权和品牌的产品出厂。简单的自助餐，加上啤酒，我们开了一个简陋而又热烈的庆功会。事后才知道，公司在1991年收到的订货预付款也已经全部用完了，公司账上已没有什么资金了，再发不出货，公司就要破产了。

1991年这一次破釜沉舟、背水一战的胜利，成为华为创业崛起之路上关键的一步。

这可真是天道酬勤，1992年，华为的产品大批出厂，进入市场，首次产值突破1.2亿，利润上千万，华为活下来了！这为华为在1993年研制生产出C&C08万门数字程控交换机，为进一步的发展积累了经验、奠定了基础。”

我们不禁要为华为人在这种环境下怨天尤人、不自暴自弃，而是靠自己的艰苦奋斗努力渡过难关的精神叫好。华为创业之初，为了攻克技术难关，加班是常事，华为的垫子就成了他们忠实的伙伴，在2000年以前的华为总部，除了市场人员，新入职的华为员工无一例外的都要去华为的食堂旁边的小卖部去买一个垫子。在办公室角落的垫子成了华为人辛勤工作的见证，也是华为人艰苦奋斗精神的凝聚。在2001之后，华为不在提倡员工加班，华为的垫子也不再是员工加班的睡觉工具，渐渐的华为的垫子成为员工午睡的工具。在胡新宇事件后，华为更是加大了对加班加点的约束，员工需要加班，必须得到批准。而且员工如果晚上进入公司加班必须登记，并规定不准在公司过夜。华为垫子成了单纯的午睡工具，但是华为垫子文化中所代表的艰苦奋斗的文化去是不能丢的。

任正非认为：艰苦奋斗是华为文化的魂，是华为文化的主旋律，我们任何时候都不能因为外界的误解或质疑动摇我们的奋斗文化，我们任何时候都不能因为华为的发展壮大而丢掉了我们的根本——艰苦奋斗。

显然任正非是要提醒华为人不要因为取得一定的成绩，就开始骄傲自满，就开始放松警惕，不能躺在历史的成绩上吃老本。任正非要求华为员工一定要保持着积极进取的心，要在工作上不满足。他担心现在华为优厚的生活可能会磨灭华为人曾经的艰苦奋斗的精神，因此他才大声疾呼，提醒着华为人：任何时候都不要丢掉我们的根本。

## 第五节　自我批判精神

1998年，华为的新员工培训基地选在了深圳东湖附近的市委党校，任正非在一次视察新员工培训工作情况的时候，刚刚一坐下，就对在场的培训管理人员说："你们知道不知道，我为什么比你们水平高？"大家都被这个问题给问愣了，沉寂了差不多一分钟的时间，才有人回答说不知道。然后任正非解释道："原因就是我能够从我的每一次经历，不论是成功或是失败中，汲取到比别人多一点点的东西。因为我经历的事情比你们多，而每一次的收获也比你们多，我的水平也就自然会比你们高。"

在这里其实还有任正非没有直接点破的深层的原因，那就是任正非一直强调的自我批判精神。任正非在华为一直推行批判和自我批判的员工管理方式，并且认为自我批判是促进华为管理优化和进步的必要手段。

任正非认为自我批判是促进个人进步的好方法，是思想、品德、素质、技能创新的优良工具，我们一定要推进以自我批判为中心的组织改造和优化活动。自我批判应成为各级员工、各级管理者的习惯性思维与行为。只要勇于自我批判，敢于向自己开炮，不掩盖产品及管理上存在的问题，我们就有希望保持业界的先进地位，就有希望向世界提供服务。华为还是一个年轻的公司，尽管充满了活力与激情，但也充塞着自傲，我们的管理还不规范，只有通过自我批判，才能使我们尽快成熟起来。

任正非认为自我批判是克服中国人身上的不良习气，提高产品质量，接轨国际的必要武器。他说:“中国人一向散漫、自由、富于幻想、不安分、喜欢浅尝辄止的创新。不愿从事枯燥无味、日复一日重复的枯燥工作,不愿接受流程和规章的约束,难以真正职业化地对待流程与质量。他们冷静而严肃地面对流水线,每天重复数千次,次次一样的枯燥动作。没有自我批判,克服中国人的不良习气,我们怎么能把产品造到与国际一流一样高水平,甚至超过了同行。他们这种与自身斗争,使自己适应如日本人、德国人一样的工作方法,为公司占有市场打下了良好基础。如果没有这种国际接轨的高质量,我们就不会生存到今天。”

无论是华为的干部还是华为的基层员工,任正非都要求他们要具有自我批判的精神。具有自我批判的精神就是要求华为人要有一种自我认识、自我否定、自我改进的能力。因为华为是处于一个IT产业,是一个知识和技术更新速度飞快的行业。要是没有谦虚好学的态度,没有持续的学习能力,就不能在竞争中保持领先的地位。华为认为学习和进步才是华为企业文化中核心部分,资源是会枯竭的,唯有文化才能生生不息。所以,任正非要求每个华为人在每做完一项工作后都要好好总结,要看到不足的地方,要总结经验,要能虚心听取同事的建议,这样才能有所进步。

任正非希望华为的新员工也要具有自我批判的精神,在1999年,任正非在培训新员工的举行的座谈会上,当被问到:“任总您对我们新员工最想说的是什么?”,任正非回答到:“自我批判、脱胎换骨、重新做人,做个踏踏实实的人。”而在被问到如何克服新员工的“幼稚病”时,任正非给出的建议是:“每日三省吾身”,自我批判,就是克服“幼稚病”的良方。他认为:幼稚病并不可怕,公司从高层到基层,我们都有幼稚病,特别是面对新事物、新问题的时候。认识新事物、认识新问题总是反反复复,不可能一步就认识到本质。因此我们都应该不断努力学习,不断提高认识事物、认识问题的能力。你们还要特别注重向别人学习,看看你身边的老员工是如何做的,学明白了再去创新,一点一滴、一步一步走向成熟。

华为的自我批判精神并不是仅仅的针对个人一个角度,而是面向整个企业层面,包括了各个部门和机构,也要不定期的进行自我批判。

任正非这样评价当年的市场部集体大辞职:“没有市场部集体大辞职所带来对华为公司文化的影响,我认为任何先进的管理,先进的体系在华为都无法生根。市场部集体大辞职是一场洗礼,他们留给我们所有人的可能就是一种自我批判精神。如果说四年前我们华为也有文化,那么这种文化是和风细雨式像春风一样温暖的文化,这个文化对我们每个人没有太大的作用。必须经过严寒酷暑的考验,我们的身体才是最健康的。因此市场部集体大辞职实际上是在我们的员工中产生了一次灵魂的大革命,使自我批判得以展开。作为我个人也希望树立一批真真实实烧不死的鸟作凤凰。有极少数的人是真正“在烈火中烧”,如果说他们能站起来,那他们对我们华为人的影响是无穷的。”因此可以说这次大辞职是华为推行自我批判文化的一个开始。

同是各个部门也是开展自我批判的第一前线,从市场营销系统到研发系统、管理系统都要开展定期的自我批判活动。任正非特别指出市场营销系统,因为它身处最前线,最敏感,也最活跃。因此只有自我批判,迅速地调整、改正一切必须改正的错误,否则早就被逐出市场。

华为开展自我批判活动的形式是民主生活会,对不同的级别侧重也有所不同,其中高层领导的生活会批判的力度较低层领导的大些。因为华为认为高层的素质高、承受力、容忍力高因此在高层生活会议上场面可能会比较的激励,被形容为要“刺刀见红”。民主生活会到了中层或基层,任正非要求可以适度的进行批判,但是要把握好尺度,一定要讲究策略和方法。任正非在《华为的冬天》里说到:“下面也要有民主生活会,一定要相互提意见,相互提意见时一定要和风细雨。我认为,批评别人应该是请客吃饭,应该是绘画、绣花,要温良恭俭让。一定不要把内部的民主生活会变成了有火药味的会议,高级干部尖锐一些,是他们素质高,越到基层应越温和。事情不能指望一次说完,一年不行,两年也可以,三年进步也不迟。我希望各级干部在组织自我批判的民主生活会议上,千万要把握尺度。我认为人是怕痛的,太痛了也不太好,像绘画、绣花一样,细细致致地帮人家分析他的缺点,提出改进措施来,和风细雨式最好。”

自我批判精神已经成为流淌在华为文化和精神中的血液,成为华为自身机体更新,促进新陈代谢的主要手段,成为了华为精神内涵之一。华为鼓励自我批判但不提倡相互批评,而且华为的自我批判具有长期性和连续性,华为的自我批判精神真正起到了推动华为改革的作用,没有沦为形式主义。

华为还把是否具有自我批判能力作为了对华为接班人的标准之一,“接班人必须要有自我批判能力,没有自我批判能力,就不能接班,因为他们不可能带来公司很好前进。”还把它用作为干部晋升标准“不能自我批判的员工,将不能被提拔。三年后,一切不能自我批判的干部将全部免职,不能再担任管理工作。”

在一次一次的批判和自我批判中,华为人完成了一次一次的思想上的洗礼,华为人以自己的方式,进行着自我鞭策。

## 第六节 军事化文化

华为在企业内部的日常管理上实行军事化的严格规范化管理,华为的军事化管理在企业中形成了企业军事化文化,保障了企业有较强的执行力。

据悉在华为,每天清晨,总是在一阵队列的呼号声中开始的,一个接一个身穿统一服装的队列方阵,在指挥员嘹亮的口令下,踩着有力的节奏,进行着有组织的军事化式的晨练。在华为基层的工作中,每个工种都有自己的规范,司机、保安、炊事员、园艺工人等等。在华为你经常可以看见一群身着统一工装的清洁工人,虽然性别有异,年龄参差不齐,却像部队一样一列纵队前行。

华为每年招聘来的大学生,入职之前都要进行至少为期五个月严格的封闭式培训,而这其中有一个月完全是单纯的军事训练。负责训练的教官全部都是优秀的退伍军人,而且很多都是由国旗班退役的军官。华为的这种训练,不像员工以往在中学或是大学中所接受的军训那样随意,一切都是按照严格的军事标准进行的。

华为的军事化管理与任正非的军人背景有一定关系，任正非在很多场合多次引用过毛泽东的话，在任正非的许多文章和讲话中时常引用毛泽东的原话。在企业经营中也渗透着毛泽东的军事思想，一名与任正非接触多年、并对其管理思想作过一些研究的华为高层人士认为，《毛泽东选集》是任正非百读不厌的书，其讲话、办事、为人处世的态度和做事方法都带有浓厚的毛泽东风格和特点。

华为的军事化管理让华为的员工更加富有纪律性，更加的严格和规范，员工的执行力更强。华为接待外宾的100名司机都是原来部队的精英，但录用后仍得接受一个月的新生训练，都是礼仪和企业文化课程。如果到华为参观，必能见识到这群司机的专业素质，甚至全部流程可以做到完全一致。华为时常在深圳体育馆召开几个小时的会议、演讲或报告，其间没有响一声呼机或手机。散会后，会场的地上也是干干净净，不留下一片垃圾。华为的这种军事化的文化协助华为成为一支高效率、规范化、执行力强的队伍，一支这样的队伍才能在市场竞争中脱颖而出。

华为的军事化文化还体现在华为经常组织的文化活动上。华为召开员工大会之前，经常会号召大家合唱《团结就是力量》、《解放军进行曲》等革命歌曲，华为用大合唱的形式来激发员工的工作热情和自豪感。1998年，在一次年终会议上，市场部在公司的大食堂里合唱《解放军进行曲》，由于时间紧张，市场部事先没有排练，舞台上又没有扩音设备，市场部的人只好扯着嗓子唱。当时在台下观看的任正非听着听着就激动起来，站起身也跟着唱开了，接着是所有到场观看的员工也都高歌起来。一时间，饭堂里歌声飞扬，声震四方，场面颇为壮观。

华为的军事化文化一直为外界误解，但是从华为出来的员工却不认为它不好，汤圣平在《走出华为》的文章中就不认为华为存在所谓的军事化管理，而是华为是吸收了军事管理中对企业有益的思想，并结合现代的科学化管理在企业里勾兑出了令行禁止的军队优良作风。

万向的经营哲学：财散则人聚，财聚则人散；取之而有道，用之而欢乐。

万向的管理哲学：人人头上一方天，个个争当一把手。

万向的人本哲学：两袋投入，使员工身心与物质受益。

万向的企业宗旨：为顾客创造价值，为股东创造利益，为员工创造前途，为社会创造繁荣。

万向的企业精神：务实、创新、卓越。

万向的企业道德：外树企业形象，内育职业忠诚。

# 第四课　万向的长寿基因

# 引言 万向集团发展简史

万向集团坐落于浙江省萧山县(现已成为杭州市萧山区),其前身应追溯到1969年时的“宁围公社农机修理厂”。1969年7月8日,只有24岁的鲁冠球和六个农民用筹集到的4000元在萧山县宁围乡开了一家84平米的铁匠铺,主要生产镰刀、锄头、船钉、失蜡铸钢等多角产品,这个铁匠铺就是万向集团的前身——宁围公社农机修理厂。

1979年,鲁冠球做出了一个重大决策,把农机修理厂的多角化生产业务专业化于万向节,全力打造具有竞争力的名牌产品,企业开始进入“生产专业化、管理现代化”的成长阶段。1980年底,在全国万向节厂整顿检查中,万向以99.4的高分居全国同行业之首,从而被列入全国仅有的3家万向节定点生产企业之一,从此之后这个企业开始进入了快速发展的时期。

1988年,万向开始走上兼并扩张之路。当时国家实行治理整顿,一些乡镇企业难以为继,而万向正好有多方位发展的需要,于是万向节厂先后兼并了宁围镇的八家乡办或村办集体企业,并成为万向新的利润增长点。同年,在长期的不懈努力下,万向被国家列为120家大型试点企业之一,成为国内同行业的佼佼者。

1990年,“国家一级企业考评组”通过对万向产品质量、物质消耗、经济效益、企业管理、安全生产等全方位的综合考评,一致同意通过国家一级企业验收,万向成为国内同行和乡镇企业中第一家通过国家一级企业考评的企业。之后经省政府批准,当时的“杭州万向节总厂”组建为万向集团公司。

1993年,经国家外经贸部批准,万向美国公司在芝加哥注册成立,这标志着万向的国际化战略迈出了坚实的一步,之后万向英国、万向德国、万向中东、万向非洲、万向南美等公司相继问世,使万向在世界各地开花,同时也将万向的国际化战略一步步推进。

从上世纪90年代开始,万向集团就开始推行多元化战略。2001年,万向成立了中国万向控股有限公司,作为打造万向金融王国的平台,将此前成立的专门从事投行业务的“深圳通联”、“万向租赁”、“万向期货”和“通联控股”都归入其中。而万向三农、万向财务、顺发恒业等集团公司也相继成立,将万向的触角延伸到了各个领域。通过实施国际化和多元化的战略,万向集团踏上了快速而又稳健发展的道路。

万向集团在鲁冠球的领导下,一直保持着较快的发展速度,这从万向的名称变更上就能明显的看出来。万向从开始到现在,名称先后改了六次,其改名轨迹如下:宁围公社农机修理厂→宁围公社农机厂→萧山万向节厂→杭州万向节厂→杭州万向节总厂→浙江万向机电集团→万向集团,每一次改名都表明万向发展到了不同的阶段,都伴随着万向在产业、区域和规模上的扩张。

万向发展到现在,已形成以汽车零部件为主业的多元化产业集团。原先的万向节占整个集团产业的比例从1980年的几乎100%下降到现在的不到10%,主业汽车零部件已发展为拥有"十字轴万向节、等速万向节、轴承、传动轴、滚动体、减震器、传动系统、制动系统、悬挂系统"等相关多元化格局。整个集团的产业已形成"汽车零部件、市场流通、旅游、房地产、大农业、金融业、实业投资"等不相关多元化产业格局。而且这些产业基本上都保持着良好的发展势头,有着较深的发展潜力,成为万向集团"永葆青春"的主要依靠力量。

# 第21章 做百年企业

## ——万向的发展历程

管理的本质并不是营造一个根本没有“问题”的环境，而是引导企业进入既富有灵活性，又具有控制力的盛年。

——伊查克·艾迪思

万向自1969年创业以来，没有任何一个季度是亏损的，这在民营企业中恐怕乃绝无仅有，被誉为企业中的常胜将军。从1979年到1993年，万向销售额从297万元增长到3.3亿元，年均增长40%；从1993年到2000年，销售额从3.3亿元增长到68亿元，年均增长54%；从2000年到2006年，销售额从68亿元增长到300多亿元，年均增长23.6%。在这27年中，万向的销售额以年均30%以上的增长速度稳步前进，脚步踏踏实实，不紧不慢，创造了民营企业的经营神话！万向集团稳健而又较快的增长速度离不开万向做“百年企业”的不懈追求。

## 第一节 灵活经营之创业

上个世纪60年代的浙江萧山，还是贫困落后的，而宁围乡，更是萧山最贫穷的地方之一，因此，农家出身的鲁冠球从小便有一种改变自己命运的强烈愿望，当他想进城当工人的梦想因户口问题破灭之后，鲁冠球认识到要改变自己贫困的命运，唯一的出路就是兴办工业。他先是计划创办粮食加工厂，结果尚未开业便被当作“资本主义尾巴”给强行割掉了。之后鲁冠球又开了一个自行车修理铺，并且，随着技术的积累，鲁冠球开始慢慢的将修理范围扩大到了拖拉机。

尽管经营修理铺可以养家糊口，维持生计，但是鲁冠球也很清楚，光靠修理自行车是成不了大气候的。有头脑有准备的人总是善于发现机会，鲁冠球发现铁轨需要一根根的铆在枕木上，而小小的铆钉国有企业不屑于生产，如果能够生产铆钉，那么即可以支援社会建设，又能够赚钱，并能以农业学大寨的名义免遭被“割尾巴”的命运。于是，“七个人，4000元，一个打铁铺”的神话就这样产生了。

1969年7月8日，鲁冠球和另外六个农民拿出4000元在宁围乡开了一家84平米的铁匠铺，并将其命名为“宁围公社农机修理厂”，这个与其说是企业不如说是打铁铺的手工作坊在计划经济地夹缝中艰难的生存着，为了生存下去，只要能赚钱的活他们都愿意接,都愿意干。在那段时期,他们生产的产品可谓五花八门,包括镰刀、锄头、耕地的犁刀、船钉等,慢慢的也开始包括万向节等产品,当然万向节当时所占的生产比重还是比较小的,一是因为技术水平较低,产品质量不是特别高;二是这种小的民营企业只能在国营企业的夹缝中艰难生存,往往只能生产一些国营企业所不屑于生产的小产品,比如镰刀、锄头等等。

从万向艰难的创业经历中我们可以清楚地看到,他们最初的创业实践是出于生存所迫。在国有企业的天下中,民营企业采取灵活的经营方式维持生存才是第一位的。是为了实现企业的生存和发展,宁围公社农机修理厂采用了生存多元化的经营方式,产品主要面向农村,并根据社会需要灵活地调整生产计划。

尽管是为了生存而经营,尽管发展过程中举步维艰,以鲁冠球为首的创业者们没有放弃希望,相反,这种在创业之初的艰苦锻炼培养了企业在夹缝中生存的能力,而"生存多元化"的经营方式也使他们当时在一无足够资金、二无人才、三无管理经验的情况下,硬是凭精神、凭体力、凭苦干,摆脱了一穷二白的状况,实现了至关重要的资本积累,并呈滚雪球之势慢慢发展壮大。

按照"求实、图新"的方针,企业在动荡的70年代里成功地稳住了脚跟,并为以后的快速发展奠定了良好的基础。

## 第二节　多元化还是专业化

最初只有七名职工的宁围公社农机修理厂,虽然挂上了"公社"的招牌,但贫困并没有自动脱离那间84平方米的破屋。除了主要产品农具外,什么能赚钱他们就生产什么,到1974年,宁围农机厂还生产轴承、失蜡铸钢、喷油嘴和万向节等。这样磕磕碰碰、小心翼翼的走了10年,到1979年时,宁围农机厂已经有四五百个工人了。

随着企业的进一步发展,问题也渐渐的显示出来了。生存多元化的战略方式在分散企业经营风险的同时,也肢解了企业仅有的一点资金和技术力量,耗散了鲁冠球的经营管理精力。同时,经过十几年动乱而逐渐复苏的大工业,也对游击式的小工厂形成了竞争威胁。摆在万向面前的问题是:继续按照原先的多元化经营思路勉强的生存下去,还是调整战略忍痛精简掉那些现在仍然给企业盈利但却无大的发展前途的产品,实行专业化的生产策略?也就是说,是现在"先吃饱了"重要,还是忍痛割爱为"以后吃好的"做准备重要?

鲁冠球在苦苦思索,毕竟这是关系到企业未来的生死抉择问题,关系到万向的前途,关系到全厂五百多名职工的饭碗!审时度势之后,鲁冠球认为,中国社会经济形势的发展要求他们必须从"多元"中挑出一个拳头产品,走专业化生产的道路,只有这样才能将企业做大做强。

到底生产哪种产品呢?有人劝鲁冠球搞自行车,因为中国以"自行车王国"著称,生活稍有结余的农民,当时的奢望也不过是买辆自行车,自行车成了市场上的畅销货。一开始,鲁冠球也确实为这个主意打动过,但是后来经过初步了解,他发现自行车制造业已在全国一哄而上,如果自己再投资去生产自行车,风险会很大,弄不好就要折戟沉沙、铩羽而归了。

为了让企业有一个好的未来,鲁冠球在那段日子里几乎天天看报,通过各种方式努力搜索信息,力图找到好的生产项目。功夫不负有心人,他从1981年的国民经济计划中了解到,国家要求1981年的汽车货运指标要达到5.4万吨,有些专家还建议要缓解中国交通的紧张状况,必须致力于挖掘公路运输的潜力。这让他马上想到了自己企业已有的汽车零部件产品——万向节。万向节是汽车传动轴与驱动轴的连接器,因其可以在旋转中任意变换角度而得名。万向节就像一个十字架一样,四个头的横断面光滑如镜,如果磨掉头发丝的1/6就必须换新的。只要有汽车,就肯定少不了这个装置。

鲁冠球开始着手调查万向节市场的状况,然而结果是令他失望的。原来当时全国已有56家生产万向节的企业,市场几乎呈饱和状态。但是之后鲁冠球从北京得到的一个消息重新给了他希望。中国汽车工业公司的一个同志向他透露,现在市场上虽然不缺万向节,但缺的是进口汽车的万向节。由于进口汽车的型号多,批量小,质量高,工艺精,利润少,很多万向节厂都不愿意生产,国家每年都要花一大笔外汇去进口。那位同志还对鲁冠球说:"如果能够填补这一市场空白,就是为国家做了巨大的贡献!"现在说进口国外产品,似乎是很平常的事,但在当时那个年代,中国的外汇奇缺,国家通过各种方式鼓励企业出口创汇,而能够给国家带来大量外汇收入的企业也往往被认为是"英雄企业",功不可没。鲁冠球听了汽车工业公司那个同志的真诚希望之后,当即表态:"我来搞,给我六个月时间。"

之后鲁冠球便开始调整战略,放弃坚持多年的多元化经营方式,集中力量专业化生产汽车万向节。为此他聘请了技术厂长,引进了技术人员,全力钻研进口汽车万向节。

与此同时,一个新的经营方针在万向已经开始形成:第一步,为国家填补空白;第二步,提高质量,同国外进口的万向节进行竞争;第三步,将产品打入国际市场,为国家创汇。鲁冠球对企业的所有员工说:不论哪个国家哪种型号的汽车,只要在中国的公路上奔跑,我们就要把它的万向节生产出来!

话是这么说,但真正要生产出进口汽车的万向节,也确实不容易。外国汽车万向节的技术和工艺是保密的,那么多的进口汽车,又到哪里去找图纸?经过多方打听,鲁冠球得知天津海关掌握着全国进口汽车的牌号和去向,他们便立即前去请教,然后再派技术人员分路跟踪。每找到一种进口汽车,他们就将草图带回厂里着手试制。对于生产出来的产品,万向规定从哪那辆汽车上画的草图,就装到哪辆汽车上去试用,而且要专程送去,亲手装,不收分文,只求驾驶人员告诉使用情况,提出改进意见。经过几个月的试制,他们生产的进口汽车万向节终于通过了行业规定,"钱潮"牌万向节横空出世。之后,"宁围公社农机修理厂"也改名为"宁围万向节厂",实现了历史性的一次跨越。此后一直以"杭州万向节厂"和"杭州万向节总厂"的名称闻名于企业界。

鲁冠球在万向节质量的提高方面可谓不遗余力,下面的一则相关报道可以很好的说明这个问题。

**考场外的“第一名”**

1979年，鲁冠球选定了专业生产万向节。

可是刚起步，就遇到进不去“考场”的问题。机械工业部要在全国50多个生产万向节的工厂中选择三个最好的，作为国家定点生产万向节的工厂。乡镇企业不归中央部门管，鲁冠球所在的工厂连整顿企业的文件也拿不到。他们得不到这些“考题”，当然也就没有同国营厂竞争、充当国家定点生产企业的资格。不过，如果能够参加评比，就可能获得改变这个乡镇小厂命运的机会。

就在这个关头，鲁冠球想出了“怪”办法：他悄悄地派了个“密使”，用人托人的办法、国营对国营的名义，把那个整顿企业用的条例弄到了手，来了个“考场”外面答考题。

在整顿企业的400个“考题”中，难度最大的是产品质量问题。鲁冠球解这道难题的方法和魄力轰动了县城和省府。那时在1980年的初秋，鲁冠球把全厂的中层干部和加工车间全体工人集合到一起，在3万套万向节次品堆边召开了个现场会。这些次品，有的是鲁冠球派30个人到28个省、市自治区听取用户意见时“背”回来的，有的是工厂在加工过程中挑出来的。

1980年底，由于鲁冠球下苦功夫抓产品质量而在全国评比中名列第一，被评定为全国三家万向节专业定点生产厂之一，这为身份不硬的万向的生存发展赢得了一席之地。

资料来源：《做大做强做久》，夏伯尧著。

现在看来，当时的战略调整是轰轰烈烈、风风火火的，然而事实上，企业的这一改革决定是在不少员工的反对声中进行的，由于当时万向的产品已经编入了政府计划中，人们不理解鲁冠球为什么要砍掉当时还比较赚钱的犁头、镰刀、船钉等业务，放弃每年可带来几十万收入的产业，而把所有的希望集中在当时前途尚不确定的万向节身上。尽管有反对，尽管有不解，万向的管理层还是坚持着他们的信念，并一直走了下去。

后来的事实充分证明，在“多元化还是专业化”这个问题的抉择上，万向的选择是完全正确的，体现出了他们超前的眼光。而企业对万向节的专业化生产，也从此让宁围万向节厂步入了高速发展的时期，是万向集团发展史上的一次重要转折。

## 第三节　耐力加爆发力

进入20世纪90年代以后，中国的民营企业步入了一个新的发展阶段。一方面，国家在政策上更加重视民营企业的良性发展，积极地鼓励和引导；另一方面，由于国家经济运行十分稳健，民营企业在这段时期获得了很好的发展机遇，积累了一定的经济力量。更重要的是，这十多年的发展经验，使得民营企业的管理体系更加完善，制度更加健全，包括企业战略、企业的基础管理、企业文化等，各个方面都得到了长足的进步。大批优秀的民营企业脱颖而出，可谓“忽如一夜春风来，千树万树梨花开”。如万向集团、联想集团、正泰集团、复星集团、斯维特集团以及华为、巨人、德力西等，都曾经在中国经济发展史上留下过光彩的一笔。

发展好、发展快的民营企业确实很多，不胜枚举，但笔者认为万向集团是其中最优秀最具有代表性的企业。只要对企业界感兴趣的人不可能不知道万向，无论是商界、政界、学术界、文艺界，甚至是一些农民，都知道万向集团就是杭州萧山原来做万向节的那个充满传奇色彩的乡镇企业。为什么万向能够长盛不衰？为什么万向能够鹤立鸡群？

答案其实很明确：因为在近40年的发展过程中，万向实现了耐力与爆发力的完美结合。

没有耐力的企业无法长寿，没有爆发力的企业势必要落后。这个道理就像长跑运动员一样，没有足够的耐力是无法跑完全程的，但是如果仅仅有耐力而没有爆发力来确保速度，肯定也是拿不到冠军的。

在国际上，卓越的大公司有些是通过雷霆万钧之势的爆炸模式快速发展起来的，像微软、戴尔、IBM、思科、通用汽车等，也有些是通过“慢牛”式的逐渐的进化最终走向卓越的，像宝洁、强生、明尼苏达矿业和制造公司等，而万向，应该是两者的统一体。

万向的耐力是毋庸置疑的，按照万向自己的说法，自从万向诞生之日起，按照季度算，万向就没有一个季度亏损过。这种良好的耐力确保了万向的稳健和长寿。

在爆发力方面，年均增长速度只有30%多的万向或许比不上三株、巨人、爱多等著名的流星型企业，也比不上问题企业德隆，然而事实摆在我们面前：万向集团正健康的生存着，而三株、爱多、巨人等具有短期爆发力但缺乏长期耐力的明星企业相继倒下。另一个褒贬不一的德隆也是显得相当的悲壮。

三株、巨人、爱多大家可能对它们比较熟悉，对其兴衰存亡也比较清楚。而德隆，可能很多人就不怎么了解了。对德隆的评价，是一个见仁见智的事。德隆曾经创造了一个神话，唐氏四兄弟于1986年用400元创业，到2002年资产膨胀到了300亿元，增长超过7500万倍！年均增长210%！德隆及唐氏兄弟一直是大陆财经媒体追捧的明星：2003年中国百富榜排名第25，2003年资本控制50强评比中名列榜首，即便是在危急爆发后的2004年4月30号，新财富500富人榜上，唐氏兄弟还位列第60名。德隆的悲壮结局是沿着以下轨迹出现的：短融长投、违规操作→银行收贷→媒体关注并加以披露→更多的银行收贷→更多的媒体关注→发生挤兑→最终导致崩溃。

从上面的分析中我们可以发现，德隆与当年的三株、爱多是多么的相似！这些曾经叱咤风云的神话公司拥有超强的爆发力，他们的年均增长速度甚至可以达到500%！然而，它们又都是如此的脆弱，在公司出现一些问题之后，只要媒体出来骚扰一下，庞大的企业帝国就会立即崩溃。仔细地观察，我们会发现他们的经营似乎都是建立在一种侥幸上面，多多少少带着一种投机的成分，似乎开始时就没有要做“百年企业”的打算，在具体经营中更没有很好的培养一下自己的耐力，风风火火地来，最终也都风风火火地去了。

商场就是战场，胜者为王败者为寇，企业长期稳健的生存才是硬道理！万向集团正是具备了耐力和爆发力这两项基本的素质，才会在市场经济的沙场上步步为营，实现卓越！

## 第四节　常青树一样的企业家

做“百年企业”离不开常青树一样的企业家。企业是企业家的放大，企业家是企业的缩影。万向集团的性质是民营企业，因此，我们要研究万向，就不得不好好地研究一下“民营”中的“民”字，花较大的篇幅研究一下它的创始人——鲁冠球。

在很多人的意识里，“鲁冠球”和“万向集团”往往是混在一起的，认为鲁冠球就等同于万向，就像张瑞敏等于海尔一样。这与其他的企业和企业家不同，提起格兰仕，多数人都知道这个企业这个品牌，知道格兰仕曾经是微波炉“专业户”，但恐怕很少有人知道它的老总是谁，而万向则完全不一样，“万向集团”和“鲁冠球”这两个名称在本质上似乎没有什么区别。之所以提起万向大家就会自然地想到鲁冠球，是因为鲁冠球对于万向的发展实在太重要了。不知道是鲁冠球成就了万向，还是万向成就了鲁冠球，总之，万向所走过的每一段路程都能清晰地看到鲁冠球所留下的脚印。

什么样的企业家成就什么样的事业。万向发展壮大的首要原因应归于鲁冠球超人的企业家素质。

### 一、横刀立马不难，难的是横刀立马几十载

时势造英雄，此话一点不假。中国的改革开放确实成就了很多人，就像战国乱世成就了苏秦、宋金抗衡成就了岳飞、欧洲战争成就拿破仑一样。在中国的企业界，有很多明星曾经闪耀过或者正在闪耀：鲁冠球、张瑞敏、柳传志、步鑫生、史玉柱等等，都是曾经“指点江山、激扬文字”的风云人物。中国经济的发展史，也是这些企业家的成长史。

在这些著名的企业家中，农民出身的鲁冠球恐怕是文化水平最低的一个，然而，他几乎也是经营时间最长，企业家生涯中最“长寿”的一个，是企业界中名副其实的“常青树”、“不倒翁”。

其实，鲁冠球在改革开放之初就很有名气了。他的“7个人，4000元，一个铁匠铺”的创业神话已经在浙江广为流传。1979年，他所领导的“宁围万向节厂”迈出了历史性的一步，此后知名度节节攀升，鲁冠球更是扬名于企业界。伴随着万向的长盛不衰，鲁冠球被媒体和企业界称为“企业家的常青树”。在各种权威机构的评比或排名中，就像

少不了柳传志、张瑞敏一样，往往也少不了鲁冠球，比如说全国十大风云人物、十大商界人物、十大经济人物、十大民营企业功勋等。2001年鲁冠球与吴敬琏、张瑞敏、倪润峰、史玉柱、卫留成等一起被评为CCTV十大经济人物；与张瑞敏（海尔集团）、卫留成（中海油）、仰融（华晨集团）等被美国《财富》评为2001年中国大陆八大商界人物。

现在我们回过头来看历史，会发现差不多和鲁冠球同时代的著名商界风云人物，包括步鑫生、马胜利、年广久、禹作敏等，都已经成了过眼云烟，而唯独鲁冠球仍然有名，而且今后可能更有名，势头更盛。同时，鲁冠球也不像那些短暂的流星人物，在一些排行榜上频繁的进进出出，他只要上了榜，就会在靠前的位置上稳住，很难下来。从2001年到2006年《福布斯》评出的中国大陆100位富豪的名单中，鲁冠球分别为第7位、第4位、第3位、第5位、第12位、第10位。可以说，位子坐的是相当的牢固。

自1969年创业以来近40年里，鲁冠球获得了无数国家级的荣誉，这在中国企业家中可能是屈指可数的，包括"经济改革人才奖"、"全国优秀经营管理者"、"全国优秀乡镇企业家"、"1993年经营大师"、"中国改革风云人物"等等。不仅如此，国外也对鲁冠球给予了高度的评价：美国《国际商业周刊》称其是"中国最成功、最雄心勃勃的企业家之一"。《华尔街》杂志则称他为"国家式的英雄人物"。所有的这些荣誉，都显示了国内外对他所取得的成就的充分肯定。

步鑫生、马胜利、年广久、禹作敏等，他们都曾经横刀立马过，都曾经做过战场上的将军。然而大浪淘沙，这些企业家各领风骚三五年以后，有的身陷囹圄。有的悄然隐退。只有鲁冠球做到了长盛不衰，在中国企业界这个大舞台上独领风骚！

一次横刀立马不算难，能够横刀立马几十载才是真正的英雄！鲁冠球凭借着自己超人的企业家素质，成功的实现了自己和万向的同步成长。

## 二、屡败屡战不等于屡战屡败

鲁冠球不是天才，也不是天生的企业家，他的创业之路同样是坎坷的。然而，成功者和失败者之间的差别往往就在于有没有一种坚定不移的意志力，有没有一种愈挫愈奋的精神。

农民出身的鲁冠球是意志坚定者的最好的代表。首先，他有一种极强的不安于现状、不服从于命运安排的精神。光有一种对命运的不满显然是不够的，笔者也从小出生在农村，对农民的处境比较了解，常常听到他们对自己悲惨命运的哀叹，但他们往往除了哀叹还是哀叹，光有哀叹没有行动是不能改变命运的。幸运的是，鲁冠球没有仅仅停留在对命运不公的叹息上。

和上世纪六七十年代的众多青年农民一样，鲁冠球最初的梦想也是到县城里去当一个工人，毕竟当时工人的收入和待遇远远要比靠天吃饭的农民要好得多。因家境贫寒未念完初中的鲁冠球怀着他最初的梦想来到了萧山县城，并在一家铁匠铺当起了学徒工，那时他只有15岁。

江南有一句老谚语叫"人生有三苦：撑船、打铁、卖豆腐"。虽然是旧时的谚语，但充分反映了从事这三种行业的艰辛，鲁冠球选了恰恰这“三苦”中的一“苦”。年轻的鲁冠球能够坚持下去吗？

事实证明，鲁冠球的决心和意志力的确令人佩服。尽管铁锤比锄头更沉重，炉火比烈日更炙热，鲁冠球始终怀着一颗积极的心态专心学习打铁手艺，没有抱怨过，更没有想过要放弃。说句后话，尽管后来在县城当工人的梦想破灭了，鲁冠球的辛苦和努力没有白费，他后来能创办宁围农机修理厂与他过硬的铁匠技术是分不开的。可以说，没有在铁匠铺的学徒经历，就没有宁围农机修理厂，更没有后来的万向集团。

古语道：“天将降大任于斯人也，必先苦其心志，劳其筋骨，饿其体肤，空乏其身，所以动心忍性，增益其所不能。”这话在鲁冠球身上是再适合不过了。鲁冠球在铁匠铺刚要满师，却遇上了国家三年困难期，大批工程被取消，很多企业停止生产，鲁冠球因为农村户口而被精简回家，于是进城当工人的愿望便从此成了泡影。

鲁冠球回家之后确实困惑过、苦闷过，但没有放弃过。他集资创办的粮食加工厂被当作“资本主义尾巴”给割掉后，又开了一个自行车修理铺，自行车修理铺被钱塘江的潮水冲掉后再搭建，又冲掉，又搭建！这种苦其心志、劳其筋骨的经历磨炼了鲁冠球坚强的意志力。成就大业者往往要承受难以承受的磨难，上帝就是喜欢那些能够屡败屡战的人！

修理自行车虽然能够维持生计，但鲁冠球也认识到仅仅靠修自行车是成不了大器的。当时正值钱塘江修筑防潮大堤，他盯着两条远远延伸的运泥石料的铁轨默默地思索，就像他后来盯着来来往往的进口卡车思索一样。他思索的结果是：铁轨要固定枕木上就需要铆钉，而铆钉这种小产品国有企业向来不屑于生产，所以，如果能够生产铆钉供应工地，既可以支持国家建设，又可以赚钱，同时还能够以学大寨的名义避免被割“资本主义尾巴”，可谓一举多得。

盯着运泥石料铁轨的思索诞生了“宁围农机修理厂”，后来盯着进口卡车的思索使得“萧山万向节厂”横空出世。这就是鲁冠球，一个意志坚定、屡败屡战的鲁冠球，一个能担大任的鲁冠球。

说起鲁冠球超强的意志力，不得不说一个鲁冠球戒烟的故事：那时候，中国还处在计划经济阶段，原材料的供应和产品的出售都按照政府的计划操办。萧山万向节厂老是为原材料的供应发愁，有一次鲁冠球到杭州钢铁厂求援，那个掌管着钢铁生杀大权的供销处长知道鲁冠球是一个大烟枪，就取笑说：“鲁冠球，你要是能把烟戒掉，这钢材你要多少我就给你多少！”鲁冠球说：“此话当真？”供销处长说：“只要你能戒掉，这个赌注就算输给你了。”

这个故事的真实性已不得而知，但之后萧山万向节厂确实从杭州钢铁厂获得了原料供给，而鲁冠球也从此不再抽烟。“一个人如果连烟都戒不了，他还能干别的什么事情吗？”鲁冠球曾经这样对他的属下说。①

万向的这种精神不光体现在鲁冠球身上，同时体现在所有万向人的身上。集团很

---

①资料来源：《做大做强做久》，夏伯尧著。

多子公司的现任领导都是当年和鲁冠球一起创业的元老,他们和万向一起成长,目睹过万向繁荣而强大的今天,当然也一同走过那段最艰辛的岁月,这些元老将他们所具有的这种超人的意志力和屡败屡战的顽强精神传承到每一个子公司，传承到每一个万向人身上,并成为万向走向卓越的重要推动力量。

# 第22章 最大的成功乃是战略上的成功

## ——万向的企业战略

发达国家的企业已经进入“战略制胜”的时代，一个缺乏整体规划的公司，最终会在市场竞争的风浪中失去方向，从而被残酷无情的市场抛弃。

——美国经济学家萧比达

很多民营企业不重视战略，这是因为这些企业还没有达到这个层次。他们往往认为战略是空的，应该多做实事；也有人认为现在市场千变万化，无法预见，所以战略也是无法规划的，从而采取一种应变主义。他们把战略规划理解为确定未来几年的数量目标以及要做的业务和项目。确实，市场千变万化，要精确地确定未来的数量目标、业务构成和项目是不大可能的。但是如果我们把战略规划理解为“战略规划=远景目标+能力培训+支持力建设”，把它看成是为应对千变万化的市场的一种快速反应能力，那么战略规划就很有用了。事实上，正因为我们走向了市场经济，市场千变万化，从而更迫切的需要制定战略规划。如果是在计划经济年代，一切产品的生产计划和销售都是由行政计划部门代为行之，那么企业还需要战略吗？

可能有人会认为，企业战略设计是一个很理论、很学术的话题，但在万向集团它首先是一种实践——一种如何实现企业可持续发展的长期实践。而万向与很多企业不同的地方在于，他们在重视企业可持续发展实践的同时重视思考、重视总结、重视学习。从而当别的一些乡镇企业和国有企业还在犹豫时，万向在许多地方已经走在前面了，尽管当时他们可能并没有意识到那就是一种战略。

总结起来说，万向的企业战略体系可分为四个方面，即产业拓展战略、区域扩张战略、资源创造战略和资本运营战略，下面就对每个战略体系详细解释

## 第一节 从多元化回到多元化——万向的产业拓展战略

万向集团的快速发展伴随着产业结构的不断调整。分析万向的发展历程，其产业拓展战略概括起来可以分为三个阶段：即低层次产品多元化战略阶段、名牌产品战略阶段和多元化战略阶段。而每一个战略的采取相对于万向当时的发展状况来说都是正确且明智的，渗透着万向人的心血在里面。

## 一、低层次产品多元化战略

对于万向而言,在创业初期,企业的产业战略是不太明确的,笔者认为用“低层次产品多元化战略”来概括当时他们所采取的企业战略是比较合适的。为了生存,除了万向节之外,他们拾遗补缺,生产过犁刀、铁耙、船钉、失蜡铸钢等五花八门的产品。正是这种以市场为导向的多元化经营,使他们当时在一无资金,二无人才,三无管理经验的情况下,凭精神、凭体力、凭苦干,摆脱了一穷二白的状况,赚了一点钱,在计划经济的夹缝里得以生存,并呈滚雪球之势慢慢发展壮大。到1979年时,农机厂总资产已达到382万元,产值达到316万元,职工人数增加到400人。

“低层次产品多元化战略”看起来似乎并不是什么英明的战略决策,仅仅是鲁冠球以及当时的宁围农机修理厂为了生存下去而采取的“本能”。其实不然,因为计划经济时代,企业基本上都是按照国家的要求来安排生产,像万向这样的民营企业可谓是凤毛麟角,而能够采取适合它们自己的经营策略,艰难地生存下去一直发展壮大到今天的更是少之又少。所以,尽管当时的经营战略还不是太明确,但确实为万向以后的发展奠定了一个良好的基础,也就有了后来的名牌产品战略阶段和多元化战略阶段。

## 二、名牌产品战略

当农机厂的生产上了一个台阶后,鲁冠球并没有像其他人一样满足于现状,相反的,未雨绸缪的他清楚地认识到虽然以前以市场为导向的思路没错,但是什么挣钱就生产什么,容易造成东抓一把西抓一把,使企业在分散风险的同时,也肢解了企业仅有的一点资金和技术力量,这对于一个刚刚起步的企业来说是致命的。为了企业的长远发展,1979年,经过仔细度量之后的鲁冠球顶着厂里其他人的反对,对产业战略进行了调整,他忍痛把70多万元年产值的“多角化”产品调整掉,开始集中力量专业化生产进口汽车万向节,力求使厂里生产的万向节成为同类产品中的名牌,在市场上站稳脚跟,并为国家节约大量的外汇支出。这时的鲁冠球,其实已在顺其自然地或理性地给万向确立了新的战略——名牌产品战略。

经过多年的摸索,万向总结出了实践好企业名牌战略的三个宝贵经验:首先,竞争产生名牌。在计划经济时代,中国的经济是一种短缺型经济,企业只管生产,只要生产出来就行了,不存在竞争,也用不着竞争,更说不上品牌竞争。所以,要创造出属于自己的名牌,就必须以一种积极的姿态投入到市场竞争中去,以竞争求生存,以竞争求发展,以竞争树名牌。其次,没有规模就没有名牌。在计划经济年代,生产的目的是为了满足社会的需要,因此不注重效益,更谈不上追求规模效益,企业零星分布,形不成经济规模,加上单个企业产品的市场占有率不高,名牌也就缺乏必需的存在基础。而“钱潮”牌万向节之所以能有一定的知名度,与其国内65%以上的市场占有率和大量的国际出口是分不开的。再次,品牌意识成就名牌。长期的计划经济使中国的企业品牌商标意识淡薄，很多企业不重视品牌，更不重视保护自己的品牌和宣传自己的品牌。一个没有品牌意识的企业，想要创出名牌根本就是空想。

在整个80年代，万向的经营活动就是围绕着“创出信誉，创出品牌”的目的展开的，可谓十年磨一剑！万向抓住了改革开放的机遇，提出了“立足国内，面向国际，扎根企业内部，脚踏实地工作”的工作方针，以产品专业化为基础扩大企业规模，从而使企业呈现出一发而不可收的良好态势。

1980年底，万向在全国万向节厂整顿检查中，以99.4的高分居全国同行业之首，从而被列入全国仅有的三家万向节定点生产专业厂之一。从1982年开始，万向的产品先后被评为省优、部优，并获得了国家银质奖，使“钱潮”牌万向节成了国内市场中最具有竞争力的名牌产品。

当然，万向并不因重视质量而忽视了成本，1980年到1989年期间，钢材提价1.3倍，煤提价5倍，而万向的产品价格却基本不变。通过一系列管理办法，杭州万向节厂在80年代就凭着高质量、低成本，成了国内同行业的领头羊，产品不仅占领了国内大部分市场，还开始远销海外。

万向的名牌产品战略阶段一直持续到1991年，在这13年中万向保持了较快的发展速度，销售额年均增长率高达40%！同时，在这一过程中企业成功地实现了万向人的名牌梦想，一直以“杭州万向节厂”和“杭州万向节总厂”的名称扬名于企业界。

名牌产品战略的实施，使万向集团的无形资产价值得到极大提高。创业30多年来，万向品牌建设从无到有，初见成效。

1987年，万向汽车零部件产品即荣获国家银质奖；

1999年、2002年、2005年，“钱潮”牌系列汽车零部件产品三次被商务部认定为“重点支持和发展的名牌出口商品”；

2003，年“钱潮”牌汽车万向节被认定为中国名牌产品；2005年，又被认定为国家免检产品；

2004年，企业荣获“国家质量管理卓越企业”、“袁宝华企业管理金奖”等荣誉；

2005年，“钱潮(QC)”商标被评为中国驰名商标，“万向”牌轴承又被认定为中国名牌产品；“万向”品牌名列“中国500最具价值品牌榜”第75位，中国机械行业第二位。成为中国向世界名牌进军具有国际竞争力的16家企业之一；商务部“重点培育和发展的出口名牌”企业；

2006年，万向汽车制动系统产品又被认定为中国名牌产品，企业荣获国家质量奖。

从1979年以来，万向的品牌建设工作就没有停止过。最近，万向集团还专门成立“万向品牌建设工作小组”，负责统筹万向品牌建设工作。由总裁鲁伟鼎亲自任组长，总部党委工作室文宣办为万向品牌建设工作的归口管理机构，并设常务成员，开展具体工作。

万向近年来在品牌建设方面取得的成绩，对提升企业形象、知名度、美誉度，对提高市场占有率起到了积极的作用。

## 三、多元化战略

### 1.相关产业多元化阶段(1991——1994)

鲁冠球在产品专业化取得相当成功后，凭借生产经营万向节积累的资本实力又开始向其他汽车零部件产业进军。除了保持汽车万向节的优势之外,他还组织生产轿车等速驱动轴、汽车传动轴、轴承、滚动体、密封件、轿车减震器、制动器等系列化汽车零部件产品。万向这时的产业战略在鲁冠球的设计下其实已理性地演化为“相关多元化产业战略”了。

至此,万向的主导产业已清晰地呈现在我们的面前,那就是汽车零部件产业。万向的中国最大、世界著名的汽车零部件生产商的地位已然形成。

### 2.非相关产业多元化阶段(1994年至今)

万向的主业形成了,长大了,企业又开始向“非相关多元化产业发展战略”的目标奋进了。除了汽车零部件产业这一主导产业外,万向还倾注了相当多的心血发展其它能够壮大万向实力和竞争力的产业,如农业产业、房地产业、酒店业、商业流通服务业、金融租赁业、投资银行业(包括财务顾问)、风险投资业、信息咨询业(包括企业策划)等等。而且通过在国内外资本市场收购上市公司的方式成功实现了对新产业的介入或强化。在万向有了雄厚的资金、技术、人力资本的情况下,在保持汽车零部件这一主业地位的同时,发展“非相关多元化”是非常合适的,而且也是相当及时的。一是可以为集团的资本运作提供载体,二是可以寻求或发育集团未来的主业。

万向集团通过16年的发展，原先的万向节占整个集团产业的比例从1980年的几乎100%下降到现在的不到10%,主业汽车零部件已发展为拥有“十字轴万向节、等速万向节、轴承、传动轴、滚动体、减震器、传动系统、制动系统、悬挂系统”等相关多元化格局。整个集团的产业已形成“汽车零部件、市场流通、旅游、房地产、大农业、金融业、实业投资”等不相关多元化产业格局。

万向的多元化战略无疑是相当成功的，它实现了企业的飞速发展，从1991年到2000年,万向的销售额年均增长率高达54%,是企业增长最快的一段时期。同时,万向的多元化战略还将继续进行下去,实现着企业做大、做强、做久的梦想,不断向着世界500强迈进。

## 第二节　两个“三级跳”——万向的区域扩张战略

万向战略上的另一大成功是区域扩张上的成功。在区域扩张上,鲁冠球的目标是两个“三级跳”:第一个“三级跳”是省内前10位——国内前100位——国际前1000位;

第二个“三级跳”是省级集团——国家级集团——跨国集团，最终使万向成为一家拥有核心能力和核心价值的大公司、现代公司。对于企业的区域扩张战略，万向有自己的特点，这些适合企业自身的区域扩张思路保证了这一战略实施的成功。

## 一、区域扩张以产业扩张为基础

万向集团这些符合实际的扩张战略是万向人在实践中不断总结、思考的结果。鲁冠球在创业时并没有这样的战略，他一开始时的理想就是带领部分农民走上致富的道路，过上好日子。所以才联合其他六位农民筹集4000元创办了作为万向集团前身的铁匠铺。以后随着企业的发展，他们的目标也不断升华，先是确立了在国内万向节市场争份额的目标，这一目标在1980到1982年间就实现了。在这同时，万向的管理层又萌发了在国际万向节市场上争份额，并确立了“赚洋钱为荣”的雄心壮志。

跟国内民企巨头相比，万向赚洋钱起步较早，1984年产品就销往美国，1997年起已为世界最大汽车制造商通用公司配套，以后相继为福特、克莱斯勒、大众等国际著名主机厂直接或间接配套。目前，万向集团已成为全球万向节行业中规模最大、设备最先进的生产基地，万向节产品覆盖世界60多个国家和地区，产销量占全球市场10%左右，并且这一市场占有率还有不断扩大的趋势。万向集团不光让自己的产品走出了国门，还将资金、技术、人力资本也成功的输出到了国外，万向现已在北美的美国、加拿大，欧洲的英国、德国，南美的巴西、墨西哥、委内瑞拉等7个国家办了10多家子公司，被中国WTO首席谈判代表龙永图称赞为“在洋人的地方，用洋人的资源，做洋人的老板，赚洋人的钞票”。尤其是近几年，万向已从“国际营销”、“国际生产”发展到配置“国际资源”，受到了国内外的一致好评。

从万向的发展历史中我们可以看出，其区域扩张是为产业拓展服务的，所以产业拓展与区域扩张难解难分，在万向集团身上是相互促进的统一体。在单一的万向节产业阶段，万向基本上是集合在萧山宁围的狭小区域。随着产业的相关多元化和不相关多元化发展，万向的区域布局也从萧山走向了全国进而走向全世界。如今万向上海、万向深圳、万向天津、万向大庆、万向千湖岛、万向美国、万向德国、万向中东、万向南美、万向非洲等都已经发展起来了，可以说，万向已经遍布全球，基本上实现了企业“在国内的每一个省、国外的每一个大国家，都要拥有万向公司”的长久愿望。

## 二、从省内到省外，从国内到国外

在国内，万向是通过设立投资公司、收购兼并、合作合资等方式走向全国。“九五”期间，万向在国内市场进行了系统化组合。例如，万向钱潮股份有限公司拥有12家控股公司，其中本地有8家，异地有4家。为了加强市场的营销管理，成立了万向钱潮营销公司，主要代理销售万向集团“钱潮QC”系列汽车、工程机械等零部件产品，包括汽车万向节十字轴等11个系列1万多个品种。拥有北京、上海、杭州、广州4个分公司，分布在全国各地的19个配送中心，300多个一级受控制特约经销点，2000多家二级分销网点，基本上形成了“系统零部件供应商+营销配送网+受控代理与分销网点”的营销网络构架。

万向集团的海外扩张战略在上世纪80年代初就走得很远了，在上世纪90年代末期和本世纪初期，在鲁冠球的女婿倪频的主持下，海外扩张战略更是实现了辉煌，在美国、日本、欧洲、非洲、西亚等兼并或设立了数十家公司，并且把原先将万向的产品引向国外的美国舍勒公司、UAI公司等收购到旗下，真正实现了万向海外扩张“从产品走出去——人员走出去——企业走出去”和“在洋人的土地上、雇用洋人、赚洋人的钱”的梦想。

万向成功的国际化之路得益于其所坚持的“三化”策略，即资源外部化、经营本土化、产业国际化。可以说，万向国际化的成功就是“三化”策略的成功。

**1.资源外部化**

几十年的经营实践，使万向管理层感觉到，企业的发展速度，一定意义上取决于内外资源的合理利用和优化组合的水平。为此，万向于1992年开始把人员派往了美国，并提出“以赚外国人的钱为荣，以使万家致富为乐”的口号。万向的产品，最初是通过中间商出口的。这段时期，他们的主要任务是组合中间商的渠道资源，虽然打的是外商的品牌，进的只是维修市场，价格也让到了无利可图的程度。但是，万向人相信他们走这条路是对的。

经过多方面的努力，1994年，万向美国公司得以正式成立。万向美国公司直接利用当地的资源，以最直接、最快捷的方式，将最准确的技术、质量、价格等国际市场信息，源源不断地传递给国内。国内企业再根据这些信息，有针对性地组织开发产品，以最快的速度提供给客户。此外，万向美国公司还以“股权换市场”、“设备换市场”、“让利换市场”等灵活的方式，获得了大量的定单，使企业的出口产品摆脱了被动等订单和单一的价格竞争的局面，有力地拉动了母公司主导产业的扩张。同时，万向美国公司加快自身发展，先后在美国、英国、德国、加拿大等七个国家设立11家公司，并通过收购、参股、控股等方式，对英国轴承公司、美国IPPD公司、BT公司、麦科高科技公司等资源进行有效整合，建立了自己的“国际生产”基地。

万向集团认为，资源是生产力形成的基础，企业生产力的发展水平，从来都是由资源配置的合理性，利用方式的有效性决定的。现在，万向不仅打破了资源的区域限制，利用了国内低成本制造优势和国外技术服务与市场控制等优势，且通过股权互换等形式，与国外主机厂建立了战略合作关系，使双方资源实现了优势互补，使资源得到了再生和发展。

**2.经营本土化**

面对WTO和经济一体化的挑战，万向采取了“思考全球化，行动本土化”的经营战略，从市场营销、管理体系、资本运作等方面，实施“本土化”，使企业的各方面作，更加靠近世界通行的标准。

万向认为，市场营销的本土化就是利用当地的资源，建立自己的市场体系。例如，在美国，万向节的销售借用洛克威尔公司的力量；轴承则合并使用了日本NTN公司与美国通用轴承公司的销售系统；在南美，万向吸纳了舍勒公司的整个销售网；在欧洲，则起用原GKN系统的人员。为配合市场体系的有效运作，万向加强硬件配置，在美国、英国、墨西哥、巴西均设有保税仓库，满足客户对时间的要求，解除客户对货源的担心，确保提供最快、最好的服务。

此外，万向还坚持实施管理体系的本土化策略。不管在哪个国家，万向聘用都是当地优秀的人力资源，按当地最严格的标准管理公司，公司财务账目、法律事务等都由当地会计师事务所、律师事务所来承担，取得客户的信任，用最短的时间进入角色。同时，万向的管理体系完全以国际通用的标准定位，国内的生产企业和海外公司，分别作为制造商和经销商，于1998年初通过国际汽车行业最高标准IS09000体系认证。

在实现市场营销本土化和管理体系的本土化的同时，万向集团还成功实现了资本运作的本土化。他们认为，企业经营管理成功与否，银行和股东的承认是判断标准。万向海外公司的经营效益和发展速度，很快引起了当地银行的注意。他们不仅在资金上给予支持，把授信额度从500万美元增加到了8000万美元，而且，在企业发展上也是帮着出谋划策。比如，万向曾提出了购买“草原河”高尔夫球场，当地的银行经过调研后，同意了他们的方案，并且提供了购买球场所需的贷款。现在，这家高尔夫球场早已收回成本，不仅有了可观的效益，银行也得到了相应的回报。

**3.产业国际化**

万向的主业是生产汽车零部件。鲁冠球在仔细分析后认为，世界汽车工业的发展态势，已经从汽车产品的全球市场一体化，走向全球生产的一体化。按照经济的发展规律，发达国家的零部件制造业，必将出现产业链的整体转移，全球必将形成新的分工协作体系。谁能够抓住这个机遇，在新的分工协作体系中占有一席之地，就看谁具备了这方面的基础和条件。

为此万向提出了九个“三步走”发展策略：一、主体转换“三步走”，即从产品走出去，到人员走出去，到企业走出去；二、市场提升“三步走”，即从维修市场，到间接配套，到直接配套；三、营销策略“三步走”，即从打别人的品牌，到用自己的品牌，到组合品牌优势；四、技术进步“共步走”，即从仿制，到自己开发，到合作开发；五、人才培养“三步走”，即从国内派人，到本土化用人，到内外一体化培养人；六、效益增长“花步走”，即从别人赚钱，到低于内销利润，自己赚小钱，到与主机厂合作，高于内销利润，联合赚大钱；七、资金来源“三步走”，即从向朋友借钱，到国内批准投钱，到用国外银行的钱；八、战略延伸“三步走”，即从国际营销，到国际生产，到国际资源配置；九、社会形象提升“三步走”，即从国内企业认可，到跨国公司认可，到国内外政府认可。

通过这九个“三步走”，万向参与国际经济合作与竞争的范围不断扩大，程度不断加深。不仅扩大了国际主流市场份额，而且赢得更大的生存和发展空间。

## 第三节 穷则思，思则变——万向的资源创造战略

在中国计划经济的长期影响下，民营企业最大的问题是缺乏资源（包括能源、矿产资源、人力资源、政府支持等诸多社会资源），优秀的民营企业往往是在缺乏资源的情况下创造资源，他们是创造资源的高手，而在万向的发展历史上，资源创造更是发挥了极其重要的作用。上世纪70年代末的废炮筒变成宝、不失时机地以产品换原料、获得杭州市农机公司的特批计划、在交易会外摆地摊获得市场订货、争取成为万向节定点生产厂家、以戒烟之约获得杭州钢铁厂的长期原料供应、与浙江大学机械系长期合作获得技术支持，以及90年代初争取到首家乡镇企业股票上市等举措都是万向资源创造的妙笔。

对于一个乡镇企业来说，由于天然缺少政府的优势资源支持，一定会丧失许多与国营企业竞争的优势，但万向却运用各种手段，积极去获取资源。在资源创造方面，万向“穷则思，思则变”的精神可谓把万向超群的资源创造能力发挥到了极致。

下面来看一则关于万向集团充分利用政府资源的相关报道：

**紧抓政府的手**

在中国这样特殊的市场环境里，政府资源绝对是不容错失的。

鲁冠球审时度势，目光超前，充分利用政府所能给予的全部荣誉，使万向集团对外的界面非常好。一方面，企业能得到切实的利益，另一方面，企业形象好，社会认知度高，比做广告效果好多了。

由于得到了政府的认可，万向几乎获得了所有国家对于乡镇企业、民营企业的优惠政策。鲁冠球的超前目光使万向成为全国第一家乡镇企业上市公司、第一家进入120家试点企业集团的乡镇企业、浙江省第一家企业集团财务公司、浙江省第一家企业技术中心等。其实浙江省与他同时期的企业很多，实力也未见得就比万向差，而政府的诸多宠爱集于万向不能不说鲁对政治的把握能力是很过人的。

鲁冠球在这方面应该说有他的一套方法。1971年即在万向建立党支部，1986年建立党总支，1991年建立党委，2001年集团党委，被评为“全国先进基层党组织”，这在全国的民营企业中很少见。20年来，鲁冠球并不是把党建工作作为一个“面子”工程来做，而是确实地利用了这一资源，使政府觉得放心，员工觉得安心。因为在当年，对于农民出身的员工来说，党组织是神圣的，是国有企业才会有的。

媒体把鲁冠球看作是一个风向标式的人物，也源于他对国家政策的把握能力。他能应时而变，走在响应国家号召的前列。2004年国家宏观调控，在许多民营企业表示不理解之时，鲁冠球就率先以民营企业家代表的身份，实事求是地分析宏观调控给万向所带来的好处。这样的企业政府怎么会不支持？

资料来源：《做大做强做久》，夏伯尧著。

## 第四节 一个集团,多个核心——万向的资本运营战略

与产业拓展战略和区域扩张战略齐名的是资本运筹战略,对于万向来说,其资本运筹战略的运用也是相当的精彩。如果说万向在2000年前主要的成功是产业经营的成功,那么在2000年后即是资本经营的成功,并且资本经营进一步推动产业经营的更大成功。

万向原先的经营能力主要体现在产品经营上, 这从前面的关于产业拓展和区域扩张中可以看到。1993年后万向的管理层逐渐重视资本经营,并着手构建相应的资本经营体系,培育相关的能力。从钱潮股份的上市到财务公司的组建和申报都可以初见端倪。1995年鲁冠球还开会特地要求公司发展部制订关于资本经营的战略方案和操作程序,这些战略和程序后来都成了万向"九五"发展规划的重要内容。

万向对于资本经营有自己的理念,他们认为资本经营必须以产品经营为基础,资本经营是为产品经营服务的。这与德隆等专门玩资本经营的理念不一样,这样万向也就构建了更有效的风险规避机制,不会像德隆这类企业一样,一夜之间倒塌。

企业集团大了,公司层次多了,就必然会遇到企业产权方面的问题。在万向集团的产权方面,他们通过各种方式让存量资产相对明晰,然后对增量资产进行明晰。对于原万向集团公司的存量资产,万向将其分为"万向发展基金、员工福利基金、冠球基金"等四大基金,因此就出现四大基金对万向集团公司的持股问题。对于增量资产,万向通过成立中国万向控股、万向三农等予以明晰。

企业家的最高境界并不是拥有多少财富,而是控制多少资产,以有限的资本控制大量的运作资金。为实现这一目标,万向通过企业组织结构重组,通过母、子、孙公司的层层控股关系来形成资本运作的纵向延伸和横向扩张模式。

一般的企业集团,其核心只有一个,叫集团公司,这个集团公司就是所有下属企业的母公司。为了资本扩张的需要,1999年后,万向集团形成了三个核心,即人们通常所知的万向集团公司、2001年正式设立的中国万向控股有限公司以及2000年成立的万向三农。这三个核心之间可以形成相互持股,形成第一层面的资本扩张。比如,假设三个核心企业A、B、C的资本金都是2亿元,那么三个核心资本金之和是6亿元。但是如果他们相互持股以后会是什么情况呢?以核心企业A来举例,如果它向另外两个核心各投资50%,那么其资本还是2亿元,只不过在账面上体现为对外投资。另外,B和C也分别向A投资1亿元,那么A的资本金在账面上就变成4亿元,其中2亿元在账面上体现为外来股东投入的资本金。这样,三个核心企业的资本金就变为12亿元,增加了一倍,尽管实际的钱没有增加。因此,资本扩张就具有这样的好处:一是增加了对外吸纳投资的权益融资能力,比如A在原先没有相互持股时,账面上的资本金是2亿元,在对外合作时若要50%以上控股,那么吸纳的外来资本最多2亿元;相互持股后,同样50%控股,能吸纳最多4亿元资本。二是提高了负债融资的能力,相互持股前,通过吸纳权益

投资，资本金扩大为4亿元，若50%负债，即总资产可达到8亿元，资本扩张4倍；相互持股后，同样的权益融资和负责融资比例，总资产可以达到16亿元，在第一层面资本扩张可以达到8倍。

2000年10月万向三农成立，是华冠科技的第一大股东，持有29.95%的股份，另外持有承德露露26%的股份，为第二大股东。尽管鲁冠球声称万向三农是围绕“农业、农村、农民”问题，回馈社会的一个平台，但它其实是以成为综合实力强的大农业品牌企业为目标。不可否认万向是通过资本运作的方式达到在农业领域的作为。同年12月，万向集团又在杭州成立万向创业投资股份有限公司，注册资本为3亿元人民币，投资方向为信息产业与系统集成软件工程、生物医药、环保、新能源和新材料等高新技术产业。“万向创业投资”后来改称“通联创业投资”，也收归到了万向控股旗下。

2001年年初就成立的中国万向控股有限公司是打造万向金融王国的平台。在此之前成立的专门从事投资业务的“深圳万向投资(后来改称深圳通联)”、“万向租赁”等都逐步收归“万向控股”旗下。之后万向控股、万向钱潮和万向集团公司则分别按40%、30%、30%的比例出资共同组建了浙江省第一家财务公司——万向财务，也是继“东方财务”后国内获准成立的第二家民营财务公司。同年，“万向控股”出资1.2亿元，投资我国首家以民营资本为投资主体的保险公司——民生人寿保险，持有14.45%的股权，与泛海集团并列为第一大股东。

万向在海外的资本运营同样是相当精彩的。2001年，先是通过“万向美国”控股“万向霍顿保险”，然后共同出资成立了“霍顿保险经纪公司”。8月份，通过多方努力，万向终于收购了美国上市公司UAI，由此迈出了海外收购的重要一步，万向在美国的影响力和经营能力大大增强。另外，万向集团还成立了万向资源、万向西部、顺发恒业等子公司。现在，万向美国公司在当地的融资比例已是总部投资的2倍，并与花旗、美林等世界著名金融机构建立了长期合作关系。

万向资本运营战略的成功实施，为企业源源不断地注入了资金血液，并使企业呈加速扩张之势。2006年的评选活动中，万向集团位居中国企业500强第127位，制造业第58位；中国工业企业1000大第60位；机械行业第15位，汽车行业第8位，汽车零部件业第1位。在媒体和官方众口一词的好评面前，万向这家影响力非凡的企业并没有在功劳簿上睡觉，万向的产业布局正在向纵深推进。

下面是一则关于万向并购的相关报道

### 传奇般的并购整合

中国汽车市场巨大的发展前景以及低成本产品的竞争优势，使中国成为欧美跨国公司转移生产基地的最佳选择。同时，随着全球原材料价格不断上涨，零部件制造商的生产成本大幅提升，又无法转嫁给整车制造商，微薄利润率使其难逃破产或濒临困境的命运。

雪上加霜，使跨国公司纷纷增加在中国的采购额，万向正是借此机会，以极少的现金和低成本的制造优势，通过并购挽救了那些濒临倒闭的欧美同行。万向海外扩张过程中，出色地完成了几大具有决定性意义的并购战役，使其国际化充满了传奇色彩。

传奇一：低产高出。

美国舍勒公司是全球拥有万向节技术专利最多的企业，具有强势的品牌和销售渠道。万向曾为其贴牌生产长达14年，后来舍勒公司的经营状况越来越差，1998年被万向以难以想象的42万美元的低价收购了品牌、专利技术、专用设备和市场网络。之后，万向将舍勒公司的所有产品全部搬到国内生产，在美国市场仍以舍勒的品牌销售，实现了国内低成本生产，国外高价格销售。此次收购还使万向取代舍勒成为全球万向节专利最多的企业。

传奇二：以弱胜强。

创立于1890年的美国洛克福特公司，是翼形万向节传动轴的发明者和全球最大的一级供应商，占全美市场70%左右的供货量，其地位是万向在海外仅靠自有资源和能力难以达到的。洛克福特拥有大量的产品专利、先进的检测技术中心、一支非常优秀的研发队伍，美国市场向来认为其技术绝对领先。万向入主后，将其转型为以技术能力为核心，使其达到了为福特配套的条件，企业增值能力立刻显现出来。万向收购其第二年就开始盈利，年平均投资回报率在200%以上。合作有效地提升了万向在国际汽车零部件领域的影响力。

传奇三：强争渠道。

2000年，实行产业多元化战略的万向实施制动器项目，作为这一行业的新秀，想进入美国市场是很难的。而美国上市公司UAI的UBP品牌在美国占据了广大的零售和修配市场。2001年，UAI因并购扩张出现问题时，万向出价280万美元取得第一大股东地位，要求UAI每年向万向采购不少于500万美元的制动器产品，此举打开了万向制动器产品进入美国市场的通道。在万向入主后的两年间，UAI采购了万向价值1000多万美元的制动器产品。通过这一“争抢产品进入国际市场渠道”的案例，可以看到万向对国际资本市场娴熟的把握能力。

传奇四：反客为主。

2005年，万向美国公司收购PS公司60%的股权。该公司成立于1932年，是福特核心供应商，也是克莱斯勒、通用等公司的一级供应商。此项收购打通了向美国三大汽车制造企业供货的渠道。万向还通过收购美国最悠久的轴承生产企业GBC公司获得了完整的市场网络，并与最大的汽配供应商TRW、DANA等形成战略合作关系。

万向以“股权换市场、参股换市场、设备换市场、市场换市场、让利换市场”等各种方式与国际先进技术和市场资源对接，迅速从万向节扩大到等速驱动轴、传动轴、轴承、滚动体、密封件、轿车减震器、制动器、轮毂等系列化汽配产品，使其在制造方面的核心竞争力得到最大限度的放大。

资料来源：全景网新闻频道产经要闻：http://www.p5w.net/news/cjxw/200611/t595724.htm

# 第23章　以变应变

## ——万向的组织结构

唯一不变的只有变化。

——佚名

现代企业的组织结构形式有多种多样,归纳起来有三种基本模式,即直线职能制(U型结构)、分权的控股公司制(H型结构)以及集权与分权相结合的事业部制(M型结构)。

组织结构的选择是与企业的发展阶段及其相应的战略相适应的。万向从一个乡办小厂发展到已具有相当规模的企业集团，其组织结构及管理模式大体经历了三个阶段的变化,即直线职能式结构(U型结构)、事业部制(M型结构)和超M型管理模式。

## 第一节　直线职能式结构

直线职能式结构简介

在我国企业中,直线职能制是一种比较常见的组织结构形式。直线职能制是在强调行政指挥的直线制的基础上、按分工管理原则设置的职能机构和人员而形成。典型的直线职能制组织结构如下图:

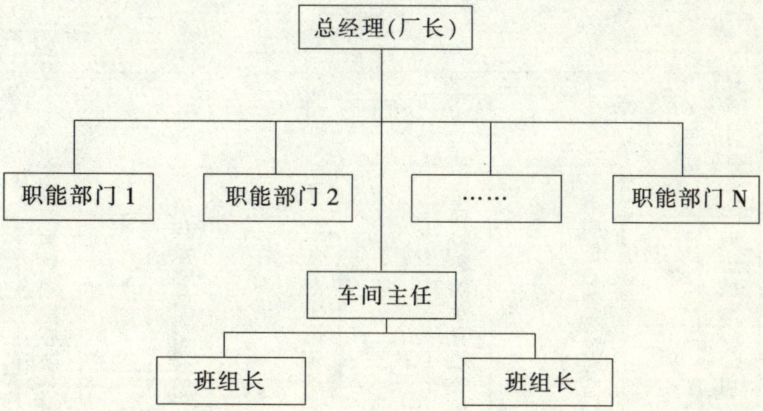

在这种组织形式中，只有各级行政主管有权指挥和决策，职能管理人员仅作为参谋，对下级机构行使建议和指导权，不能直接发布命令、下达指示。由此，既避免了多头指挥，能够集中权力、迅速决策；同时还能发挥职能部门和职能专家的专业管理作用，提高了管理的科学化、规范化程度。当然这种模式也存在其固有的缺陷，如横向协调和沟通不足、分权不足、制约企业规模扩张等。

万向的直线职能式结构大体经历了三个阶段的变化，即：

第一阶段：厂部、车间、班组的组织管理模式，时间是1988年以前。在这一阶段，企业规模还不大，处于最初的发展阶段，当万向的名称还是“宁围万向节厂”、“萧山万向节厂”、“杭州万向节厂”时，采用的就是这种组织管理模式，应该说这时的直线职能式结构还处于初级阶段。

第二阶段：总厂、分厂、车间、班组的管理模式，时间是从1988年——1991年。在这一阶段，企业已经有了一定的成长，通过收购兼并或设立分厂的形式扩大生产规模，提高市场占有率，当时的“杭州万向节总厂”采用的就是这种适合自身发展阶段的组织管理模式。而此时的直线职能式结构已经有了一定的拓展，企业管理的等级链上又多了一个层次。

第三阶段：公司、专业厂、车间、班组的管理模式，时间是从1992年——1994年。这一阶段仍然是U型管理模式，但M型特征已经有了一定的显露，万向在产业上已初步形成相关多元化的格局，以汽车传动系统的轴承系列为主，包括了十字轴万向节、传动轴、汽车专用轴承、特种轴承以及与上述产品配套的滚动体等相关产业。1994年上半年时的基本组织结构图如下所示：

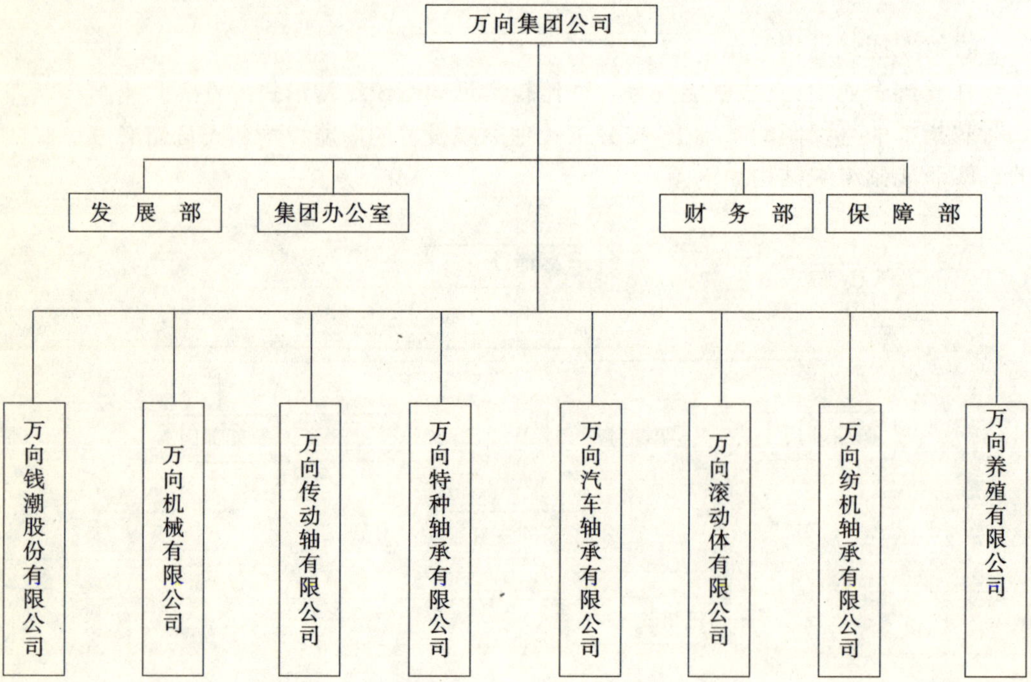

## 第二节 事业部制结构

事业部制是现代大型企业普遍运用的一种组织结构模式，具体是指按照产品、客户或地区，将相关的研发、采购、生产、销售职能部门结合成相对独立的单位即事业部，实行集中决策指导下分散经营。事业部制组织形式起源于20世纪20年代，是由通用电气公司当时的副总经理斯隆在公司多元化经营背景下为解决内部管理矛盾所建立的。它的核心是企业按照所经营的事业，包括按产品、地区和顾客(市场)等要素来划分部门，设立若干事业部，各事业部之间独立核算，并在企业内部的经营管理上拥有自主性的一种组织形式。各事业部既是受集团公司控制的利润中心，又是产品责任单位和市场责任单位，每一个事业部就是一个利润点。这种组织结构形式最突出的特点就是“集中决策，分散经营”，即公司集团决策，事业部独立经营。典型的事业部制结构示意图如下所示：

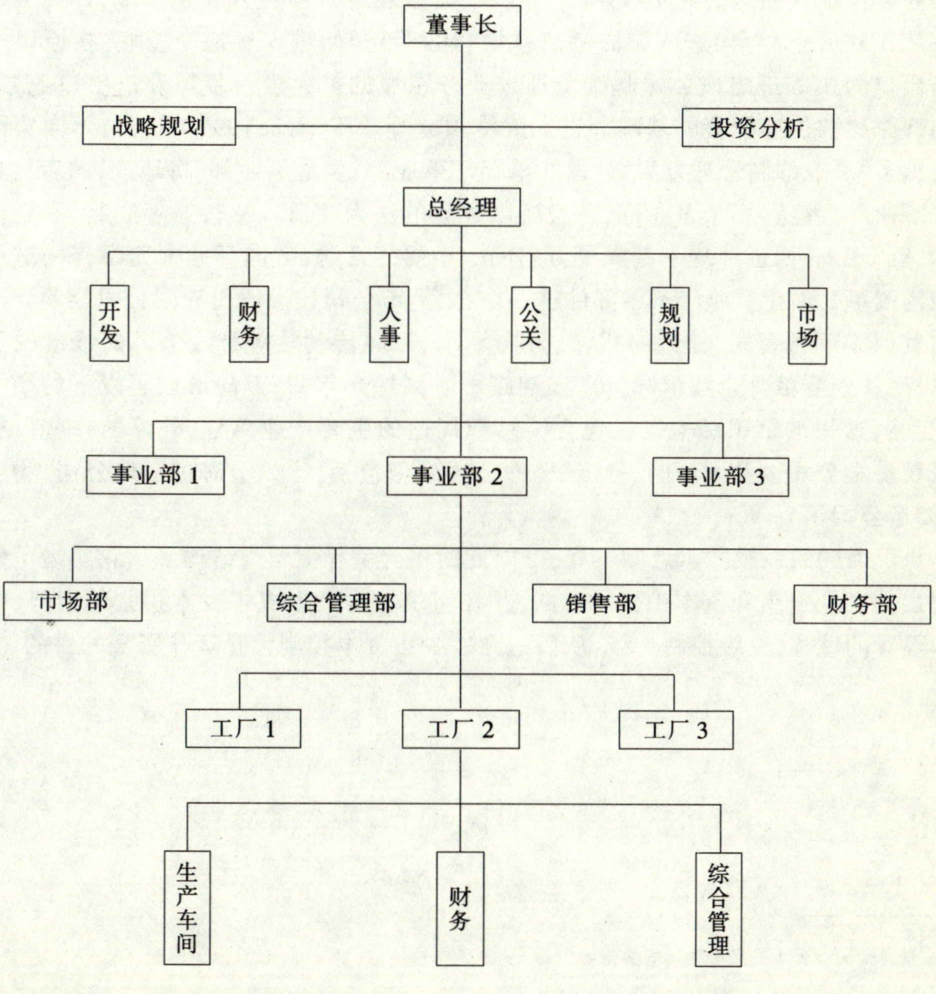

事业部制结构是一种“集团公司+子公司”的集团型组织管理模式。万向集团的事业部制结构以1994年为界，又可分为前后两个阶段。在前个阶段，上面所述的相关多元化产品渐成系列化和规模化，同时养殖、贸易等不相关经营正在起步，这个时期的管理模式推行M型，但还具有U型痕迹，集团公司仍承担某些子公司的具体经营职能；在后个阶段，以汽车零部件为主业的相关多元化渐趋成熟，而养殖、贸易、流通、房地产、旅游酒店业、实业投资及投资银行业等不相关经营初具雏型，这个时期仍推行M型管理模式，但已具备了H型管理模式的特征。

对事业部制的实践和尝试

随着万向集团的发展，企业规模越来越大，产业部门也越来越多，原先直线职能式的管理模式日益不能适应集团发展的需要，甚至出现了一定的迷茫和管理混乱现象。于是，在1994年万向集团大批招进大学生后，管理层从这些大学生中抽调了一些比较有思想的组成一个调查诊断小组，对包括集团化母子公司问题在内的所有问题进行全方位调研，并制定出了改革方案——即建立事业部制。

1994年万向开始了不相关多样化扩张，在原万向养殖公司基础上通过与江苏龙山鳗业合作进入鳗鱼的养殖和深加工领域，后来还进一步进入农业领域；1996年万向大酒店正式开业，万向进入旅游酒店领域；1995年开始进入房地产领域；在原以内部产品出口为主的进出口公司基础上通过业务领域的扩大进一步扩展进出口业务；在为内部原材料供应配套的基础上进入贸易领域等。鉴于此，1995年10月，万向集团正式推出了“事业部制管理方案”。设立零部件事业部、置地事业部（房地产、酒店）、自然资源事业部（养殖）三个事业部，并且还以独立的法人注册。从1994年底起，事业部制和“九五”规划、西进计划一起成了万向的一个热门话题，万向开始大刀阔斧的进行组织结构改革。如在主业汽车零部件这一块，由上市公司钱潮股份有限公司收购万向旗下的其他零部件公司，让万向机械、万向轴承、万向传动轴等都成为万向钱潮的子公司，以后新的零部件企业都归万向钱潮旗下。到1996年初，万向形成了以下的结构形式（当然，这里的组织结构仅仅包含了总部周边的主要产业部分，外埠的一些投资公司或贸易性公司以及本地的一些辅助性公司尚未包括，比如上海进出口公司、物业公司、储运公司等）。①

从上面的组织模式示意图上看，万向此时已经完全是M型结构了。它实现了管理层提出的企业重组和资本扩张的思路，并在组织结构上形成了资本扩张的架势，架起资本经营的载体，一级控制一级，从而达到以少量资本控制大量运作资金的目的。

①资料来源：《做大做强做久》，夏伯尧著。

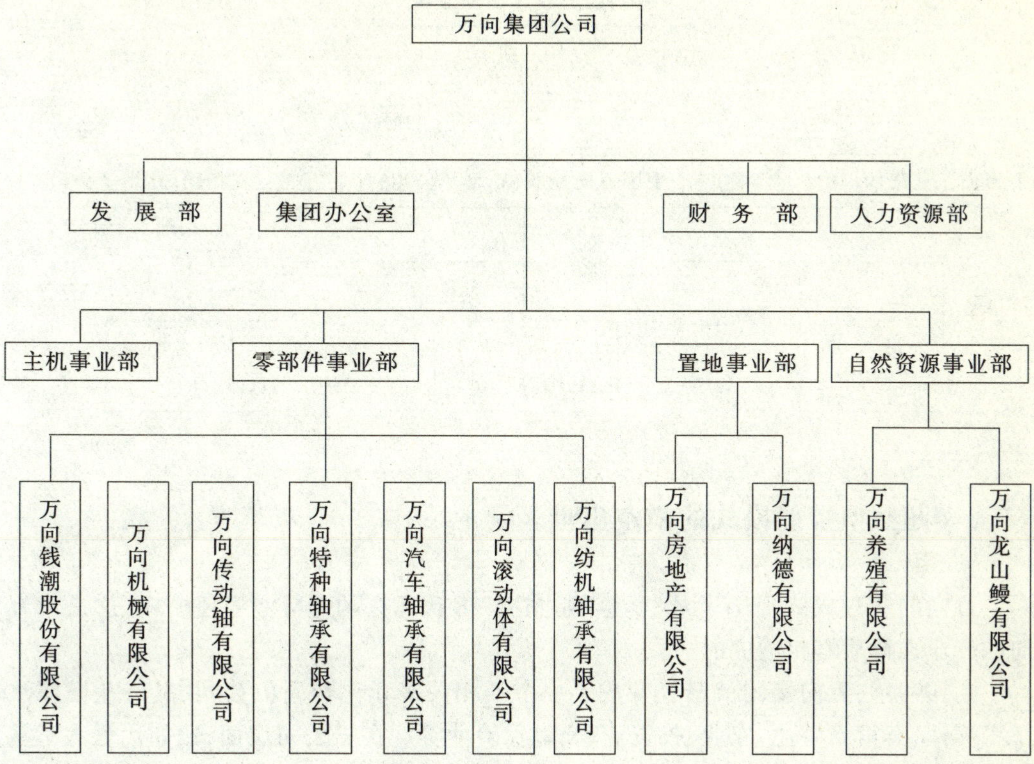


## 第三节 超M型管理模式

管理模式总是与经营战略相适应的。M型管理模式一般适用于采取相关多元化经营的集团型企业，如通用汽车公司的主业是各种型号的汽车及与其配套的零部件，其管理模式是典型的M型。由于万向集团的产业已进入汽车零部件系统供应、大市场流通和跨国经营、投资及投资银行业、基础设施投资建设、旅游及酒店业、养殖及深加工等不相关多元化经营，实现了不相关多元化产业格局，所以M型管理模式也日益不能适应集团的发展了，急切需要一种新的组织结构来取代原先的M型模式。

研究国内外的大企业，我们会发现存在着一种典型的经营模式，即整个集团采取不相关多元化经营，在子公司一级采取相关多元化经营，孙公司一级采取专业的单元化经营，像首钢、中信、宝钢等企业都是这样，这就是我们称之的“超M型管理模式”。

超M型管理模式结构示意图(并未包括万向集团的全部子公司和孙公司，仅作为示意参考)：

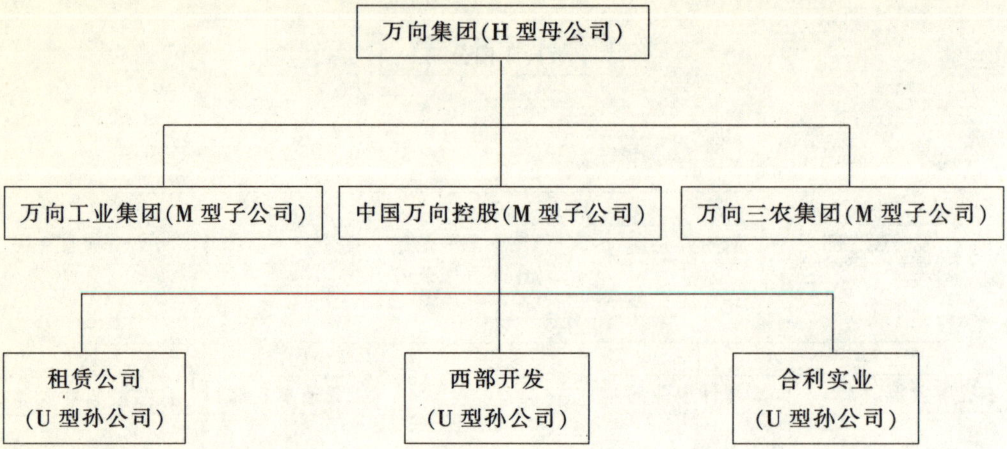


## 一、超M型管理模式的横空出世

万向的管理模式经历了从“U型”到“M型”再到现在的超M型管理模式，这是与万向的产业选择战略相适应的。

到1999年，万向集团就已经变成了一个不相关多元化经营的公司，其产业横跨汽车零部件、宾馆旅游业、农业、投资业、金融保险业等。在子公司层面，比如代表汽车零部件的万向钱潮股份有限公司即是一个典型的相关多元化经营的公司，其产业包括十字轴万向节、等速万向节、轴承、传动轴、减震器、制动器等。而在钱潮公司下设若干孙公司专业经营万向节、轴承、传动轴等产品系列。

万向的超前性和创新性决定了没有一本教科书能教给他们一个拿来就用模式，它只有在国内外及前人的管理理论的基础上不断探索和创新。针对集团实行不相关多元化经营、子公司实行相关多元化经营、孙公司实行专业性单元化经营的集团型企业，万向在M型管理的基础上提出了“超M型管理模式”以及“战略控股”的概念。超M型管理模式就是H型管理模式（即分权型的控股公司制）、M型管理模式和U型管理模式的组合体，在集团层面上采取H型管理模式，在子公司层面上采取M型管理模式，而在孙公司层面上采取U型管理模式。

## 二、超M型的运行框架和管理体系

### 1.运行框架

超M型管理模式是一个母、子、孙公司结构，母公司是一个H型，采取不相关多元化产业拓展和培育战略。

每一个核心子公司是一个改进的M型产业集团，其总部功能有相应的表现，在母公司的理念统合下实行M型管理，在母公司的统一政策和标准下，进行相应层次的战略规划和内部交易协调。每一个M型子公司下面是一系列U型孙公司,U型孙公司采取专业化经营,实行U型管理。

### 2.管理体系

在超M型结构中,按照母公司及超M型整体的功能要求,将构建、强化和完善一系列的管理体系,包括发展体系、控制体系、组织文化体系、经营体系及体现整体性和系统性的整合体系。每个体系又包含若干管理子系统。

### 3.母公司的产业培育功能

通过母公司经营体系精密顺畅的运行,控股公司将成为一架强有力的产业培育机器。万向在未来相当长的一段时期内,将采取相关多元化和不相关多元化结合的战略,形成多个支柱产业的格局,在发展得比较成熟的相关产业群里,将组建产业集团,并将组建作为二级子公司的产业集团核心企业,这些核心企业是整个集团的旗舰。目前比较成熟的核心企业有四个,即:万向钱潮股份有限公司,其下属为汽车零部件系列企业;万向上海投资有限公司,其下属企业为在国内的系列贸易流通企业;万向美国公司,其下属企业包括万向在国外分支机构和万向进出口公司;万向集团财务公司,作为集团投资银行业务代表的财务结算中心,下属包括与金融和投资银行业务相关的系列企业。

作为公司投资和多元化经营尝试的其他子公司由于还处于培育期,而且这些企业之间的战略关联度又不够大,难以组建相应的事业部来实施中间层管理,因此有必要由控股公司代行管理的职责。但是,如果将这十几家多元化经营子公司完全纳入控股公司最高管理层的直接管理,势必造成控股公司的管理幅度过宽,影响精力,因此有必要由某个职能部门代行中间管理层的职责,尽快培育其成长为支持产业。这个职责由万向集团发展部承担。

待这些子公司孵化成熟,便将其归并到已成熟的相关核心企业里去或另行组建核心企业。对于参股公司,也要尽量介入管理,向它们灌输万向价值观、经营和管理理念。这样,对于参股公司,也需有一个部门来行使管理,这个职责由万向集团财务部承担。①

## 三、中国万向控股有限公司

万向要创建的是一家产业型控股公司,具有鲜明的产业形象和明确的战略意图,所以必须要有一个理念体系来统合。中国万向控股有限公司是与超M型战略控股管理模式相对应的。

中国万向控股的基本功能是发展、控制和组织。对于新的产业领域和培育中的产

①资料来源:《做大做强做久》,夏伯尧著。

业和子公司，母公司将给予直接的关注，主要体现为发展；在发展战略的思想中将反映“理性”的管理灵魂。而对于成熟的产业及相应的子公司，主要体现为控制，在有效的控制下求得健康的发展；控制的手段将体现刚性的管理灵魂。发展和控制就相当于母公司的左右手，而发挥这两只左右手的功能须依赖组织资源这个灵魂，通过柔性的环境和方法实现理性的发展和刚性的控制，即理性和刚性渗透着柔性。通过理念的渗透和共鸣、共同愿景和合力的形成以及“人和”的作用，依靠敏捷的洞察力抓住机遇、规避风险，通过逐渐形成的核心能力施展一系列强有力的战略，以求得迅速发展。另一方面，通过理念控制、人事控制、财务控制、计划控制、资源调配控制、评价考核控制、法纪控制、行政控制、政策与标准控制、群团组织控制等各种刚柔并举的控制方法取得有效的控制。而为了有效地发挥这些功能，须构建、强化或完善一系列的管理体系，体现整体性和系统性。

# 第24章 管理创造生产力

## ——万向的管理精髓

使你疲倦的不是前面的高山，而是你鞋里的一粒沙子。

——佚名

企业战略和组织结构的设计是重要的，但除此之外的基础管理方面的工作也十分关键。特别对于一个大的集团企业来说，"基本功"扎不扎实，直接决定了企业的综合竞争能力和今后的发展潜力。正如"幸福的家庭都是相似的，不幸的家庭各有各的不幸"一样，一个效益差的企业，可能有各种各样的原因，但一个效益好的企业，则肯定有一条共同的原因：管理严格而科学。

管理，对于企业来说，是一个永恒的课题，其重要性更是不言而喻的。基础管理方面的工作更是千头万绪，没有终结，好了还可以更好，好了还需要更好。对于万向集团来说，伴随着企业成长而逐步完善起来的现代管理制度无疑是保障企业走向成功地一大法宝。

## 第一节 管理无小事

### 一、有感于"蝴蝶效应"

"蝴蝶效应"是指在一个动力系统中，初始条件下微小的变化能带动整个系统的长期的巨大的连锁反应。1979年12月，美国麻省理工学院气象学家洛伦兹在华盛顿召开的美国科学促进会的一次讲演中提出：一只蝴蝶在巴西扇动翅膀，有可能会在美国的德克萨斯引起一场龙卷风。他的演讲和结论给人们留下了极其深刻的印象。从此以后，所谓"蝴蝶效应"之说就不胫而走，名声远扬了。

"蝴蝶效应"理论认为在一个大的系统中，初始条件十分微小的变化经过不断放大，就会对其未来状态造成极其巨大的差别。我们可以用在西方流传的一首民谣对此作形象的说明。这首民谣说：

丢失一个钉子，坏了一只蹄铁；

坏了一只蹄铁，折了一匹战马；

折了一匹战马,伤了一位骑士;

伤了一位骑士,输了一场战斗;

输了一场战斗,亡了一个帝国。

马蹄铁上一个钉子是否会丢失,本是初始条件的十分微小的变化,但其“长期”效应却是一个帝国存与亡的根本差别。这听起来似乎有点不可思议,但是确实能够造成这样的恶果。一个明智的领导人一定要防微杜渐,一个坏的微小的机制,如果不加以及时地引导、调节,就有可能造成整个集体内部的分崩离析;一个好的微小的机制,只要正确指引,经过一段时间的努力,将会产生轰动效应,与前者形成天壤之别。

在中国也有和“蝴蝶效应”类似的警句谚语,如“千里之堤,溃于蚁穴”,“失之毫厘,谬以千里”,“小孔不补,大孔叫冤苦”等等,都是古人们根据他们的亲身实践给后代人留下的宝贵经验财富。

“蝴蝶效应”在企业界也是同样适应的,管理精英们都知道,任何小小的管理失误都可能给企业带来巨大得损失,即管理无小事。因此万向在企业管理方面可谓如履薄冰,不敢有丝毫的松懈。

## 二、管理也是生产力

科学技术是第一生产力,管理作为一门“科学+艺术”的学科,同样也能够创造生产力。“先进的技术不能弥补落后的技术,而先进的管理可以弥补落后的技术”,这是万向集团经营者在三十多年的管理实践中的深切体会。

万向认为,管理不但能出效益,更重要的是管理能够增效益。在一个现代企业里,每增加一名合格的体力劳动者,可取得1:1.5的经济效益;每增加一名合格的技术人员,可取得1:2.5的经济效益;而每增加一名有效的管理者则可取得1:6的经济效益。因为管理得当,就能科学合理地组织各种生产经营要素,充分发挥各要素的作用和“合力”的作用,以达到提高效益的目的。”

其实,一些企业产品质量下降,市场委缩,效益滑坡,其实都可以从管理中直接或间接找到原因。在相同或相似条件下的企业,仅仅由于管理水平的不同,企业的经济效益就可能不一样,甚至有着天壤之别,这种事例几乎随处可见。如万向集团曾经兼并的亏损企业——杭万四分厂,就是在人员、设备不增加的情况下,狠抓企业管理,输入万向集团的管理思想与经营方法,仅仅一年时间后,亏损状况就改观了,全员劳动生产率增长了147.5%,利润增长了33倍,职工收入提高了2.6倍。

## 三、从“管物”到“管人”再到“管资本”

随着企业的发展,企业高级管理层需要不断地在管理上相应地改革和发展,万向认为,“企业分家”是企业发展到一定规模进行管理的有效途径,能够达到从“管物”到“管人”再到“管资本”的转换。

万向集团几十年的实践证明，对一个企业来说，外部形象越大越好，而内部管理则应该越小越好。企业的外部形象大，会使企业更有知名度；内部管理小，则能做到事事有人管，管理人员都管事，实现企业内部各个环节的高效运转。同时，企业的管理要与企业的发展同步。原来适合的管理手段，到现在就不一定适合，企业发展了，管理手段也要相应发生变化。"企业分家"是发展壮大企业的有效手段，也是企业发展到一定规模的有效管理途径。

鲁冠球经常强调的"树大要分叉，人大要分家"，说的就是一个放权的问题。作为一个集一、二、三产业于一体的大型企业，万向目前实行的是集团化管理，其操作的主要方式就是"企业分家"。即以放权为中心，以承包合同为经济纽带，对下属公司（企业）的管理实行"三管、三不管"，即集团公司对各企业管外部不管内部，管宏观不管微观，管结果不管过程，并把产、供、销、用工和分配等权力全部下放给他们，鼓励他们在市场中独立成长。而且随着《公司法》和现代企业制度的推行，他们又把集团内原有的非独立法人企业，改造为全资子公司或有限责任公司，并各自组建董事会，拥有独立法人资格。把原来行政上的放权变成经济上的放权，促进了下属企业进一步落实和用好经营自主权，理顺财产管理关系，为各个企业业务的迅速拓展提供了有力的保障。同时，集团公司成立的董事局仅仅作为一个指导、协调、监督和服务的机构，把管理的人和事逐渐缩小，以集团资产所有者的面目出现，主要责任是保证集体资产的增值，从而由什么都管改为管关键人和关键事，完成"管物"到"管人"再到"管资本"的转换。而各个企业也都建立起适合自己企业发展的管理模式。鲁冠球说："企业发展到这一步，我也不可能再像以前那样，亲自抓产品质量、产品成本，或去参加什么产销会议。现在要集中精力于运作资本，对有效益的新项目进行重点投入，使资本迅速增值，努力壮大集团的规模。而下属企业因为有了压力，要对资本、利润和员工负责，所以各项工作就不能再依靠集团，而需要自己去努力完成。"

## 四、改制与管理并重

改制是企业管理的条件和动力，管理则是改制的基础和保证，改制的成果要靠管理加以规范和巩固，两者不可分割，不可偏废。

建立现代企业制度，进行企业改制，是当前深化改革的重点。但是一些企业把改制视为"万能"，忽略了改制与管理的关系，有的甚至"以改代管"结果出现了管理不善、纪律松弛、组织涣散等现象。企业的主题到底应该是什么？万向认为，在深化企业改革的同时，必须强化企业管理，改制与管理不可偏废。要建立现代企业制度，进行企业改制是非常必要的。但如果把时间和精力过多地集中在"明晰产权、股份改造、资产量化"等方面，忽视或放松了企业的各项管理工作，那么，就会出现产权明晰了，牌子换了，但内部管理还是老一套，甚至还有倒退的结果，企业经济效益还是上不去。而建立现代企业制度，就是要做到"产权清晰，权责明确，政企分开，管理科学"。其中，"管理科学"乃是其它三者的基础。

万向集团一直在强调，任何形式的改制都代替不了管理，不管是什么制度，如果管理不好，所改的“制”就只能是个“空壳子”。只有在管理的基础上进行改制，才会产生高效益。如万向集团的传动轴公司，在进行公司制改造的同时，不断加强质量管理和成本管理，降低资金占用，企业的销售额和利润额均比以前获得了大幅度增长。

## 第二节　基础管理超精细化

除了战略上的成功外，万向最优秀之处就是其超精细的几近完美的基础管理。

当你进入万向时，你就会明显感觉到万向管理上的与众不同，工厂、车间、仓库管理的井井有条自不必说了，万向很早就有浙江大学等科研院所帮助它提高基础管理，建立起了完整的生产管理体系，更为难能可贵的是，万向在行政管理上成功地实现了高效、有序和精细化。比如，办公区域尽管并不豪华，但非常整洁，无论哪个角落都不会摸到灰尘；员工都自动形成了一种习惯，早上上班早到10分钟，把卫生做好，上班钟声一响，全体都进入工作状态，再看不到有人在搞卫生、打开水、整理办公桌等事情；任何客人到公司，只要有预约，肯定都会被编入接待计划，公司办公室的一块黑板上是专门安排每天接待计划的，上面清楚写着客人姓名、接待时间、在哪个接待室、由哪个部门和谁接待等；万向的电话总机是24小时全天候人工接听的，这与许多单位总机听到的“请拨分机号，查号拨0”，而拨0时根本无人接听的现象形成鲜明对照。如果你找的人是管理人员，你只要报上名字，总机接线员肯定能报出他的分机，而且马上接过去。尤其难能可贵的是，万向在很早就有很规范的档案管理，万向的各种历史资料，几乎总能在档案室里找到，包括1969年创立以来的所有财务资料、所有会议记录、所有年度月度计划等，资料都是非常的齐全，而这种规范的档案管理在很多相当有名气的企业里往往也是难以做到的。

万向集团的一个明显的特点就是基础管理非常完善，你想找什么资料总能找到，但万向似乎又不像别的一些公司，它不见得有一本本厚厚的管理制度，有时候可能找不到这样完整的很厚的管理制度文本，但是只要它想做，一定能做好。比如并不见得有制度规定员工上班要早到10分钟作并做准备工作，但这已经形成了自发的习惯。

万向基础管理最优秀之处是其跟踪督导机制，尤其体现在会议管理上。不像其它的企业，会议上大家慷慨激昂，会议过后就忘了，会后一切恢复原样，下一次会议也说同样的事情。万向会议上说过的事情是一定要做的，会议无论开到多晚，第二天必须把会议纪要，包括任务的落实等等，都要发给与会人员和相关部门，总裁办公室的人员就会按图索骥，随时打电话或者来人跟踪落实任务的情况。经理们有时也不一定是偷懒，而确实是太忙忘记了，这样就可以随时提醒经理们做好会议上布置的工作。负责跟踪的人员往往是总裁办公室的文员，他们可以代表总裁，各级经理不能拒绝。他们要把跟踪的情况随时向总裁汇报，某项工作要是没有完成就要分析其原因。

正因为其严密的跟踪督导机制以及管理人员的责任心，使得万向想做什么事总能做成。关于总能把事做成这一点，是万向集团区别于其他公司的核心竞争力之一，属于一种组织基础能力。首先是由员工们锲而不舍精神和不畏艰难的学习精神所决定的，他们绝不会因为某个政府官员告诉他们某件事不行就打到道回府。想做一件事，哪怕再难，也要把它琢磨透，直到完全搞懂。1993年底，万向集团开始申报国家120家重点试点企业，以万向当时3.3亿的销售额，跟一大批国有企业相比，在规模上差得实在是太远了。当年按照国家统计局评定的全国企业500大的最后一位的销售额是6.8亿，万向的规模还不到最后一位的一半。就在这样的情况下，万向勇敢地向国家有关部门申报国家试点集团。起先的遭遇就是被打回，回复是："你们现在的规模差得太远了。"但万向绝不会轻易放弃，他们另辟蹊径，提出自己的理由："乡镇企业作为一支重要的经济力量，应该在120家国家队里占有一定的席位，否则国家队将是不完整的。"这种锲而不舍的精神最终打动了当时的李鹏总理，特批了万向等三家乡镇企业破格进入120家试点企业集团。经过两年多不懈的努力，万向终于在1995年第二批进入了国家队。

万向这种锲而不舍的精神和决不畏难的学习精神是许多公司做不到的。由于学习是一件很累的事情，很多企业总是喜欢诸如拓展训练或游戏之类的培训，在数天甚至数十天的拓展训练加游戏的嘻嘻哈哈中，花费了不少钱和时间，但却收效甚微。对于万向人来说，狠抓基础管理、踏踏实实是他们的坚定选择，他们根本不需要花那么多的时间和金钱成本来明白一些其实很浅显的道理，他们更愿接受一些信息量大的严谨的培训。滴水穿石，三十多年超精细化的管理磨炼，使万向人具备了一种钢铁一般的气质，不断的向自己的理想迈进。

中国的21世纪是民营经济的世纪。在风起云涌的民营企业中，万向集团在精细化管理方面的超前让万向脱颖而出。

## 第三节　竞争在市场、决胜在工厂

没有规矩不成方圆，制度建设是管理工作的基础。靠人治不靠法制，凭热情、靠感觉处理事情，管理制度不健全，管理工作不落实，管理责任不到位，如果存在上述情况，则企业不可能实现持续发展。不管是信息时代也好、知识经济时代也好，归根结底，企业需要扎实的内部制度管理。关于制度建设，万向长期以来一直坚持以下三个原则：

### 1.制度建设要切合实际

制度就是游戏规则，规则要公平、公开、公正，切不可"管、卡、压，"不可一级压一级，一级卡一级。过分地强调控制，就会带来负而影响，会影响员工积极性和创新能力的发挥。万向集团认为，企业一天天的发展壮大，员工们会更倾向于拥有一个自主的工作环境，注重自我引导和自我管理。因此企业既要把制度当作一种规范来加强建设，更要通过制度的建设，培养员工的自治能力，形成一种氛围，一种精神，一种文化，使企业的要求成为员工的自觉行为，达到员工自治与企业控制之间的最佳平衡，最终促进企业的发展。

**2.制度建设要不断创新**

企业发展是个动态的过程，制度建设也是个动态的过程，它需要随着宏观形势的变化和企业自身的发展而不断进行修改和完善。比如企业有200人的时候，与20000人的时候，制度肯定是不同的；企业初创时期和发展时期，制度也一定是有差别的。因为制度要适应企业生产的需要，要适应企业壮大的需要，更要适应宏观形势，比如国家法律法规、政策制度发展变化的需要。企业经营管理实际上是一个与政府、市场、竞争对手等社会各方而的一个互动过程，需要不断创新，不断改进。工作出了问题首先要对制度进行检查，发现哪里有问题要及时进行修改，一切以促进生产的发展为标准。

**3.制度建设从小事抓起**

卫星发射失败，往往都是一点点细节出了问题。因此鲁冠球曾经向所有员工强调，要求每一项工作都要从小事做起，而万不可忽视小事。小事因为其小容易被忽视，又往往是因为其小，特别容易打动人。例如员工，企业领导对他工作或生活中一个细节、一点小事的关心，往往最容易使他感动。几十年来，万向的制度建设始终从大处着眼，从小处着手，企业要求各层领导要了解员工、关心员工、体贴员工，认真对待每一个细节，不放过一件小事。

万向集团完善的制度建设，使其与同行相比具备了明显的竞争优势，在自己的工厂中就赢得了市场。

## 第四节 “四个管好”

一个好的经营者能带好一个企业。为了进一步提高企业经营者和管理者的素质，尽量避免在工作上犯错误，万向集团用“四个管好”来要求企业的各级负责人，要求各级负责人能够经常用“四个管好”来衡量自己的各项上作。

### 一、管好上级

管好上级，就是要把上级的精神吃透，对上级负责，认真完成上级交给自己的任务。作为一个企业领导人，如果不能认真理解上级的改革意图，不能顺应国家的改革形势，那肯定不可能搞好企业。

万向集团认为，要管好上级，还有一点就是要处理好与政府的关系。在政企关系方面，万向集团有自己独特的见解，他们认为政企本质上是分不开的，但同时强调政资一定要分开，因为政资不分开，则极容易产生腐败。万向的这种政企观点是在几十年的实践中体会出来的，当年由于政企关系没有处理好，万向人曾一个接一个碰过钉子。后来鲁冠球便把处理好政企关系当作企业一件重要的任务来抓。当然，万向所强调的处理好关系，不是说要通过不正当的途径去实现，而是去实实在在地干，他们认为只要企业好好干，政府就会大力支持，那么企业发展就顺利很多。

## 二、管好下级

万向认为管好下级就是要对下级做的事情负责，下级有什么想法，领导者应该心里有个谱。只有这样，企业领导才不会脱离群众，才不会犯官僚主义错误。同时，企业领导者要尽一切可能提高下级的素质，建立新型的管理体制，发掘人的潜能，培养和造就企业家群体，把千斤担子一个挑变成大家挑。

## 三、管好亲友

管好亲戚朋友就是要对亲戚朋友和普通职工一视同仁。这一点在我国的乡镇企业特别的重要，因为很多乡镇企业开始都是依靠亲戚朋友帮忙才发展起来的。现在企业职工对某些乡镇企业的经营者和管理者最痛恨的，就是他们的用人和分配，都按血缘关系，而不是按工作能力和工作效益。在这一方面鲁冠球以身作则，他曾强调："办企业，领导者要亲者严，疏者宽；对已严，待人宽；任人惟贤而不是用人惟亲。分配公平而不侵害员工利益，民营企业家经营企业的最高境界就是让他的员工把自己当成企业的老板、企业的主人！"

## 四、管好自己

管好自己是管好上级、下级和亲戚朋友的关键。俗话说"喊破嗓子不如做出样子"，作为企业管理者，需要深知"上行下效"的道理，事事处处都要求从自身做起。一个人是否能够不断地超越自我，很大程度上还取决于在物质生活条件越来越好的情况下，能不能保持艰苦奋斗的精神。因为管理者自身保持艰苦奋斗的本色，是维系企业凝聚力最有效的方式。

鲁冠球常常告诫自己："现在还不到享受的时候，日常生活上尽量简单些吧，待遇方面也要知足常乐，把功夫用在事业上，用在企业发展上！"鲁冠球尚且如此，万向的其他领导者难道能不历历在目吗？

## 第五节　以财务管理为核心

万向集团作为国务院120家试点集团和国家经贸委520家重点企业之一，自成立以来，一直保持着较快的发展速度。集团对各成员企业进行公司制改造后，确立了集权式的财务管理模式，明确企业管理必须以财务管理为核心，要求财务部门根据国家制度的要求和集团发展需要，求真务实规范会计核算体系，不断创新、改进财务管理方法，完善制度，严格管理，充分发挥财务管理的控制、监督与参与决策的职能。

优秀的企业首先得有优秀的财务管理，如果没有整套可以具体操作的会计核算制度和财务管理制度，就根本谈不上规范的会计核算和会计管理。为此万向集团在会计制度改革之初就针对这两个方面制定了符合当时集团经营要求的会计核算制度和财务管理制度。其中集团公司负责制定集团会计核算制度和财务管理制度，规定集团各成员企业会计核算的基本要求、资产管理的具体方法、信息管理的基本要求，资金、预算管理的具体办法等内容；而各成员企业则根据集团制度要求和经营特点制定本企业的会计管理和财务管理制度，报集团公司审核，再由各公司董事会审议通过后执行。

### 一、内、外审计，双重监督

建立健全的审计制度，是万向集团会计核算和财务管理制度得以有效执行的基本保障。目前万向集团对各成员企业的审计制度包括外部审计和内部审计。外部审计是集团规定各成员每年底都要接受中介机构的外部审计，实现外部监督；企业内部审计职能分为两部分：一部分是专项审计职能，主要负责职业经理人离任审计、重大工程和重大项目的专项审计、对公司员工违纪事件进行审计等，旨在确保各成员企业经营的合法性；另一部分是规范性审计，主要是对集团各成员企业会计核算和财务管理的规范性进行审计，确保会计核算真实性、完整性和全面性，并对公司的财务管理状况、企业经营情况和相关建议形成报告，为总裁做决策提供可靠依据。

通过以上内、外部审计的双重监督，万向集团有效地防止了会计记录不完整、会计数据不真实、经济业务不规范等不良现象的发生，并及时发现内控制度不健全、经营中可能出现财务风险等问题。

### 二、财务派驻，独立核算

实行财务派驻制度是万向集团进一步加强内部监督、确保财务管理工作有效进行的又一重要举措。由于万向集团的不断壮大，成员企业日益增加，监督工作的难度也日益加大，于是万向采取了财务派驻制度，即各公司的财务部经理或主要会计管理人员由集团委派到各成员企业，并受集团公司财务部管理，其收入由集团公司财务部考核决定。万向集团明确规定各成员企业总经理的职责在于强化经营管理，而对会计核算无权干预(但总经理对财务管理有要求权)。派驻的财务人员对成员企业的会计核算、资金调度负责，并对资金占用的合理性、物资采购与销售的合理性、生产经营的异常波动进行管理和监督，同时，他们还必须协助总经理进行日常的经营管理活动。

财务派驻制度有效地促进了财务人员按制度办事，保证了财务人员工作的独立性；同时也有利于集团整体会计资料的真实性和完整性，使财务管理有了良好的基础，对于增强集团核心层的吸引力有着极大的促进作用。

## 三、预算管理，集中结算

全面的预算管理制度和财务结算制度是万向集团财务管理的重要手段。自万向集团1995年开始实行预算管理制度以来，这一制度已经在整个集团范围内得到推广，其主要目的是对集团年度战略计划作具体安排；协调各部门之间、各成员企业之间资源利用上的冲突，特别是资金方面的冲突。同时，这一制度明确了管理责任，为管理者及企业业绩考评提供了具体的标准，在加强资金管理和经营控制方面起着极为重要的作用。

为了实现对资金的全面控制，提高资金的使用效率，万向集团建立了集中财务结算制度，并成立了财务结算中心。要求各成员企业都必须在结算中心开户并且每笔资金收支都必须经过该中心划转，接受财务结算中心的监督。这种制度有效地防止了各成员企业违规操作，避免了资金浪费，降低了资金风险，将企业的财务风险降到了最低限度。

## 四、财务一票否决制

财务一票否决制是集团确保财务管理作为企业管理核心职能得以顺利实现的重要制度，是指对于任何投资项目及主要的经营事项，财务部都有参与决策和否决的权力，如对外投资、项目的开发、新产品的试制与生产、供销合同的审定等重大事项，财务部都必须参与，并对其投入——产出进行可行性分析，只有在具备财务可行性的条件下，公司才能执行，否则，就不能执行。①

为了保证这项制度的有效实施，万向集团财务部专门设立了投资检查组，其成员由各公司骨干人员抽调组成；重要的投资决策项目在集团总部决策前交由投资检查组审核分析；财务部必须在决策会议上陈述审核意见；决策实施后由投资检查组负责检查实施情况及投资效益。这项制度是由鲁冠球亲自提出并要求贯彻实施的一项集

①资料来源：制度执行严字当头 财务管理一丝不苟，《浙江财税与会计》，作者鲁永明。

团基本管理制度，它有力地保证了集团决策的质量和公司的赢利能力，有效地防止了资产流失，使企业经营风险降低到了最低水平。

### 五、外部招聘与内部培养双管齐下

万向集团在迅速发展，其成员企业也在日益增加，这就要求万向应具备更多的财务管理人才。这些人才一方面要具备较高的理论素质，另一方面又必须了解万向集团的管理体制并具有相当的实践经验，以适应集团的管理和发展。

万向集团采用了外部招聘与内部培养双管齐下的方针，一方面由集团统一从外部引进高素质的人才；另一方面，万向集团一直注重加强对内部财务人员的再培训，具体做法是集团与高校合作，由集团确定培训课程，由高校派出有经验的教授定期到集团进行讲课。除此之外，集团还经常聘请政府专家就新会计准则、会计法、税法、保险和财务管理等方面开设专项讲座。上述培训和讲座多采用开放式授课，注重理论与财务管理实践相结合，便于受训者能更直观地了解国家和集团的财务管理要求，获得相关知识，提高处理问题的能力。

## 第六节　以技术改革求生存

29年前，当邓小平同志在全国科学大会上提出科学技术是生产力的时候，还有人表示怀疑，产生过争议，而在29年后的今天，“科学技术是生产力，而且是第一生产力”已成为妇孺皆知的真理。

很多去万向考察的领导、企业界同仁都问过鲁冠球同一个问题，那就是万向靠什么实现了持续的发展？鲁冠球告诉他们的是同一个答案：依靠党的改革开放好政策，依靠政府及社会各界的大力支持，依靠全体员工艰苦创业，其中重要的一条就是以技术进步求生存、图发展。

### 一、创业初期，技术改革是企业生存的需要

万向在创业初期，由于生产设备和手段有限，很快就感到了生存的压力。一方面买产品的人希望产品好用，用得时间长一点；另一方面同等规模、生产同类产品的小厂日渐增多，迫使万向不断扩大生产规模，以摆脱竞争对手。这个时候，万向首先想到的是“技改”。于是鲁冠球组建技改班子，由厂里的主要领导亲自挂帅；设立技改专门机构，提出研究课题公开招标；制定技改奖励制度，把效益与员工的利益挂钩，使技改工作在组织上得到落实。同时加强技术力量的引进和员工培训工作，聘请技术厂长，具体负责技改工作；员工培训则通过内培、委培、外培的方式，培养了一批技术骨干，员工整体素

质获得了明显提高。

在设备方面，万向撤销了建厂房、宿舍、食堂的计划，决定集中资金搞更新。磨加工以普通磨床替代了自制的土磨床；锻造以摩擦压力机替代了空气锤；热处理以井式气体渗碳炉替代了固体渗碳。同时他们还利用已有技术进行改造和开发，如用下饲式高效节能燃煤机改造传统手工加煤炉等。经过一系列技改，"萧山万向节厂"这个在当时全国56家万向节厂中唯一的乡镇小厂，竟以99.4的高分在机械部组织的机械工业企业整顿验收中夺得冠军，被列入全国三家万向节定点生产专业厂，产量从几十万套上升到200万套，利税也是直线上升，不仅成功地解决了生存问题，而且展示了良好的发展态势。

鲁冠球回忆说：当时没有人要求我们搞"技改"，更没有人给我们投钱搞"技改"，那纯粹是为了自身的生存，自发、主动地进行技术改造。因为不这样做，我们小厂很快就会被挤跨。搞技改必须认识它的重要性，主观上要有强烈要求，才有可能做好。

## 二、量力而行，尽力而为是技改自身的需要

做任何事情都要量力而行，搞技改就要对企业的生产技术现状和经济实力有充分的了解，有500万元钱，要搞1000万元的技改肯定失败。例如1985年万向决定上盘角齿轮项目，钱已经投下去了，可是后来到国外一调查，发现跟国外的相差甚远，于是万向管理层就果断地把项目撤了，避免了无谓的损失。

在量力而行的同时，还要尽力而为。由于万向集团目前已经具备了相当实力，因此，鲁冠球在技术改革上提出了"三淘汰"和"求四高"原则。"三淘汰"即淘汰落后的设备、淘汰落后的产品和淘汰落后的人员；"求四高"即追求高起点投入、高精尖设备、高层次人才和高档次产品。下面对"求四高"原则做一下具体的解释：

高起点投入，就是宁可减少其他开支，也要保证每年税后利润的80%用于技术改造。1990年以来万向集团每年的技改投资都在1亿元以上，而且呈不断增加的趋势。高起点投入为万向赢得了高额效益，企业利税在1996年就已经达到4亿元，成为萧山乃至浙江省的利税大户。

高精尖设备方面，万向集团之前投资5000万元引进的万向节生产线，已形成2000万套的生产规模；投资5000万元引进的轮毂轴承生产线已形成60万套的生产规模；投资1.5亿元引进的等速万向节生产线，已形成25万套的生产规模。高精尖设备的引进，为万向提高产品档次和附加值创造了条件。

高层次人才方面，万向集团一方面从全国各高等院校大批招收优秀毕业生，另一方面聘请中高级科技人员，不断充实科技队伍或担任技术顾问。与此同时，加大对科技人员的分配力度，实施"挑战薪金制"，调动科技人员技术创新的积极性。

高档次产品方面，最初万向的产品只有十字轴万向节系列，后来而通过不断技改，相继成功开发了等速万向节驱动轴系列、轴承系列、传动轴系列、减震器系列等附加值和技术含量较高的产品，逐步形成了汽车零部件产品系列。其中，万向节产品获

国家银质奖，并率先通过国际ISO 9000质量体系认证，国内市场占有率高达65%，成为国内同行业导向型产品。而“钱潮”牌汽车配件产品，则在全国汽车双百推展活动中，被推荐为首批推展品牌。同时，万向集团还被列入机械部“技术进步工程”试点企业。

### 三、企业发展，技改是永远的需要

只有永恒的市场变化，没有永恒的产品。“物有所始，必有所终”，当今市场的快速变化，新产品很快就会丧失其优势和独特性，这就要求企业不断地改进生产技术。在上世纪90年代全国物价水平普遍上涨，原材料尤其是钢材、煤炭等主要原料大幅度提价，工人工资也增加了五六倍，国内市场疲软、生产滑坡，大批的乡镇企业关、停、并、转，而万向的产品八年未曾提价，企业效益却年年增长近40%，被誉为“万向节现象”。这就是万向把科学管理与技术改进有机结合的结果。一方面严格内部管理，压缩开支，搞挖潜；另一方面加大技改力度，通过一系列措施，成功地解决了技术成本问题，把物价上涨因素消化在了企业内部，最大限度地保护了用户利益。当然，万向的这些措施也发展了自己，1998年万向集团的万向节产量已达250万套，占当时国内总产量的40%左右。这一份额在万向节市场起着举足轻重的作用，以致使不少管理不善的万向节厂失去了进入市场的“入场券”被迫淘汰。同时，也由于他们生产的万向节出厂价只相当于汽车制造厂的成本费用，一些汽车制造厂决定逐步停止自产万向节，改由杭州万向节厂配套。一汽、二汽等先后改自产万向节为由万象集团配套提供。技术改革为万向赢得了广阔的发展空间。

## 第七节　以诚信管理树商德

《商君书》记载，商鞅准备在秦国变法，制定了新的法律。为了使百姓相信新法是能够坚决执行的，他便在京城南门口树了一根大木，对围观者说：“谁要能将这跟木头从南门搬到北门，就赏他五十两银子！”大多数人都不相信有这样的好事，担心商鞅的许诺不能兑现。就在大家犹豫不决时，有一个人却扛起木头，从南门一直走到北门，商鞅当场兑现，赏给他五十两银子。这样一来，人们都相信商鞅说的话是算数的，在推行他所立的新法的时候人们就遵守了。从这个典故中可以看出，中国人自古就很讲究言不在多，但必须守信的道理，因为只要守信就能得到人们的信任。在竞争日趋国际化的今天，对于企业来说，诚信更是一个企业长青的重要因素，讲不讲诚信则直接影响到企业生存和发展。

研究国内外许多“百年”企业的发展历史，我们不难发现，这些企业无不把诚信建设放在关系企业长久发展的关键地位。这些优秀企业的管理也经历了“从产品经营，到资本经营，再到信誉经营”的发展历程，这种发展历程既是经济发展规律的客观要求，更是企业经营管理境界不断提升的必然结果。

作为国内优秀民营企业的万向集团也在不知不觉地践行着这一规律。万向在过去的很长一段时间里,都把成本最低作为企业管理的追求。随着经济的发展,万向开始把追求成本降至最低,逐步转化为追求价值增至最高。因为降低成本毕竟空间有限,而价值的提升则是不可限量的。

## 一、信誉就是金钱

富兰克林在《对一个年轻商人的忠告》信中,曾说过两句至理名言:“时间就是金钱”,“信誉也是金钱”。对于前一句,熟悉的人很多,对于后一句,有人则不以为然。瑞士的罗奇公司因参加一个以提高价格为目的的联盟,遭到美国方面的控告,被罚款5亿美元;美国的惠浦公司曾因被控在出售卫星天线时欺骗了用户,被法院罚款5.8亿美元。而国内外发生的诸如汽车召回、冠生园月饼馅等事件,都是这方面的教训。中国有句老话叫:“居心害人,终将害己。”说的就是这个问题。

以诚感人者,人亦以诚而应。在20世纪80年代初,万向集团通过经销商成功地开拓了出口市场,近些年来,随着万向海外公司的建立,很多客户要求直接供货,而万向却始终都没有答应。因为万向一直遵守着他们和经销商之间的约定:经销商所开拓的客户,由他们自己经营,并且给经销商和万向集团自己的营销公司同样的价格,以确保他们的利益。现在,我们已经在美国、英国、德国、加拿大等多个国家建立了分公司,海外营销体系正日趋完善,但是,万向与经销商的关系和合作仍然十分密切。

关于万向集团的一个小故事很能说明问题:在亚洲金融危机暴发时,一位东南亚客户请求万向给予帮助,在旧款付不出的情况下,要求发新货,时间还特别急。后来的事实是万向不仅加班加点,按时为那位客户发去了产品,还让利给他们,客户很受感动。在形势好了之后,不仅还清了货款,还把原来在其他国家采购的产品,也转移到万向这里采购,双方的合作非常愉快。

万向集团靠诚实守信不仅赢得了国内市场,而且,海外发展也取得了不错的成绩。从某种意义上说,以“信誉”为基础的合作比以资金为基础的合作更为密切,更为持久,更为深入,也更有效益。

在万向集团内部,鲁冠球也是同样狠抓诚信管理。比如,领导层要执行一项决策,首先会让员工相信这个决策有利于大家的共同利益,同时,领导者也会相信员工所采取的行动,对决策的执行是最佳的或是有益的,双方互相信任,行动的速度才可以加快。速度加快了,执行的成本自然就会降低。

在20世纪80年代,万向做出规定,每月16日发工资,如遇到节假日则提前发。20多年过去了,直到现在,万向的每一家企业,都在不折不扣地执行,哪一家企业如果16日发不出工资,那么老总的位置就危险了。在90年代,万向曾郑重向员工承诺,职工月收入不低于1000元,年增长额也不低于1000元。这个承诺,万向每年都兑现,而且,每年收入的实际增长额都远远超过这些。

正由于万向集团一直坚持以诚待人,以德服人,坚持“为顾客创造价值,为股东创造利益，为员工创造前途，为社会创造繁荣”的信念，才使企业实现了39年持续、健康、稳定、快速的发展。

## 二、以“德”立身

经营企业，追求利润是天经地义的事情。在市场经济环境里，哪里利润高，资本就往哪里集中，这是经济运行的规律。追求利润，本身无可非议，关键是按照什么原则、用什么手段去追求利润。这就涉及一个道德的问题。一般来说，在经济转型时期，旧的秩序遭到破坏，新的秩序又没有完全形成，这个时候，常常会出现不道德的行为，既不受旧秩序的约束，又不受新秩序的处罚，造成不讲道德的行为比讲道德的行为获利更多的现象。在我国市场经济刚刚建立的时候，计划经济的影响还没有完全消除，一些人经不住更多利益的诱惑，假、冒、骗等不道德的行为开始抬头，加上信息的迅速传播，信誉危机便产生了。比如，会计师事务所，如果做假账的没有受到应有的处罚，反而吸引了更多的客户，那么，假账必定泛滥。长此以往，不仅扰乱经济秩序，阻碍经济发展，也必然冲击人们的价值观念、道德观念，影响社会的稳定。

人无信不立，企业无信不长。在经济一体化日益加剧的今天，企业不仅要把产品变成商品，而且，还要把人力资源、管理、文化等生产要素转化为商品。这样，企业生产的就不仅仅是产品了，而是一种品牌，一种道德信念，一种无形资产。

在西方发达国家，很多企业的无形资产在总资产中的比重已经达到50%—70%，有的甚至高达90%以上。如耐克、戴尔等公司，他们几乎没有自己的生产企业，有的只是一个优秀的品牌。这些优秀企业的发展历程表明，从产品经营，到资本经营，再到信誉经营，这既是经济发展规律的客观要求，更是企业经营境界不断提升的必然结果。未来企业的竞争是品牌的竞争，是信誉的竞争，是商业道德的竞争，而不仅仅是产品的竞争。产品总是有生命周期的，品牌的生命力和道德的感召力是无限的。

万向的管理层认为：诚实守信，对自己，是一种心灵的开放和对自己人格的尊重；对他人，是一种交往的道德，是一种气魄和自信；而对企业发展，则是一种无形资产，是管理价值的有效提升。诚实是做人之本，守信是立事之根。21世纪的发展，已经不再是单纯的经济增长，而是社会的总体进步，是人类文明的全方位提升。企业道德，已经变成企业社会责任的一部分，遵守道德规范，已经从一种美德，变成一种必需。

# 第25章 “企”字缺“人”即为“止”

## ——万向的人才战略

“不管多么伟大的企业，都必须仰赖员工各自贡献才能和力量，才能创造出辉煌的成果。”

——华特·克莱斯勒

中国的文化源远流长，而文字作为中华民族智慧的结晶，将上下五千年的文明史展现得淋漓尽致。中国文字最主要的一个特点就是象形，可以说，每一个中国文字都有它的历史来源，都能从它身上体会出一些深刻的科学道理和哲学内涵。“企业”的“企”字就是一个很明显的例子，把“企”字上面的“人”去掉就豁然变成了“止”，这一变化向我们说明了一个简单而又深刻的道理：企业没有了人才，经营就会停止，最终就会不复存在！

万向集团在人才发展、人力资源创造方面是相当重视的。万向创造性地提出了“两袋投入”(即口袋投入和脑袋投入)理论，用了很大精力致力于改造农民工的工作，不厌其烦地加强对农民工(万向的前身是乡镇企业，工人绝大多数为农民工)的思想政治工作，要求他们树立时间观念、质量观念和组织观念，并最终把他们改造为合格的现代企业员工，并使之逐步具备企业主人翁和国家主人翁的思想意识。

改造农民工的同时，万向还广泛招聘各方人才，仅高校毕业生每年就有200人左右进入万向工作。2001年是万向大力开发、积聚人力资源的丰收年，全年引进院士3名、外国专家15名、博士及博士后7名、硕士27名，大学以上学历的人才近300人。这一年，万向还建立了“博士后科研流动站”，为吸引高层次人才搭建了又一个好的平台。万向在“立足创造”原则的基础上，还丰富了对人力资本的激励措施，相继推出的“阶梯式”用工制度、“动态式”管理方法以及“先有人才，后有钱财”的人才价值观成功地激发了员工们的工作热情和创造性。

### 第一节 “两袋投入”使员工身心与物质都受益

人的行为是由动机支配的，而动机则是由需求引起的。人的需求不外乎有两大类，一是精神的，二是物质的。万向集团创造性的提出了“两袋投入”理论，即“脑袋投入”和“口袋投入”，使员工在身心和物质上都能得到收获，有效地促进了企业的快速发展。“两袋投入”理论概括起来主要包括以下几点：

**1.灵活的物质分配**

在分配方面，万向强调一种差异性的分配方式，即分配“因人而异”、“因岗而异”、“因事而异”、“因时而异”，核心是员工的分配与企业效益紧密挂钩。

早在上世纪70年代，万向就率先引进了“奖金”制度，使企业实现日创利润1万元，员工的最高年收入也达到了1万元。第一个获得万元收入的人是一线操作工，因为当时是凭体力吃饭。

80年代，万向采取了“联利计酬”的分配方式，让“员工拿大头，企业拿中头，国家拿小头”。这个时期，企业实现了日创利润10万元，员工的最高年收入也达到了10万元。第一个获得10万元收入的人是销售员，因为当时企业是以销定产。

进入90年代，万向开始实行“多层次分配”，对不同的岗位制定不同的分配政策。如高级经理实行年薪制，科技人员实行项目工资制，销售人员实行提成制，操作工实行计件制等等。企业实现了日创利润100万元，员工的最高年收入也达到了100万元。第一个获得100万元收入的人是经营者。

2004年，万向实现日创利润500万元，第一个获得500万元年收入的人是一名职业经理。万向三十多年实现了企业日创利润“奋斗十年添个零”，员工的最高年收入也成功实现了“奋斗十年添个零”的计划。而作为近期目标，万向将在过去39年发展的基础上，力争到2009年实现日创利润1000万元，员工最高年收入突破1000万元。

**2.明确的奖、罚方向**

作为一个企业，奖励什么，惩罚什么，无疑是在昭示企业的价值标准，而员工会努力去做受到奖励的事，奖励就是一种方向。比如，万向曾奖励一名驾驶员1000元，就是因为这名驾驶员在一次出车时，客人问“我上次来万向怎么走的不是这条路？”驾驶员风趣地说“现在是条条大路通万向”，客人到了以后表扬了这名驾驶员。一句话一千元，表明了万向集团对于树立良好企业形象的高度重视。

在万向，奖励已经成为一种文化，一名法务人员获得10万元的奖励，因为他通过法律的手段，讨回了一笔90多万元的客户欠款；一名技术负责人获得38万元的奖励，因为他出色地开发了一个产品；一位项目负责人获得260万元的奖励，因为他经营的一个项目获得了很好的利润。

万向坚信的理论是：有奖无罚必乱，有罚无奖必怨，无奖无罚既乱且怨，奖罚分明，公平合理，天下方能治也！

**3.及时的“分家”激励**

俗话说，树大要分叉，人大要分家。分家确确实实可以调动更多人的积极性，万向集团较早地搞了分家制，把企业的一个个项目分离出去，独立运作，自负盈亏，每个企业都是独立的经济实体，专业生产一类产品。成功的树立了“人人头上一方天，个个都是一把手”的企业理念，变千斤重担一人挑，为千斤重担大家挑。

在“分家”上，万向注重以老带新，即把已经形成规模和水平的企业，交给新人去管理，而让相对成熟的经营者去开拓新的领域，一步一步把每一个人推到适当的岗位，然后大胆放手，让这些员工去干，去实践，去积累，让企业不断走向成功，使个人不断走向成熟。①

## 第二节 “阶梯式”用工制度和“动态式”管理

为不断适应并促进企业生产的发展，万向集团在用工制度方面进行了不懈的探索与创新，形成了“阶梯式用工，动态式管理”的用人理念。所谓阶梯式用工，就是用工采取多种形式，终身员工、固定工、合同工、试用工、临时工同时并存，并且实行阶梯式排列，一级比一级高，每一级的工资收入、福利待遇都不相同。所谓动态式管理，即在五种用工形式之间，实行流动式管理，可上可下，可高可低。回顾万向集团30几年来之所以能取得持续稳定的发展，实现“70年代日创利润1万元，80年代日创利润10万元，90年代日创利润100万元，2004年日创利润500万元，奋斗十年添个零”的计划，“阶梯式用工，动态式管理”的用工制度无疑起到了举足轻重的作用。

### 一、“阶梯式”用工，打破“一刀切”

“阶梯式”用工制度乃是民营企业用工方面的经典之作，既满足了企业多层次的用工需求，又打破了“一刀切”的惯例，使人性中的积极因素得到最充分的发挥。在阶梯式用工制度下，终身员工、固定工、合同工、试用合同工、临时工五种形式同时并存，有效克服了全员合同制员工吃大锅饭、没有风险、没有动力的弊端，遏止了人的惰性，同时也避免了全员合同制员工把个人的利益与企业对立起来，使企业凝聚力难以形成等短期行为。

万向集团内五种用工同时并存，并且实行阶梯式排列，一级比一级高，一级比一级严，员工看到自己，也看到别人，看到低的，也看到高的，不得不比较，通过比较产生压力，通过压力产生动力。在万向，员工进厂一般先签订三个月的试用合同，表现好的话再分别签2年、3年、5年的合同，工龄满10年后，签订长期合同。长期合同签订后，员工不受时间、岗位等任何条件的限制，做得好升为固定工，做得不好则随时面临下降的危险，一切取决于个人的能力和表现。同时，通过用工形式的流动，员工的收入、培训、福利、医疗、养老金等，也都随之进行流动。用工形式升一个台阶，员工的待遇就上一个档次；相反的用工形式降一个台阶，员工待遇就减少一部分。比如医疗费，同等工龄中的固定工每年可以拿到医疗补贴890元，补贴之外的医疗费报销70%；试用合同工

①资料来源：不断超越自我，《企业管理》，2005.5，作者钟鸣。

每年可以拿医疗补贴270元，补贴之外的医疗费报销40%。

“阶梯式用工，动态式管理”，也解决了企业规模扩大以后对用工的多层次需求。比如简单的体力劳动、阶段性任务、高科技含量的工作、对企业有重大贡献的任务等，都需要在用工形式方面给予特殊考虑。例如，为了奖励对企业有特殊贡献的员工，万向集团于1996年设立了终身员工制。终身员工作为阶梯用工的最高台阶，在退休以后仍然享受在岗人员的平均收入。别小看终身员工的设立，对那些有特殊贡献及勤勤恳恳为企业奉献的人来说，不仅是物质上的待遇，更是精神上的鼓励。

## 二、动态式管理，废除“一贯制”

与“阶梯式”用工制度相呼应的是万向的动态式管理，这种管理方式废除了“一贯制”习俗，因人制宜，因时制宜，因事制宜，以灵活性和互补性促进竞争，让员工的身份永远处在变化之中，可上可下。当然，上和下都是有条件的，并且，制定条件是以调动人的积极性为依据。条例下发到人，使员工清清楚楚地知道自己做到什么程度会得到晋升，做到什么程度要被降级。例如万向的晋升条例规定，评上集团及上级劳动模范两次以上者，自学获得大学文凭者，有科技成果获奖者等，不受进厂时间限制，可由合同工升为固定工。反之，固定工表现不好，可能被降为临时工，直至被淘汰出局。

动态式管理，使有争先心理的人有了奔头，不断攀上新的台阶。对怀着“不求有功，但求无过”心态的人，也带来极大的触动。因为万向集团还规定每年对100名相对落后的人员，进行强制性淘汰，使其懂得：你不想有过就只能去立功。事实证明这种动态式管理方式取得了很好的激励效果，万向保持了年均30%以上的增长速度，而员工的收入也是不断攀升，员工、企业、国家都是受益者。

## 三、形成利益共同体，创造和谐劳动关系

万向集团实行“阶梯式用工，动态式管理”的用工制度，其主要目的是为企业创造一种和谐的劳动关系，形成“上对国家有利，下使员工受益，外让用户满意，内保企业后劲”的利益共同体。

“阶梯式用工，动态式管理”，让员工懂得了企业的利益就是自己的利益。万向是乡镇企业，员工的工资不是上级给的，每一分钱都要靠员工自己劳动创造。这里所说的劳动，不仅是产品生产出来的劳动，而且还要将产品转化为商品，在市场上实现其价值。如果产品价值实现不了，企业无利可图，个人的分配也无从谈起。万向的员工都非常明白，企业是“大家”，个人是“小家”，只有自己好好干，“大家”赢利了，自己的小家才会富裕。员工只有以厂为家，想主人事，干主人活，尽主人责，才能享主人乐，最终才能实现企业和个人的长期稳定发展，始终走在时代前列。

同时，“阶梯式用工，动态式管理”也让企业认识到员工的利益就是企业的利益。企业要想获得好的效益，首先必须调动员工的积极性，保障员工的利益，这样，他们才

会生产出好的产品。而靠克扣员工利益来增加企业的利益,是最不足取的做法。"阶梯式用工,动态式管理",极大地激发了员工的工作热情,多劳多得,少劳少得,不劳不得,形成了"人人头上一方天,个个都是一把手"的良好文化氛围。

最近几年来,万向集团一直在致力于建设和谐的劳动关系。尊重员工、理解员工、关心员工,把员工的合理需求和正当利益摆在企业发展的核心位置,把不断满足人的全面需求、促进人的全面发展,作为发展的根本出发点。充分激发万向职工的劳动积极性和创造性,做到员工与企业的和谐发展,企业与社会的和谐发展。

## 第三节 "先有人才,后有钱财"

国内外优秀企业有一个共同的特点就是重视人才,因为人是生产力中最活跃的因素,是企业最大的财富,只有把人培养好了,企业才能办好。在人才方面,万向集团一直坚持"先有人才,后有钱财"的人才价值观,珍惜人才,广泛搜罗人才。

万向认为要实践好"先有人才,后有钱财"的人才价值观,就要理好员工之才,用好员工之才,让每个员工都有用武之地,能够尽其所能,扬其所长,全身心地投入到自己所从事的工作中去。在如何理好员工之才方面,万向集团做的是非常好的。

### 一、严把招收关

办企业是有目的,招人也要有目的,企业要清楚需要哪方面的人。同时招人不单是人力资源部的事,更是各公司、各企业负责人的事。在这方面万向曾走过一点弯路,当时很多部门负责人不把招收工作当作自己的事,把权力、责任全部推给了人事部,只有少数公司,主要是派出机构,如深圳、上海、北京等是负责人在抓,至于人多了好不好、需不需要,都是由办事员决定。后来万向管理层经过多次强调之后,终于纠正了过来。招收工作开始按集团统一标准执行,即先由需要的用人单位提出,需要什么人,多少人等等,提出后按集团整个发展规划,先在集团内调剂,调剂不了的再对外招收。招进时,先由需要的部门负责人谈话、核实,再级级交上去,最后由单位负责人决定。双向选择时,双方提出条件,什么岗位、什么要求、什么待遇等等,都要明确指出,最后在双方认可的前提下签订合同。

### 二、加强教育培训

万向的员工招进来后,都是先教他如何做人,然后再教他如何做事,教育培训必不可少。企业要获得长远发展,必须培养一批专业化、职业化人才。万向一直在强调:万向需要建设好几支专业化队伍,包括宣传队伍、营销队伍、技术队伍、金融队伍、管理队伍、信息队伍等等。把队伍建好后，拓展什么产业有什么队伍，在各个领域都形成万向的竞争优势。而在人员培训方面，则实行按需培育的策略，做到目的明确，对症下药。

### 三、知人善用

万向集团能成为企业中的常胜将军，与集团上下知人善用这一特点是分不开的。万向在"知人善用"方面所受到的赞誉得益于企业多年来一直坚持的"四分式"用人标准。这一标准的内容是："有德有才，大胆启用，大胆聘用，可以三顾茅庐，高薪礼聘；有才无德，可以小用，通过教育培训，视其发展而定；无德有才，绝不可用，让其伪装混入，后患无穷；有德无才，可以不用，但因为一看就知道，不易混入，可让其自食其力。"人无完人，每个人都有优点、缺点、特长、专长，关键就在于能否充分用好人的长处，把他们的优点发挥到一个个岗位上去。这几年来万向集团上下都是在按照这一"四分式"用人标准操作，用其所长，避其所短，真正实现了知人善用。

## 第四节　提前储备大学生

万向集团是土生土长的乡镇企业，和其他乡镇企业一样，万向也曾经极度缺乏高层次的人才。在万向刚刚起步的七八十年代，大学生作为国家干部是不能进乡镇企业的，其实在当时就连高中生进乡镇企业的都很少。然而万向求贤若渴，怎么办？穷则变，变则通。鲁冠球领导下的万向走出了现在看来都是相当高明的一着棋，他们在上世纪80年代初把当时宁围镇周边高考落选但分数相差不多的青年都网罗到自己企业中。上世纪70年代末我国恢复了高考，不像现在大学生到处都是，那时由于大学的培养能力以及国家的政策限制，大学生可以说是凤毛麟角，以至于大学生被称为天之骄子。80年代初高中升大学在全国来说可能只有百分之几。宁围当初还是典型的农村，教学条件跟城里无法比，再说那时萧山的农村可能比全国大部分农村还要穷。所以对于宁围这样的地方，相差十多分甚至相差几十分的考不上大学的人，并不能说明他们智力差。事实上，与1994年和1995年万向招进的大学生相比，万向的这批当年从高考落榜生筛选出来的主力，无论从智力还是能力上，都不比那两批大学生逊色。

当然，鲁冠球在大量招募高考落榜生的同时，也在努力尝试着引进真正的大学生。1980年，鲁冠球冒着"犯错"的危险花重金(据说是每个学生一万元)买进了四个大学生，力图通过高级知识分子提高企业的技术和管理水平，并将他们培养成为企业骨干。鲁冠球的这一大胆的举措后来成了企业界的佳话，也显示了他对人才的重视和渴望引进人才的迫切心情。

虽然在通过各种措施引进高素质人才，但是对于乡镇企业出身的万向来说，企业成员的平均文化水平(或学历)依然是相当低的。在1993年时，万向集团包括总部和子公司，高层是没有一个具有正规大专以上文凭的。十几个子公司老总的学历都没有超过高中的。1994年，为了上市的子公司万向钱潮股份公司对外信息披露的需要，万向钱潮的总经理总算换成了一个具有大学学历的人。集团公司的四个部门经理和两个关键人物中，高中学历五人，初中学历一人。

其实万向集团缺乏有学历的人才的现象管理层早就意识到了，他们是看在眼里，急在心里。于是1994年，在鲁冠球的支持下，万向任命了一位副总经理特别助理，专门负责大学毕业生的招收，之后招收工作便紧锣密鼓地展开了。到8月底，前去万向报道的大专以上毕业生已超过160人，这是万向历史上第一次招进这么多的大学生。要知道，在1994年那样的年代，大学生虽然已经不再作为国家干部包分配了，天之骄子的光环逐渐从他们的头上消褪，但毕竟那时的乡镇企业还不是很被大学生所认可，更不会被作为择业的首选，所以，对于当时处于交通不便、经济尚欠发达的宁围农村的万向来说，能够招收到160名大学生已是相当的不容易！从这方面也能够看出，鲁冠球以及万向集团对高学历人才的强烈渴望和提高企业员工整体文化素质水平的坚定决心。

现在看来，鲁冠球的当时努力没有白费，随着万向集团知名度的日益提高，仅高校毕业生每年就有200人左右进入万向工作(当然，现在万向对于大学毕业生已经是择优录取，这些毕业生的平均素质水平比最初引进的要高很多。这也从侧面上反映出，对于毕业生来说，如今的万向已经不再是1994年的那个万向了，能到万向工作乃是优秀于其他同学的一种象征)。2001年是万向的人才丰收年，全年引进院士3名，外国专家15名，博士及博士后7名，硕士27名，大学学历以上近300人。同时，鲁冠球还在自己的企业里建立了"博士后科研流动站"，为今后吸引高层次人才搭建了一个很好的平台。

2004年10月16日至17日，中国教育学会、中国职业技术教育学会等十部门，在浙江省杭州市联合举办了"教育家与企业家共话教育"论坛，来自全国的教育家和民营企业家欢聚一堂，鲁冠球作为万向集团的代表，在论坛上发表了精彩讲话：

**培养国际化人才，应对全球化挑战**

"万向"创建于1969年，从7个人的"铁匠铺"起家，现有员工31800多名。2003年，企业实现营收152亿元、利税13.58亿元、出口创汇3.8亿美元，是国务院120家试点企业集团和国家520户重点企业中，唯一的汽车零部件企业。"万向"的发展过程，可以说，就是我们的人才理念不断开放、人才结构不断优化、人才素质不断向国际化靠拢的过程。我们深深地体会到，培养国际化的人才，既是我们人才战略的长远目标，更是我们企业发展的现实需要和必然选择。

经济的竞争，更直接地表现在企业之间。但是，它的产生，则是从教育开始的。作为企业，我们对教育的依赖和期待，从来没有像今天这样迫切，这样重要。我想从需求的角度，谈谈企业需要什么样的人，以及万向是怎么培养的。我们常说，企业的竞争，是人才的竞争。事实上，人才的竞争，正在演化为人才国际化程度和水平的竞争。

一、“每奋斗10年添个0”，以发展集聚国际优秀人才

“万向”自创建以来，始终专注于汽车零部件产业，一步一个脚印，10年一个台阶。20世纪70年代，“万向”实现了企业日创利润1万元，员工的最高年收入也达到了1万元；80年代，实现了日创利润10万元，员工的最高年收入，也达到了10万元；90年代，企业实现了日创利润100万元，员工的最高年收入，超过了100万元；2003年，企业日创利润400万元，员工的最高年收入是402.9万元。概括起来，就是“每奋斗10年添个0”，也就是企业日创利润、员工最高年收入双项指标，年均增长25.89%。

这样的业绩，在过去是先进的。发展的先进性，带动了人才集聚的广泛性。从本乡人、本市人、本省人，到全国乃至全世界的人都来了。目前，我们有外籍员工920多名，我们的美籍员工盖瑞·威斯尔，2003年获得中国国家“友谊奖”，受到温家宝总理、吴仪副总理的亲切接见。不久前，我们的法国籍员工盖多和俄罗斯专家伊万诺夫，获得了2004年“西湖友谊奖”。

地域范围的扩大，促进了员工知识、素质的提高。从小学生、初中生、中职生、高中生，到大学生、硕士生、博士、博士后都有了。过去，我们是花钱“买”大学生，人家还不愿意到我们农村来；现在，我们是百里挑一地“选”大学生，他们不仅高高兴兴地来，还在我们农村买了房子，安家落户。企业的发展过程，就是人才的集聚过程。例如，我们以资产重组带动技术重组，收购世界万向节专利最多的企业——美国的舍勒公司。现在，我们不仅是世界上万向节专利最多的企业，还拥有世界上万向节专利最多的科技人才。

目前，我们的员工大中专毕业生有1万多人，院士顾问4名，每年引进外国专家近50名。我们有21名签约博士，我们的博士后科研工作站，在浙江省建站最早，培养的博士后最多，我们还送培研究生近百名。企业的发展，实质是人的发展。对于企业来说，发展是硬道理，而对于人才来说，人往高处走，这是天性。企业只有以更快、更好的发展，才能更广泛、更直接地集聚人才，也才能够为人才提供更有效的施展空间。

二、“走出去”，“引进来”，以流动促进国内人才的国际化成长

人才的国际化本身是一个过程。不是说产品出口了企业就国际化了；也不是说国外培养的人就一定是国际化的人才。我们看到，跨国公司到中国来，喜欢本土化的人才，而我们的很多本土企业，却喜欢“海归派”人才。应该说，这都是在推进人才的国际化。培养国际化人才既需要“走出去”，也需要“引进来”。

“走出去”：我们从产品走出去、人员走出去，到企业走出去，不仅实现了在洋人的土地上，用洋人的资源，做洋人的老板，赚洋人的钞票。更重要的是，我们通过走出去，看到了差距，长了见识，提高了素质。例如，20世纪80年代初，我们走访的美国一家同行企业有250人，年产400万套万向节。而我们有近千名员工，年产80万套。对照他们，我们采取了“以高起点投人，引进高精尖设备，培育高素质人才，制造高档次产品”策略，企业整体素质得到了有

效提升。现在，我们在美国、英国、德国、加拿大、澳大利亚等8个国家，拥有31家公司，其中独资或控股18家。

“引进来”：我们以“订单”为切入点，销多少产品出去，学多少标准回来。我们为通用公司配套的第三代轮毂单元，他们先后派15批35人次来万向，从生产现场到工艺改进，从原材料供应到关键技术创新，每一个细节他们都认真教，我们努力学，积累了一套完整的操作程序，少走了很多弯路，促进了国内人才的国际化成长。同时，在国外我们也实施本土化用人，以本土化带动国际化。例如，万向美国公司，我们从国内派出的“子弟兵”只有6人，其他都是通过银行、律师事务所、会计师事务所等多种渠道，聘用当地不同国籍、具有多国文化背景的各类优秀人才，有美国人、英国人、德国人、澳大利亚人、墨西哥人等。2000年，外交部部长李肇星视察万向美国公司时，曾风趣地说，你们这里成了“联合国”。虽然国外的本土化用人直接成本较高，但他们熟悉当地的法律、文化，容易与客户沟通，有经验，社交圈子大，不仅拉近了我们与市场的距离，降低了我们的国际化运作成本，更增加了我们人才结构的跨文化容量，促进了我们人才国际化的进程。

此外，我们的员工实行内外轮岗工作。我们在国内和北美分别设立了技术中心，技术人员轮岗工作，确保了在最短的时间内，以最有效的方式，使用户的技术要求转化为国内工厂的技术参数。我们的员工出国，不仅是学习更是工作；回国，不仅是工作，更是学习。无论是出国还是回国，员工都要做业务交流，国内外相互培训，共享资源，使人才国际化战略有效推进。

坦率地讲，万向之所以能够在国际市场站稳脚跟，产品进入通用、福特等一流主机厂配套，并不是我们做到了世界最好。在国外，我们的技术、质量比不过优秀的同行；在国内，我们的成木、价格比不过很多小厂。我们的优势恰恰在于，通过资源的内外互换、转移和嫁接，尤其是人才的跨国使用、流动的高活力，带动了产出的高效率，使资源得到优化配置和有效提升。

企业对物质资源利用的深度和广度，越来越取决于员工智慧和能力的开发程度。世界上，没有比投资于人的成功，更能见到效益的；没有比投资于人的失败，造成更大的损失了。金融资本固然重要，但它不会思想；机器干活虽然比人工精细，但它不会创造。企业也好，学校也好，经济也好，教育也好，只有国际化人才培养好了，我们才能在全球化的竞争中赢得优势。

资料来源：《中国职业技术教育》，2004年第25期，作者鲁冠球

# 第26章 不用扬鞭自奋蹄

## ——万向的企业文化

“讨厌的工作即使勉强去做，最后也不会成功”。

——本田宗一郎

《资治通鉴》有篇首语：鉴于往事，有兹于治道。如果我们仔细地回顾历史、研究历史，就会发现古代的很多事件和思想，对我们今天的企业决策能够产生很好的启发作用。

历览中国历史上的农民起义，会发现这些起义的领导者无不首先确立一个口号，才师出有名，最终这个口号就成为凝聚农民军的理念。陈胜、吴广起义的“王侯将相宁有种乎”、黄巾起义的“苍天已死，黄天当立”、李自成的“均田免赋”以及洪秀全的“天朝田亩制度”，这些口号的提出无不极大地凝聚了起义军，成为他们实现战争成功的精神支柱。企业经营也是一样，要使企业上下形成一种良好的工作氛围，让员工们团结起来向着同一个目标奋进，优秀的企业文化是不可缺少的。

企业文化是一种观念。文化不是什么具体的事物，而是一种观念性的东西。在中国，企业文化在80年代叫思想政治工作，90年代叫精神文明建设，为与国际接轨，从新世纪开始叫企业文化，而且随着人们活动范围的不断扩大，其内涵也会更加的丰富。每个企业都有其独特的文化，如：创业史、企业独具的办事原则、管理者的个性与风格、企业的行为榜样等。这些因素决定了企业的环境氛围、传统习惯与组织特征，最终也就决定了企业的竞争力和发展潜力。

很多企业都有这种现象，虽然下班了，车间里机器仍然在转，工人们仍然从容不迫地工作，办公室里还有人在不停地敲着键盘，特别是任务紧急的时候。在万向同样也有这种现象，万向人怎么看待这种现象也有自己的文化。万向人普遍认为他们的业绩是靠自身实实在在干出来的，企业越发展，他们才越有保障、越有地位，才能真正体现“上对国家有利，下使职工受益；内保企业后劲，外要用户满意”。

企业文化还是一种规则系统。文化不是一种具体的东西，但它会在特定人群的具体方式上得到自觉体现，有它特定的规则系统。比如文化建设的内容，不但包括价值观、经营理念、管理风格，还包括评价系统和行为规范等等。例如，万向集团倡导“一天做一件实事，一月做一件新事，一年做一件大事，一生做一件有意义的事”的岗位目标，不论任何岗位，都必须以“事”、以“作为”评论贡献，考核价值。这既是万向的评价系统之一，也是全体员工共同价值观的集中体现。

在企业文化的属性中，"普遍认同"是最重要的一点。要建设好万向的企业文化，不但要清楚地看到什么是万向的文化和万向所需要的文化，而且需要每一位万向员工加强学习、修炼去感悟，同时还要积极地灌输好。为什么？这就是由文化的"普遍认同"这种关键特性所决定的，所以万向集团特别强调这些，他们要求员工不断加强学习，不断加强修炼，用心感悟万向文化的实质和内涵，以期形成共识。共识形成了，也就达到了普遍认同，万向的文化也就真正形成了。

## 第一节 走文化管理之路

研究万向的历史，我们就会发现万向39年的快速发展，走的是一条文化管理之路。翻开万向的《企业文化建设工作条例》，你会看到万向对企业文化的目的、内容、实施细则做出了具体规定，他们将企业文化建设细分成36个工作项目，并制定出每个工作项目的考核标准，每月都要逐项考核、总结通报。这项措施使"软任务"变成了"硬指标"，取得了明显的效果。

万向集团的文化管理理念形成了强大的凝聚力，增强了员工队伍的积极性和创造性。1999年，万向出资1.2亿元在上海浦东购得了一块土地，计划建设一座标志性建筑。然而事后他们发现，土地出让协议的部分内容与政府有关规定不符！虽然双方为此交涉的很多次，但始终没有结果。在这种情况下，万向上海投资公司的一名员工怀着强烈的事业心和高度的责任感，以普通市民的身份，通过网络给上海市市长写了封信，对双方的利弊和万向的理由进行了充分的阐述。精诚所至，金石为开。此举引起了上海市政府的重视，之后在各方的努力下，这一问题最终得到了圆满的解决。一名普通的员工，帮公司做成了大事！

在日常的运作过程中，万向有着严格的企业文化管理制度，执行起来钉是钉、铆是铆。2003年，集团人力资源部通知下属企业财务部负责人，对应聘人员进行面试，而在应聘人员准时到达后，该负责人却迟迟不到。于是，集团决定对该负责人通报批评并处以1000元的罚款。万向对此的解释是：因为这名负责人的行为背离了万向的"诚信"原则，损害了万向的企业形象，集团所有人都应当从这件事吸取教训，防患未然。

2001年12月，万向整体购并淮南轴承厂，成立了淮南万向特种轴承公司。在整合要素资源的同时，新任总经理带去了万向的企业作风——"天上不会掉馅饼，地上没有免费午餐，从来都没有救世主，一切都靠自己创造"。在这种文化的引导下，企业形成了新的激励机制，焕发出新的生机和活力。不少老员工感慨地说"好久没看到员工们这股干劲了！"

近几年来，万向的规模快速扩张，企业中增加了许多不同地域、不同国籍、不同肤色的员工。如何使员工队伍团结一心、努力工作？万向既靠现代企业制度，更靠独特得万向文化。在2003年中国"国家友谊奖"的50位获奖者中，有位叫盖瑞·威斯尔的外国友人，他就是万向美国公司的员工。盖瑞1998年4月进入万向，通过自己不断努力，从一名普通员工成长为公司的营运长、财务长。他积极奉行万向的岗位目标:“一天做一件实事,一月做一件新事,一年做一件大事,一生做一件有意义的事”。他从不缺勤,还经常主动加班加点,工作起来不分份内份外,小到打扫卫生、清点仓库,大到技术洽谈、收购企业,他都事事当先,样样出色。万向美国公司正是由于拥有众多像盖瑞这样的员工,所以取得了优越的业绩,并对公司所在地—美国伊利诺伊州的经济做出了杰出贡献。2002年,该州政府决定:将每年的8月12日命名为“万向日”。

企业文化的魅力,使得万向集团鲜花满地、荣誉等身。39年来,万向集团先后获得国家级企业、全国企业管理金马奖、中国出口创汇先进企业、中国质量效益型先进企业、全国500家经济效益最好企业、全国精神文明建设先进单位等30多项国家级荣誉。

## 第二节 尊重传统文化,融入本土文化

万向集团已持续39年稳定发展,在这39年里,技术、市场、人员等等都发生了巨大的变化。尤其是人员结构,万向成员中有宁围本乡人、萧山本市人、浙江本省人,现在除了西藏、台湾以外,全国各地的人都有,甚至还有外籍员工。地域在不断扩大,员工的素质也不断提高。初中生、高中生、大学生、硕士生、博士生、博士后,五湖四海、形形色色的人走到一起来,年龄、观念、经历,以至语言、风俗习惯的不同,使得企业的传统文化与现实文化、外来文化与本地文化,显示出了很大的差异性。这此差异文化,在企业内相互碰撞、融合。可以说,企业发展达到了前所未有的高度,企业文化的碰撞与融合也达到了空前的活跃。这个时候的万向集团,可以说是最需要强调企业文化建设的时刻。

对于一个企业来说,企业文化就是思想工作、价值观念、企业行为方式以及企业经营风格等因素的统一体。经济越发展,企业文化就显得越重要。企业的竞争,最终将是文化的竞争,即所谓“有形的价值终有限,无形的价值将无限”。民营企业在企业文化建设方面往往欠缺,然而可喜的是,万向集团在这方面已经迈出了坚实的步伐,并积累了不少建设适合自身企业文化的宝贵经验。

### 一、尊重传统文化

万向集团的传统文化,首先是吃苦。俗话说“吃得苦中苦,方为人上人”。当年,萧山万向节厂在做锻造的时候,没有电风扇,员工们就把炉子上的鼓风机拿来当电扇,炉子用风箱代替鼓风机,鼓风机吹得人除眼睛以外,一张脸全是黑的。鲁冠球说:“我们那时真叫艰苦,当然,我不是说要让大家像当年一样去工作,那样也违反安全规程,我们现在是文明生产,但我们那种吃苦的精神不能丢。在工作上要肯吃苦,学习上更要肯吃苦,要像硅谷人一样,他们把睡觉视为一种奢侈,要抓紧一切时间学习,刻苦学习,才能掌握知识,才能做成大事。”

其次是谦虚。万向集团认为,任何企业都可以靠谦虚谨慎的经营作风获得利润;任何人都可以靠谦虚谨慎的态度赢得别人的好感。过去万向的人出去办事,往往低人一等,没有立足之地。他们到政府部门时,通常要在人家上班前,等在办公室门口,帮人家洗杯子、倒水,弄好以后再等人家给他们办事。现在情况已经大不一样了,很多单位听说是万向集团来的,都会高看一眼,甚至放下手里的工作,先帮他们办事。然而越是这样,万向人就表现的越是谦虚谨慎,不骄不躁。因为他们知道,谦虚是做人、做事基本的原则。正所谓"虚心竹有低头叶,傲骨梅无仰面枝"。

再次是忠诚。"忠诚"在字典里的意思是尽心尽力,万向一直强调"内育职业忠诚",对于企业来说,要求员工对企业忠诚,对岗位忠诚,对专业忠诚,应该说,这也是最基本的原则。万向集团在引进人员时,问他们为什么选择万向?有人回答,不光是为了赚钱,因为赚钱其它企业、其它途径也可以赚,选择万向是因为我们对万向的过去、现在,并对万向的将来充满信心。万向集团认为新人既然认同万向,选择万向,就要忠诚于万向,这也是忠诚于自己的选择。如何才算忠诚?就是要尽心尽力地工作,要有牺牲奉献精神,要以企业为家,与企业荣辱与共。

### 二、融入本土文化

现在的万向,企业规模日益膨胀,公司也不断增多,天南地北、国内国外都有。地理位置上的差异,造成了文化上的差异。在这一方面,万向要求各地的企业都要融入到当地的文化中。北京的公司就要融入北京的文化,上海的公司就要融入上海的文化,河南的公司就要融入河南的文化,国外的公司就要融入国外的文化,所谓入乡随俗。

鲁冠球说:"不管你从哪里来,有什么背景,既然选择了万向,就要融入万向的文化。同时,万向的员工之间,也有一个文化的融合问题。我们从五湖四海,为了一个共同目标,走到一起来。正因为有差异,方有了互补性。孔子说,三人行必有我师。每个人都有自己的长处,不要看到别人有一点缺点,就以为人家一无是处。新员工可以向老员工学习吃苦精神,老员工也可以向新员工学习创新精神。"鲁冠球还多次告诫过集团的其他领导尤其要学会发现别人的长处,善于以人之长补己之短。相互促进,相互融合,相互发展,最终把万向的文化发扬光大。

## 第三节 不仅仅为自己赚钱

恒源祥的老总刘瑞旗曾经说过:"当你赚的钱在1000万元以下时,你是在为你自己赚钱,当你赚的钱在1000万元以上时,你会发现你不仅仅在为自己赚钱,而是在为社会赚钱。"刘瑞旗所说的"不仅仅为自己赚钱"其实就是社会责任感问题。成绩卓越的民营企业家最初表现的往往是对财富的狂热追求,当财富的追求得到满足后,他们的追求目标就会从财富升华到对企业、对社会的责任感。承担责任、日理万机虽然会让他们丧失许多人间的享乐的机会，但他们能在激烈的市场竞争中的胜局中获得乐趣。

民营企业作为企业形式的一种，尽管其首要任务毫无疑问的应该是搞好经营工作,创造经济效益或物质财富,促进社会经济发展,而且,如果失去了创造物质财富的功能,民营企业也就失去了其存在的基本价值。但是,真正优秀的民营企业绝对不是仅仅“销量第一”或“利润第一”的企业,它必须具有强烈的社会责任感。事实上,在市场经济下的民营企业与社会有着千丝万缕的联系。民营企业来自于社会,也必将还原于社会,因此从这个角度来说,民营企业更应该主动担负起自己的社会责任以及对内部员工的责任,从而为自己的长远发展奠定一个坚实的基础。

在企业的社会责任感方面,万向集团认为,企业与社会之间是一种互动关系,是“双赢”的。无论什么形式的企业,它都要既为投资者着想,也要为它所存在的国家、社区和消费者着想,更要为企业内部的员工着想。

只有综合考虑了各方面的利益,才算得上是一个合格的、负责任的企业,这个企业所在的社区和国家才能真正的发达繁荣，企业自身才能走上更高的层次乃至实现长盛不衰。

万向人是这样想的,他们也是这样做的。长期以来万向一直坚持“内外都诚信,对整个社会负责”的原则,服务社会,奉献社会。万向曾出资1000万元设立了“浙江省慈善总会万向慈善基金”。从2001年起启动实施“四个一百工程”——帮助100个残疾学生、100个失学学生、100个孤寡老人、100个孤儿。近年来,“万向”在全国各地设立的助学基金和捐资助学款总额已近3000万元。2006年,万向创始人鲁冠球入选《胡润强势榜》评选的最有社会责任感的十大民营企业家,位列第四(前三位依次是:荣智健、任正非、宗庆后)。

后来成为万向集团董事局主席的鲁冠球，早已不是当年为了摆脱贫困而挣扎的鲁冠球了。当初那种强烈的脱贫致富的梦想早已成了往日的故事,而且要说起鲁冠球的财富,已经是十几辈子都花不完了。

那么功成名就的鲁冠球为什么还要继续辛苦的做企业？他苦心经营万向的真谛到底是什么？他为什么凭着晚年不去享受天伦之乐却要每天面对棘手的问题、没完没了的会议、纠缠没完的媒体以及难缠的客户和某些愤愤不平的员工？这就是万向以及鲁冠球的社会责任感问题。

天下兴亡,匹夫有责。万向的兴衰关乎整个集团数万职工的生活和人生归宿,关乎萧山地区的经济发展,关乎国家的一个产业,关乎中国优秀企业的国际形象！所以,万向必须承担起它所肩负担的社会责任,必须做大、做强、做久,没有退路,只能往前走。

## 第四节 万向优秀企业文化展现

### 一、满厂尽是工作狂

狂热的工作精神就像资金、技术那样，是一种宝贵的资源，如果能得到很好的保护，将能演变成一个公司的核心能力。万向的“工作狂”精神是出了名的，在万向集团你绝对看不到那种慵懒的神态和悠闲的步伐，所有的员工都是像在备战一样忙碌着各自的事情，精神高昂，充满朝气。日复一日，年复一年，始终如此。可以说万向如果缺少了这种工作狂的精神，它就不会这样优秀，不会让人们一提起万向就对他们翘起大拇指。

万向员工的工作狂精神来自其优秀的企业文化，是一种源自内心的热情，而不是考核出来的。1994年的7月，万向要制定“九五”规划工作，当时正是杭州最热的时候，在没有空调的酷暑环境中，万向的战略规划工作小组成员几乎每天都是工作到12点以后，甚至凌晨2、3点，而第二天七点半还按时上班，没有任何人迟到！这样的环境，这样的工作量，他们毫无怨言，跟那些老员工一样，对万向充满热爱和忠诚。他们在回忆那段时光时说：“我们认为在这个知名度在全国数一数二的优秀企业里，多干些活是很荣耀的。我们能吃苦的精神一点不亚于当时的那些老员工，因为我们都是农村出身的，支撑我们的狂热态度和工作精神是对万向的热爱以及我们的吃苦能力。”

一个优秀企业的中高层必须做到：需要你的时候，无论是上班时间还是休息时间，都是要随叫随到的，没有任何理由或借口。如果一个企业的中高层干了一点点额外的活就斤斤计较，拼命要加班费，那么这样的企业也一定会是二三流的。一个企业内的员工要是动不动就搬劳动法，那这个企业必然不会优秀，要不就是没有职业精神，要么就是企业没有良好的企业文化。

### 二、吹毛求疵对工作

如果你接到万向给你的一项任务，如果是一件不是很容易界定结果的任务(比如股票上市、争取一笔资金、争取一项政策、项目申报之类)的话，那么你肯定不是那么容易过关的。万向的各层领导有一个共同的特点就是对工作质量的要求达到了吹毛求疵的程度，这种吹毛求疵的精神乃是万向企业文化的一个重要组成部分，是万向得以成功的一个重要因素。反过来想，如果企业像一些事业单位那样，工作很容易蒙混过关，那么这个企业必然是不可能长久优秀的。市场经济中弱肉强食，适者生存，努力提高自身的竞争力才是硬道理。

吹毛求疵的工作精神渗透在万向事务的方方面面，鲁冠球本人对待工作就是一个很好的例子。20世纪80年代初，万向生产的一批万向节质量方面出了些小的问题，那时质量、诚信等观念还很淡薄，厂里很多人主张就这样卖掉，然而对工作吹毛求疵鲁冠球却坚决不同意，在下属的一片叹息声甚至是泪水面前，不为所动，最终把43万元的不合格品送进了回收站，43万对于当时刚刚起步的乡镇企业可是一个天文数字！鲁冠球将不合格品送进回收站的这一举措让员工们伤心了很久，但从此之后也唤醒了万向人的工作意识，“质量”二字深深地烙在了人们的心头，他们开始追求卓越，追求完美，吹毛求疵的对待任何一项工作。

以鲁冠球为代表的管理层在工作态度上以身作则，而下面的员工层层效仿，最终使吹毛求疵的工作态度成为万向根深蒂固的一种文化。

## 三、勤以励志俭以养德

勤俭不仅是一种行为习惯，更是一种精神状态，一种无形资产。在综合国力大大增强、人们生活条件明显改善的今天，勤俭更多地体现为一种积极的人生态度，一种高尚的价值取向。一个人成就越大，越是要谦虚谨慎；生活越好，越要勤俭节约。

我们分析历史，分析世界上的其它国家，就会发现一个明显的规律：“兴盛来自勤俭，奢侈导致败落。”清朝就是个很好的例子：因为勤奋而兴盛，因为节俭而富裕，因为富裕而奢侈，又因为奢侈而腐败，最终使盛世繁荣如过眼云烟，留下的只是世人的叹惜。再看看我们的邻国日本，它成为经济大国的制胜法宝之一就是勤俭。日本公司的空调只有到很冷的时候才使用，这与中国的很多公司三四月份仍大开着空调制暖形成鲜明的对比。日本不如中国强大吗？日本没有中国富裕吗？还是日本的企业竞争力不如中国？

国家如此，企业经营也是如此。美国“石油大王”洛克菲勒的记账本从不离身，就连5分钱的邮票也从不漏记；台湾龙头企业台塑集团的经营理念就是“小气有理”，他们认为“小气”是赚自己的钱，如果连自己的钱都赚不回来，又怎么能赚到别人的钱呢？王永庆更是以身作则，他的毛巾用了十几年都不舍得更换，难道王永庆买不起一条毛巾吗？关键是勤俭代表了一种精神状态，一种高尚的境界，一种积极进取的作风。一个人如果思想上耐不住艰苦，行为上就抵不住诱惑，一旦对物质的欲望与现实条件发生矛盾，其结果要么是使人灰心丧气、意志消沉，要么使人变得利欲熏心，甚至铤而走险。

万向集团发展到今天，其财富增加了，获取财富的手段也增多了，但是万向人艰苦奋斗、勤俭节约的思想却始终没有变化过，始终如临深渊，如履薄冰的谨慎，勤俭创业，勤俭兴业，勤俭的办一切事情。在万向人的意识中，勤俭不仅是财富的积累，更是良好投资形象的树立，是整合社会资源的前提条件。

万向集团能有今天，与万向人一直以来勤俭节约有着直接的关系。例如企业锻造过程中产生的氧化铁虽然每吨只有90元，但工人们还是认真地收集起来卖掉，并在成本中扣除。这样日积月累,不仅节约了开支,更重要的是顾客看到万向对成本如此精打细算,于是对产品的价格就会感到放心。有一个国外的客商在考察万向后做总结时说了这样一句话:“万向是懂得节约的公司,懂得节俭的公司是值得信任的公司!”

在生活方面,鲁冠球是万向人勤俭节约的楷模。他所在的萧山市宁围镇已经今非昔比,经济发达,农民生活富裕。镇上鳞次栉比的琉璃瓦别墅般的农民小洋房向人们展示了主人们无可争议的经济实力。夹杂在这些小康农居之中,有一栋红砖黑瓦的楼房。这就是鲁冠球的家,当镇上的农民纷纷建房改屋时,鲁冠球依然住在这栋1983年建成的老屋里。鲁冠球曾说:“人有两种欲望,精神的和物质的。物质欲望无止境,精神追求也无止境。人的物质享受多了,会消磨人的意志。我不是不懂享受,不会享受,事业的发展壮大是我最大的乐趣。”

如今,在整个万向集团,“勤以励志、俭以养德”已经成为一种风尚,成为万向的文化特征,它在思想和意志方面鼓舞着万向人不断向前方迈进。

## 四、活到老,学到老

在中国改革开放的舞台上,有些人昙花一现,有的人折戟沉沙,而万向集团始终追逐着时代的潮流,保持着一种旺盛的改革热情,不断创造着奇迹。这种旺盛的创业精神,来源于万向人对自己清醒的认识和把握,来源于他们孜孜不倦的学习和追求。

万向集团“活到老,学到老”的文化特征主要是在万向老一辈创业者的带动和影响下形成的。

那些创业“元老”们大多很早就辍学了,他们饱尝了失去读书权力后的痛苦,他们也知道自己的文化水平比较低,所以从创业之初至今,一直保持着认真学习的习惯,他们利用一切可以学习的机会,不断地从经济学著作、名人传记、行业信息、各类报刊中汲取新的知识,来弥补认识上的空白。万向集团创始人鲁冠球就曾说过:“我文化程度低,基础差,先天的不足只能后天来补。我们正处在一个风云变幻的改革年代,处在一个适者生存的竞争年代,想要不掉队,就必须不断地学习。”企业的领导者尚且如此坦诚的面对自己经验和知识方面的不足,他门下面的各层员工在自我学习上自然也不敢有丝毫的松懈,这样一级带动一级,良好的学习氛围就在潜移默化中形成了。

“活到老,学到老”的企业文化精神在提升万向人知识水平的同时,还为万向凝聚了一大批人才。如今万向集团已有大学生数千人,工程师上百名,有专家、教授组成的顾问团,使企业成为一个集科研、生产、经营为一体的大型企业。因此,万向也被人们赞誉为“智能吸收器”。万向的发展历史,再一次证明了江泽民同志说过的一段话:“一个人读的书多了,精神境界就会随之提高,视野就会随之开阔,就能干出一番新的事业来。”

万向集团发展近40年了,万向人也向市场学习了近40年。然而,企业越是发展,万向人越是感觉到知识、时间不够用,越是感到市场经济这本书永远读不完,市场经济对他们来说永远是新的课题。所以集团自上而下要求企业各层领导必须加倍地努力学习，在市场经济中永远做学生，不断解放思想，转变观念，跟上时代的步伐，战胜自我，完善自我，超越自我。

## 第五节　万向集团企业文化精要

改革开放以来，虽然民营企业已经得到了相当的发展，在国民经济中的地位不断上升，但是民营企业由于起步较晚，起点较低，所以其经营管理方面和大的国有企业还有一定的差距。大的优秀的国有企业往往非常重视企业文化的建设，有着完整而先进的企业文化战略，如海尔集团、海信集团、联想集团等等，都因为有出色的企业文化而闻名于企业界。

未来企业竞争的核心将上升为人才的竞争。强大的企业文化内涵对员工来说有着莫大的吸引力，而谁能吸引最优秀的人才，谁就将成为市场的胜者。对于处于相对弱势地位的民营企业来说，企业文化的建设不仅不可或缺，而且已是迫在眉睫。

在塑造优秀的企业文化方面，万向集团一直是不遗余力的。鲁冠球在经营实践中总结出很多带有企业文化内涵的企业哲学、企业宗旨、企业理念、企业精神、企业道德、企业作风等等。现将这些具有代表性的企业文化列举如下：

万向的经营哲学：财散则人聚，财聚则人散；取之而有道，用之而欢乐。

万向的管理哲学：人人头上一方天，个个争当一把手。

万向的人本哲学：两袋投入，使员工身心与物质受益。

万向的企业宗旨：为顾客创造价值，为股东创造利益，为员工创造前途，为社会创造繁荣。

万向的企业理念：使万向成长为拥有核心竞争能力和核心价值的现代化大公司；人尽其才、物尽其用、钱尽其值、各尽其能；一天做一件实事，一月做一件新事；一年做一件大事，一生做一件有意义的事。

万向的企业精神：务实、创新、卓越。

万向的企业道德：外树企业形象，内育职业忠诚。

万向的企业作风：

①争做主人翁——想主人事，干主人活，尽主人责，享主人乐。

②求真务实——不赶时髦，不搞形式，不讲假话，走自己的路，圆自己的梦。

③重学习、实践——多看则清，多听则明，多思则准，多干则成。

④万向的座右铭——读万卷书，行万里路，交万人友，创万年业。

⑤万向的用人观——有德有才者，大胆聘用，可三顾茅庐，高薪礼聘；有德无才者，委以小用，可教育培训，促其发展；无德无才者，自食其力；无德有才者，坚决不用，如伪装混入，后患无穷。

⑥万向的公私观——舍己为公，大公无私，公而忘私，是先进的；先公后私，公私兼顾，是允许的；先私后公，私字当头，是要教育批评的；假公济私，损公肥私，是要制

止与打击的;表面为公,暗中为私,是伪君子,不可重用,是要防止的。

⑦万向的奖罚观——奖罚分明,多奖少罚。

万向集团这些带有原创性的企业文化创造，由于体现了时代精神和企业实际,长期以来对万向员工起着教育、激励、规范、约束等多重作用。员工的心灵长期受到优秀文化的浇灌、浸润、滋养,从而产生出一种发生内心的驱动力,驱动着他们的言行向着万向的战略目标奋进。真正使员工达到了“不用扬鞭自奋蹄”的境界。

# 后记

作为《中华商魂》一书的姊妹篇，本书在写作过程中力求能对企业的经营和管理进行更加深入的研究和剖析，通过对企业内部运行结构和态势的分析来揭示企业能够成功的"要素密码"，以使广大读者能够从中有所得、有所悟，从而使本书能真正发挥借鉴和启发的作用。

本书由孙健提出撰写框架和纲要，并主持全书的编写及统稿工作，由孙健和王东共同执笔完成，参与本书写作的还有葛从锋、葛文红和王宇宙。

因为本书涉及到的资料实在太多，来源也较为繁杂，部分引用的文章难以找到出处和作者，因此有些资料未能一一注明出处，敬请原谅，如有涉及版权方面的未尽事宜，请与主编联系。

1 .来自于张瑞敏在海尔二十年研讨会上的发言

2.引自陈惠湘《联想为什么》

3.引自凌志军《联想风云》

4.参考戚闽粤《联想的关系营销》，企业经济，1999年第7期

5.参考梁喜生《联想集团企业文化文化建设的理论与实践》，中华企业文化网，2006-9-14

6.引自汪洋《联想无限——柳传志的领导艺术》

7.参考联想亲情文化建设资料《"亲情"文化大家谈》

8.资料来源：尹强军.《华为技术有限公司国际化战略研究》.2005

9.《重视知识产权、发展民族企业—深圳市华为技术有限公司知识产权管理经验 》职业时空，2006

13 .吴晓云，付临芳，祝晖.华为公司的营销"圣经"[J].西安邮电学院学报，2002

14. 资料来源：中国营销网《一个关于华为的经典成功销售案例》http://www.b770.com/ld/ld_559_1.html 2007-4-26

15 .资料来源：刘启诚《十年艰辛证明自己实力华为总结全球化》www.it.sohu.com/20040817/n221575380.shtml 2004-08-17 11:37

16 .资料来源：华为内刊:《1991年华为人吃喝拉撒都在一层楼》http://it.sohu.com/20060901/n245116246.shtml

17.资料来源：《做大做强做久》，夏伯尧著。

18.资料来源：《做大做强做久》，夏伯尧著。

19.资料来源：《做大做强做久》，夏伯尧著。

20.资料来源：《制度执行严字当头 财务管理一丝不苟》，浙江财税与会计，作者鲁永明。

21.资料来源:不断超越自我,《企业管理》,2005.5,作者钟鸣。
22.资料来源:万向集团的文化力,《中外企业文化》,2004.5,作者刘少平。
23.资料来源:乡镇企业家要不断完善自我,《瞭望》,1996.50,作者骆国骏、江北。

# 参考文献


1.孙健,《海尔的管理模式》,企业管理出版社,2002年

2.孙健,《海尔的营销策略》,企业管理出版社,2002年

3.孙健,《海尔的人力资源管理》,企业管理出版社,2002年

4.孙健,《海尔的管理模式》,企业管理出版社,2002年

5.孙健,赵涛,《中华商魂》,海潮出版社,2006年

6.刘进先,《自主创新,海尔之魂》,知识产权出版社,2006年

7.孙健,《青岛海尔兼并案例及其产权效率分析》,中国工业经济,1997年第10期

8.孙健,《论我国企业集团在兼并扩张中组织机构的调整》,管理现代化,1998年第2期

9.孙健,《我国企业兼并存在的问题和建议》,中国工业经济,1999年第5期

10.孙健,《科教创新是企业持续快速发展的关键》,软科学,1999年第4期

11.孙健,《试论企业扩张中的文化资本运营》,社会科学论坛,1999年第12期

12.孙健,《电子商务对企业组织结构演进的影响》,中国经济出版社,2000年

13.孙健,《网络经济条件下企业组织结构的优化》,经济管理,2000年第12期

14.孙健,《从价值链角度看企业国际化战略的运用》,经济理论与经济管理,2001年第7期

15.孙健,《海尔行动纲领解读》,人力资源,2003年第5期

16.孙健,《中韩大型跨国公司人力资源管理比较——以海尔和LG为例的研究》,太平洋学报,2004年第7期

17.孙健,《海尔科技人才的使用和管理》,中国人力资源开发,2005年第11期

18.孙健,《海尔的企业文化》,企业管理出版社,2002年

19.孙健,《一个中国企业的成长——海尔的策略》,企业管理出版社,2001

20. 李建立,《联想再造》,中国发展出版社,2004

21. 迟双明,《柳传志决策联想的66金典》,中国商业出版社,2004

22. 凌志军,《联想风云》,中信出版社,2005

23. 迟宇宙,《联想局》,中国广播电视出版社,2005

24. 吕进,《巅峰管理——柳传志与张瑞敏的成功之道》,世界知识出版社,2003

25. 广通,《联想名言录》,地震出版社,2005

26. 汪洋,《联想无限——柳传志的领导艺术》,哈尔滨出版社,2005

27. 陈惠湘,《联想为什么》,北京大学出版社,1997

28. 刘明,《联想文化缔造》,中心出版社,2004

29. 戚闽粤,《联想的关系营销》,《企业经济》,1999年第7期

30. 梁喜生,《联想集团企业文化文化建设的理论与实践》,中华企业文化网

31.程东升,刘丽丽.《华为真相》,当代中国出版社,2004

32. 程东升,刘丽丽.《华为经营管理智慧》,当代中国出版社,2005

33. 文丽颜,《华为的人力资源管理》,海天出版社,2006

34. 李慧群,《华为的管理模式》,海天出版社,2006

35. 汤圣平,《走出华为》,中国社会科学出版社,2006
36. 吴建, 冀勇庆,《华为的世界》,中信出版社,2006
37. 孙丽,《华为:土狼向狮子的演进》. http://business.sohu.com/
38. 任正非,《华为的冬天》.中国商业评论,2006
40. 施莉莉,《安圣电气出售记》.中国企业家,2006
42. 齐文娥,《华为基层员工价值评价体系解析》.人力资源开发,2006
44.《华为3G终端赢在全球》.IT经理人世界,2003
46. 汤翁义,《华为公司成功崛起之秘》.化工世界,2006
48.《华为:一个国际化品牌的发展历程》商务周刊,2006
49. 吴晓云,付临芳,祝晖,《华为公司的营销"圣经"》.西安邮电学院学报,2002
50.《华为突围》.中国质量万里行,2005
51. 郭培宽,《华为的技术创新思维》.通信信息报,2007
52. 闫跃龙,《华为在俄罗斯:土狼的海外商业文化突围》[J].商业文化,2005
53.夏伯尧,《做强做大做久》,东方出版社,北京,2005
54. 鲁永明,《制度执行严字当头财务管理一丝不苟》,浙江财税与会计
55. 钟鸣,《不断超越自我》,企业管理,2005.5
56. 刘少平,《万向集团的文化力》,中外企业文化,2004.5
57. 骆国骏,江北,《乡镇企业家要不断完善自我》,瞭望,1996
58. http://finance.sina.com.cn/jygl/20041022/16081100799.shtml
59.http://blog.china.alibaba.com/blog/vanessading/article/b45-i132076.html
60. http://biz.163.com/special/j/jjhuaweixc.html
61. http://info.china.alibaba.com/news/detail/v9-d5551109.html
62. http://www.china-training.com/wzxx.asp? id=5751
63. http://www.51made.com.cn/glpd_show.asp? zid=64841

一个部门经理的水平。根据这样的职业化制度，每年都对秘书进行考核、分级。任职资格认证的思路就是建立一个文秘行为规范，以达到一个规范的体制。到1998年，参加考评的华为秘书就达300多人，完成一级考评的人数达180人。考评优秀的秘书可以到市场部锻炼，也可以获得逐步的提升。

从1998年开始，华为公司试图将任职资格制度进一步细化，尝试构建包括营销、计划、人力资源、采购、基建、IT、流程管理等各项专业任职资格制度。以形成完善的公司员工任职资格体系。任职资格是以实际工作为基础的职业资格，它强调的是“能干什么”，而不是“知道什么”。任职资格管理的目标是推动员工不断提高自己岗位上的实际工作能力，以适应管理工作和公司发展的需要。这是公司推进管理工作规范化、管理者职业化，从而提高工作绩效的重要手段。由于单一的管理晋升途径既不利于企业发展对多方面人才的需求，也无法满足员工对自身职业发展的需要。

现在华为的任职资格体系包括了：职业发展通道设计，职业能力等级标准制定和职业等级认证三个部分。华为在借鉴英国模式的基础上，设计了著名的“五级双通道”。员工可以根据自身特点，结合业务发展设计切实可行的职业发展通道，并通过不断提升自身工作能力，逐步实现职业发展规划。每个员工可以选择两条职业发展通道，技术人员在获得二级技术资格之后，即可以选择管理职位来晋升发展，也可以选择与自己业务相关的专业发展通道。华为对于每条通道的不同级别，都设立了相应的资格标准。原则上，华为每隔两年进行一次职位资格认证，公司根据认证结果，决定员工是继续留任、晋升，还是降级使用。资格认证的过程，充分体现了客观标准的相对公正性，而任职资格制度的不断修改完善，也是华为实现制度化新老接替所必须经过的一个过程。

华为公司通过建立管理和专业技术双重职业发展通道，激励员工不断提高其职位胜任能力，从而保证公司以职业化的队伍参与国际竞争，提升公司的市场地位。同时，也为公司员工树立了有效培训和自我学习的标杆，以资格标准不断牵引员工终生学习、不断改进，从而保证华为公司的可持续发展。